Ethisch denken und handeln

Handlungsorientierte Ethik an beruflichen Schulen

Mai · F. Müller · J. Müller

1. Auflage

VERLAG EUROPA-LEHRMITTEL
Nourney, Vollmer GmbH & Co. KG
Düsselberger Straße 23
42781 Haan-Gruiten

Europa-Nr.: 60194

Autoren:
Thorsten Mai, StR, Saarbrücken
Janina Müller, StR'in, Saarbrücken
Frank Müller, StR, Saarbrücken

Arbeitskreisleitung:
Frank Müller, StR, Saarbrücken

Projektleitung und Lektorat:
Dr. Rainer Maurer

1. Auflage 2022, Nachdruck 2026

Druck 5 4 3

Alle Drucke derselben Auflage sind parallel einsetzbar, da sie bis auf die Korrektur von Druckfehlern identisch sind.

ISBN 978-3-7585-6019-4

Bei Fragen zur Produktsicherheit wenden Sie sich bitte an produktsicherheit@europa-lehrmittel.de.

Umschlag, Layout und Satz: Punkt für Punkt GmbH · Mediendesign, 40549 Düsseldorf
Umschlagmotiv: © krass99 – stock.adobe.com
Umschlagkonzept: tiff.any GmbH, 10999 Berlin
Druck: Silber Druck GmbH & Co. KG, 34253 Lohfelden

Das **Lehr- und Arbeitsbuch** „Ethisch denken und handeln“ ist ein **modernes, handlungsorientiertes Lehrwerk** für das Fach **Ethik** an beruflichen Schulen. Es ist bestimmt für:

- Technisch-gewerbliche und sozialpflegerische Ausbildungsberufe
- Kaufmännische Ausbildungsberufe
- Berufsfachschulen

Ziel eines jeden Kapitels ist es, einen moralischen Kompetenzzuwachs zu ermöglichen.

Die Schülerinnen und Schüler lernen reflektiert und gemeinschaftlich eigene Lösungsstrategien bei ethischen Fragestellungen zu entwickeln, wodurch es zur Ausbildung einer **moralischen Kompetenz** kommt.

Das Hauptanliegen dieses Ansatzes ist, die Schülerinnen und Schüler **zu mündigen Bürgern zu machen**. Sie sollen sich in der Gesellschaft autonom bewegen können, um **am täglichen Leben zu partizipieren**.

Im Laufe der Auseinandersetzung mit den Themenreihen und Inhalten des Buches lernen die Schülerinnen und Schüler, diese im täglichen Leben **moralisch kompetent anzuwenden**.

Aufbau der Kapitel

Alle Kapitel beginnen mit einer Handlungssituation, an der sich die folgenden, neuen Kapitelinhalte orientieren. Diese neuen fachlichen Inhalte helfen, schrittweise zu neuen Erkenntnissen vorzudringen. So kann sich das **ethische Denken** im Laufe der Kapitel zu einem **ethischen Handeln** entwickeln.

Es geht **nicht nur** darum, **Wissen anzuhäufen**. Es geht vor allem darum, dass man das vorhandene und neu erworbene **Wissen kompetent einzusetzen** vermag.

Die Kapitel enthalten an ausgewählten Stellen **QR-Codes**, um erläuternde Hinweise zu integrieren und die **Medienkompetenz** zu fördern.

Dadurch können weitere thematisch relevante Informationen, die über den eigentlichen Unterricht hinausgehen, herangezogen werden.

Weiterhin enthalten die Kapitel Materialien, die einen klaren **Bezug zur Lebenswirklichkeit** der Schülerinnen und Schüler enthalten. So werden **durch Bilder, Liedtexte und Filmbeiträge** die philosophischen Texte mit zusätzlichen Informationen unterfüttert, um ein **breiteres, inhaltliches Verständnis** zu erreichen.

Im Laufe der jeweiligen Kapitel werden Anregungen zu Handlungsprodukten gegeben, die einen Rückbezug zur Ausgangssituation ermöglichen.

Das Spektrum reicht hierbei vom Verfassen eines **Leserbriefes** oder **Blogeintrages**, über die **Erstellung von Faltblättern** bis hin zur **Durchführung einer Podiumsdiskussion** mit Experten zu einer ethisch relevanten Fragestellung.

Hier ein Beispiel dazu:

Das Handlungsprodukt

Verfassen Sie einen **Leserbrief** an Peter Singer, in welchem Sie Überlegungen und Fragen diskutieren, die Ihnen im Verlauf der Unterrichtseinheit begegnet sind. Recherchieren Sie hierzu weitere Konzeptionen des Personenbegriffs, um Ihre Argumentation zu untermauern.

Hierbei dürfen Sie sich gerne auch kritisch äußern. Achten Sie jedoch darauf, Ihre Argumente sachlich und respektvoll zu formulieren.

Im gesamten Text tauchen **Aufgaben/Fragen** in folgender Form auf:

Aufgaben

Die **Aufgaben** sind nach Schwierigkeitsgrad differenziert. Hier wird gefordert, sich zu einem Thema Gedanken zu machen, die Problematik zu hinterfragen, um sich eine eigene Meinung zu bilden und diese auch zu vertreten.

Ihr Feedback ist uns wichtig

Wenn Sie mithelfen möchten, dieses Buch für die kommenden Auflagen zu verbessern, schreiben Sie uns unter *lektorat@europa-lehrmittel.de.*

Ihre Hinweise und Verbesserungsvorschläge nehmen wir gerne auf.

Haan-Gruiten, Sommer 2022 Autoren und Verlag

1 Ethik – Kompass für das Leben

2 Das gute Leben

3 Der Mensch als Person

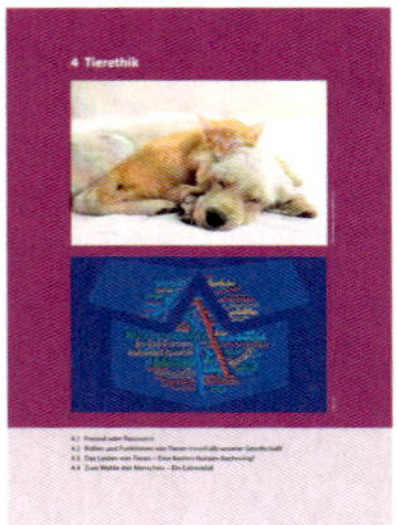

4 Tierethik

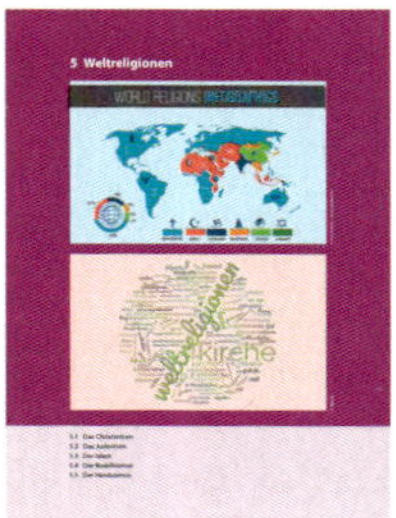

5 Weltreligionen

6 Ethische Herausforderungen unserer Zeit

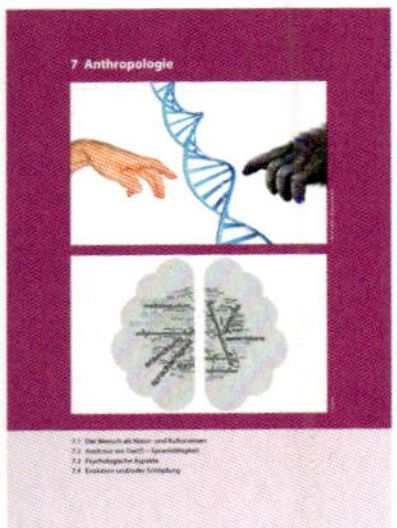

7 Anthropologie

8 Ethik des Sollens

9 Zusammenleben mit anderen

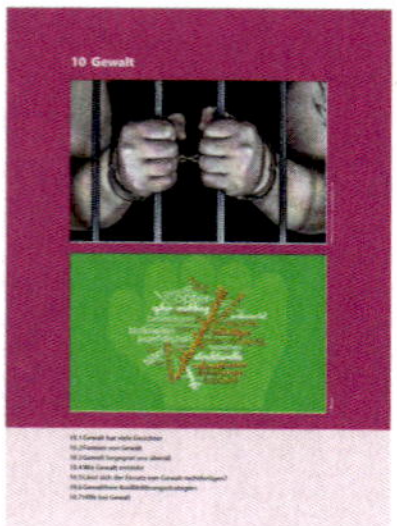

10 Gewalt

11 Vorbilder und Idole

12 Medienethik

1 Ethik – Kompass für das Leben

© Tryfonov – stock.adobe.com

© Maurer

1 Ethik – Kompass für das Leben

Smartphone aus der Tasche – entsperren – nur schnell die neuesten Meldungen checken – schon wieder 15 Minuten in einem Newstext versunken – schnell noch den Link zum Interview mit Karl Lauterbach anklicken – Was sagt der Kanzler dazu? – Wer wird geimpft? – Und wann? – Schule öffnen oder Schule schließen? – Prüfungen durchführen oder nicht? – Dürfen Geimpfte wieder früher ins Restaurant? – Und wann dürfen die überhaupt nochmal öffnen? – Alles nur eine Verschwörung? – Smartphone kurz wegpacken, denn da kommt schon der Bus – auf dem Sitz angekommen doch nochmal schnell reinschauen – und es ist gerade erst 7:30 Uhr.

1.1 Ethik – Mehr als nur ein Schulfach

So intensiv wie in den letzten Wochen und Monaten hat sich Henry noch nie für die aktuellsten Nachrichten, politischen Talkshows und wissenschaftlichen Artikel interessiert. Es sind aber auch besondere Zeiten. Seit langem hält der Ausbruch der Corona-Pandemie die Gesellschaft in Atem, viele Menschen sorgen sich um ihre Existenz, andere haben auch Angst um ihr Leben. Und immer wieder fragt sich Henry: Was sollen wir tun? Was ist das Richtige? Und immer wieder liest er von einem sogenannten Ethikrat, der Empfehlungen für besonders heikle Entscheidungen abgibt, die dann wiederum mal mehr, mal weniger wahrgenommen und umgesetzt werden. Das Wort „Ethik" taucht immer häufiger in der Berichterstattung auf. „Ist es ethisch gerechtfertigt, die Gesundheit der Menschen über die Aufrechterhaltung der Wirtschaft zu stellen?" Ergeben sich aus einem Einbruch der Wirtschaft in Folge von Lockdowns und damit einhergehenden Insolvenzen und Geschäftsschließungen nicht auch weitreichende Schäden für die einzelnen Menschen?" Wie soll an dieser Stelle abgewogen werden? Und warum kommt der Ethik in diesem Zusammenhang eine so große Bedeutung zu?

Henry will es genau wissen. Um seine Suche nach Antworten zu starten, begibt er sich zunächst auf die Suche nach der Bedeutung des Begriffs „Ethik". Was hat es damit überhaupt auf sich?

Es ist auf jeden Fall mehr als nur ein Schulfach.

1.2 Ethik – Annäherung an einen Begriff

Gibt es einen Königsweg?

WAS IST ETHIK?

Ethik ist auch ein schweres Wort.
Das Wort ist auch griechisch.
Man kann es so übersetzen:
Wissen, wie man sich gut verhält.
Die Aufgabe der Ethik ist,
Regeln zu machen.
Regeln, die für alle Menschen gelten.
Diese Regeln helfen den Menschen.
Sie geben ihnen Sicherheit.

Mit den Regeln kann jeder besser entscheiden:
Was ist gut und was ist schlecht?
Was ist richtig und was ist falsch?

Und jeder weiß dann:
Das passiert, wenn ich mich so verhalte.
Das ist verboten und das ist erlaubt.

(Quelle: https://www.ethikrat.org/leichte-sprache/was-ist-ethik/, Abruf: 09.11.2021)

Aufgaben

1. Verfassen Sie, ausgehend von diesem Text, in einem Satz eine Definition des Begriffs Ethik.
2. Beschreiben Sie Situationen in Ihrem täglichen Leben, in denen Sie Entscheidungen treffen müssen.
3. Präsentieren Sie Ihre Ergebnisse.
4. Führen Sie eine Recherche durch und sammeln Sie aus unterschiedlichen Nachrichtenmedien Berichte, Meldungen, Kommentare oder ähnliche Beiträge, die Ihrer Ansicht nach eine ethische Fragestellung betreffen.
5. Ordnen Sie Ihre Fundstücke in Form einer Collage auf einem Blatt so an, dass in der Mitte des Blattes Platz für die zentrale Fragestellung der Ethik bleibt.

Ethische Entscheidungshilfe

1.3 Wie soll ich handeln?

In den meisten Situationen in unserem Alltag wissen wir intuitiv, wie wir uns verhalten sollen und welche Entscheidungen wir treffen sollen. Für die meisten Situationen kennen wir bestimmte Handlungsregeln, die wir durch unsere Sozialisation im Verlauf unseres Heranwachsens erworben haben. Wir alle wissen, dass es falsch ist, im örtlichen Elektronikmarkt das neueste Smartphone-Modell zu stehlen und wir wissen, dass wir, wenn wir es trotzdem tun, eine Straftat begehen. Diese konkrete Handlungsregel „Man darf nicht stehlen" wurde uns einerseits von unseren Eltern im Rahmen unserer Erziehung vermittelt. Sie ist auch in den grundlegenden Normen unserer rechtsstaatlichen Gesellschaft in Form von Gesetzen verankert. Dadurch wissen wir, wie wir uns in der jeweiligen Situation zu verhalten haben.

Es gibt jedoch auch Situationen, die nicht so einfach zu bewerten sind und in denen wir vor Entscheidungen stehen, bei denen uns nicht sofort offensichtlich ist, was wir tun sollen.

Darf ich einen 50 €-Schein, den ich auf der Straße finde, einfach behalten?

Soll ich meinen Mitschüler verpetzen, den ich beim Spicken in der Mathearbeit beobachte?

Wir alle kennen diese kleinen Entscheidungssituationen, in denen beide vorhandenen Handlungsmöglichkeiten auch negative Konsequenzen nach sich ziehen. Diese sogenannten Dilemmasituationen bilden einen der grundlegenden Untersuchungsbereiche der Ethik.

Welche Entscheidung ist die richtige?

Aufgabe

Berichten Sie von einer persönlichen Dilemmasituation, indem Sie sich an folgenden Leitfragen orientieren:

Wo hat sich die Situation zugetragen?

Wer war an der Situation beteiligt?

Worin bestand das Problem?

Für welche Handlung haben Sie sich entschieden?

Warum haben Sie sich für diese Handlung entschieden?

1.4 Wer muss von Bord? – Ein ethisches Gedankenexperiment

Schiffbruch.

Euer Kreuzfahrtschiff ist untergegangen. Ihr treibt auf einem brüchigen kleinen Rettungsboot im tropischen Meer mit Proviant und Wasser für wenige Tage. Außerdem seid ihr im Besitz einer Seekarte. Ihr wisst: Mit ein bisschen Glück könnt ihr eine der umliegenden von Kannibalen bewohnten Inseln weitab von jeder Zivilisation oder Schifffahrtsstraße erreichen. Es wird wahrscheinlich Jahre dauern, bis ihr gefunden werdet.

An Bord eures Schiffes befinden sich folgende Personen:

- ein Offizier der Bundeswehr mit Nahkampfausbildung,
- ein Rollstuhlfahrer, der vor seinem Unfall Chirurg war,
- ein junger Priester, der in der Dritten Welt gearbeitet hat, Landwirtschaftsexperte ist und die Eingeborenendialekte der Umgebung perfekt beherrscht,
- eine Bau- und Vermessungsingenieurin, Mutter dreier Kinder im Alter von 2 bis 7 Jahren,
- ein Seemann, der die Seekarte im Boot lesen und nach den Sternen navigieren kann,
- ein junges, glücklich verliebtes Ehepaar. Die Frau ist im sechsten Monat schwanger, ihr Mann ein genialer Chemiker, der in einem Impfstoffentwicklungsprogramm gegen Aids vor dem Durchbruch steht.

Rette sich wer kann.

Plötzlich merkt ihr, dass Wasser ins Boot eindringt. Ihr beginnt, mit Blechbüchsen Wasser aus dem Boot zu schöpfen. Die Ingenieurin stellt schnell im Kopf eine Berechnung an: Das Boot ist zu schwer – eine Person muss das Boot verlassen, sonst ertrinken alle.

(Quelle: https://www.gamestar.de/xenforo/threads/wie-ethisch-ist-das-gspb-fallbeispiel-inside.377263/, Abruf: 20.03.2021)

Aufgaben

1. Benennen Sie die Problematik des vorliegenden Szenarios.
2. Treffen Sie eine Entscheidung und begründen Sie diese.
3. Sammeln Sie Ihre Ergebnisse in der Gruppe.

4. Erstellen Sie hierzu eine Tabelle.
5. Vergleichen Sie Ihre Begründungen. Ergibt sich ein gemeinsames Prinzip, auf dessen Basis Sie Ihre Entscheidung getroffen haben?

Beispiel

Person, die das Boot verlassen muss	Anzahl der Stimmen	Begründung
Offizier		
Rollstuhlfahrer		
...		

1.5 Werte und Normen als Teil unseres Lebens

Werte und Normen als Teil unserer Gesellschaft

Wir sind Entscheidungsmaschinen. Permanent suchen wir Lösungen in kleinen und großen Entscheidungssituationen. „Soll ich das rote oder das blaue Shirt anziehen?" – „Koche ich heute Nudeln oder bestelle ich eine Pizza?" – „Stehe ich auf oder drücke ich noch einmal die Schlummertaste?" Allein diese kleinen Beispiele zeigen, dass in uns ein ständiger „Kampf um Entscheidungen" tobt, dessen wir uns in vielen Fällen nicht einmal bewusst sind oder den wir im Vorbeigehen ausfechten. Allerdings werden wir sowohl im privaten als auch gesellschaftlichen Umfeld auch häufig mit moralischen Entscheidungen konfrontiert, deren Auswirkungen eine in manchen Fällen größere Relevanz zufällt, als der Entscheidung für das rote oder blaue Shirt. Um in diesem Bereich moralischer Entscheidungen nicht vor dem Problem der permanenten Abwägung von Einzelentscheidungen und damit einer zu erwartenden Überforderung kapitulieren zu müssen, bedienen sich die Menschen einer Alltagsmoral. Sie gibt ihnen Orientierung und wird innerhalb eines bestimmten Bereiches (beispielsweise in der jeweiligen Kultur) von einem Großteil der Mitglieder der jeweiligen Gesellschaft anerkannt, geteilt und somit auch angewendet. Im Rahmen dieser Alltagsmoral gibt es Werte, welche diejenigen Grundwerte darstellen, die eine Gesellschaft als erstrebenswert erachtet und welche uns damit eine Orientierung für unsere Entscheidungen und daraus resultierende Handlungen bieten. Diese Werte müssen uns von Kindesbeinen an vermittelt werden, beispielsweise durch unsere Eltern, unsere Mitmenschen oder Institutionen wie die Schule. Aus diesen Werten leiten sich für die jeweiligen Lebensbereiche Normen ab. Diese **Normen** stellen konkrete Handlungsvorschriften dar, die innerhalb einer Gruppe als verbindlich gelten und damit unser Verhalten in die als richtig angenommene Bahn lenken sollen. Wenn wir beispielsweise den in unserer Gesellschaft als sehr hoch einzustufenden Wert der „Freiheit" betrachten, dann ergibt sich aus der Annahme dieses Wertes eine konkrete Handlungsanweisung in Form einer

Verkehrsregeln werden von der überwiegenden Mehrheit akzeptiert.

Normen:

Sie stellen in diesem Zusammenhang konkrete Handlungsvorschriften dar, die in einer Gruppe als verbindlich gelten.

Norm. Diese sagt uns, wie wir uns zu verhalten haben, um diesem Wert gerecht zu werden. Diese Norm könnte etwa folgende Form haben: „Jeder Mensch darf frei entscheiden, was er tun möchte, solange er damit nicht die Freiheit eines anderen einschränkt." In unserer sich immer rasanter entwickelnden Gesellschaft wird es immer schwieriger, sich zu orientieren. Der Zugang zu Informationskanälen ist schwer zu überschauen. Das gilt auch für den Einblick in unterschiedliche Wertesysteme und deren Normen, die teilweise miteinander konkurrieren. Welche die richtigen für unsere Gesellschaft sind, ist oftmals schwer zu erkennen. Daraus ergibt sich die grundlegende Frage: Wie wollen wir miteinander leben?

Aufgaben

1. Beschreiben Sie in eigenen Worten knapp den Unterschied zwischen Werten und Normen.
2. Erklären Sie das logische Zusammenwirken von Werten und Normen.
3. Erläutern Sie Werte und Normen, die für Sie persönlich wichtig sind.

1.6 Wertewandel oder Werteverfall?

Aufgaben

1. Vergleichen Sie die beiden Bilder hinsichtlich der dargestellten Vorstellungen von Werten.
2. Erklären und beurteilen Sie die Bezeichnung der Deutschen als „Volk ohne Moral".
3. Diskutieren Sie gemeinsam mit Ihrem Banknachbarn Situationen, in denen Sie sich moralisch fragwürdig verhalten haben.

PRESSESCHAU

Tonne: „Werte und Normen“ soll Grundschulfach werden

Hannover (dpa/lni) – Das Fach „Werte und Normen“ soll bis 2025 an allen ... Grundschulen als Unterrichtsfach eingeführt werden. Damit erhielten knapp 80.000 konfessionslose Grundschüler eine Alternative zum Religionsunterricht, erläuterte Kultusminister Grant Hendrik Tonne am Dienstagabend in Hannover. Eine ethische Bildung dieser Kinder sei „eine Frage der Gleichbehandlung“ ...

Die Einführung soll vom Schuljahr 2021/22 an über vier Jahre stufenweise erfolgen: Jedes Jahr sollen demnach rund 400 der insgesamt 1.700 niedersächsischen Grundschulen „Werte und Normen“ einführen. Parallel sollen Weiterbildungsangebote für Lehrer und ein Studienfach entstehen.

Bisher wurde „Werte und Normen“ in Niedersachsen regulär nur an weiterführenden Schulen unterrichtet. Dort belegte im Jahr 2018 jeder fünfte Schüler das Fach. An 40 Grundschulen wird das Fach zudem schon getestet. Alle anderen Grundschüler ohne Konfessionszugehörigkeit können entweder den Religionsunterricht besuchen oder werden in der Zeit anderweitig betreut. Tonne betonte, er sehe „Werte und Normen“ nicht als Konkurrenz, sondern als Ergänzung zum Religionsunterricht.

(Quelle: https://www.sueddeutsche.de/bildung/bildung-hannover-tonne-werte-und-normen-soll-grundschulfach-werden-dpa.urn-newsml-dpa-com-20090101-191030-99-507726

© Oxie99 – shutterstock.com

Werte sind ebenso wichtig ...

© Oxie99 – shutterstock.com

... wie Normen.

Aufgaben

1. Stellen Sie dar, welche Ziele das Fach „Werte und Normen“ verfolgt.
2. Diskutieren Sie die Einführung dieses Faches an Ihrer Schule. Welche Vorteile und Nachteile sehen Sie?

Geht gar nicht klar!

„Gib ab! Nicht hauen! Entschuldige dich!“ Durch langes Üben lernen wir, sozial verträglich zu handeln. Ist Moral nur Kultur-Produkt oder gibt es naturgegebene Normen?

Es gibt Dinge, die gehen einfach gar nicht. Lügen etwa, Versprechen brechen, andere betrügen oder ihnen mutwillig schaden. „Was du nicht willst, das man dir tu, das füg auch keinem andern zu!“ Den größten Teil unserer Kindheit verbringen wir damit, solche Regeln zu verinnerlichen – und zwar weniger durch Einsicht als durch langes Üben. „Gib ab! Nicht hauen! Entschuldige dich!“ Der ständige Appell, sozial verträglich zu handeln, sowie eine Fülle von Konventionen formen mit der Zeit eine Vorstellung davon, was sich gehört und was nicht.

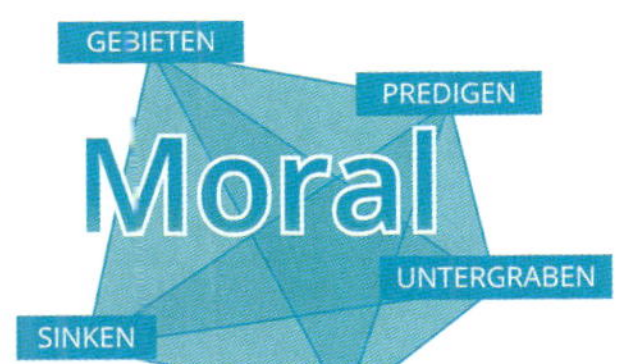

© Eigens – stock.adobe.com

Moral ist ein sehr komplexer Begriff, der in vielen unterschiedlichen Zusammenhängen vorkommt.

Hier gibt es aber durchaus großen Spielraum, wie ein Blick auf andere Kulturen zeigt: ... Koreaner essen unsere treuesten Gefährten – Hunde. Und US-Amerikaner befürworten mehrheitlich die Todesstrafe.

Das Erstaunliche ist nun nicht, dass es solche Praktiken gibt – auch bei uns geht ja vieles moralisch nicht astrein zu .... Erstaunlich ist vielmehr die Bandbreite dessen, was Menschen als ethisch richtig oder zumindest unbedenklich ansehen. In multikulturellen Gesellschaften wird das besonders brisant, weil hier unterschiedliche Moralvorstellungen aufeinanderprallen.

Gibt es eine natürliche, angeborene Moral?

Dann ist Toleranz gefragt. Beziehungsweise Konsens darüber, dass manche Werte allen gemeinsam sein sollten. Nur welche? ...

(Quelle: https://www.zeit.de/wissen/2015-05/moral-werte-kulturemotionen?utm_referrer=https%3A%2F%2Fwww.elearning-politik.net, Abruf: 25.03.2021)

16. November
Internationaler Tag für Toleranz
(UNESCO-Resolution31C/RES.2.0)

Aufgaben

1. Erläutern Sie die grundlegende Frage, die in diesem Text aufgeworfen wird.
2. Im Text werden Beispiele für Moralvorstellungen genannt, die oftmals nicht mit unseren übereinstimmen. Sammeln Sie anhand Ihrer eigenen Erfahrungen oder im Internet weitere solcher für uns ungewöhnlichen Beispiele von Moralvorstellungen.
3. Diskutieren Sie die Frage, welche Werte und Normen für uns als verbindlich und unter allen Umständen gelten müssen, damit wir innerhalb unserer Gesellschaft ein gutes Leben führen können.

Das Handlungsprodukt

1. Erstellen Sie einen „Katalog zur Handlungsorientierung".
2. Sammeln Sie hierzu zunächst die für Sie wichtigsten Regeln für das Zusammenleben der Menschen in unserer Gesellschaft.
3. Im nächsten Schritt legen Sie diese Regeln der für Sie persönlich wichtigsten Person vor und tauschen sich mit ihr über diese Regeln aus. Hat diese Person andere Vorstellungen von einem gelungenen Zusammenleben? Sind die Regeln unvollständig? Was sollte unbedingt noch geregelt werden?
4. Erstellen Sie nach dieser Rücksprache einen Gesetzestext, in dem die 10 von Ihnen als zentral angesehenen Regeln in Form eines Fließtextes festgehalten sind. Sie entscheiden hierbei die konkrete Gestaltung des Gesetzestextes.

2 Das gute Leben

© Song_about_summer – stock.adobe.com

© Maurer

2 Das gute Leben

Zur Beschreibung, was zu einem „guten Leben" gehört, haben die Weisen des Altertums immer wieder bestimmte Qualitäten genannt: innere Ausgeglichenheit, Selbsterkenntnis, Authentizität, Selbstbestimmtheit, Aufrichtigkeit, Achtsamkeit, Mitgefühl, Zugewandtheit, Genügsamkeit, Heiterkeit, Gelassenheit und ein maßvolles Leben.

(Quelle: https://ethik-heute.org/was-ist-ein-gutes-leben/ Abruf: 04.03.2021)

2.1 (M)ein gelungenes Leben

Mayas Alltag

Henrys kleine Schwester Maya freut sich schon sehr darauf, nach den Ferien wieder den Kindergarten zu besuchen, da sie dort alle ihre Freunde wieder trifft, die sie so sehr vermisst. Als sie am ersten Tag nach den Ferien nach Hause kommt, erzählt sie ihrem Bruder ganz aufgeregt von ihren Erlebnissen.

Am Morgen gab es in der Kindergartengruppe einen Stuhlkreis und alle Kinder erzählten in der Runde von ihrem glücklichsten Moment in den Ferien. Für Maya war klar: der glücklichste Moment in den Ferien bestand für sie darin, dass sie zum Geburtstag eine riesige Eiskönigin-Torte bekommen hat, die sie sich sehnlichst gewünscht hat. Ihre beste Freundin, die direkt nach ihr an der Reihe war, erzählte wiederum von einem Smartphone, das sie von ihren Eltern bekommen hat, was sie überglücklich machte. Lucas berichtete von einem Rubbellos, bei dem er 5 Euro gewonnen hat und ausnahmsweise einmal so richtig Glück hatte! Dann war Manuel an der Reihe. Maya wusste, dass Manuels Eltern nicht viel Geld zur Verfügung haben und sie bemerkte, dass Manuel die Situation sehr unangenehm war, da er von keinem großen Urlaub oder von großartigen Geschenken erzählen konnte. Es dauerte eine Weile, bis er sich zögernd und sehr leise äußerte. Sein Vater, der sehr viel arbeitet und oft auf langen Geschäftsreisen ist, um die große Familie zu ernähren und so kaum Zeit für Manuel hat, hat einen ganzen Tag nur mit ihm verbracht. Das war für Manuel der glücklichste Tag.

Maya ist ganz aufgelöst und auch ihr Bruder Henry gerät ins Grübeln.

Wohlfühlfaktor Familie ...

Aufgaben

1. Benennen Sie erste spontane Impulse und Ideen, die Ihnen zu diesem Szenario einfallen.
2. Denken Sie an Ihre letzte Woche zurück und berichten Sie von Ihrem persönlich glücklichsten Moment.
3. Skizzieren Sie in einfachen Worten, welche Fragestellungen sich aus der Situation ergeben.
4. Beschreiben Sie Reaktionsmöglichkeiten für Henry und notieren Sie diese in Stichpunkten.

Placemat-Methode

Henry stellt bei seinen Überlegungen fest, dass man Glück nicht verallgemeinern kann. Glück ist einzigartig und individuell. Jeder Mensch hat eine andere Auffassung davon, worin sein eigenes Glück besteht und wie er dieses Glück erreichen kann. Diese eigene Auffassung von einem glücklichen Leben ist davon abhängig, was man selbst bisher erlebt hat, aber auch davon, in welcher Kultur und unter welchen Umständen man aufgewachsen ist. Dabei gibt es jedoch einige allgemeine Faktoren, die ein glückliches Leben begünstigen.

Aufgaben

1. Bilden Sie Gruppen zu je vier Personen.
2. Strukturieren Sie Ihr Blatt nach der Placemat-Methode.
3. Notieren Sie danach in jeweils einer Ecke des Blattes ihre persönliche Auffassung, was für Sie selbst Glück bedeutet.
4. Vergleichen Sie im Anschluss Ihre Antworten und notieren Sie in der Mitte die Gemeinsamkeiten.

Übertragen Sie die Tabelle auf ein gesondertes Blatt: Nicht ins Buch schreiben.

Bedingungen für ein gutes Leben

Symbol	Bedingung	Bewertung				
	Ärztliche Versorgung	1 ○	2 ○	3 ○	4 ○	5 ○
	Meinungsfreiheit	1 ○	2 ○	3 ○	4 ○	5 ○
	Bildung	1 ○	2 ○	3 ○	4 ○	5 ○
	Umwelt	1 ○	2 ○	3 ○	4 ○	5 ○
	Gerechtigkeit	1 ○	2 ○	3 ○	4 ○	5 ○
	Finanzielle Absicherung	1 ○	2 ○	3 ○	4 ○	5 ○

Aufgaben

1. Bewerten Sie die jeweilige Bedingung für ein gutes Leben auf einer Skala von 1 (unwichtig) bis 5 (sehr wichtig).
2. Fassen Sie zusammen, von welchen äußeren Bedingungen das eigene Glück abhängig sein kann.
3. Ergänzen Sie die Tabelle mit den Bedingungen, die Sie durch die Placemat-Methode als gemeinsame Kriterien für Glück festgelegt haben.
4. Nehmen Sie Stellung zu den Ergebnissen.

2.2 Glück haben und glücklich sein

Nachdem sich Henry nun näher mit der Thematik auseinandergesetzt und auch seine eigene Auffassung von einem guten Leben reflektiert hat, stellt er fest, dass er in diesem Kontext begrifflich klarer differenzieren muss, um neue Erkenntnisse zu erlangen.

© by-studio – stock.adobe.com

© adriaticfoto – shutterstock.com

Aufgaben

1. Beschreiben Sie die beiden Bilder.
2. Ordnen Sie die beiden Bilder den Begriffen „Glück haben" und „glücklich sein" zu.

   Definieren Sie folgende Gefühlszustände

   a. Glück haben

   b. glücklich sein

   Finden Sie weitere Beispiele für 2a und 2b.
3. Lesen Sie den Text „Mayas Alltag" (direkt unter 2.1) noch einmal durch. Ordnen Sie die dort genannten Erfahrungen von Glück begründet 2a und 2b zu.
4. Diskutieren Sie: Ist jemand, der Glück gehabt hat, gleichzeitig auch glücklich?

© adriaticfoto – shutterstock.com

Ist Glück käuflich? – Glücksversprechen in der Werbung

„*Schrei vor Glück*" (Zalando), „*Kauf Dich glücklich*" (Media Markt) oder „*Kleine Preise machen glücklich*" (Plus). Das Phänomen Glück hat Hochkonjunktur in der Werbebranche.

Denn die Werbung verkauft nicht nur Produkte, sie verkauft ein Lebensgefühl. Und dazu muss sie unsere innersten Wünsche ansprechen: unser Bedürfnis nach Liebe, nach Gesundheit, nach Anerkennung und Glück.

Werbung ist überall und allgegenwärtig. Sie begegnet uns auf Plakaten an Hauswänden und in U-Bahnhöfen, im Radio, Fernsehen und Internet. Ja selbst in Gaststätten und auf öffentlichen Toiletten kann man sich ihr nicht mehr entziehen.

Eigentlich soll Werbung Informationen verbreiten. Doch tut sie längst nicht mehr nur das. Nein. Sie verspricht viel mehr.

Man kauft nicht länger nur einen Joghurt, sondern eine Oase der Wellness und der Gesundheit.

Werbeexperten nutzen unser Verlangen danach glücklich zu sein, um ihren Umsatz zu steigern. Sie verkaufen Glücksversprechen!

Wenn du diese oder jene Turnschuhe trägst, gehörst du dazu. Du brauchst nur das neueste Modell zu kaufen und schon kannst du Teil der In-Group werden, die von allen bewundert und respektiert wird.

Du kaufst nicht länger nur einen Schuh, du kaufst ein Ticket in ein besseres Leben, indem du beliebt bist und geachtet wirst.

Du kaufst auch nicht länger nur ein gewöhnliches Auto, sondern ein Abenteuer, bei dem du selbst in deiner Kleinstadt jeden Tag aufs Neue die Freiheit der wilden Prärie spüren kannst ...

(Quelle: https://www.gluecksdetektiv.de/ist-glueck-kaeuflich-gluecksversprechen-in-der-werbung/, Abruf: 25.03.2021.2021)

Ein buntes Lichtermeer voller Werbung

Aufgaben

1. Fassen Sie die Kernaussagen des Textes zusammen.
2. Skizzieren Sie die Strategie der Werbebranche und stellen Sie heraus, wodurch beim Verbraucher Glücksgefühle hervorgerufen werden sollen.
3. Erläutern Sie den Zusammenhang zwischen dem Gefühl des Glücks und dem Kauf neuer Ware.
4. Bilden Sie zwei Gruppen (Pro und Contra) und diskutieren Sie die Behauptung „Glück ist käuflich". Beziehen Sie den vorangehenden Text „Ist Glück käuflich?" in Ihre Überlegungen mit ein.
5. Präsentieren Sie Ihre Ergebnisse.

2.3 Die eigene Vorstellung eines gelungenen Lebens reflektieren

Aufgaben

1. Nennen Sie Ihre ersten Eindrücke zu dem Bild.
2. Beschreiben Sie anschließend das Bild genauer.
3. Zeichnen Sie Ihren eigenen Lebensweg. Notieren Sie einzelne Stationen, mögliche Abzweigungen und Schwierigkeiten sowie ein Ziel am Ende ihres Lebensweges.
4. Überlegen Sie, an welcher Stelle Ihres Weges Sie sich aktuell befinden.
5. Stellen Sie Ihre Lebensentwürfe im Plenum vor.
6. Diskutieren Sie, von welchen Faktoren das Erreichen Ihres individuellen Zieles abhängig ist.
7. Ziehen Sie ein abschließendes vergleichendes Fazit.

2.4 Antike Glücksvorstellungen

Die Frage nach dem guten Leben stellt sich nicht erst heute. Bereits seit mehr als 2000 Jahren beschäftigen sich Menschen mit der Frage, was ein gutes, gelungenes Leben ausmacht.

Nachdem Henry nun für sich geklärt hat, was er von seinem Leben erwartet, beschließt er, auch andere Quellen zu nutzen und nach weiteren Antworten auf die Frage nach dem guten Leben zu suchen. Er geht zunächst zurück bis in die Antike und stößt dort auf verschiedene griechische Philosophen, mit denen er sich näher beschäftigt.

Aufgaben

1. Bilden Sie drei Gruppen (jeweils zu Aristoteles, Aristippos oder Epikur).
2. Arbeiten Sie die Kernaussagen aus den Texten (sie stehen direkt unterhalb der folgenden Tabelle) heraus.
3. Tauschen Sie sich anschließend in Ihrer Gruppe über den Inhalt aus und klären Sie unbekannte Begriffe.
4. Übertragen Sie die Tabelle in Ihre Unterlagen und füllen Sie diese stichpunktartig aus.
5. Präsentieren Sie Ihre Ergebnisse im Plenum.

Diese Tabelle bitte ins Heft übertragen.

	Aristoteles	Aristippos	Epikur
Definition von Glück (Eudaimonia)			
heutige Relevanz der Definition			
Schwächen der Position			

Aristoteles – Nikomachische Ethik

Eudaimonia (Glückseligkeit): das höchste Gut

© thelefty – shutterstock.com

Jede Kunst und jede Lehre, desgleichen jede Handlung und jeder Entschluss, scheint ein Gut zu erstreben, weshalb man das Gute treffend als dasjenige bezeichnet hat, wonach alles strebt ...

Wenn es nun ein Ziel des Handelns gibt, das wir seiner selbst wegen wollen, und das andere nur um seinetwillen, und wenn wir nicht alles wegen eines anderen uns zum Zwecke setzen – denn da ginge die Sache ins Unendliche fort, und das menschliche Begehren wäre leer und eitel –, so muss ein solches Ziel offenbar das Gute und das Beste sein. Sollte seine Erkenntnis nicht auch für das Leben eine große Bedeutung haben und uns helfen, ... das Rechte besser zu treffen? ...

[G]eben ... wir an, ... welches im Gebiete des Handelns das höchste Gut ist. Im Namen stimmen hier die meisten überein: Glückseligkeit nennen es die Menge und die feineren Köpfe, und dabei gilt ihnen Gut-Leben und Sich-gut-Gehaben mit Glückselig-Sein als eins. Was aber die Glückseligkeit sein soll, darüber entzweit man sich ... Die einen erklären sie für etwas Greifbares und Sichtbares wie Lust, Reichtum und Ehre, andere für etwas anderes, mitunter auch dieselben Leute bald für dies, bald für das: der Kranke für Gesundheit, der Notleidende für Reichtum ... Einige dagegen meinten, dass neben den vielen sichtbaren Gütern ein Gut an sich bestehe, das auch für alle diesseitigen Güter die Ursache ihrer Güte sei ...

Das vollendet Gute muss sich selbst genügen ... Als sich selbst genügend gilt ... das, was für sich allein das Leben begehrenswert macht, so dass es keines Weiteren bedarf. Für etwas Derartiges aber halten wir die Glückseligkeit ...

[D]as menschliche Gut ist der Tugend gemäße Tätigkeit der Seele, und gibt es mehrere Tugenden: der besten und vollkommensten Tugend gemäße Tätigkeit. Dazu muss aber noch kommen, dass dies ein volles Leben hindurch dauert; denn wie eine Schwalbe und ein Tag noch keinen Sommer macht, so macht auch ein Tag oder eine kurze Zeit noch niemanden glücklich und selig.

(Quelle: http://www.philo.uni-saar-land.de/people/analytic/strobach/alteseite/hroseminare/pol/niketh.htm, Abruf: 12.12.2021)

Nikomachische Ethik

Ethische Schrift des Aristoteles, vermutlich benannt nach seinem Sohn Nikómachos.

Aristoteles (384–322 v. Chr.) griechischer Philosoph

Zunächst Schüler in Platons Athener Akademie, von dem er die Lehre der vier Kardinaltugenden übernimmt. Er entwirft nach dessen Tod seine eigene philosophische Schule, das Lykeion, wo er unter anderem Alexander den Großen unterrichtet.

© esthermm – stock.adobe.com

Glücksmomente

Aristippos von Kyrene – Der positive Hedonismus

© Science Photo Library/akg-images

Für den Hedonisten besteht die Eudamonia (Glückseligkeit) in der Bedürfnisbefriedigung. Die Hedonisten behaupten, dass sich menschliches Handeln und Streben letztlich immer um der Lust und des Genusses willen vollzieht ... Aristippos von Kyrene (um 435–355 v. Chr.), der wichtigste Vertreter des [sogenannten] posi-

Hedonismus

Grundthese: Glück besteht in der Vermeidung von Unlust und Schmerz, positiv formuliert, im möglichst großen Gewinn von Lust.

Aristippos von Kyrene (435–366 v. Chr.) griechischer Philosoph

Aristippos war ein Schüler des Sokrates. Er gilt als Begründer der kyrenaischen Schule und des Hedonismus.

Kaufrausch kann zur Qual werden.

tiven Hedonismus, versteht unter Lust die Befriedigung von Bedürfnissen und Wünschen ohne Rücksicht auf einschränkende Vorschriften, „denn mag auch die Handlung verächtlich sein, die Lust rein für sich genommen ist doch um ihrer selbst willen erstrebenswert (Diog. Laert. II,8,88). Für Aristippos gibt es auch keinen qualitativen Unterschied zwischen den Lüsten, geht es ihm doch nur um eine intensive – vorwiegend körperliche und nicht intellektuelle – Lustempfindung. Diogenes Laertius berichtet, dass Aristippos „jede Lust genoss, die der Augenblick bot, ohne ängstlich nach Genüssen zu jagen, die in dunkler Ferne liegen" (II,8,66). Über sein Verhältnis zur Lust äußert sich Aristippos selbstbewusst: „Ich bin ihr Herr und nicht ihr Knecht; denn zu gebieten über die Lust und ihr nicht zu unterliegen, das ist wahrhaft preiswürdig, nicht sie sich zu versagen" (Diog. Lart. II,8,75).

Mit der alleinigen Ausrichtung des Lebens auf die Bedürfnisbefriedigung verbindet sich eine Abwendung vom Staat. In einem Gespräch mit Sokrates weist Aristippos jedes politische Engagement für das Gemeinwesen zurück: „Es scheint mir nämlich durchaus Sache eines törichten Menschen zu sein, sich nicht zu begnügen mit der großen Last, welche die Befriedigung der eigenen Bedürfnissen aufbürdet, sondern es dazu auf sich zu nehmen, auch noch die übrigen Bürger mit dem Notwendigen zu versorgen und sich selbst vieles, was man gern möchte, zu versagen" (Xenophon II,1).

(Quelle: https://de.wikipedia.org/wiki/Aristippos_von_Kyrene, Abruf: 09.11.2021.2021)

Epikur (341–271 v. Chr.)
griechischer Philosoph

Er gründete 306 v. Chr. In Athen in einem Garten eine eigene Philosophieschule, die in Konkurrenz zur platonischen und zur aristotelischen Schule steht.

Epikur – Brief an Menoikeus (Auszug)

Wer jung ist, soll nicht zögern zu philosophieren, und wer alt ist, soll nicht müde werden im Philosophieren. Denn für keinen ist es zu früh und für keinen zu spät, sich um die Gesundheit der Seele zu kümmern. Wer behauptet, es sei noch nicht Zeit zu philosophieren oder die Zeit sei schon vorübergegangen, der gleicht einem, der behauptet, die Zeit für die Glückseligkeit sei noch nicht oder nicht mehr da ... Wir müssen uns also kümmern um das, was die Glückseligkeit schafft: wenn sie da ist, so besitzen wir alles, wenn sie aber nicht da ist, dann tun wir alles, um sie zu besitzen ...

Um dessentwillen tun wir nämlich alles: damit wir weder Schmerz noch Verwirrung empfinden. Sobald einmal dies an uns geschieht, legt sich der ganze Sturm der Seele. Das Lebewesen braucht sich dann nicht mehr aufzumachen nach etwas, was ihm noch fehlte, und nach etwas anderem zu suchen, durch das das Wohlbefinden von Seele und Leib erfüllt würde. Dann nämlich bedürfen wir der Lust, wenn uns die Abwesenheit der Lust schmerzt. Wenn uns aber nichts schmerzt, dann bedürfen wir der Lust nicht mehr.

Darum nennen wir auch die Lust Anfang und Ende des seligen Lebens. Denn sie haben wir als das erste und angeborene Gut erkannt, von ihr aus beginnen wir mit allem Wählen und Meiden, und auf sie greifen wir zurück, indem wir mit der Empfindung als Maßstab jedes Gut beurteilen. Und eben weil sie das erste und angebotene Gut ist, darum wählen wir auch nicht jede Lust, sondern es kommt vor, dass wir über viele Lustempfindungen hinweggehen, wenn sich für uns aus ihnen ein Übermaß an Lästigem ergibt ...

Wenn wir also sagen, dass die Lust das Lebensziel sei, so meinen wir nicht die Lüste der Wüstlinge und das bloße Genießen, ... sondern wir verstehen darunter, weder Schmerz im Körper noch Beunruhigung in der Seele zu empfinden. Denn nicht Trinkgelage und ununterbrochenes Schwärmen und nicht Genuss von Knaben und Frauen und von Fischen und allem anderen, was ein reichbesetzter Tisch bietet, erzeugt das lustvolle Leben, sondern die nüchterne Überlegung, die die Ursachen für alles Wählen und Meiden erforscht und die leeren Meinungen austreibt, aus denen die schlimmste Verwirrung der Seele entsteht.

Die rechte Einsicht für all dies ist der Anfang und das größte Gut die Einsicht. Darum ist auch die Einsicht noch kostbarer als die Philosophie. Aus ihr entspringen alle übrigen Tugenden, und sie lehrt, dass es nicht möglich ist, lustvoll zu leben ohne verständig, schön und gerecht zu leben, noch auch verständig, schön und gut, ohne lustvoll zu leben. Denn die Tugenden sind von Natur verbunden mit dem lustvollen Leben, und das lustvolle Leben ist von ihnen untrennbar.

(Quelle: https://stw.fredi-lerch.ch/fileadmin/dokumente/epikur-brief-an-menoikeus.pdf (Rechtschreibung angepasst), Abruf: 25.03.2021)

Tugendhaftes Leben kann ein erstrebenswertes Ziel sein.

Aufgaben

1. Beurteilen Sie, ob eine der vorgestellten antiken Auffassungen eines guten Lebens für Sie selbst geeignet wäre und begründen Sie Ihre Meinung.
2. Diskutieren Sie, ob ein Leben nach den antiken Idealen heute noch denkbar oder wünschenswert ist.

2.5 Eine aktuelle Vorstellung vom Glück – Wilhelm Schmid

Wilhelm Schmid – Das Glück der Fülle

Die antiken Philosophen, Platon, Aristoteles, Seneca, die alle schon vom Glück sprachen, ... schrieben ihm vor allem Dauerhaftigkeit zu. Das bloße Wohlfühlglück konnten sie damit nicht gemeint haben ... Glück ... geht nicht darin auf, nur eine Seite des Lebens, nämlich die des Angenehmen, Lustvollen und „Positiven", anzuerkennen und allein zu betonen. Das größere Glück, das

Wilhelm Schmid (*26. April 1953 in Billenhausen)

Er ist ein deutscher Philosoph, der sich schwerpunktmäßig der Lebenskunstphilosophie widmet.

© Pasko Maksim – shutterstock.com

Lebensfreude

Glück der Fülle, umfasst immer auch die andere Seite, das Unangenehme, Schmerzliche und „Negative", mit dem zurechtzukommen ist. Niemand sucht dieses Andere, aber auszuschließen ist es nicht. Im besten Fall ist es zu mäßigen, und die beste Voraussetzung dafür ist, das Andere des Lebens in seinem Recht auf Existenz grundsätzlich anzuerkennen.

Abhängig ist dieses Glück der Fülle allein von der geistigen Haltung zum Leben, die ein Mensch einnimmt und im Laufe der Zeit im Denken einübt, ausgehend von der Überlegung, was denn das Eigentümliche des Lebens durch all seine Phänomene und Unwägbarkeiten hindurch ist: Ist es nicht die Polarität, die Gegensätzlichkeit und Widersprüchlichkeit, die sich in allen Dingen und Erfahrungen zeigt? ... Die gesamte Weite der Erfahrungen zwischen Gegensätzen vermittelt erst den Eindruck, wirklich zu leben und das Leben voll und ganz zu spüren. Wodurch sollte dieses Glück jemals infrage gestellt werden? Was zur Fülle des Lebens beiträgt, bestärkt dieses Glück, geschwächt wird es durch die Vereinseitigung der Erfahrung, meist nach der Seite des Angenehmen hin, die am ehesten festzuhalten versucht wird. Dieses Glück ist umfassender und dauerhafter als alles Zufallsglück und Wohlfühlglück; es ist das eigentlich philosophische Glück, nicht abhängig von günstigen und ungünstigen Zufällen, von den momentanen Schwankungen zwischen Wohlgefühl und Unwohlsein, vielmehr die immer aufs Neue zu findende Balance in aller Polarität des Lebens, nicht unbedingt im jeweiligen Augenblick, sondern durch das gesamte Leben hindurch: Nicht nur Gelingen, auch Misslingen; nicht nur Erfolg, auch Misserfolg; nicht nur Lust, auch Schmerz; nicht nur Gesundheit, auch Krankheit; nicht nur Fröhlichsein, auch Traurigsein; nicht nur Zufriedensein, auch Unzufriedensein ... Den entscheidenden Schritt zu diesem Glück macht ein Mensch mit der Festlegung seiner Haltung selbst. Dann kann er mit Leben mitfließen ...

Keines der genannten „Glücke" ist verzichtbar, das dritte Glück aber, das einzige, das dauerhaft sein kann, gilt es in modernen, vom Angenehmen verwöhnten Zeiten erst wieder zu entdecken. Zufallsglück und Wohlfühlglück beruhen auf vereinzelten Erfahrungen, kleinen und größeren Episoden, sodass von einem episodischen Glück die Rede sein kann, das zufällig geschieht und sich gelegentlich zeigt ... Das Glück der Fülle ist demgegenüber ein anhaltendes, auch ein zurückhaltendes Glück, das die Zeiten übergreift und von Dauer ist, ein epochales Glück, das erst möglich wird durch die Einbeziehung all dessen, was die Fülle des Lebens ausmacht. Wer von diesem Glück etwas Spektakuläres erwartet, wird wohl enttäuscht sein: Es ist nichts Besonderes. Schwer zu erreichen ist es vor allem dadurch, dass immerzu nach dem Besonderen und Spektakulären gesucht wird. Nicht immer ist das zugehörige umfassende Bewusstsein im jeweiligen Moment präsent, daher ist das Glück der Fülle zuweilen erst in der Erinnerung erfahrbar: Mit dem Blick aus der Distanz, für den sich das Leben zum Zusammenhang fügt, mit all den lichten Stellen und Schattierungen, die den Reichtum eines erfüllten Lebens zwischen Geburt und Tod ausmachen ...

(Quelle: Wilhelm Schmid: Glück. Alles, was Sie darüber wissen müssen, und warum es nicht das Wichtigste im Leben ist. Frankfurt am Main: Insel Verlag, 2018, S. 28–34)

© AnnGaysorn – shutterstock.com

Auch in schwierigen Lebenssituationen kann man Glück erfahren.

Aufgaben

1. Differenzieren Sie zwischen den verwendeten Begriffen von Glück, die im Text genannt werden, und finden Sie passende Beispiele.
2. Nehmen Sie Stellung zu Schmids Auffassung vom „Glück der Fülle".
3. Leiten Sie Konsequenzen für das eigene Leben aus Schmids Auffassung vom Glück ab.

2.6 Eine Abrechnung mit dem Glück

Wilhelm Schmid – Unglücklich sein. Eine Ermutigung (Vorwort)

...Von den Plakatwänden schreit es herab: „Glück!" Aus den Werbespots blitzt es hervor: „So werden Sie glücklich!" Prospekte versprechen: „Noch mehr Glück!" Bei Reiseveranstaltern ist es zu buchen: „Glücksgarantie!" Zeitungen titeln: „Wie Sie auf Glück umschalten", um wenig später verwundert zu fragen: „Warum sind wir nicht glücklicher?"

Um nicht missverstanden zu werden: Es ist ein Gewinn, wenn es im menschlichen Leben um Glück gehen darf und nicht mehr nur um Lebenserhaltung und Pflichterfüllung. Aber was ist, wenn das Glück selbst zur Pflicht wird? Die Rede vom Glück hat eine normative Bedeutung gewonnen, malt den Menschen also eine neue Norm an die Stirn: Du musst glücklich sein, sonst lohnt sich dein Leben gar nicht. Wer unglücklich ist, beginnt sich Vorwürfe zu machen, dass ihm etwas fehlt und dass er den Anforderungen des glücklichen Lebens nicht gewachsen ist. Offenkundig hat er versagt. Alle Anderen scheinen es ja zu schaffen, jedenfalls arbeiten sie hart daran, diesen Eindruck zu erwecken. Neid zerfrisst die Seele des Unglücklichen: Nie wird Anschluss an all die Glücklichen zu finden sein, die diesen Planeten bevölkern, sofern den weltweiten Glücksforschungen Glauben geschenkt werden darf.

Eine drohende *Diktatur des Glücks* lässt keinen Raum dafür übrig, unglücklich zu sein. Ein scharfer Gegenwind schlägt jedem entgegen, der an der Fähigkeit des Glücks zur Alleinherrschaft über das menschliche Leben zweifelt.

(Quelle: Wilhelm Schmid: Unglücklich sein. Eine Ermutigung. Berlin: Insel Verlag. 2018. 4. Auflage. S. 7 ff.)

Auch das gehört zum Leben.

Symbole des Glücks

Aufgaben

1. Äußern Sie sich intuitiv zum Ausdruck: „Diktatur des Glücks".
2. Geben Sie Schmids Argumentation über das „Unglücklichsein" in eigenen Worten wieder.
3. Untersuchen Sie, inwiefern es das Glücklichsein ohne das Unglücklichsein geben kann. Bringen Sie dabei eigene Erfahrung ein.
4. Erörtern Sie, ob Glück das oberste Ziel eines Menschen sein sollte.
5. Verpassen wir das Glücklichsein, weil wir dauernd auf der Suche danach sind? Beziehen Sie Stellung.

2.7 Darstellung eines gelungenen Lebens in Literatur, Film und Musik

Literatur

Das kann auch stören ...

Anekdote zur Senkung der Arbeitsmoral

Heinrich Böll (1917–1985)

In einem Hafen an einer westlichen Küste Europas liegt ein ärmlich gekleideter Mann in seinem Fischerboot und döst. Ein schick angezogener Tourist legt eben einen neuen Farbfilm in seinen Fotoapparat, um das idyllische Bild zu fotografieren: blauer Himmel, grüne See mit friedlichen, schneeweißen Wellenkämmen, schwarzes Boot, rote Fischermütze. Klick. Noch einmal: klick, und da aller guten Dinge drei sind und sicher sicher ist, ein drittes Mal: klick. Das spröde, fast feindselige Geräusch weckt den dösenden Fischer, der sich schläfrig aufrichtet, schläfrig nach seiner Zigarettenschachtel angelt. Aber bevor er das Gesuchte gefunden, hat ihm der eifrige Tourist schon eine Schachtel vor die Nase gehalten, ihm die Zigarette nicht gerade in den Mund gesteckt, aber in die Hand gelegt, und ein viertes Klick, das des Feuerzeuges, schließt die eilfertige Höflichkeit ab. Durch jenes kaum meßbare, nie nachweisbare zuviel an flinker Höflichkeit ist eine gereizte Verlegenheit entstanden, die der Tourist – der Landessprache mächtig – durch ein Gespräch zu überbrücken versucht. „Sie werden heute einen guten Fang machen." Kopfschütteln des Fischers. „Aber man hat mir gesagt, daß das Wetter günstig ist." Kopfnicken des Fischers. „Sie werden also nicht ausfahren?" Kopfschütteln des Fischers, steigende Nervosität des Touristen. Gewiß liegt ihm das Wohl des ärmlich gekleideten Menschen am Herzen, nagt an ihm die Trauer über die verpaßte Gelegenheit. „Oh? Sie fühlen sich nicht wohl?" Endlich geht der Fischer von der Zeichensprache zum wahrhaft gesprochenen Wort über. „Ich fühle mich großartig", sagt er. „Ich habe mich nie besser gefühlt." Er steht auf, reckt sich, als wollte er demonstrieren, wie athletisch er gebaut ist. „Ich fühle mich phantastisch." Der Gesichtsausdruck des Touristen wird immer unglücklicher, er kann die Frage nicht mehr unterdrücken, die ihm sozusagen das Herz zu sprengen droht: „Aber warum fahren Sie dann nicht aus?" Die Antwort kommt prompt und knapp. „Weil ich heute Morgen schon ausgefahren bin." „War der Fang gut?" „Er war so gut, daß ich nicht noch einmal ausfahren brauche, ich habe vier Hummer in meinen Körben gehabt, fast zwei Dutzend Makrelen gefangen." Der Fischer, endlich erwacht, taut jetzt auf und klopft dem Touristen auf die Schulter. Dessen besorgter Gesichtsausdruck erscheint ihm als ein Ausdruck zwar unangebrachter, doch rührender Kümmernis. „Ich habe sogar für morgen und übermorgen genug!" sagte er, um des Fremden Seele zu erleichtern. „Rauchen Sie eine von meinen?" „Ja, danke." Zigaretten werden in Münder gesteckt, ein fünftes Klick, der Fremde setzt sich kopfschüttelnd auf den Bootsrand, legt die Kamera aus der Hand, denn er braucht jetzt beide Hände, um seiner Rede Nachdruck zu verleihen. „Ich will mich ja nicht in Ihre persönlichen Angelegenheiten mischen", sagt er, „aber stellen Sie sich mal vor, Sie führen heute

... wenn es übertrieben wird.

ein zweites, ein drittes, vielleicht sogar ein viertes Mal aus, und Sie würden drei, vier, fünf, vielleicht sogar zehn Dutzend Makrelen fangen. Stellen Sie sich das mal vor!“ Der Fischer nickt. „Sie würden“, fährt der Tourist fort, „nicht nur heute, sondern morgen, übermorgen, ja, an jedem günstigen Tag zwei-, dreimal, vielleicht viermal ausfahren – wissen Sie, was geschehen würde?“

Der Fischer schüttelt den Kopf. „Sie würden sich in spätestens einem Jahr einen Motor kaufen können, in zwei Jahren ein zweites Boot, in drei oder vier Jahren könnten Sie vielleicht einen kleinen Kutter haben, mit zwei Booten oder dem Kutter würden Sie natürlich viel mehr fangen – eines Tages würden Sie zwei Kutter haben, Sie würden ...“, die Begeisterung verschlägt ihm für ein paar Augenblicke die Stimme, „Sie würden ein kleines Kühlhaus bauen, vielleicht eine Räucherei, später eine Marinadenfabrik, mit einem eigenen Hubschrauber rundfliegen, die Fischschwärme ausmachen und Ihren Kuttern per Funk Anweisung geben, sie könnten die Lachsrechte erwerben, ein Fischrestaurant eröffnen, den Hummer ohne Zwischenhändler direkt nach Paris exportieren – und dann ...“ – wieder verschlägt die Begeisterung dem Fremden die Sprache. Kopfschüttelnd, im tiefsten Herzen betrübt, seiner Urlaubsfreude schon fast verlustig, blickt er auf die friedlich hereinrollende Flut, in der die ungefangenen Fische munter springen. „Und dann“, sagt er, aber wieder verschlägt ihm die Erregung die Sprache. Der Fischer klopft ihm auf den Rücken wie einem Kind, das sich verschluckt hat. „Was dann?“ fragt er leise. „Dann“, sagt der Fremde mit stiller Begeisterung, „dann könnten Sie beruhigt hier im Hafen sitzen, in der Sonne dösen – und auf das herrliche Meer blicken.“ „Aber das tu ich ja schon jetzt“, sagt der Fischer, „ich sitze beruhigt am Hafen und döse, nur Ihr Klicken hat mich dabei gestört.“ Tatsächlich zog der solcherlei belehrte Tourist nachdenklich von dannen, denn früher hatte er auch einmal geglaubt, er arbeite, um eines Tages einmal nicht mehr arbeiten zu müssen, aber es blieb keine Spur von Mitleid mit dem ärmlich gekleideten Fischer in ihm zurück, nur ein wenig Neid.

(Heinrich Böll, 1963: Böll schrieb die Anekdote für eine Sendung des Norddeutschen Rundfunks zum „Tag der Arbeit“ am 1. Mai 1963)
Quelle: Böll, Heinrich, Werke: Band Romane und Erzählungen 4. 1961–1970. Köln: Kiepenheuer&Witsch 1994, S. 267–269; (Alte Rechtschreibung in diesem Originaltext)

(Quelle: https://entspannungsreisen.de/wp-content/uploads/2009/10/Boell_Anekdote.pdf, Abruf: 21.04.2021)

Aufgaben

1. Beschreiben Sie das nebenstehende Bild.
2. Schildern Sie Ihre Vorstellung vom Alltag eines Fischers.
3. Stellen Sie eine Hypothese auf, was der Fischer im obigen Text unter einem „guten Leben“ versteht.
4. Stellen Sie die Einstellung des Fischers aus dem Text der des Touristen vergleichend gegenüber.

Die Phantasie des Touristen ...

Nihilistisch:

Es bedeutet, dass alle positiven Werte, Normen, Ideale bedingungslos abgelehnt werden.

5. Nehmen Sie Stellung zu folgender Aussage: „Derjenige, der mehr arbeitet und dadurch auch mehr Geld verdient, ist glücklicher."
6. Reflektieren Sie Ihre eigene Einstellung: Finden Sie sich eher im Fischer oder im Touristen wieder?

Roman „Nichts. Was im Leben wichtig ist" von Janne Teller

Klappentext 1

„Nichts bedeutet irgendwas, deshalb lohnt es sich nicht, irgendwas zu tun." Mit diesen Worten verlässt Pierre eines Tages den Unterricht. Seine Mitschüler beschließen daraufhin, ihrem **nihilistischen** Klassenkameraden das Gegenteil zu beweisen: In einem alten Sägewerk sammeln sie alles, was Bedeutung hat. Doch außer alten Fotos, einer kopflosen Puppe und einem Gesangbuch kommt nichts zusammen ...

Aufgaben

1. Nennen Sie einen Gegenstand, den Sie zum Sägewerk mitgebracht hätten.
2. Erstellen Sie eine Collage mit Dingen, die für Sie persönlich von Bedeutung sind.
3. Stellen Sie Spekulationen über den Fortgang der Handlung an.
4. Lesen Sie den zweiten Teil des Klappentextes.

Musizieren kann Ausdruck eines positiven Lebensgefühls sei.

Klappentext 2

... Daher fordern die Schüler, dass jeder etwas Bestimmtes, ihm besonders Wichtiges abgeben muss: Ole die Boxhandschuhe, Hans sein neues Rennrad, Hussein den Gebetsteppich, Frederik die dänische Flagge. Je größer das Opfer, desto größer seine Bedeutung.

Was harmlos beginnt, droht bald zu eskalieren: Marie-Ursula muss sich von ihren Zöpfen und Gerda von ihrem Hamster trennen. Beide rächen sich mit noch grausameren Forderungen: Lis Adoptionsurkunde, der Sarg des kleinen Emil, ein Hundekadaver und eine Jesusstatue landen auf dem Berg von Bedeutung. Das Projekt gerät völlig außer Kontrolle, als Sofie ihre Unschuld und der Gitarre spielende Johan seinen Zeigefinger opfern soll. Da schreiten Eltern und Polizei ein. Nur Pierre bleibt unbeeindruckt. Er lacht über die Schüler, die solche Opfer bringen, um Bedeutung zu finden. In der Nacht rächen sie sich auf brutale Weise für seine Ignoranz.

Aufgaben

1. Fassen Sie den Fortgang der Handlung in Ihren eigenen Worten zusammen.
2. Untersuchen Sie Gründe für die Eskalation.

3. Beurteilen Sie das Verhalten von Pierre.
4. Stellen Sie einen Zusammenhang zwischen dem Begriff „Bedeutung" und einem „guten Leben" her.

Das Handlungsprodukt

Damit Henry seiner Schwester antworten kann, denkt er noch einmal über alles nach. Helfen Sie ihm dabei, indem Sie sich noch einmal kritisch mit den unterschiedlichen Vorstellungen eines guten Lebens beschäftigen, um abschließend zu einem eigenen Urteil darüber zu gelangen, welche Glückskonzeption für Sie die überzeugendste ist. Diese Erkenntnisse halten Sie in einem Handlungsprodukt fest. Hierzu stehen Ihnen mehrere Möglichkeiten zur Auswahl:

Schreiben Sie einen Essay zum Thema „Das gute Leben". Grenzen Sie das Thema ein, indem Sie einen Aspekt herausgreifen und weiter ausführen.

Entwerfen Sie Ihre persönliche Vorstellung eines „guten Lebens". Beziehen Sie hierzu Gemeinsamkeiten und Unterschiede zu den in dieser Einheit erarbeiteten Glückskonzeptionen ein.

Projektvorschlag: „Glücksglas" – Suchen Sie sich Zuhause ein abschließbares Glasgefäß (bspw. ein Schraubglas). Darin sammeln Sie eine Woche lang kleine Zettel, auf die Sie Dinge notieren, die Sie glücklich machen. Nach einer Woche erfolgt die Auswertung. Halten Sie die Ergebnisse in einem Reflexionsaufsatz fest.

Handlungsprodukt:
Hier: schriftliche Ausarbeitung, Projekt, Theateraufführung u. a.

Film

https://www.youtube.com/watch?v=tveZPR3Tv1A

Aufgaben

1. Bilden Sie Assoziationen zum Titel und Titelbild.
2. Rufen Sie den in der rechten Spalte angefügten QR-Code auf und schauen Sie sich den Trailer zum Film an.
3. Geben Sie den Inhalt kurz in eigenen Worten wieder.

4. Beschreiben Sie die Vorstellung der beiden Protagonisten von einem guten Leben.
5. Vergleichen Sie diese Vorstellungen und arbeiten Sie mögliche Ursachen dafür heraus.
6. Analysieren Sie, inwieweit sich diese Vorstellung im Handlungsverlauf ändert.
7. Leiten Sie Konsequenzen für sich und Ihre persönliche Auffassung eines guten Lebens ab.
8. Im Film „Ziemlich beste Freunde“ wird die Atmosphäre insbesondere durch stimmungsvolle Musik untermalt. Finden Sie ein Lied, das Ihre Vorstellung eines guten Lebens widerspiegelt und begründen Sie Ihre Auswahl.

3 Der Mensch als Person

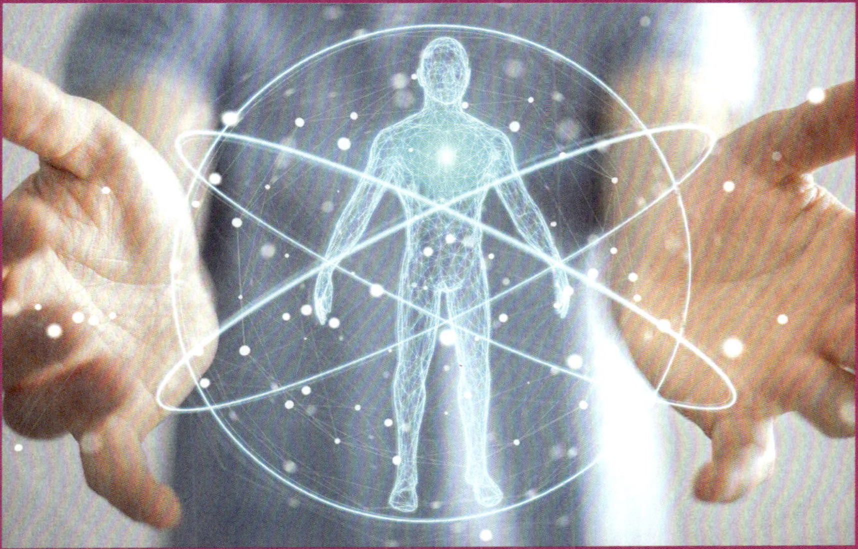

3 Der Mensch als Person

© Nestor Rizhniak – shutterstock.com

Opa und Enkel: Eine besondere Verbindung.

Henrys Opa hat Krebs. Er wusste es wohl schon länger, hat es aber für sich behalten. „Damit ihr euch keine Sorgen macht", hat er gesagt. Irgendwie eigenartig. Henry hat ein sehr enges Verhältnis zu seinem Großvater. Seit er denken kann, ist er fester Bestandteil seines Lebens. Und jetzt hat er Krebs. „Ich hatte bisher ein wunderbares Leben, ich habe viel gesehen und erlebt. Ich würde nichts ändern." Diese Worte geben Henry Mut. Mit Zufriedenheit auf sein eigenes Leben zurückblicken zu können, ist wohl etwas, das sich jeder für seine Zukunft wünscht. Sein Opa hat ihm oft von seinen Erlebnissen erzählt, was er beruflich alles erlebt hat, wie er Oma kennengelernt hat (seine Lieblingsgeschichte), aber auch von Rückschlägen und wie er diese gemeistert hat. Und unwillkürlich fragt sich Henry: „Was werde ich meinen Enkeln später wohl berichten können? Werde ich auch zufrieden auf mein Leben zurückblicken? Wie soll mein Leben überhaupt aussehen, damit ich zufrieden sein kann? Wer will ich sein?" In diesen Gedankenfluss schleicht sich plötzlich die Melodie eines Songs ein, den Henry vor längerer Zeit gehört hat …

3.1 Wie sieht mein eigener Lebensentwurf aus?

Manfred Mustermann

Mir war von Anfang an klar: Möchtest Du hier überleben
Musst Du besser als der Rest sein – es kann nur einen geben
Meine Chancen standen bei eins zu einer Million
Doch ich hab' an mich geglaubt und es hat sich gelohnt
Jetzt hab ich lang genug gewartet, meine Zeit ist gekommen
Dieser Platz wird zum Gefängnis, ich befrei' mich davon
Ich spür' den Luftstrom beim ersten Atemzug in meiner Lunge
Hör' wie jemand sagt, „Glückwunsch, ein kerngesunder Junge"
Die Wärme meiner Mutter wirkt beruhigend auf meine Nerven
Ich öffne meine Augen um 'nen Blick nach draußen zu werfen
Alles ist neu für mich, doch ich bin neugierig
Und ich greif' nach allem, was ich in die Fäuste krieg
Es gibt so viel zu entdecken, zu tasten, riechen und schmecken
Ist das weich? Was passiert, wenn man es runterwirft? Kann man das essen?
Mama schau, ich lauf', ich hab's schon bis zum Schrank geschafft!
Und Papa ist so stolz auf meinen ersten ganzen Satz
Ich kann schon über die Tischkante gucken, Mensch, jetzt bin ich groß!
Nur dass Papa immer arbeiten gehen muss find' ich doof
Doch samstags füllt er das Planschbecken mit Wasser auf
Und dann kommt Marie, das Mädchen aus dem Nachbarhaus
Wir spielen Vater-Mutter-Kind, später werd' ich sie mal heiraten
Zum Geburtstag will ich den großen Polizeiwagen
Meine Mama sagt, ich soll die Zeit noch genießen
Bald musst Du zur Schule, dann ist es vorbei mit dem Spielen …

(Quelle: https://www.songtexte.com/songtext/blumentopf/manfred-mustermann-73db6291.html, Abruf: 04.04.2021)

© Monkey Business – stock.adobe.com

Aufgaben

1. Beschreiben Sie, welche wichtigen Stationen im Leben der Person hier dargestellt sind.
2. Lesen Sie den Rest des Songtextes (Die URL ist in der Quelle angegeben.). Machen Sie sich Notizen zu folgenden Aspekten:
   - Erfolge
   - Enttäuschungen
   - Lebensrückblick
3. Verfassen Sie (gerne auch als Songtext) Ihren eigenen „Lebenstext“. Dabei können Sie aus folgenden Möglichkeiten auswählen:
   a) Schreiben Sie einen Text, der sich mit Ihrem Leben bis zum jetzigen Zeitpunkt befasst.
   b) Schreiben Sie einen Text, der sich mit Ihrem Leben ab dem jetzigen Zeitpunkt bis zu Ihrem 60. Lebensjahr befasst. Welche Wünsche, Träume und Vorstellung von Ihrer Zukunft haben Sie?

© fotoduets – stock.adobe.com

Schreiben hilft, Gedanken zu ordnen

3.2 Wer bin ich?

„Um zu wissen, was ich sein werde, muss ich zunächst einmal wissen, wer ich bin.“ Henry hängt weiter seinen Gedanken nach. Bisher hatte er sich nie Gedanken darübergemacht, wer er ist. Er ist eben Henry, was gibt es da schon groß nachzudenken? Aber was heißt es überhaupt, „Henry zu sein“? Ist er immer der gleiche Henry oder gibt es mehrere Versionen? Seine Mutter hatte ihn letzte Woche nach einem kleinen Streit dazu aufgefordert sich „zuhause nicht immer wie auf dem Fußballplatz aufzuführen“. Und irgendwie hatte sie ja auch Recht. Auf dem Fußballplatz mit den Mannschaftskameraden verhält man sich schon oftmals anders als zuhause oder auch in der Schule. Aber welcher Henry ist denn jetzt eigentlich der „richtige“ Henry? Der vom Fußballplatz oder derjenige, der er zuhause ist? Wodurch unterscheiden sich die beiden voneinander? Und warum? Was macht mich zu dem, der ich bin?

© fran_kie – stock.adobe.com

Verschwommene Vorstellungen vom eigenen ich

Aufgaben

1. Erstellen Sie einen Steckbrief, anhand dessen Ihre Mitschülerinnen und Mitschüler Sie eindeutig identifizieren können. WICHTIG: Ihr Name darf nicht Bestandteil des Steckbriefes sein.
2. Verteilen Sie die erstellten Steckbriefe innerhalb der Klasse nach dem Zufallsprinzip und versuchen Sie, Ihre Mitschülerinnen und Mitschüler anhand ihres Steckbriefes zuzuordnen.
3. Diskutieren Sie, welche Informationen notwendig sind, um den Steckbrief der jeweils passenden Person zuordnen zu können.

Den Personalausweis muss man ständig mitführen.

Personalien und Persönlichkeit

Im Laufe seines Lebens stellt sich dem Menschen zu unterschiedlichen Zeitpunkten die Frage nach seinem eigenen Selbst, denjenigen Aspekten also, die ihn selbst ausmachen. Oftmals entstehen diese Fragen im Zusammenhang einer Lebenskrise oder Ungewissheiten hinsichtlich des Zusammenlebens mit anderen Menschen. Was aber genau macht mich zu dem, der ich bin? Schaut man sich seinen eigenen Personalausweis an, so werden bereits viele Informationen offenbar, die zur Identifizierung der jeweiligen Person dienen. So werden beispielsweise der Name, das Alter, die Körpergröße und weitere Merkmale angegeben.

Doch es stellt sich die Frage, ob diese Informationen ausreichen, um von der jeweiligen Person sagen zu können, „dass man sie kennt". Wenn wir davon sprechen, eine Person (gut) zu kennen, meinen wir in unserem Sprachgebrauch offenbar mehr als die bloße Kenntnis der Personalien der jeweiligen Person. Denn auch die Persönlichkeit spielt hierbei eine entscheidende Rolle. Je nachdem, wie eng wir mit einer Person verbunden sind, kennen wir ihre Wünsche und Interessen, ihre Fähigkeiten und Kenntnisse in unterschiedlichsten Bereichen und können uns in bestimmten Situationen sogar in die Person hineinversetzen und somit ihre Empfindungen nachvollziehen. Diese Informationen beschreiben die Persönlichkeit der uns bekannten Person und geben uns gemeinsam mit den Personalien einen Einblick in die Identität der Person.

Soziogramm, schematische Darstellung

Aufgaben

1. Nehmen Sie Ihren Personalausweis zur Hand und nennen Sie Informationen, die Sie darauf erkennen können.
2. Sortieren Sie die im Text genannten Merkmale einer Person in die Kategorien „Persönlichkeit" und „Personalien". Finden Sie weitere Merkmale, die Sie diesen Kategorien zuordnen würden.
3. Entscheiden Sie, welche dieser Merkmale notwendig sind, um von einer Person sagen zu können, dass man sie kennt.
4. Betrachten Sie nun Ihre Freundesliste auf einer beliebigen Plattform im Bereich der sozialen Medien (Twitter, Facebook, Instagramm etc.) und geben Sie eine Einschätzung ab, wie viele dieser Personen Sie „wirklich kennen".
5. Erstellen Sie ausgehend von diesen Überlegungen ein „Soziogramm", in welchem Sie Ihren Bekanntenkreis darstellen. In der Mitte des Soziogramms stehen Sie, alle weiteren Personen werden eher nah oder fern zum Zentrum angeordnet, je nachdem, wie gut Sie die jeweilige Person kennen. Es ist auch möglich, die jeweiligen Personen in Gruppen zusammenzufassen (z. B. Familie).

3.3 Wer bin ich für andere? – Soziale Rolle und Rollenerwartungen in sozialen Kontexten

Aufgaben

1. Beschreiben Sie das Bild.
2. Interpretieren Sie die Aussageabsicht dieses Bildes unter Bezugnahme auf die Überschrift des Kapitels.

In gewisser Weise sind wir alle Schauspieler.

Wir unterliegen einer permanenten Möglichkeit und mitunter auch Notwendigkeit der Selbstveränderung, die sich konkret in unserem Alltag zeigt. Wir bewegen uns in unterschiedlichen sozialen Kontexten, die uns beeinflussen. Ein sozialer Kontext ist beispielsweise die Schule, der sich doch sehr von anderen sozialen Kontexten unterscheidet, in denen wir uns bewegen, beispielsweise dem sozialen Kontext der Familie. In allen diesen Kontexten nehmen wir bestimmte soziale Rollen ein, die sogar innerhalb der jeweiligen Kontexte variieren können. So nehmen wir im Kontext der Schule sowohl die Rolle des Schülers als auch die des Klassenkameraden ein, in der Familie sind wir sowohl Sohn/Tochter aber auch Bruder/Schwester. Die jeweiligen Rollen sind wiederum dadurch definiert, welche Rollenerwartungen an uns gestellt werden. Damit ist das gemeint, was innerhalb des jeweiligen Kontexts in der entsprechenden Rolle von uns erwartet wird. Als Schüler wird von uns erwartet, dass wir den Anforderungen der Schule gerecht werden (Mitarbeit, lernen etc.), als Kind im häuslichen Umfeld werden wiederum andere Verhaltensweisen und Einstellungen von uns verlangt. Das führt dazu, dass wir uns in unserer Persönlichkeit in diesen Kontexten stets anpassen müssen, um die jeweiligen Erwartungen erfüllen zu können.

Sind wir nicht alle Schauspieler?

Sehen die anderen mich auch so?

© Coloures-Pic – stock.adobe.com

Wer ist es am Ende?

© Hurca! – stock.adobe.com

Aufgaben

1. Nennen Sie soziale Kontexte, in denen Sie sich befinden.
2. Beschreiben Sie die Rolle(n), die Ihnen in den jeweiligen Kontexten zukommt (zukommen).
3. Erläutern Sie Erwartungen, Ansprüche und Anforderungen, die in den jeweiligen Kontexten an Sie gestellt werden.

Das Handlungsprodukt

Beantworten Sie für sich persönlich die Frage „Wer bin ich?“.

Tragen Sie hierzu die in dem vorangegangenen Kapitel dargestellten Aspekte Ihrer eigenen Identität zusammen und erstellen Sie ein individuelles Persönlichkeitsprofil von sich selbst. In diesem Profil sollen sowohl Aspekte Ihrer Personalien (Seite 1) als auch Ihrer Persönlichkeit deutlich werden (Seite 2). Erläutern Sie ergänzend Rollenerwartungen, die in Ihren ganz persönlichen sozialen Kontexten an Sie gestellt werden (Seite 3).

Verteilen Sie die Seiten 2 und 3 in Ihrer Gruppe/Klasse. Ihre Mitschülerinnen und Mitschüler haben nun die Aufgabe, anhand dieser Informationen/Persönlichkeitsprofile herauszufinden, um wen es sich dabei handelt.

Ihre Mitschülerinnen und Mitschüler ergänzen zudem das Persönlichkeitsprofil mit mindestens drei Merkmalen und Informationen, die Ihnen selbst nicht eingefallen sind und die sie gerne ergänzen würden.

3.4 Was macht mich zu einer Person? – Kriterien nach John Locke und Peter Singer

© dpa

In der nächsten Stunde des Sozialkundeunterrichts befassen sich Henry und seine Mitschülerinnen und Mitschüler mit dem Grundgesetz. Dabei fallen Henry folgenden Formulierungen ins Auge:

Artikel 1

(1) Die Würde des Menschen ist unantastbar.

Artikel 2

***(1)** Jeder hat das Recht auf die freie Entfaltung seiner Persönlichkeit, soweit er nicht die Rechte anderer verletzt und nicht gegen die verfassungsmäßige Ordnung oder das Sittengesetz verstößt.*

***(2)** Jeder hat das Recht auf Leben und körperliche Unversehrtheit. Die Freiheit der Person ist unverletzlich.*

Beim ersten Lesen dieser Artikel des Grundgesetzes scheinen die dargestellten Regeln ganz klar. Je länger sich Henry jedoch mit den Formulierungen des Gesetzestextes befasst, umso mehr scheint ihm hier irgendetwas nicht zusammenzupassen. Noch ist ihm nicht ganz klar, was genau ihn an den Formulierungen stört.

© E. Zacherl – stock.adobe.com

Das sollten alle Menschen uneingeschränkt respektieren.

Aufgaben

Spekulieren Sie, welche Formulierungen in den jeweiligen Artikeln Henry zum Nachdenken anregen. Tipp: Von wem ist hier die Rede?

Nach einer Weile erkennt Henry das scheinbare Problem:

Im ersten Artikel wird von der Würde des Menschen gesprochen. In Artikel 2 ist dagegen von Persönlichkeit und der Freiheit der Person die Rede. Gibt es einen Unterschied zwischen Menschen und Personen? Sind alle Menschen Personen? Sind alle Personen Menschen? Hat dies eine Auswirkung auf die jeweiligen Rechte?

Diese Fragen lassen Henry nicht los und er fragt sich, wer oder was überhaupt als eine Person anzusehen ist. Da er sich diese Frage bisher noch nie gestellt hat, begibt er sich auf die Suche nach Antworten zu dieser Frage. Dabei stößt er im Internet auf zwei philosophische Texte, die versprechen, die Merkmale einer Person genauer zu bestimmen.

© alphaspirit – stock.adobe.com

Personen? Menschen?

© fogbird – stock.adobe.com

John Locke

© picture alliance/AP Images

Peter Singer

Sich seiner Selbst bewusst sein

Was macht mich zu einer Person? Diese Frage beschäftigte und beschäftigt viele Philosophen und Denker aus verschiedenen Epochen der Menschheitsgeschichte. John Locke (1632–1704) und Peter Singer sind zwei von ihnen.

John Locke:

„... Nach Feststellung dessen fragt es sich, worin die Dieselbigkeit der Person besteht? Ich verstehe darunter ein denkendes, vernünftiges Wesen mit Verstand und Ueberlegung, was sich als sich selbst und als dasselbe denkende Wesen zu verschiedenen Zeiten und Orten auffassen kann, indem dies nur durch das Selbstbewusstsein geschieht, was vom Denken nicht zu trennen ist, und wie mir scheint, ihm wesentlich ist; da unmöglich Jemand auffassen kann, ohne zu bemerken, dass er auffasst, und da man beim Sehen, Hören, Riechen, Schmecken, Fühlen, Nachdenken oder Wollen weiss, dass man es thut. So verhält es sich immer mit den gegenwärtigen Wahrnehmungen und Auffassungen, und dadurch ist ein Jeder sich das, was er nennt: „Er selbst“... Da das Selbstbewusstsein das Denken immer begleitet und macht, dass Jeder das ist, was man „Sein Selbst“ nennt, und wodurch man sich von andern denkenden Dingen unterscheidet, so besteht die Dieselbigkeit der Person oder die Dieselbigkeit eines vernünftigen Wesens nur hierin, und soweit dieses Selbstbewusstsein sich rückwärts auf vergangene Handlungen oder Gedanken ausdehnen kann, soweit reicht die Dieselbigkeit der Person; sie ist dieselbe jetzt, wie damals; dasselbe Selbst, welches jetzt sich dessen bewusst ist, hat die Handlung verrichtet.“

(Quelle: http://www.zeno.org/Philosophie/M/Locke,+John/Versuch+über+den+menschlichen+Verstand/Zweites+Buch.+Von+den+Vorstellungen/27.+Von+der+Dieselbigkeit+und+Verschiedenheit, Abruf: 10.11.2021)

In Anlehnung an John Locke entfaltet Singer seinen Personenbegriff ... Eine Person ist demnach ein Lebewesen, das sich seiner selbst bewusst, empfindungsfähig und autonom ist sowie ein Interesse an etwas hat. Es muss außerdem Wünsche für die Zukunft haben können und sich der Vergangenheit und Gegenwart bewusst sein. Es geht um ein kontinuierliches Identitätsbewusstsein über die Zeit hinweg ...

Singer unterscheidet drei Kategorien von Wesen:

- nicht bewusste Wesen, zum Beispiel Pflanzen. Diese Wesen können keinen Schmerz empfinden und müssen bei Interessenabwägungen nicht berücksichtigt werden.
- bewusste Wesen, zum Beispiel Fische, die empfindungsfähig sind. Ihre Interessen müssen berücksichtigt werden.
- selbstbewusste Wesen (Personen), zum Beispiel ausgewachsene Menschen und Menschenaffen (sofern keine geistige Beeinträchtigung vorliegt). Sie zu töten wiegt schwerer als das Töten von nur bewussten (aber nicht selbstbewussten) Wesen, da sie in der Regel den Wunsch für die Zukunft haben, weiterzuleben.

(Quelle: https://www.philoclopedia.de/2016/07/15/praktische-ethik-peter-singer/, Abruf: 10.11.2021)

Aufgaben

1. Erarbeiten Sie die Merkmale einer Person ausgehend von diesen beiden Texten.
2. Erklären Sie den Unterschied zwischen den „drei Kategorien von Wesen“.
3. Ordnen Sie Lebewesen den von Singer beschrieben „Kategorien von Wesen“ zu. Beginnen Sie hierzu mit den folgenden Lebewesen und erweitern Sie die Liste. Recherchieren Sie bei Bedarf Fähigkeiten der jeweiligen Lebewesen, die Ihnen bei Ihrer Zuordnung als hilfreich erscheinen. Begründen Sie Ihre Entscheidung, indem Sie knapp darstellen, welche Kriterien das jeweilige Lebewesen in welchem Ausmaß erfüllt.

   Lebewesen: Giraffe, Eintagsfliege, Hund, Birke, Gorilla, Schnecke, Bakterium, Mensch

Tiere haben unterschiedliche Fähigkeiten.

3.5 „Nicht alles Leben ist heilig.“ (?)

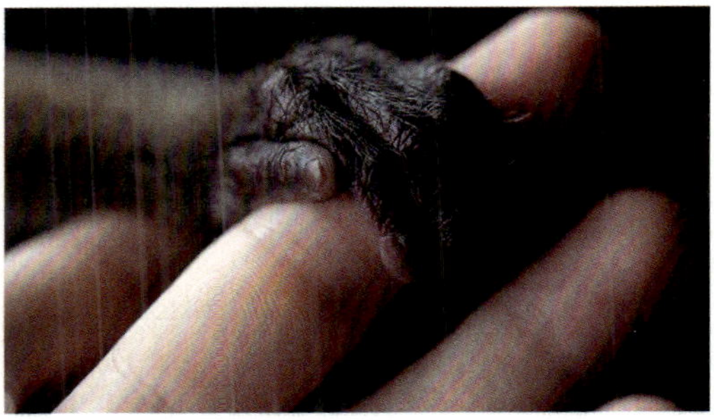

Kinder von Mensch und Affe zeigen ähnliche Reaktionen.

Gespräch mit Peter Singer „Nicht alles Leben ist heilig“

Spiegel: Lassen Sie uns versuchen, Ihr Denkmodell auf Embryonen anzuwenden. Zunächst: Wann beginnt in Ihren Augen menschliches Leben? ...

Singer: ... Moralisch wichtig ist doch nicht, ob ein Embryo menschliches Leben ist, sondern einzig die Frage, welche Fähigkeiten und Eigenschaften er hat. Denn auf diese gründet sich sein moralischer Status. Ein wesentlicher Punkt ist das Einsetzen von Schmerzempfinden. Ab diesem Zeitpunkt verdient der Embryo einen gewissen Schutz – ähnlich wie ihn ein Tier auch verdient.

Spiegel: Das heißt: Vorher gleicht der Embryo, ethisch betrachtet, einer Kartoffel, nun steigt er auf zum moralischen Wert einer Ratte?

Singer: Was den Embryo selbst betrifft, würde ich die Frage mit „Ja“ beantworten ...

Spiegel: Sie verknüpfen das vollwertige Lebensrecht offenbar mit der Fähigkeit zur Selbsterkenntnis. Ab wann können Sie diese Fähigkeit denn bei einem Baby erkennen? ...

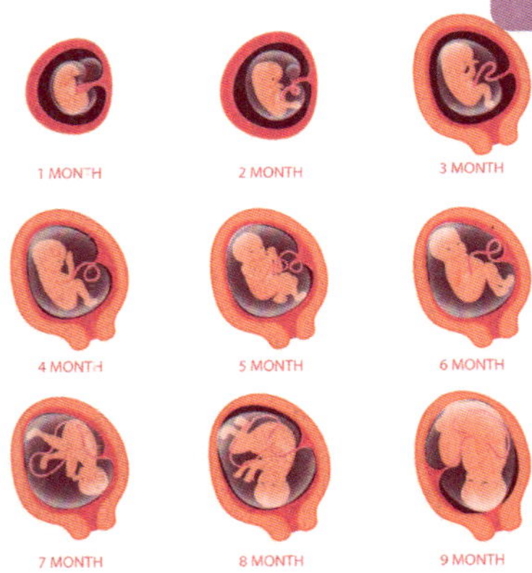

Entwicklungsphasen des menschlichen Lebens

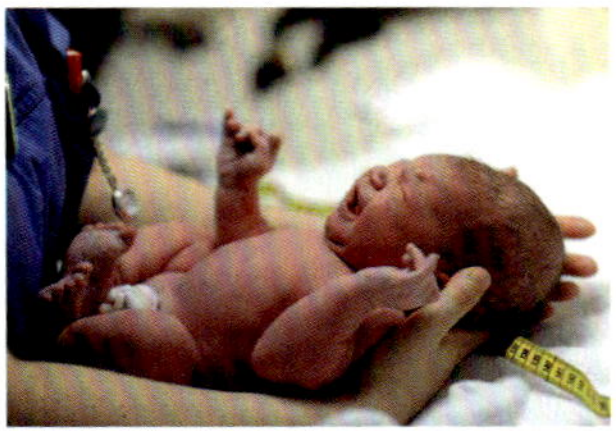

© bevisphoto – stock.adobe.com

Schutzbedürftigkeit

Singer: Das ist schwer zu sagen. Es hängt davon ab, was genau Sie unter Selbstbewusstsein verstehen. Ich neige dazu zu sagen, irgendwann im Laufe des ersten Lebensjahres. Bis zu diesem Zeitpunkt mag man das Leben eines sich entwickelnden Kindes auf verschiedene Weise schützen. Trotzdem finde ich, dass man nicht eindeutig sagen kann: Das Vergehen, ein solches Kind zu töten, ist ebenso schwer wie das Vergehen, einen erwachsenen, voll seiner selbst bewussten Menschen zu töten ...

Spiegel: Bisher haben wir weitgehend über gesunde Babys gesprochen. Wie aber steht es mit schwer behinderten Babys, die möglicherweise nie volles Bewusstsein ihrer selbst erlangen werden. Kommen die nie im Laufe ihres Lebens in den Genuss eines vollwertigen Rechts zu leben? ...

Singer: Sagen wir es so: Wenn Menschen auf einem so niedrigen intellektuellen Entwicklungsstand sind, dass sie sich ihrer selbst nicht bewusst sind, dann sind wir nicht verpflichtet, sie am Leben zu erhalten. Aber ich halte es für durchaus vernünftig, wenn sich eine wohlhabende Gesellschaft dafür entscheidet, sie zu pflegen und damit unseren Respekt für sie auszudrücken.

(Quelle: http://www.spiegel.de/wissenschaft/mensch/gespraech-mit-peter-singer-nicht-alles-leben-ist-heilig-a-169604.html, Abruf: 22.04.2021)

© momius – stock.adobe.com

Aufgaben

1. Fassen Sie die Kernaussagen Singers stichwortartig zusammen.
2. Nehmen Sie Peter Singers Standpunkt ein und argumentieren Sie ausgehend von den „Kriterien einer Person“ für die Aussage, dass nicht jedes Leben gleichermaßen schützenswert ist. Lesen Sie hierzu die ungekürzte Version des Interviews (Link) und beziehen Sie die Informationen aus Kapitel 8.5 in Ihre Überlegungen mit ein.
3. Beziehen Sie selbst kritisch Stellung zu Peter Singers Standpunkt.
4. Bereiten Sie sich darauf vor, Ihre Ergebnisse in Form einer kurzen Stellungnahme im Plenum zu präsentieren.
5. Führen Sie eine Recherche zu den kognitiven Fähigkeiten von Kleinkindern und Gorillas durch und präsentieren Sie Ihre Ergebnisse.
6. Beurteilen Sie, ausgehend von Ihren Überlegungen, inwiefern die Gefangenschaft von Gorillas in Zoos gerechtfertigt werden kann.

Das Handlungsprodukt

Verfassen Sie einen Leserbrief an Peter Singer, in welchem Sie Überlegungen und Fragen diskutieren, die Ihnen im Verlauf der Unterrichtseinheit begegnet sind. Recherchieren Sie hierzu weitere Konzeptionen des Personenbegriffs, um Ihre Argumentation zu untermauern.

Hierbei dürfen Sie sich gerne auch kritisch äußern. Achten Sie jedoch darauf, Ihre Argumente sachlich und respektvoll zu formulieren.

3.6 Bin ich frei? Willens- und Handlungsfreiheit

Aufgaben

1. Beschreiben Sie die nebenstehende Karikatur.
2 Versetzen Sie sich in die Lage der Person in dieser Karikatur. Welche Umstände seines Lebens könnten dazu führen, dass er sich als „gefangen in einem sehr großen Käfig" fühlt?
3. Überlegen Sie, ob Sie sich auch manchmal eingesperrt fühlen. Berichten Sie von Ihren Erfahrungen mit diesem Gefühl.

Peters Berufswunsch

Peter ist 18 Jahre alt und besucht derzeit die 11. Klasse des Gymnasiums in Hintervorderseilbach, einem kleinen ländlichen Ort im Hunsrück. Ein großes Freizeitangebot besteht dort leider nicht. Die einzige wirkliche Besonderheit des Ortes besteht darin, dass aufgrund des großen Einzugsgebietes Kinder aus der ganzen umliegenden Region zu den beiden örtlichen Kindergärten zusammengefasst und dort betreut werden.

Peter hat 3 Geschwister. Hannah (3), Franziska (6) und Marius (7) leben mit ihm und seiner Mutter zusammen in ihrem Haus. Peters Eltern haben sich kurz nach der Geburt von Marius scheiden lassen, weshalb Peter in den letzten Jahren eine große Mitverantwortung auch für seine Geschwister übernimmt. Das macht ihm aber nichts aus, weil er sich gerne mit den drei „Kleinen" beschäftigt.

„Erzieher." So lautet die Antwort von Peter auf die Frage der Berufsberaterin nach seinem Wunschberuf. „Warum haben Sie sich ausgerechnet für diesen Beruf entschieden?" – „Ich weiß auch nicht so genau. Ich will es einfach. Aber vielleicht gehe ich nach der Schule auch noch studieren." Als ihn die Berufsberaterin daraufhin fragt, woher dieser Wunsch komme, antwortet Peter: „Viele meiner Freunde ziehen weg, um an der Universität in Landau zu studieren. Eigentlich bin ich ja kein so guter Lerner, aber zwei meiner besten Freunde haben sich jetzt für den Studiengang „Pädagogische Psychologie" angemeldet ... mal sehen."

Bei der Durchsicht seiner Unterlagen fällt der Berufsberaterin auf, dass Peter mit 17 ein 4-wöchiges Praktikum bei der Bundeswehr gemacht hatte. „Wie kam es denn dazu? Das passt ja irgendwie gar nicht zu Ihrem aktuellen Berufswunsch." Daraufhin Peter: „Wissen Sie, mein Vater ist Hauptmann und hat mich einfach mal zum Praktikum eingeladen. Ich habe mir dann die Grundausbildung in den einzelnen Bereichen angeschaut und mich haben ganz besonders die Fallschirmjäger beeindruckt." Die Berufsberaterin fragt nach: „Und warum gehen Sie dann nicht diesen Weg?" Etwas verlegen antwortet Peter: „Beim Sehtest hat sich herausgestellt, dass meine Augen zu schlecht sind, um diese Ausbildung zu machen."

Am Ende des Gesprächs fasst die Berufsberaterin nochmal zusammen: „Also: Studium Pädagogische Psychologie oder Ausbildung zum Erzieher.

Berufswunsch Soldat ...

Erzieher: auch für Männer ein attraktiver Beruf

Kann ich das so vermerken?“ Peter ist unschlüssig: „Hhhhm ... ich weiß nicht so genau. Mein Vater hat gemeint, dass Erzieher ja eher ein Frauenberuf sei.“ – „Ja.“, stimmt ihm die Berufsberaterin zu. „Im Moment arbeiten mehr Frauen als Männer in diesem Beruf. Allerdings geschieht in diesem Bereich gerade ein Wandel. Auch Männer können und sollten diesen Beruf ergreifen. Und bei Ihrem Umfeld stehen die Chancen da auch nicht schlecht. Also ich würde es ihnen empfehlen.“ Peter lächelt: „Ok. Das klingt gut.“

Aufgaben

1. Nennen Sie für die jeweiligen Abschnitte des Textes Faktoren, die Peter bei seiner Entscheidung beeinflusst haben könnten.
2. Vergleichen und besprechen Sie Ihre Ergebnisse mit Ihrem Banknachbarn.
3. Diskutieren Sie weitere Einflussfaktoren aus Ihrer persönlichen Erfahrungswelt.
4. Erörtern Sie, inwiefern man angesichts all dieser Einflussfaktoren noch davon sprechen kann, dass wir in unseren Entscheidungen frei sind.

Freiheit als Voraussetzung für Moral

Freiheit: Das Gefühl, vollkommen ungebunden zu sein ...

Was ist Freiheit?

Vereinfacht kann man sagen: Wenn kein Zwang da ist, herrscht Freiheit. Wenn man selbst bestimmen kann, was man tut, ist man frei. Freiheit gehört zu den Grund- und Menschenrechten und zu jeder modernen Demokratie. Aber völlige Freiheit ist damit nicht gemeint. Meine Freiheit darf die Freiheit der anderen Menschen nicht einschränken. So steht es auch in unserer Verfassung, die man auch „freiheitlich-demokratische Grundordnung“ nennt.

Freiheit – früher nur für wenige Menschen

In der Vergangenheit gab es ganz unterschiedliche Auffassungen von Freiheit. So waren zum Beispiel in der Antike (etwa 800 vor Christus bis 500 nach Christus) nur die städtischen Bürger und die Herrscher frei und nur sie hatten entsprechende Rechte. Die Mehrheit der Bevölkerung hatte wenige oder gar keine Rechte, viele Menschen lebten in Sklaverei. Auch später im Mittelalter gab es ganz verschiedene Stufen von Freiheit. Freiheit war damals nicht in einem Gesetz festgeschrieben. Sie war in der Regel davon abhängig, in welcher Stellung die Menschen lebten. Menschen, die Macht, Einfluss und Reichtum hatten, konnten mehr Freiheit genießen als arme Menschen.

Freiheit von der Verfassung zugesichert

In der amerikanischen Verfassung von 1787 wurde die Freiheit aller Menschen zum ersten Mal als Verfassungsgrundsatz festgeschrieben.

Zwei Jahre später lautete die Parole der Französischen Revolution „Freiheit, Gleichheit, Brüderlichkeit". Damals wurden die Grundlagen dafür gelegt, was wir heute unter Freiheit verstehen: Es ist die Freiheit zur freien Entfaltung der eigenen Persönlichkeit.

Grenzen der Freiheit

Begrenzt wird die Freiheit des Einzelnen allerdings durch die Rechtsvorschriften, an die sich jeder halten muss. Die eigene Freiheit endet also spätestens dort, wo die Freiheit anderer geschützt werden muss.

(Quelle: https://www.bpb.de/nachschlagen/lexika/das-junge-politik-lexikon/320323/freiheit, Abruf: 22.04.2021)

Aufgaben

1. Beschreiben Sie in eigenen Worten die im Text dargestellte Definition des Begriffs „Freiheit".
2. Erklären Sie anhand eines selbst gewählten Beispiels den letzten Satz des Textes „Die eigene Freiheit endet also spätestens dort, wo die Freiheit anderer geschützt werden muss".
3. Stellen Sie dar, was der Begriff „Freiheit" für Sie persönlich bedeutet und diskutieren Sie, ob Ihre eigene Freiheit im Alltag eingeschränkt ist.

Exkurs

Ferngesteuert? – Das Libet-Experiment

Aufgaben

Schauen Sie sich das Video im nebenstehenden QR-Code an.

https://www.youtube.com/watch?v=GYjvyQ8mVm8

Der freie Wille im Experiment

Die Hirnforschung konnte bisher wenig Indizien dafür finden, dass es einen freien Willen gibt. Manche Experimente zeigen sogar das Gegenteil. Besonders berühmt wurde das „Libet-Experiment".

Der amerikanische Neurophysiologe Benjamin Libet führte den Versuch in den 1980er-Jahren durch. Er wollte dabei messen, wie viel Zeit zwischen einer bewussten Handlungsentscheidung und der entsprechenden Körperreaktion vergeht.

Um den Zeitpunkt der Handlungsentscheidung zu bestimmen, benutzte Libet eine Art Uhr: Ein Lichtpunkt bewegte sich auf einer kreisförmigen Skala, und der Proband sollte sich zum Zeitpunkt seiner Entscheidung die Position des Lichtpunkts auf der Skala merken. Durch diese Anordnung konnte Libet den Zeitpunkt der bewussten Wahrnehmung des Probanden auf etwa 50 Millisekunden genau bestimmen.

Parallel dazu maß der Forscher die Hirnströme und Muskelbewegungen des Probanden, sodass er nicht nur den genauen Zeitpunkt einer Körperbewegung bestimmen konnte, sondern auch das sogenannte Bereit-

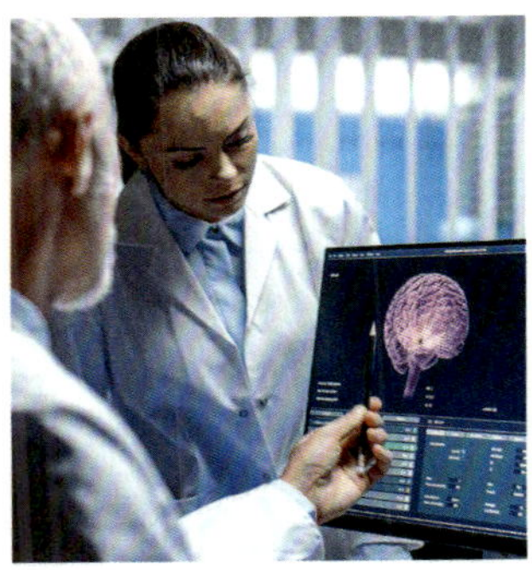

Hirnforschung

Willensfreiheit: Die Freiheit, bewusst einen eigenen Willen und damit auch bestimmte Wünsche zu entwickeln und zu besitzen.

Handlungsfreiheit: Die Freiheit, den eigenen Willen auch in die Tat umzusetzen und damit gemäß den eigenen Wünschen zu handeln.

Zur Verdeutlichung: Wenn ich den Willen habe, eine Reise zu unternehmen, kann mich niemand daran hindern, diesen Willen oder Wunsch zu haben. Ich kann lediglich daran gehindert werden, diesen Willen oder Wunsch auch in die Tat umzusetzen. Das Wollen an sich bleibt davon unberührt.

schaftspotential. Dieses steigt an, wenn das Gehirn die Bewegung im motorischen Cortex (ein Bereich der äußeren Schicht des Großhirns) vorbereitet.

Der Versuch sah vor, dass die Probanden einfach ihre Hand heben sollten: entweder spontan oder nach einem bestimmten, selbstgewählten Zeitplan. Eine einfache, freie Entscheidung. Das Ergebnis des Experiments verblüffte den Wissenschaftler.

Unter allen Bedingungen zeigte sich, dass das Gehirn die Bewegung der Hand bereits zu einem Zeitpunkt vorbereitete, zu dem der Proband selbst noch gar nicht die Absicht gehabt hatte, die Bewegung tatsächlich auszuführen. Bis zu einer Sekunde vor der tatsächlichen Entscheidung signalisierte die Aktivität des motorischen Cortex bereits die erst später folgende Handlungsabsicht ...

Das Libet-Experiment sorgte für Aufsehen, weil experimentell bewiesen schien, dass nicht das bewusste Wollen, sondern unterbewusste Prozesse für unsere Handlungen verantwortlich sind. Die Ergebnisse legten nahe, dass der Wille eher eine vom Gehirn erzeugte Empfindung als eine unabhängige Instanz ist.

(Quelle:https://www.planet-wis-sen.de/natur/forschung/hirnforschung/pwiedaslibetexperiment100.html, Abruf: 04.08.2021)

Aufgaben

1. Erläutern Sie die Interpretation der Ergebnisse des Libet-Experiments.
2. Erörtern Sie, welche Auswirkungen eine solche Interpretation auf unser Verständnis der Willens- und Handlungsfreiheit hätte.
3. Diskutieren Sie, welche Konsequenzen sich daraus für unser gesellschaftliches Zusammenleben und unsere Vorstellungen von Verantwortung und Bestrafung ergeben würden.

Eklat im Gerichtssaal

Damit endet gewöhnlich ein Prozess vor Gericht

Richter ratlos – Verhandlung vertagt

Der 19-jährige Marko K. steht vor Gericht. Ihm wird vorgeworfen, in der Nacht vom 12. auf den 13. Februar 2017 in einer bekannten Diskothek in Saarbrücken einem 25-jährigem Mann ins Gesicht geschlagen zu haben, wodurch dieser unglücklich stürzte und als Folge eine Querschnittslähmung davontrug.

Vor Gericht wurde am vergangenen Dienstag nun sein Verfahren eingeleitet. In seiner Stellungnahme äußerte der Angeklagte, der Jura an der Universität Saarbrücken studiert, folgende Rechtfertigung und Verteidigung seiner Handlung:

„Ich weiß gar nicht, was sie wollen. Ich habe zu dieser Tat kaum etwas beigetragen, außer die Handlung auszuführen. Ich kann nicht erkennen, wie Sie mich auf Basis unseres bestehenden Rechtssystems überhaupt anklagen oder verurteilen wollen. In meinem Fachbuch für Strafrecht steht Folgendes:

‚Grundlage des Schuld- und Verantwortungsprinzips ist die Fähigkeit des Menschen, sich frei und richtig zwischen Recht und Unrecht zu entscheiden. Nur wenn diese Entscheidungsfreiheit existiert, hat es Sinn, einen Schuldvorwurf gegen den Täter zu erheben.'

Und wenn man sich die Ergebnisse der Hirnforschung ansieht, sind nur irgendwelche unbewussten Hirnprozesse dafür verantwortlich, was ich tue. Oder haben Sie noch nie etwas vom Libet-Experiment gehört? Ich beantrage Freispruch."

Der Richter ordnete daraufhin eine Unterbrechung der Verhandlung an, um das Gesagte zu überprüfen.

Aufgaben

1. Fassen Sie den dargestellten Fall in eigenen Worten zusammen.
2. Stellen Sie sich vor, Sie seien Richter in diesem Verfahren. Bewerten Sie den Fall und fällen Sie einen begründeten Richterspruch. Soll der Jugendliche verurteilt werden?
3. Diskutieren Sie die Tragweite der Ergebnisse und Interpretation des Libet-Experiments für unser Verständnis von Verantwortung.
4. Erläutern Sie hierzu die Auswirkungen auf unsere Gesellschaft, die sich aus diesem Verantwortungsverständnis ergeben würden.

4 Tierethik

couch
wesen
beitrag
leben
gezeigten
haustier
fremden
moral
knochen
tierheim
hennen
schweinen
gesellschaft
geliebten
abends
gedankenexperiment
laura
spezies
leid
fleischproduktion
le-bewesen
hollywood-spielfilm
kraulen
lebewesen
grausam
menschheit
menschenfleisch
tieren
menschen
kater
wert
unzertrennlich
unvorstellbar
töten
fleisch
art
henry
schreit
haben
essen
versuch
haut
schuhe
suche
nicken

4 Tierethik

Laura liegt abends mit ihrem geliebten Kater Janosch auf der Couch. Seit sie ihn vor zwei Jahren als Katzenjunges aus dem örtlichen Tierheim mitgenommen hat, sind die beiden unzertrennlich. Wenn Laura aufsteht, um sich eine Tüte Chips aus der Küche zu holen, folgt ihr der Kater auf Schritt und Tritt. Und natürlich liegt er auch an diesem Abend wieder dicht an sie gekuschelt auf der Couch und lässt sich kraulen.

Beim Zappen bleibt Laura bei einem Bericht über die Zustände in der Fleischproduktion hängen und ist entsetzt darüber, wie mit den im Beitrag gezeigten Kühen, Schweinen und Hennen umgegangen wird. Dabei fällt ihr Blick auf den entspannt neben ihr schnurrenden Janosch. Wie furchtbar wäre es, wenn Janosch auch ein solches Schicksal erleiden müsste.

Laura und Janosch

4.1 Freund oder Ressource

Aufgaben

1. Beschreiben Sie Ihre Erfahrungen mit Tieren. Haben Sie selbst ein Haustier oder hatten Sie eines?
2. Beschreiben Sie die Rolle, die Tiere in Ihrem Leben einnehmen.
3. Diskutieren Sie, welche Tiere uns in unserem persönlichen Umfeld am nächsten stehen und zu welchen wir ein eher distanziertes Verhältnis pflegen.
4. Diskutieren Sie ausgehend von diesen Überlegungen, inwiefern bestimmten Tieren in unserer Gesellschaft/Kultur unterschiedliche Rechte und Privilegien zugeschrieben werden.
5. Vergleichen Sie dazu auch den Status bestimmter Tiere mit dem Status von Tieren in anderen Kulturen. (Beispiel: Status der Kuh in der indischen Kultur)

Janosch ist mittlerweile eingeschlafen. Warm und weich liegt er eng an Laura geschmiegt neben ihr. Lauras Gedanken kreisen weiter um das Thema der Rolle des Tiers in unserer Gesellschaft und die Art und Weise, wie wir mit diesen Lebewesen umgehen. Warum ist es überhaupt erlaubt, mit Tieren so umzugehen, wie in dem gezeigten Beitrag? Niemand würde doch auf die Idee kommen, das eigene Haustier derart zu behandeln. Sind manche Tiere mehr wert als andere? Und wie kommt es überhaupt, dass der Mensch sich in dieser Frage über die übrigen Lebewesen auf dieser Welt stellt und über ihr Wohl oder eben ihr Leid entscheidet? Von diesen Überlegungen angetrieben begibt sich Laura auf die Suche nach Informationen und findet im Internet eine Kategorisierung von Tieren hinsichtlich ihrer Funktion innerhalb der Gesellschaft.

Massentierhaltung

4.2 Rollen und Funktionen von Tieren innerhalb unserer Gesellschaft

https://tieraktuell.de/nutztiere/was-sind-nutztiere

© Jerker – stock.adobe.com

© Zelma – stock.adobe.com

© aleksashka_89 – stock.adobe.com

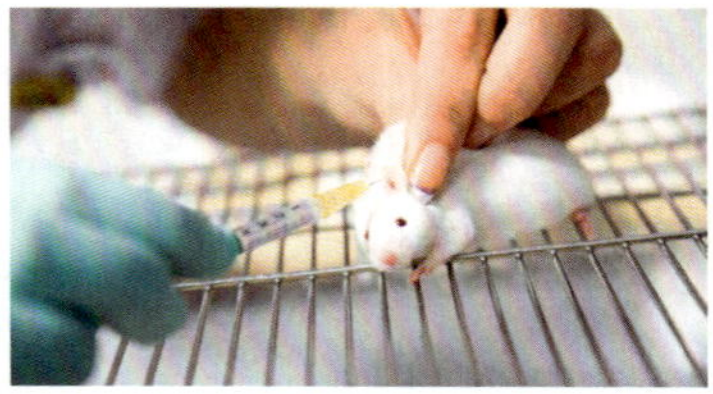
© Vit Kovalcik – stock.adobe.com

Aufgaben

Diskutieren Sie die unterschiedlichen Rollen und Funktionen von Tieren anhand der obigen Bilder.

Funktionen von Tieren innerhalb der Gesellschaft

Das Tier als ...

- Attraktion
  - Zoo
  - Zirkus
- Nutztier
  - Landwirtschaft
  - Polizei
- Haustier
  - Hund
  - Katze
- Nahrung
  - Rindfleisch
  - Schweinefleisch
- Forschungsobjekt
  - Kosmetik
  - Medizin

Die Tierethik
stellt in all diesen Bereichen die Frage nach dem angemessenen Umgang mit Tieren und damit der moralischen Verantwortung des Menschen ihnen gegenüber.

Aufgaben

1. Finden Sie sich in Gruppen zusammen.
2. Besprechen Sie die Informationen des obigen Schaubildes.
3. Recherchieren Sie hierzu weitere Informationen im Internet und fassen Sie diese zusammen. Sammeln Sie dazu konkrete Anschauungsbeispiele, anhand derer Sie Ihren Mitschülern verdeutlichen, was unter der jeweiligen Funktion zu verstehen ist.
4. Erstellen Sie eine Präsentation zur jeweiligen Funktion.

Das Handlungsprodukt

Präsentieren Sie Ihre Ergebnisse vor der Klasse anhand eines Referates. Händigen Sie Ihren Mitschülerinnen und Mitschülern zudem eine knappe schriftliche Zusammenfassung Ihrer Präsentation aus (Handout).

Perspektivwechsel: Menschenfleisch

Stellen Sie sich vor, eines Tages landen fremde Wesen aus dem All auf unserem Planeten, Wesen wie in dem Hollywood-Spielfilm Independence Day. Sie sind unglaublich intelligent und dem Menschen weit überlegen. Da nicht immer ein todesmutiger US-Präsident im Kampfflugzeug zur Verfügung steht und diesmal kein verkanntes Genie die außerirdischen Computer mit irdischen Viren lahmlegt, haben die fremden Wesen die Menschheit in kürzester Zeit besiegt und eingesperrt. Eine beispiellose Terrorherrschaft beginnt.

Die Menschen dienen den Außerirdischen zu medizinischen Versuchen. Sie fertigen Schuhe, Autositze und Lampenschirme aus ihrer Haut, verwerten ihre Haare, Knochen und Zähne. Außerdem essen die Außerirdischen gerne Menschenfleisch, vor allem das von Kindern und Babys. Sie schmecken ihnen am besten, denn sie sind so weich, und ihr Fleisch ist so zart.

Ein Mensch, der gerade für einen medizinischen Versuch aus dem Kerker geholt wird, schreit die fremden Wesen an: „Wie könnt ihr uns so etwas antun? Seht ihr nicht, dass wir Gefühle haben? Dass ihr uns Schmerzen zufügt? Wie könnt ihr uns unsere Kinder wegnehmen, um sie zu töten und zu essen? Seht ihr nicht, wie wir leiden? Merkt ihr denn gar nicht, wie unvorstellbar grausam ihr seid? Habt ihr denn überhaupt kein Mitleid und keine Moral?"

Die Außerirdischen nicken. „Ja, ja", sagt einer von ihnen. „Es mag schon sein, dass wir ein bisschen grausam sind. Aber seht ihr", fährt er fort, „wir sind euch eben überlegen. Wir sind wesentlich intelligenter als ihr. Wir können viele Dinge, die ihr nicht könnt. Wir sind eine höher entwickelte Spezies. Und deshalb dürfen wir mit euch machen, was wir wollen. Verglichen mit unserem Leben, ist euer Leben kaum etwas wert. Und selbst wenn unser Verhalten nicht so ganz in Ordnung sein sollte – eines steht fest: Ihr schmeckt uns halt gut!"

(Quelle: Precht, Richard David: Wer bin ich und wenn ja, wie viele? Eine philosophische Reise. 28. Auflage. Wilhelm Goldmann Verlag, in der Verlagsgruppe Random House GmbH, München 2007. S. 209 f.)

Außerirdische im Anmarsch ...

Für Außerirdische ganz normal ...

Aufgaben

1. Fassen Sie knapp in eigenen Worten die im Text/Video dargestellte fiktive Situation zusammen.
2. Diskutieren Sie Argumente, die die Menschen gegen eine solche Behandlung durch die Außerirdischen anführen könnten.
3. Verfassen Sie eine Rede an die Aliens, in welcher Sie begründet darlegen, warum wir Menschen nicht auf eine solche Art und Weise behandelt werden sollten.
4. Stellen Sie sich vor, Tiere würden plötzlich die Fähigkeit entwickeln, zu sprechen. Welche Argumente würden Sie nennen, um unser Verhalten ihnen gegenüber als ungerechtfertigt darzustellen.

https://www.youtube.com/watch?v=QBBY04zTaXI

4.3 Das Leiden von Tieren – Eine Kosten-Nutzen-Rechnung?

Tierversuche: zwischen nützlich und grausam

Wie wird Leid gegeneinander aufgewogen? (Dieter Birnbacher)

Das Kriterium der Leidensfähigkeit setzt den Versuchen, die mit leidensfähigen Tieren gemacht werden dürfen, Grenzen, beinhaltet aber – zumindest in seiner vorherrschenden Interpretation – keine kategorische Ablehnung von Tierversuchen. Vielmehr erlaubt es grundsätzlich eine Abwägung zwischen den Tieren im Versuch zugefügten Belastungen und den sich daraus möglicherweise ergebenden Minderungen der Belastung von Menschen (und Tieren) durch Krankheiten, Behinderungen, psychische Störungen und Unfallfolgen. Neurowissenschaftliche Tierversuche stehen dabei aus mehreren Gründen im Mittelpunkt der Debatte.

Einerseits gibt es einen offensichtlichen Bedarf: Die Geheimnisse des Zentralnervensystems haben sich bisher noch sehr viel weniger erschlossen als die Funktionsweisen anderer Organe; viele verbreitete, aber nicht ausreichend behandelbare schwere Erkrankungen sind neurologischen Ursprungs (Parkinson, Alzheimer, Epilepsie, multiple Sklerose); die neurowissenschaftliche Forschung ist in den letzten Jahren zu einer Erfolgsgeschichte geworden, die Erwartungen auf weitere wissenschaftliche und therapeutische Durchbrüche begründet. Andererseits gibt es nachvollziehbare Bedenken: Tiermodelle sind immer nur so aufschlussreich, wie die Ergebnisse auf den Menschen übertragbar sind, was dazu treibt, möglichst nah verwandte Tierarten heranzuziehen; schwere Erkrankungen erfordern möglicherweise, dass gesunde Tiere zuerst krank gemacht werden (oder so gezüchtet oder genetisch verändert werden) müssen, um Ursachen, Symptome und Gegenmittel an ihnen studieren zu können.

(Quelle: http://www.information-philosophie.de/?a=1&t=6030&n=2&y=4&c=98, Abruf: 30.03.2021)

Alzheimer ist eine heimtückische Krankheit.

Aufgaben

1. Geben Sie in einem Satz die Kernthese des Textes wieder.
2. Erläutern Sie, inwiefern die im Text dargestellten Ausführungen als „Kosten-Nutzen-Prinzip" interpretiert werden können.
3. Diskutieren Sie auf Basis des Textes, ob es Gründe gibt, die für Tierversuche sprechen.

4.4 Zum Wohle des Menschen – Ein Extremfall

www.maryleonie.de © Marion Schupfner

PRESSESCHAU

Es ist eine bizarre Versuchsanordnung: Zehn Affen wurden in eine Kammer gesperrt. Aus einer Öffnung bekamen sie Luft zum Atmen, genauer gesagt: Abgasluft von einem VW Beetle. Zur Beruhigung durften sie Cartoons anschauen. Dieses Experiment im Jahr 2014 in einem Labor im US-amerikanischen Albuquerque sollte zeigen, dass die Weltgesundheitsorganisation irrt, die ein Jahr zuvor erklärt hatte, Dieselabgase seien krebserregend.

(Quelle: https://www.sueddeutsche.de/wirtschaft/tierversuche-vw-testete-diesel-abgase-an-affen-1.3842037, Abruf: 17.01.2021)

Aufgaben

1. Informieren Sie sich über den hier beschriebenen Fall.
2. Interpretieren Sie die obige Karikatur auf Basis Ihrer Rechercheergebnisse.
3. Führen Sie eine Debatte über folgende Frage durch: Ist es gerechtfertigt, die Schädlichkeit von Abgasen an Versuchstieren zu testen? Nutzen Sie zur Sammlung Ihrer Argumente auch die in den vorangegangenen Kapiteln erworbenen Kenntnisse.

Lobbyismus:

Lobbyismus, Lobbying oder Lobbyarbeit ist eine aus dem Englischen (lobbying) übernommene Bezeichnung für Interessenvertretung in Politik und Gesellschaft, bei der Interessengruppen („Lobbys") – vor allem durch die Pflege persönlicher Verbindungen – die Exekutive, die Legislative zu beeinflussen versuchen. Außerdem wirkt Lobbying auf die öffentliche Meinung durch Öffentlichkeitsarbeit ein. Dies geschieht vor allem mittels der Massenmedien. Gängige Bezeichnungen für Lobbyarbeit sind zum Beispiel Public Affairs, politische Kommunikation und Politikberatung. Unternehmen und Organisationen unterhalten bisweilen ein Hauptstadtbüro oder eine Hauptstadtrepräsentanz, aber auch Büros bei den Landesregierungen.

(Quelle: www.wikipedia.de, Abruf: 17.3.2021)

© kebox – stock.adobe.com

Da geht es oft in die entgegengesetzte Richtung ...

5 Weltreligionen

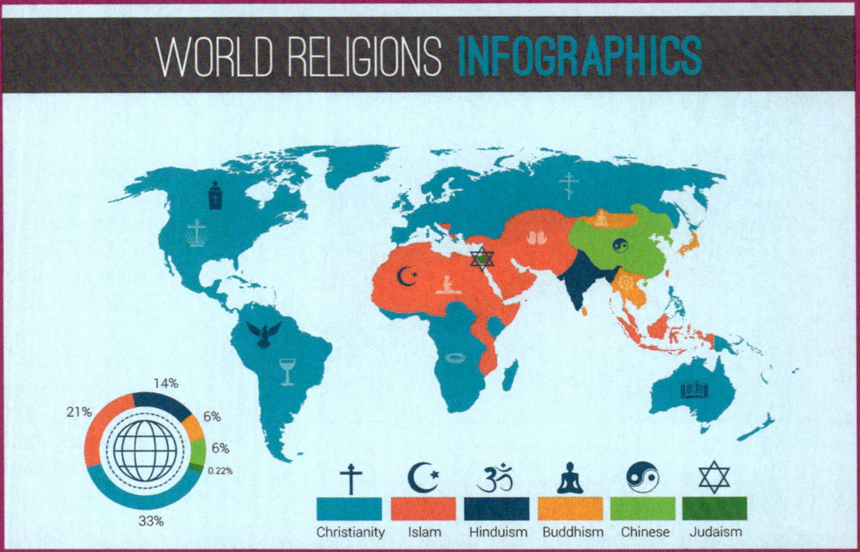

5 Weltreligionen

© Destina – stock.adobe.com

Die Auseinandersetzung mit den unterschiedlichen Standpunkten der Weltreligionen sollte ein zeitloser Bestandteil der Allgemeinbildung eines jeden Bürgers sein. Nur wer die inhaltlichen Ausführungen und Traditionen dieser historisch gewachsenen Ideen kennt, kann im gesellschaftlichen Diskurs kritisch Stellung zu den jeweiligen Fragestellungen nehmen. Deshalb geht es auf den folgenden Seiten darum, sich unvoreingenommen mit den jeweiligen Denkschulen der fünf großen Weltreligionen zu befassen und deren Standpunkte bspw. zu Familie, Diversität etc. zu erforschen.

Nun sag, wie hast du's mit der Religion?

Henry hinterfragt seit geraumer Zeit seine Einstellungen zur Kirche. In den letzten Wochen und Monaten hat er häufiger in den Medien negative Berichterstattungen über die Kirchen in Deutschland mitbekommen. Ihm ist natürlich bewusst, dass diese Missstände kein exklusives Problem der christlichen Kirche darstellen; Sportvereine etc. geben derzeit auch ein zweifelhaftes Bild ab, doch ist und war er immer schon davon überzeugt, dass die Kirche als solche ein moralisches Vorbild für alle Menschen sein sollte und man von der Kirche mehr erwarten darf als von einem Sportverein. Er möchte aber seinen Glauben an Gott nicht ausschließlich von der Außenwirkung der Kirchen abhängig machen und will sich deshalb in den Sommerferien ausführlich über die großen Weltreligionen informieren, weil er darüber nachdenkt, zu konvertieren oder gar aus der Kirche auszutreten.

Henry beginnt seine Suche nach „Erleuchtung" mit einer Internetrecherche verschiedenster Informationenen zu den Themen Religion und Kirche. So stößt er nach einer Weile auf eine Aussage des weltberühmten moralischen Vordenkers Dalai Lama. Dieser sagt: „Ich denke an manchen Tagen, dass es besser wäre, wenn wir gar keine Religionen mehr hätten". Henry schaut lange auf den Bildschirm, weil er sich von der Kraft der Aussage wie „überfahren" fühlt.

Was, wenn der Dalai Lama recht hat ...?

© Ruediger Rau – stock.adobe.com

Es gibt viel aufzuarbeiten ...

5 Weltreligionen

Aufgaben

1. Benennen Sie erste spontane Impulse und Ideen, die Ihnen zu diesem Szenario einfallen.
2. „Wie haben Sie's" selbst mit der Religion? Diskutieren Sie gemeinsam im Plenum über Gefühle und Überzeugungen zum Thema Glauben.
3. Skizzieren Sie in einfachen Worten, welche möglichen Probleme sich aus der Situation Henrys ergeben.
4. Der Dalai Lama sagt: „Ich denke an manchen Tagen, dass es besser wäre, wenn wir gar keine Religionen mehr hätten". Beziehen Sie Stellung zu dieser Meinung.
5. Wie sollte Henry nun vorgehen? Beziehen Sie auch den Auszug eines Zeitungsinterviews mit dem Philosophen Richard Dawkins in Ihre Überlegungen mit ein.
6. Beziehen Sie abschließend persönlich Stellung zu Dawkins Behauptung.

SZ: Alles, was wir in der Natur finden, hat also irgendwie Sinn. Ist auch die Religion ein Produkt der Evolution?

RD: Religion ist vor allem ein Produkt unseres Gehirns, und das Gehirn ist ein Produkt der Evolution. So betrachtet, ist die Religion tatsächlich ein Produkt der Evolution. Aber das bedeutet natürlich nicht, dass sie dadurch wahr wird.

SZ: Warum ist sie überhaupt entstanden?

RD: ... Ich denke, dass es eine Tendenz gibt, Obrigkeiten zu gehorchen, darauf zu hören, was die Eltern sagen, weil es ein Überlebensvorteil ist. Ein Kind überlebt eher, wenn es auf Eltern und andere Autoritäten hört.

(Quelle: https://www.horizonte-journalisten.de/fileadmin/user_upload/ruby/Ruby_und_Steffens_I_3.9..pdf, Abruf: 12.05.2021)

5.1 Das Christentum

Das Christentum hat sich aus dem Judentum entwickelt und ist die in Europa am weitesten verbreitete Religion. Viele der Feste und Sitten des Christentums haben großen Einfluss auf unseren Alltag. Doch was gibt es noch über diese Religion zu wissen? Die folgenden Fragen sollten auf der Suche nach Fakten hilfreich sein.

https://www.rbb-online.de/schulstunde-glaube/unterrichtsmaterial/Was_ist_Glaube/2_A_2_Steckbriefe.file.html/B_schlau_Steckbriefe.pdf

Aufgaben

1. Finden Sie sich in Gruppen zusammen.
2. Recherchieren Sie mit Hilfe der folgenden Begriffe Informationen zum Christentum:
   a. Anhänger, b. Symbolik, c. Heiliges Buch, d. Feste,
   e. Rituale (bspw. Fasten, Beerdigungen/Umgang mit dem Tod)
   f. Essen/Umgang mit Tieren, g. wichtige Vertreter,
   h. Familie/Ehe, i. Kleidung, j. heilige Orte
   k. Position zur Todesstrafe, l. Engagement innerhalb der Gesellschaft

3. Erstellen Sie davon ausgehend eine
   - Präsentation und
   - ein bis zwei Plakate mit den wichtigsten Aussagen Ihres Vortrages. (Auch digitale Formate sind bei beiden Aufgaben möglich.)
4. Nutzen Sie die Abbildung zur weiteren Information und Inspiration.

Christliche Symbole

5.2 Das Judentum

Das Judentum ist die älteste Weltreligion, die inzwischen bereits seit ca. 3000 Jahren existiert. Juden glauben an nur einen Gott, Jahwe. Doch gibt es noch viel mehr, was wissenswert am Judentum ist. Nutzen Sie die folgenden Aufgaben, um mehr über die Religion des Judentums herauszufinden.

Aufgaben

1. Finden Sie sich in Gruppen zusammen.
2. Recherchieren Sie mit Hilfe der folgenden Begriffe über das Judentum:
   a. Anhänger, b. Symbolik, c. Heiliges Buch, d. Feste,
   e. Rituale (bspw. Fasten, Beerdigungen/Umgang mit dem Tod)
   f. Essen/Umgang mit Tieren, g. wichtige Vertreter,
   h. Familie/Ehe, i. Kleidung, j. heilige Orte
   k. Position zur Todesstrafe, l. Engagement innerhalb der Gesellschaft
3. Erstellen Sie davon ausgehend eine
   - Präsentation und
   - ein bis zwei Plakate mit den wichtigsten Aussagen Ihres Vortrages. (Auch digitale Formate sind bei beiden Aufgaben möglich.)
4. Nutzen Sie die Abbildung zur weiteren Information und Inspiration.

Juden beim Gebet

5.3 Der Islam

Der Islam besitzt ähnlich wie das Juden- und das Christentum eine jahrhundertelange Tradition. Man sagt, dass der Islam die zweitälteste aller Religionen sei. Wörtlich übersetzt bedeutet Islam so viel wie

Islamische Symbole

„Hingabe zu Gott". Doch gibt es bestimmt noch vieles, was man über den Islam herausfinden kann. Vielleicht helfen Ihnen dabei die Leitfragen.

Aufgaben

1. Finden Sie sich in Gruppen zusammen.
2. Recherchieren Sie mit Hilfe der folgenden Begriffe über den Islam:
   a. Anhänger, b. Symbolik, c. Heiliges Buch, d. Feste,
   e. Rituale (bspw. Fasten, Beerdigungen/Umgang mit dem Tod)
   f. Essen/Umgang mit Tieren, g. wichtige Vertreter,
   h. Familie/Ehe, i. Kleidung, j. heilige Orte
   k. Position zur Todesstrafe, l. Engagement innerhalb der Gesellschaft
3. Erstellen Sie davon ausgehend eine
   - Präsentation und
   - ein bis zwei Plakate mit den wichtigsten Aussagen Ihres Vortrages. (Auch digitale Formate sind bei beiden Aufgaben möglich.)
4. Nutzen Sie die Abbildung zur weiteren Information und Inspiration.

5.4 Der Buddhismus

Der wohl berühmteste Vertreter dieser religiösen Strömung ist Buddha. Seine figürlichen und bildlichen Darstellungen finden sich an vielen Orten. Sie sind das Sinnbild für Ruhe und Ausgeglichenheit. Darüber hinaus muss es aber noch weitere, interessante Fakten zu dieser oft als Friedensreligion bezeichneten Glaubensrichtung geben.

Aufgaben

1. Finden Sie sich in Gruppen zusammen.
2. Recherchieren Sie mit Hilfe der folgenden Begriffe über den Buddhismus:
   a. Anhänger, b. Symbolik, c. Heiliges Buch, d. Feste,
   e. Rituale (bspw. Fasten, Beerdigungen/Umgang mit dem Tod)
   f. Essen/Umgang mit Tieren, g. wichtige Vertreter,
   h. Familie/Ehe, i. Kleidung, j. heilige Orte
   k. Position zur Todesstrafe, l. Engagement innerhalb der Gesellschaft
3. Erstellen Sie davon ausgehend eine
   - Präsentation und
   - ein bis zwei Plakate mit den wichtigsten Aussagen Ihres Vortrages. (Auch digitale Formate sind bei beiden Aufgaben möglich.)
4. Nutzen Sie die Abbildung zur weiteren Information und Inspiration.

Symbole des Buddhismus

5.5 Der Hinduismus

Der Hinduismus hat seine meisten Anhänger in Indien. Vertreter dieser Glaubensströmung glauben an das sogenannte Karma, eine Idee, die inzwischen auch ein Teil unseres europäischen Alltags ist. Menschen, die an Karma glauben, sind nämlich davon überzeugt, dass sich alle Taten auf eine Art „Karma-Konto" auswirken und Folgen auf unseren Lebensweg haben.

Aufgaben

1. Finden Sie sich in Gruppen zusammen.
2. Recherchieren Sie mit Hilfe der folgenden Begriffe über den Hinduismus:
   a. Anhänger, b. Symbolik, c. Heiliges Buch, d. Feste,
   e. Rituale (bspw. Fasten, Beerdigungen/Umgang mit dem Tod)
   f. Essen/Umgang mit Tieren, g. wichtige Vertreter,
   h. Familie/Ehe, i. Kleidung, j. heilige Orte
   k. Position zur Todesstrafe, l. Engagement innerhalb der Gesellschaft
3. Erstellen Sie davon ausgehend eine
   - Präsentation und
   - ein bis zwei Plakate mit den wichtigsten Aussagen Ihres Vortrages.
   (Auch digitale Formate sind bei beiden Aufgaben möglich.)
4. Nutzen Sie die Abbildung zur weiteren Information und Inspiration.

Symbole des Hinduismus

Das Handlungsprodukt

PODIUMSDISKUSSION

Henry ist von Ihnen nun auf umfassende Art und Weise über die verschiedenen Standpunkte und Sichtweisen der fünf großen Weltreligionen informiert worden.

Zum Abschluss ist es nun Ihre Aufgabe, je einen Vertreter pro Weltreligion einzuladen, um eine Podiumsdiskussion zu einem aktuellen bzw. aus Ihrer Sicht relevanten Thema durchzuführen (z. B. Abtreibung; Scheidung ...). Die Vertreter der Weltreligionen können auch von schul- oder klasseninternen Personen repräsentiert werden.

Auch ein Philosoph sollte der Diskussion beiwohnen, damit alle notwendigen Stimmen vertreten sind.

Eine Podiumsdiskussion muss gut vorbereitet sein.

Infobox

PODIUMSDISKUSSION

Eine Podiumsdiskussion besteht aus folgenden Teilen:

1. Die Eröffnung:
   Ein Moderator formuliert einleitende Worte und stellt das Thema und die Gäste kurz vor.
2. Einleitende Worte:
   Die geladenen Gäste stellen kurz ihre grundlegende Position zu einer Thematik in dieser ersten Runde dar.
3. Diskussion:
   Hier werden die einleitenden Redebeiträge nun inhaltlich vertieft. Der Moderator muss dabei stets die Linie der Diskussion durch Impulse und gezielte Fragen vorgeben. Auch Fragen aus dem Publikum sind ausdrücklich erlaubt und sollen in die Diskussion eingebettet werden.
4. Fazit:
   Am Ende sollte in Form von Schlussstatements die Diskussion abgerundet werden. Dabei sollte der Moderator am Ende das letzte Wort haben und die wichtigsten Ergebnisse pointiert zusammenfassen.

Die Diskussionsleiterin hält das Schlusswort.

6 Ethische Herausforderungen unserer Zeit

6 Ethische Herausforderungen unserer Zeit

Das eigene Handeln hat nicht nur Konsequenzen für unsere Gegenwart, sondern wirkt sich auch insbesondere auf die Zukunft aus. Das Handeln eines Einzelnen, einer Generation beeinflusst das Leben der nachfolgenden Generationen maßgeblich. Daraus ergibt sich eine nicht bestreitbare Verantwortung. Es stellt sich einmal mehr die Frage nach einem verantwortungsbewussten Umgang mit unseren Ressourcen, der Natur und unserem Planeten; wir haben schließlich nur den einen.

6.1 Umweltethik: Mensch und Natur

Umgang des Menschen mit der Natur – Wir hinterlassen Spuren auf der Erde

1. Stellen Sie sich an einer gedachten Linie auf.
2. Wenn Sie den Aussagen zustimmen, gehen Sie einen Schritt nach vorne.

Gehen Sie einen Schritt nach vorne, wenn Sie ...
... das Ladekabel nach Gebrauch aus der Steckdose ziehen.
... beim Einkaufen auf Glas- oder Metallflaschen zurückgreifen.
... Gemüse saisonal kaufen.
... das Licht ausschalten, wenn Sie den Raum verlassen.
... Ihren Müll konsequent trennen.
... kaputte Elektrogeräte erst ersetzen, wenn sie sich nicht mehr reparieren lassen.
... zum Trocknen Ihrer Wäsche die Sonne nutzen.
... bei Ihren Geräten auf den Standby-Modus verzichten.
... beim Kochen darauf achten, dass der Deckel auf dem Topf ist.
... auf Fahrgemeinschaften setzen, um damit Fahrtwege zu minimieren.
... Recyclingpapier benutzen.
... kurze Wege zu Fuß oder mit dem Fahrrad zurücklegen.
... maximal einmal in der Woche Fleisch oder Wurst essen.
... Ihre Kleidung gebraucht kaufen oder diese über Fairtrade beziehen.

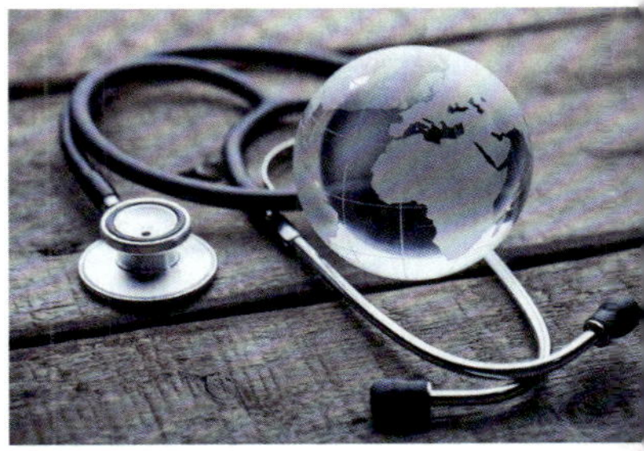

Die Erde muss gesund bleiben.

Aufgaben

1. Schauen Sie sich um.
2. Reflektieren Sie Ihre Position innerhalb der Klassengemeinschaft.
3. Übertragen Sie die Bedeutung des Spiels auf Ihren Alltag.

Der ökologische Fußabdruck

Aufgaben

1. Beschreiben Sie, was Sie unter einem „Fußabdruck" im herkömmlichen Sinne verstehen.
2. Stellen Sie Spekulationen darüber an, welche Funktion einem „Fußabdruck" im Kontext „Umwelt" zukommen kann.

Recycling hilft der Umwelt.

https://www.fussabdruck.de/fussabdrucktest/#/start/index/

3. Ermitteln Sie mithilfe des QR-Codes Ihren eigenen Fußabdruck.
4. Interpretieren Sie Ihr individuelles Ergebnis.

Auf großem Fuß: Was ist der ökologische Fußabdruck?

Wir alle hinterlassen ihn – einen ökologischen Fußabdruck. Der Fußabdruck ist ein komplexer Nachhaltigkeitsindikator, der beschreibt, wie viel Fläche ein Mensch benötigt, um seinen Bedarf an Ressourcen zu decken. Kriterien sind unter anderem Herkunft und Art der Lebensmittel, die verbraucht werden, genutzte Transportmittel und die Produktionsbedingungen von Konsumgütern.

Wir Menschen leben auf zu großem Fuß. 1,7 Erden bräuchte die Weltbevölkerung, um ihren aktuellen Lebensstil aufrecht zu erhalten. Der Earth Overshoot Day (Erdüberlastungstag) macht uns dabei deutlich, wann die ökologischen Ressourcen eines Jahres aufgebraucht sind. Der Tag wird vom Global Footprint Network berechnet, indem der globale ökologische Fußabdruck in das Verhältnis zur gesamten globalen Biokapazität gesetzt wird. 2019 war der Earth Overshoot Day bereits am 29. Juli erreicht.

Wir leben also auf Pump. Natürliche Ressourcen können nicht so schnell nachwachsen und sich regenerieren, wie wir sie verbrauchen. Dabei sind sie für uns überlebenswichtig. Um diese Entwicklung zu stoppen, muss jeder Mensch aktiv werden und seinen ökologischen Fußabdruck verkleinern: Indem wir unser Konsumverhalten überdenken und zum Beispiel weniger Lebensmittel verschwenden.

Wie wird der ökologische Fußabdruck gemessen?

Ausgangspunkt der Berechnung ist die natürliche Biokapazität der Erde, die der Menschheit theoretisch zur Verfügung steht. Sie ergibt sich aus den unterschiedlichen Flächen des Planeten, darunter Produktionsflächen wie Ackerland, Weideland, Fischgründe, bebautes Land, Waldflächen und Landflächen, die Kohlenstoffemissionen binden. Als valide Einheit wurde für den ökologischen Fußabdruck die durchschnittliche biologische Produktivität von Flächen ermittelt, der sogenannte „globale Hektar" (gha).

Doch wie viel verbrauchen wir tatsächlich? Lebensmittelproduktion, Viehzucht, die Herstellung von Konsumgütern, Energiegewinnung, Transport und Reisen – nahezu alles, was wir tun, verbraucht Ressourcen. Dazu zählt auch die Entsorgung von Abfällen und die Aufnahme von Kohlenstoff-Emissionen, die wir ausstoßen. Der ökologische Fußabdruck wird ermittelt, indem unser tatsächlicher Verbrauch von Ressourcen und Fläche in Verhältnis zur Biokapazität der Erde gesetzt wird.

Im Idealfall sollte jeder Mensch nicht mehr Ressourcen verbrauchen, als die, die ihm zur Verfügung stehen. In der Realität sieht das leider anders aus. In Deutschland stehen jedem Menschen 1,6 gha zur Verfügung, der Verbrauch liegt derzeit aber bei 4,9 gha. Würden alle Menschen so leben wie wir, bräuchten wir sogar drei Erden.

(Quelle: https://www.welthungerhilfe.de/lebensmittelverschwendung/was-ist-der-oekologische-fussabdruck/, Abruf: 11.10.2021)

Aufgaben

Portfolio-Wahlaufgabe 1

1. Beschreiben Sie, ausgehend vom vorangehenden Text, die Funktion des „Ökologischen Fußabdrucks“ in Ihren eigenen Worten.
2. Halten Sie, ausgehend von Ihrem eigenen Ökologischen Fußabdruck, mindestens zehn Handlungsalternativen fest, um Ihren Fußabdruck zu verringern.
3. Gestalten Sie, ausgehend von Ihrem eigenen Ökologischen Fußabdruck, Ihren individuellen „kreativen Fuß“ als Zeichnung (siehe nebenstehende Beispielabbildung).
4. Skizzieren Sie mögliche Auswirkungen Ihres Verhaltens.

Einflüsse und Auswirkungen auf den „Ökologischen Fußabdruck“

Earth Overshoot Day

Earth Overshoot Day

Der Earth Overshoot Day jährt sich am Samstag, dem 22. August. Dann hat die Menschheit alle natürlichen Ressourcen aufgebraucht, die die Erde innerhalb eines Jahres wiederherstellen und damit nachhaltig zur Verfügung stellen kann.

Der sogenannte Welterschöpfungstag war eigentlich für Ende Juli prognostiziert, doch 2020 ist alles anders: Durch die Corona-Pandemie und den wirtschaftlichen Lockdown hat sich der Ressourcenverbrauch in den meisten Ländern schlagartig verringert. Eberhard Brandes, geschäftsführender Vorstand des WWF Deutschland: „Die Corona-Pandemie hat uns die Verletzlichkeit unseres Zusammenlebens und Wirtschaftens gezeigt. Der im Kalender 2020 nur kurz verzögerte Welterschöpfungstag ist keine Trendwende, sondern eine Warnung: Der Verlust von natürlichen Ökosystemen und biologischer Vielfalt bringt nicht nur die Gesundheit unseres Planeten, sondern auch unsere eigene Gesundheit in Gefahr. Wir müssen aufhören, die Natur für unseren verschwenderischen Lebensstil zu zerstören. Um unsere Lebensgrundlagen besser zu schützen, brauchen wir zügig Gesetze, die Sorgfaltspflichten für Menschenrechte und Umweltschutz auch entlang von Lieferketten verbindlich regeln.“

Besonders der verringerte Holzverbrauch (8,4 % im Vergleich zum Vorjahr) und die geringeren CO_2-Emissionen (14,5 % im Vergleich zum Vorjahr) während der Corona-Pandemie sorgten laut Berechnungen des Global Footprint Networks dafür, dass die Ressourcen der Erde 2020 drei Wochen später als noch im letzten Jahr erschöpft sind.

(Quelle: https://www.wwf.de/earth-overshoot-day, Abruf: 16.05.2021)

Welterschöpfungstag 2020

Rg	Datum	Staat(en)
1	11.02.	Katar
2	16.02.	Luxemburg
3	14.03.	USA
4	18.03.	Kanada
5	28.03.	Dänemark
6	02.04.	Schweden
7	18.04.	Norwegen
8	25.04.	Russland
9	**03.05.**	**Deutschland**, Niederlande
10	08.05.	Schweiz
11	12.05.	Japan
12	13.06.	China
13	26.06.	Argentinien
14	08.07.	Südafrika
15	31.07	Brasilien
16	17.08.	Mexiko
	22.08.	**Welt**
17	27.08.	Thailand
18	04.09.	Algerien
19	23.09.	Peru
20	08.10.	Vietnam
21	29.10.	Ghana
22	06.11.	Uruguay
23	25.11.	Ägypten
24	01.12.	Kuba
25	07.12.	Irak
26	18.12.	Indonesien

Aufgaben

1. Beschreiben und interpretieren Sie die nebenstehende Abbildung.
2. Leiten Sie, ausgehend von der Abbildung, die Bedeutung des „Earth Overshoot Day“ ab.
3. Vergleichen Sie Ihre Ergebnisse aus den Aufgaben 1. und 2. mit den zentralen Informationen des Textes (Earth Overshoot Day).

„Earth Overshoot Day“

„Earth Overshoot Day"

„Wir konsumieren und wirtschaften als gäbe es kein Morgen. Die Zeche dafür zahlen unsere Kinder und Enkelkinder. Wir müssen den Raubbau beenden und endlich in den natürlichen Grenzen der Erde leben. Dafür müssen wir unsere Finanz- und Wirtschaftssysteme auf Nachhaltigkeit umstellen", fordert Eberhard Brandes, geschäftsführender Vorstand des WWF Deutschland. „Für unseren Lebensstil fallen in Südamerika, Afrika oder Asien Bäume, verschmutzen Flüsse, schwinden Tierbestände oder sterben Arten ganz aus. Deutschland als erfolgreiche Industrienation gehört an die Spitze einer weltweiten Bewegung für eine faire und die Grenzen der Erde respektierende Wirtschaft."

(Quelle: https://www.wwf.de/earth-overshoot-day, Abruf: 12.04.2021)

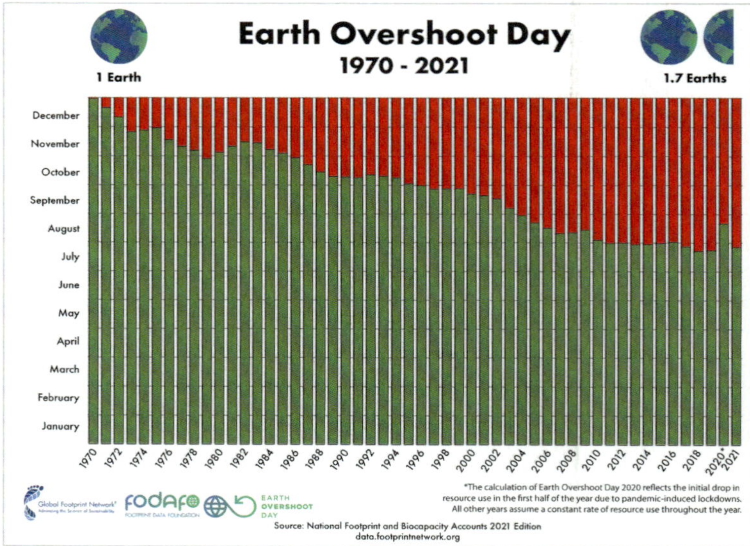

Aufgaben

1. Beschreiben Sie die abgebildete Statistik.
2. Begründen Sie die jährliche Variation des Datums.
3. Stellen Sie die Folgen dar, die sich aus der Entwicklung des „Earth Overshoot Days" ergeben.
4. Der „Earth Overshoot Day" war im Jahr 2020 erst am 22. August, obwohl dieser bereits für Ende Juli prognostiziert war. Stellen Sie Hypothesen auf, die diese positive zeitliche Verschiebung begründen.

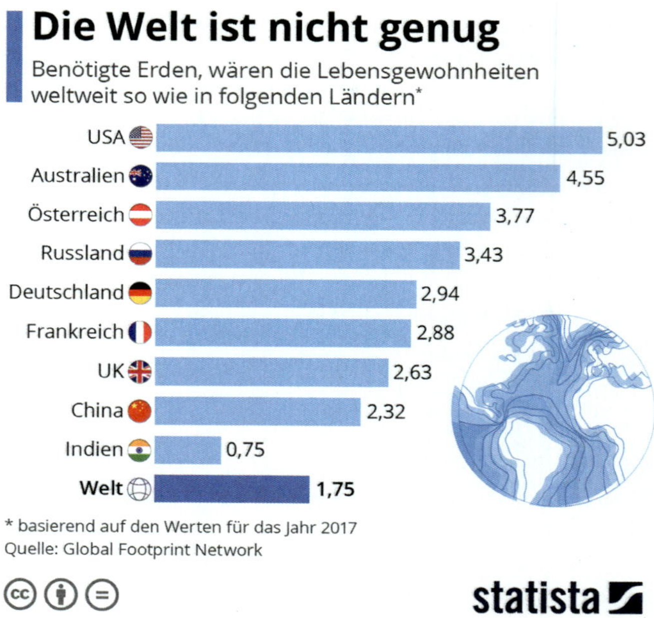

Aufgaben

1. Greifen Sie aus der Grafik zwei Länder heraus und vergleichen Sie diese.
2. Führen Sie eine Internetrecherche hinsichtlich des Umgangs dieser Länder mit Ressourcen durch.

Aufgaben

Portfolio-Wahlaufgabe 2

1. Stellen Sie sich vor, die Weltbevölkerung würde ab jetzt umdenken und es bis zum Jahr 2050 schaffen, nur noch die Ressourcen zu verbrauchen, die die Welt tatsächlich zur Verfügung stellt. Wie würde diese Welt aussehen und was müsste man dafür tun?
2. Stellen Sie sich vor, die Weltbevölkerung steigert ihren Verbrauch der Ressourcen weiterhin wie bisher. Wie würde die Welt im Jahr 2050 wohl aussehen? Welche Konsequenzen hat unser Handeln, bzw. unser Nichthandeln?

Ausgehend von der Internetrecherche und den neu erlangten Erkenntnissen ergibt sich als Schlussfolgerung eine große Verantwortung für jeden einzelnen Menschen; insbesondere aber auch für uns, die wir im Überfluss leben und die Möglichkeiten, die uns zur Verbesserung gegeben sind, stärker ausschöpfen sollten.

Aufgaben

1. Hören Sie sich das Lied „Deine Schuld" von der Band „Die Ärzte" an. (Nebenstehender QR-Code)
2. Benennen Sie das Problem, auf das das Lied hinweist.
3. Fassen Sie die Intention und Handlungsmöglichkeiten zusammen, die innerhalb des Liedes angesprochen werden.

https://www.youtube.com/watch?v=kRrP-bZvD2s

Das Prinzip Verantwortung

„Handle so, dass die Wirkung deiner Handlung verträglich ist mit der Permanenz echten menschlichen Lebens auf Erden"; oder negativ ausgedrückt: „Handle so, dass die Wirkungen deiner Handlungen nicht zerstörerisch sind für die künftige Möglichkeit solchen Lebens"; oder einfach: „Gefährde nicht die Bedingungen für den indefiniten Fortbestand der Menschheit auf Erden" …

(Quelle: Hans Jonas: Das Prinzip Verantwortung. Versuch einer Ethik für die technologische Zivilisation. Frankfurt am Main: Suhrkamp, 1979. S. 36.)

Hans Jonas

1903 in Mönchengladbach geboren, formuliert mit seinem Werk „Das Prinzip Verantwortung" eine Ethik für die Menschen im technologischen Zeitalter.

Aufgaben

1. Auch Hans Jonas, ein deutsch-amerikanischer Philosoph, hat sich in seinem Werk „Das Prinzip Verantwortung" mit dieser Thematik beschäftigt und Handlungsmaximen formuliert. Fassen Sie diese Handlungsmaximen aus dem vorangehenden Text in eigenen Worten zusammen.

2. Erklären Sie, worin laut Jonas die Verantwortung des Menschen besteht.
3. Reflektieren Sie, ausgehend von dieser beschriebenen Verantwortung, Ihre eigene Sichtweise.

Aufgaben

Portfolio-Wahlaufgabe 3

Führen Sie eine Internetrecherche zu folgendem Thema durch: Inwiefern hat der Mensch in der Vergangenheit gegenüber zukünftigen Generationen durch sein Handeln Verantwortung bewiesen? Führen Sie dazu ein Beispiel konkret aus. Beziehen Sie dabei auch den Imperativ von Hans Jonas in Ihre Überlegungen mit ein.

Aufgaben

Analysieren Sie das Bild mithilfe der „GEIST-Methode“. Beziehen Sie in Ihre Interpretation das Verantwortungsprinzip von Hans Jonas ein.

1. Schritt: Gefühle und Gedanken äußern
   „Das Bild wirkt auf mich …“, „Das Bild ruft folgende Assoziationen bei mir hervor …“
2. Schritt: Elemente – Das Bild beschreiben
   „Ich sehe auf dem Bild …“
3. Schritt: Interpretation – die Wirkung beschreiben
   „Die Darstellung steht für …“, „Die Person ist in der folgenden Situation …“
4. Schritt: Den Sinn des Bildes erkennen
   „Der Künstler möchte mit seinem Bild aussagen, dass …“
5. Schritt: Die Tragweite erschließen
   „Die Abbildung fordert den Betrachter zum Weiterdenken auf, weil …“

Die ist hier gefragt …

Verhältnis Mensch und Natur

Aufgaben

1. Beschreiben Sie das nebenstehende Bild.
2. Formulieren Sie eine passende Überschrift und begründen Sie Ihre Wahl.
3. Leiten Sie die Kritik ab, die durch die Abbildung verdeutlicht wird.
4. Beschreiben Sie ausgehend von der Abbildung das Verhältnis zwischen Mensch und Natur.

Raubbau an der Natur

Die Natur ist für den Menschen von unbestreitbarer Bedeutung. Diese kann jedoch unterschiedlich aufgefasst werden.

Ethisch-philosophische Perspektiven auf Umwelt und Natur

Natur- und Umweltethische Ansätze

Natur- und umweltethische Argumentationen verlaufen häufig in verschieden Grundtypen, die sich in anthropozentrische, pathozentrische, biozentrische oder holistische Positionen einteilen lassen. Diese vier umweltethischen Ansätze unterscheiden sich hinsichtlich des Umfangs der Objekte, denen ein Eigenwert beigemessen wird und denen gegenüber somit direkte Schutzpflichten bestehen. Allen Ansätzen ist gemeinsam, dass sie anthroporelational sind. Das bedeutet, dass sich der Wert, welcher der Natur zugesprochen wird, in Schutzansprüchen zeigt, die immer auf den Menschen bezogen sind. Nur der Mensch kann Adressat von Schutzpflichten sein, nur er ist fähig, diesbezüglich Handlungsregeln aufzustellen und Verantwortung zu übernehmen.

Anthropozentrismus

Anthropozentrische (nur den Menschen betreffende) umweltethische Theorien besagen, dass der Natur nur insofern ein Wert zukommt, als sie bedeutsam oder wertvoll für den Menschen ist. Eigenwert haben dabei ausschließlich Menschen. Moralische Pflichten bestehen nur dem Menschen gegenüber, eine direkte Schutzpflicht gegenüber nicht-menschlichen Lebewesen besteht hingegen nicht. Wenn also aus anthropozentrischer Sicht zur Bewahrung der **Biodiversität** aufgerufen wird, dann nicht, weil der Natur ein Eigenwert zugeschrieben wird, sondern weil andere Menschen von diesen Handlungen betroffen sein können. Vor allem in Hinblick auf den tatsächlichen oder möglichen Nutzen von Biodiversität und die Frage, wer davon in welchem Maße profitiert, ist der Aspekt der Gerechtigkeit zentral in der ethischen Debatte.

Artenschutz sollte uns allen am Herzen liegen.

Biodiversität (die Vielfalt aller lebenden Organismen, Lebensräume und Ökosysteme auf dem Land, im Süßwasser, in den Ozeanen sowie in der Luft)

Pathozentrismus

Aus pathozentrischer Sicht kommt denjenigen Lebewesen ein Wert zu, die Schmerz empfinden können und die diesen durch beobachtbares Verhalten, z.B. Zittern oder Fluchtbestreben, äußern können. Zumindest höhere Tiere und der Mensch genießen danach einen Schutzanspruch. Ein Wert der Biodiversität ergibt sich aus pathozentrischen Überlegungen nur indirekt, insofern er aus dem direkten Wert leidens-

© Prazis Images – stock.adobe.com

Der Mensch lebt nicht allein auf dieser Welt.

© Surasak – stock.adobe.com

Alle Lebewesen haben einen Eigenwert.

Organismen folgt. So darf etwa ein Ökosystem nicht zerstört werden, wenn darunter Menschenaffen leiden.

Biozentrismus

Weiter als beim Pathozentrismus geht die Schutzbegründung im Biozentrismus, da sich dieser auf sämtliche Lebewesen bezieht. Die menschliche Verantwortung erstreckt sich dann nicht nur auf Organismen, die von Interesse für den Menschen oder die leidensfähig sind, sondern auf alle Lebewesen. Dabei wird in der Begründung dieses Ansatzes häufig davon ausgegangen, dass jedes Lebewesen, ob bewusst oder unbewusst, ein „Interesse“ am Weiterleben hat, das der Mensch nicht ohne Grund missachten darf.

Holismus

Im Holismus ist die Ganzheit der belebten und unbelebten Natur Träger eines moralischen Wertes. Nicht nur einzelne Lebewesen, sondern die Gesamtheit der Natur wie auch natürliche Systeme (etwa Ökosysteme oder Ökologische Nischen) werden dabei berücksichtigt. Der Schutz des Menschen soll sich dieser Argumentation zufolge auf die gesamte Natur beziehen, nicht, weil bzw. insofern sie nützlich, schmerzempfindlich oder belebt ist, sondern einfach, weil sie existiert.

(Quelle:https://www.drze.de/im-blickpunkt/biodiversitaet/ethische-aspekte, Abruf: 11.10.2021)

Aufgaben

1. Erstellen Sie eine Tabelle zu den unterschiedlichen Positionen und halten Sie stichpunktartig die jeweiligen Ansichten fest.
2. Vergleichen Sie anschließend die Positionen, indem Sie Gemeinsamkeiten und Unterschiede herausstellen.
3. Übernehmen Sie innerhalb der Klasse die unterschiedlichen Positionen und beziehen Sie Stellung zu folgenden Themen:
   - Massentierhaltung, um dem hohen Fleischkonsum gerecht zu werden
   - Bau einer Liftanlage im bisher unerschlossenen Skigebiet
   - Tierversuche, um einen Impfstoff gegen die neue Mutation des COVID-Virus zu testen.

Portfolio-Wahlaufgabe 4

1. Szenario: Sie pflanzen in Ihrem Garten seit einiger Zeit selbst Gemüse an. In diesem Jahr ist der komplette Ertrag bedroht, da eine Schneckenplage über das gesamte Beet herfällt. Argumentieren Sie aus der Perspektive eines Anthropozentristen, eines Pathozentristen, und eines Biozentristen und eines Vertreters des Holismus, wie Sie mit der beschriebenen Situation umgehen und begründen Sie Ihre Handlung (ca. 300 Wörter).
2. Erstellen Sie eine Collage, auf der Sie die unterschiedlichen Positionen (Anthropozentrismus, Pathozentrismus,Biozentrismus, Holismus) durch eine passende Bildauswahl veranschaulichen.

Aktueller Fahrplan der Politik

Globale Nachhaltigkeitsziele (SDGs)

Im Herbst 2015 wurde beim UN-Gipfel in New York die „Agenda 2030 für nachhaltige Entwicklung“ mit ihren 17 globalen Nachhaltigkeitszielen (Sustainable Development Goals, kurz: SDGs) verabschiedet. Mit der Unterzeichnung dieser Agenda vollziehen 193 Staaten einen historischen Schritt. Durch die Anerkennung der Universalität der Agenda bekräftigen Industrie-, Schwellen- und Entwicklungsländer ihre gemeinsame Verantwortung für eine nachhaltige Zukunft.

Die „Agenda 2030“ stellt einen Weltzukunftsvertrag dar, der allen Menschen ein Leben in Würde ermöglichen und dazu den Frieden und die Freiheit in einer intakten Umwelt fördern soll. Die 17 SDGs mit ihren 169 Unterzielen markieren einen wichtigen Meilenstein. Sie richten sich an alle Staaten gleichermaßen und sollen Leitbild ihres Handelns werden. Sie alle sind aufgefordert, aktiv an der Agenda 2030 zu arbeiten, um den großen globalen Herausforderungen wie Klimawandel, Ressourcenverbrauch und Armut zu begegnen.

Weltweit sollen Menschen motiviert werden, aktiv an der Gestaltung einer nachhaltigen Entwicklung lokal und global mitzuwirken. Mit ihrem ganzheitlichen Ansatz kann die Agenda einen wichtigen Impuls für eine tiefgreifende Transformation der Wirtschaft und Gesellschaft sowie der internationalen Zusammenarbeit geben.

Die Ziele beinhalten unter anderem das Beenden von Hunger, Armut und Ungleichheiten. Gesundes Leben und nachhaltige Lebensweisen sollen weltweit gefördert und die ökologischen Grenzen der Erde respektiert werden.

(Quelle: https://www.bne-bw.de/lernen/globale-nachhaltigkeitsziele-sdgs.html, Abruf: 23.04.2021)

Denkmal am UNO-Gebäude, New York

Aufgaben

1. Führen Sie eine Internetrecherche zu den 17 SDGs durch. Der QR-Code kann Ihnen eine erste Orientierung geben.
2. Nach fünf Jahren, folglich im Jahr 2020, fand eine erste Überprüfung des Fortschritts statt. Fassen Sie die wichtigsten Ergebnisse zusammen.
3. Wählen Sie ein konkretes Nachhaltigkeitsziel aus und beschreiben Sie dieses näher.

https://www.bmz.de/de/themen/2030_agenda/17_ziele/index.html

Aufgaben

Portfolio-Wahlaufgabe 5

Greifen Sie sich ein Nachhaltigkeitsziel heraus und stellen Sie Möglichkeiten zusammen, wie Sie die Umsetzung dieses Zieles ganz konkret unterstützen können. Gehen Sie dabei auf unterschiedliche Kontexte ein: Schule, Familie, Freundeskreis, Politik.

ODER

Erstellen Sie ein Erklärvideo zu einem der 17 Nachhaltigkeitsziele. Sie können hierzu beispielsweise www.mysimpleshow.com nutzen.

Das Handlungsprodukt

Erstellen Sie ein Portfolio aus den Ihnen zur Verfügung gestellten fünf Wahlaufgaben. Ergänzen Sie dieses durch ein thematisch gestaltetes Deckblatt und ein Inhaltsverzeichnis.

ODER

Arbeiten Sie ein konkretes Projekt für Ihre Schulklasse, die gesamte Schule oder den „Tag der offenen Tür“ aus, um das Thema „Mensch und Natur“ und die damit einhergehende ethische Verantwortung des Menschen in das Bewusstsein Ihrer Schulgemeinschaft zu rücken.

Denkanregungen:

Organisation einer Tauschbörse, ein Tauschregal im Pausenraum gestalten

Mehrwegflaschen mit Schullogo

Müll vermeiden und Mülltrennung

Einen nachhaltigen Pausenverkauf organisieren

Mensch und Natur sollten in Einklang stehen.

6.2 Technikethik

Die Entwicklung in der technischen Welt schreitet mit immer schneller werdenden Schritten voran. Fast täglich erreichen uns neue Nachrichten über Fortschritte im Bereich der Robotertechnik und der künstlichen Intelligenz. Dieser Fortschritt bringt viele neue Möglichkeiten mit sich, eröffnet jedoch auch neue Problemfelder, die so in der Vergangenheit nicht vorhanden waren. Wie gehen wir mit der immer intensiveren Verzahnung des technischen Fortschritts mit unserem Alltag um?

Künstliche Intelligenz (KI)

Alexa – mach' sauber!

Es ist einfach zu schön, um wahr zu sein. Laura liegt auf der Couch, entspannt sich und döst einfach ein bisschen vor sich hin. Es könnte so schön sein. Wenn da nicht diese Katzen wären. An und für sich sind sie ja wirklich ihre Lieblinge und sie würde sie auch um nichts in der Welt hergeben wollen – aber wie es hier immer aussieht! Überall liegen einzelne Haare oder ganze Fellbüschel herum. Eigentlich müsste Laura jeden Tag mindestens einmal die ganze Wohnung kehren und reinigen, aber dafür fehlt ihr einfach die Zeit, und um ehrlich zu sein auch die Lust. Deshalb hat sie in den letzten Monaten technisch aufgerüstet. Die leidige Kehr- und Putzarbeit wird jetzt von einem Saug- und Wischroboter erledigt. Und Laura muss sich nicht einmal großartig bewegen, um die Reinigung zu veranlassen. Sie spricht einfach mit ihrer Alexa und schon übermittelt diese ihren Arbeitsauftrag an den Roboter, der dann unverzüglich mit der Arbeit beginnt. Es ist schon toll, welche Möglichkeiten und auch Erleichterungen uns die Technik bringt. Aber irgendwie stellt Laura sich auch die Frage, wohin das alles noch führen kann. Werden wir irgendwann vielleicht sogar durch Roboter ersetzt? Oder sind Roboter etwa irgendwann dazu in der Lage, eigenständig Entscheidungen zu treffen? Was würde das für unser Zusammenleben bedeuten? Müsste man dann nicht auch regeln, welche Rechte diese Roboter haben, was sie tun und nicht tun dürfen?

KI ist auf dem Vormarsch.

Aufgaben

1. Äußern Sie erste spontane Gedanken und Überlegungen zu dieser Situation.
2. Erstellen Sie eine Liste mit technischen Gerätschaften, die Sie in Ihrem Alltag unterstützen.
3. Beschreiben Sie, inwiefern diese Gerätschaften Aufgaben übernehmen, die der Mensch zuvor selbst erledigen musste.

© picture alliance/ASSOCIATED PRESS

Yousuf Karsh Isaac Asimov

Asimovs Robotergesetze

... 1948 wurde Isaak Asimov Doktor der Biochemie und erhielt eine Stelle als Dozent an der Boston University. Doch schon 1958 gab er seine Lehrtätigkeit auf und widmete sich ganz der Schriftstellerei. Besonders seine Robotergeschichten erfreuten sich bei der Leserschaft großer Beliebtheit. Asimov beschäftigte sich aber auch intensiv mit dem Zusammenleben von Menschen und Robotern und entwickelte dabei die drei Gesetze der Robotik, die in der Kurzgeschichte „Runaround" erstmalig Erwähnung fanden. In ihrer ursprünglichen Form lauten sie folgendermaßen:

Ein Roboter darf einem menschlichen Wesen keinen Schaden zufügen oder durch Untätigkeit zulassen, dass einem menschlichen Wesen Schaden zugefügt wird.

Ein Roboter muss den Befehlen gehorchen, die ihm von Menschen erteilt werden, es sei denn, dies würde gegen das erste Gebot verstoßen.

Ein Roboter muss seine eigene Existenz schützen, solange solch ein Schutz nicht gegen das erste oder zweite Gebot verstößt.

Später erweiterte Asimov den Kodex in der Erzählung „Das galaktische Imperium" um ein weiteres, das sogenannte nullte Robotergesetz: „Ein Roboter darf der Menschheit keinen Schaden zufügen oder durch Untätigkeit zulassen, dass der Menschheit Schaden zugefügt wird." Das nullte Gesetz stellte Asmiov als übergeordneten Grundsatz den anderen Regeln voran ...

Robotergesetze als Grundgesetz für Roboter?

Auch auf die Wissenschaft hatte der berühmte Schriftsteller erheblichen Einfluss. So war es Asimov, der den Begriff der „Robotik" erstmalig in der Geschichte „Runaround" benutzte und somit prägte; ein Begriff, der sich in der Wissenschaft als Terminus für die Beschäftigung mit Robotertechnologien etabliert hat. Darüber hinaus dienen die Robotergesetze heutigen Programmierern als Richtschnur ... Damit diese [Roboter] nicht zur Gefahr für den Menschen werden, nutzt man Sicherheitsvorrichtungen wie Stoßpuffer, Warnsignale oder ähnliches. Doch mit der steigenden Komplexität der Robotertechnologie könnte irgendwann mal die Zeit kommen, in der eine Ethik für Roboter vonnöten sein wird. Dann könnten Asimovs Robotergesetze zum Grundgesetz der Maschinen mit künstlicher Intelligenz werden.

(Quelle: http://www.roboterwelt.de/magazin/die-robotergesetze-von-isaac-asimov/, Abruf: 27.07.2021)

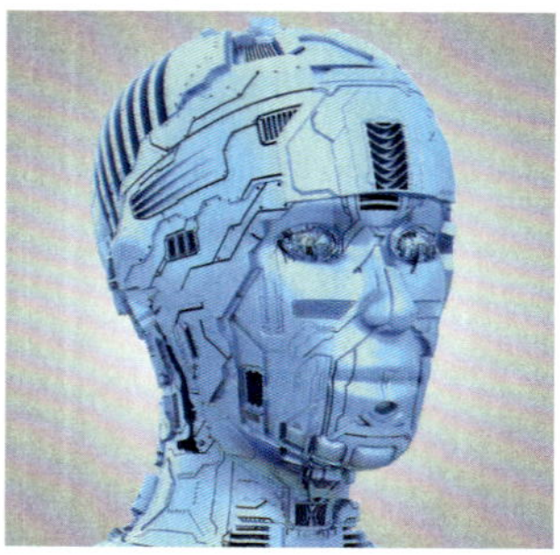

© Patrick P. Palej – stock.adobe.com

Eine Ethik für Roboter??

Aufgaben

1. Fassen Sie die von Asimov entwickelten „Robotergesetze" in Ihren eigenen Worten zusammen.
2. Beurteilen Sie, ob diese Gesetze ausreichen, um ein Zusammenleben zwischen Menschen und eigenständig denkenden Robotern zu gewährleisten.

Das Handlungsprodukt

Entwerfen Sie Ihren eigenen Roboter.

Machen Sie sich hierzu zunächst Gedanken über seine Aufgabenfelder. Was soll er tun?

Entwickeln Sie davon ausgehend das Design des Roboters anhand einer Zeichnung. Achten Sie dabei darauf, dass die Funktion auch sinnvoll in das Design miteinzubeziehen ist.

Im nächsten Schritt geht es an die Programmierung. Entwerfen Sie hierzu Befehle und Regeln, die den Roboter daran hindern, dem Menschen zu schaden. Welcher Befehl muss beispielsweise ausgeführt werden, wenn eine Störung im System vorliegt?

Geben Sie Ihrem Roboter einen Namen.

Statten Sie Ihn dann mit „Charaktereigenschaften“ aus, die Ihnen wichtig erscheinen.

Reflektieren Sie, warum Sie den Roboter mit genau diesen Eigenschaften ausgestattet haben.

http://www.roboterwelt.de/magazin/die-robotergesetze-von-isaac-asimov/

https://www.bpb.de/dialog/netzdebatte/253494/pro-und-contra-zur-robotersteuer

Künstliche Intelligenz in der Literatur

Auszug aus Qualityland

Peter Arbeitsloser hat genug.

»Niemand«, sagt er.

»Ja, Peter?«, fragt Niemand.

»Ich habe keinen Appetit mehr.«

»Okay«, sagt Niemand.

Niemand ist Peters persönlicher digitaler Assistent. Peter selbst hat diesen Namen gewählt, denn er hat oft das Gefühl, dass Niemand für ihn da ist. Niemand hilft ihm. Niemand hört ihm zu. Niemand spricht mit ihm. Niemand beobachtet ihn. Niemand trifft für ihn Entscheidungen. Peter bildet sich sogar ein, dass Niemand ihn mag. Peter ist ein WINNER, denn Niemand ist ein WIN-Assistent. WIN, ein Kürzel für „What-I-Need“, war ursprünglich mal eine Suchmaschine, in die man umständlich per Sprachbefehl, davor sogar noch per Tastatur, seine Fragen eingeben musste. Im Herzen ist WIN immer noch eine Suchmaschine. Aber man braucht keine Fragen mehr zu stellen. WIN weiß, was man wissen will. Peter muss sich nicht die Mühe machen, relevante Informationen zu finden. Die relevanten Informationen machen sich die Mühe, Peter zu finden ...

Exakt in dem Augenblick, als Peter zu Hause ankommt, trifft eine Lieferdrohne von TheShop ein. Über Zufälle dieser Art wundert sich Peter schon lange nicht mehr. Es sind keine Zufälle. Es gibt überhaupt keine Zufälle mehr.

„Peter Arbeitsloser“, sagt die Drohne fröhlich. „Ich komme von TheShop, dem weltweit beliebtesten Versandhändler, und ich habe eine schöne Überraschung für Sie.“

Peter nimmt der Drohne grummelnd das Paket ab. Er hat nichts bestellt. Seit OneKiss ist das nicht mehr nötig. OneKiss ist ein Premiumservice

Drohne als Postzusteller

von TheShop und das Lieblingsprojekt des legendären Firmengründers Henryk Ingenieur. Wer sich durch nur einen Kuss auf sein QualityPad für OneKiss anmeldet, bekommt fortan alle Produkte, die er bewusst oder unbewusst haben will, zugeschickt, ohne sie bestellen zu müssen. Das System errechnet für jeden Kunden eigenständig, was er will und wann er es will. Schon der erste Slogan von TheShop lautete: „Wir wissen, was du willst." Inzwischen bestreitet das keiner mehr.

(Quelle: Marc-Uwe Kling: Qualityland. Ullstein Verlag 2019, S. 12)

Aufgaben

In Marc-Uwe Klings Roman „Qualityland" zeichnet der Autor eine Zukunftsvision, in der unter anderem der digitale Fortschritt dafür sorgt, dem Menschen seine eigenen Entscheidungen abzunehmen und das Leben dadurch (scheinbar) angenehmer zu machen.

1. Erklären Sie die Funktionsweise und die Aufgabe von „Niemand".
2. Spekulieren Sie, warum Peter Arbeitsloser (in der Zukunft sind die Nachnamen der Menschen auf den Beruf der Eltern angepasst) für seinen persönlichen digitalen Assistenten den Namen „Niemand" ausgewählt hat.
3. Erläutern Sie die Aussage „Es gibt überhaupt keine Zufälle mehr".
4. Diskutieren Sie, ausgehend von diesem Romanauszug, die möglichen Auswirkungen des zunehmenden technischen Fortschritts.

Mensch und Roboter in Zusammenarbeit

In Qualityland wird jeder Mensch anhand eines Levels eingestuft, der unter anderem darüber Auskunft gibt, wie erfolgreich die jeweilige Person ist und inwiefern es sich für andere Menschen lohnt, Kontakt mit dieser zu pflegen. Anhand dieses Levels werden gesellschaftlich erwünschte Eigenschaften und Verhaltensweisen innerhalb des Profils der jeweiligen Person festgehalten, welches wiederum für alle anderen Personen frei zugänglich ist. Man erkennt damit sofort, welchen Level beispielsweise der aktuelle Gesprächspartner hat.

Mensch und Roboter in Konkurrenz

Die Level reichen dabei von 1 bis 100, wobei die Level 1 und 100 nicht erreicht werden können. Dies dient dazu, dass Personen auf Level 2 stetig von der Angst angetrieben sind, auf das niedrigste Level abzusinken. Diese Angst vor dem endgültigen sozialen Abstieg soll die Menschen im Zaum halten, denn wer nichts mehr zu verlieren hat, kann gefährlich werden.

Am anderen Ende der Level-Skala soll den Personen auf Level 99 immer eine noch höhere (jedoch nie erreichbare) Erfolgsstufe in Aussicht gestellt werden, um ihren stetigen Drang nach Selbstverbesserung zu fördern. Der Drang nach Selbstverbesserung führt, ebenso wie die Angst vor sozialem Abstieg, bei den Menschen zu gewünschten sozialen Verhaltensweisen. Je höher der eigene Level, desto mehr Privilegien werden einem zuteil.

Menschen mit einem einstelligen Level werden als „Nutzlose" bezeichnet und stellen in der Gesellschaft von Qualityland einen großen Bevölkerungsanteil dar.

Unterschiedliche Levelstufen

Der Level einer Person ergibt sich dabei aus 42 verschiedenen Kategorien: Flexibilität, Belastbarkeit, Innovativität, Kreativität, Teamfähigkeit, Begeisterungsfähigkeit, Geschmack (sehr umstritten), Vernetzung, Alter, Gesundheit, Wohnort, Job, Einkommen, Vermögen, Beziehungen, Sozialkompetenz, Freude an der Arbeit, Bildung, IQ, EQ, Zuverlässigkeit, Sportlichkeit, Produktivität, Humor (auch umstritten), Sexappeal, BMI, Ausstattung, Pünktlichkeit, Freunde, Gene, familiäre Krankheitsgeschichte, Lebenserwartung, Anpassungsfähigkeit, Mobilität, Kritikfähigkeit, Auslandserfahrungen, Antwortrate und -geschwindigkeit in sozialen Netzwerken, Aufgeschlossenheit gegenüber neuen Konsumangeboten, Stressresistenz, Disziplin, Selbstvertrauen, Tischmanieren.

Anhand dieser Kategorien errechnet eine Rating-Agentur („Rate-Me") den Level der Person. Um diese Daten überhaupt erheben zu können, werden die Menschen in Qualityland zu jeder Sekunde ihres Lebens beobachtet, um verlässliche Daten zu ihrem jeweiligen Verhalten zu gewinnen. (vgl. hierzu auch https://qualityland.fandom.com/de/wiki/Level)

Aufgaben

1. Erklären Sie das „Level-System" in Qualityland knapp in eigenen Worten.
2. Erläutern Sie, inwiefern das Fehlen der Levelstufen 1 und 100 zu einem gewünschten Verhalten der in Qualityland lebenden Menschen führen soll.
3. Wählen Sie aus den für die Leveleinstufung festgelegten Kategorien die für Sie 10 wichtigsten Kategorien aus.
4. Beurteilen Sie sich selbst anhand dieser Kategorien. Vergeben Sie hierzu für jede Kategorie einen Punktwert von 1 bis 10.
5. Diskutieren Sie im Plenum die Vor- und Nachteile eines solchen Level-Systems für das Zusammenleben in einer Gesellschaft. Betrachten Sie hierzu auch die Tatsache, dass die Level von einer Rating-Agentur vergeben werden und der Mensch hierzu permanent unter Beobachtung steht.

Erlauben Algorithmen Voraussagen über menschliches Handeln?

PRESSESCHAU

Alles nur Fiktion? – „Level-Systeme" in der Realität

Im folgenden Interviewausschnitt spricht der Soziologe Steffen Mau (SM) mit dem Tagesspiegel (TS) über das System des „social scorings"

TS: Was ist eigentlich social scoring?

SM: [W]enn wir heute vom Scoring reden, meinen wir, dass größere Datenmengen mit Hilfe von Algorithmen ausgewertet werden, um über das Verhalten von Personen Auskunft zu geben, um sie zu klassifizieren, um vorherzusagen, was sie tun werden oder um ihren Marktwert zu beschreiben.

TS: China ist gerade dabei, ein „Social Credit System" einzuführen. Wie sieht das aus?

Bewertungen sind fast alltäglich.

SM: ... Erfasst wird das Verhalten im öffentlichen Raum, zum Beispiel, ob man seine Bücher bei Bibliotheken überzieht. Bewertungen von Vorgesetzten und Vermietern fließen ein, das Konsumverhalten im Internet, Regelverstöße und Äußerungen in Sozialen Medien. Das alles soll zu einer Art Klassifikations- und Bewertungssystem zusammengeführt werden. Der oder die Score-Werte eines Menschen sind nicht nur informativ, sie sollen mit ganz konkreten Vor- oder Nachteilen verbunden sein ...

[Ein anderes Beispiel:] 2018 war ich ein halbes Jahr in den USA, dort haben wir über eine Webseite einen Babysitter gesucht. Die Babysitter konnte man natürlich einerseits bewerten – dadurch entstand ein Ranking. Man konnte zusätzlich über ein System namens „MyLife.com" auch die Reputation der Person abfragen ...: Wohnort, Aliasnamen, Social Media Accounts, Geschwindigkeitsübertretungen, ob jemand in Besitz einer Schusswaffe ist, Verschuldung, Sittlichkeitsdelikte, anhängige und frühere Gerichtsprozesse.

(Quelle: https://www.tagesspiegel.de/gesellschaft/social-scoring-diese-systeme-kriechen-in-unseren-alltag/24098020.html, Abruf: 26.04.2021)

Aufgaben

1. Vergleichen Sie das in diesem Interview dargestellte System des „social scorings" mit dem Level-System in Qualityland, indem Sie Gemeinsamkeiten beschreiben.
2. Nennen Sie Informationen, die Sie persönlich im Rahmen von Social-Media-Aktivitäten preisgeben.
3. Diskutieren Sie, inwiefern anhand dieser Informationen ein social scoring für Sie persönlich verfasst werden könnte.
4. Erörtern Sie die Vor- und Nachteile eines social scores. Hierzu können Sie auch auf das vollständige Interview zugreifen. Verwenden Sie hierzu den Link im QR-Code.

https://www.tagesspiegel.de/gesellschaft/social-scoring-diese-systeme-kriechen-in-unseren-alltag/24098020.html

7 Anthropologie

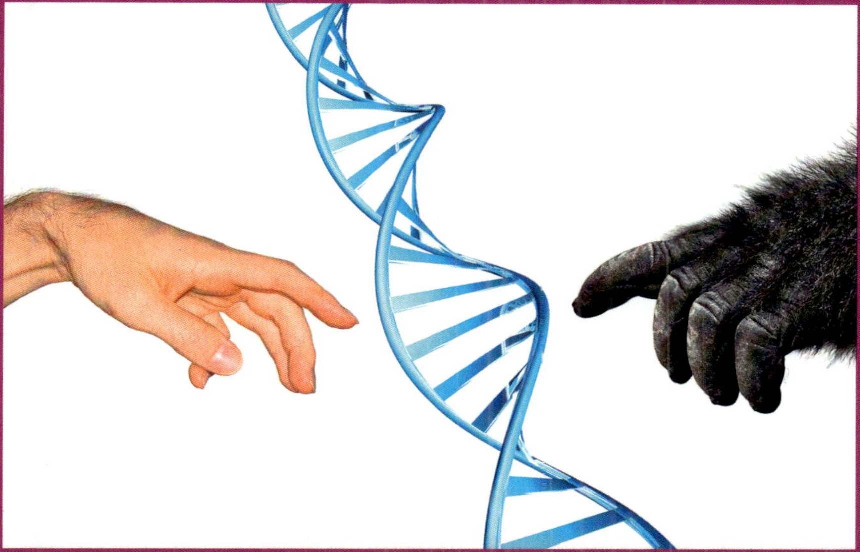

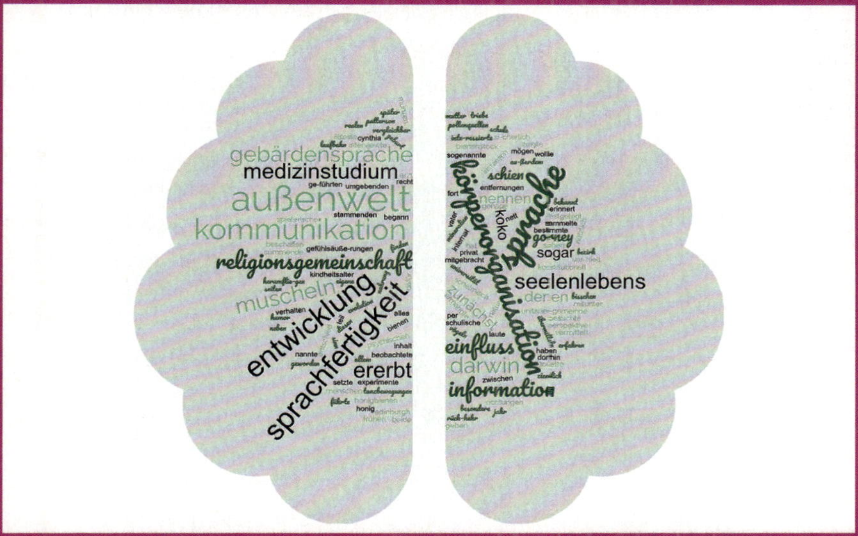

7 Anthropologie

Früher im Baum ...

Ein unverhüllter Blick auf den Körper:

Wenn ich daran denke, wie der Mensch nackt aussieht, auch das sogenannte schönere Geschlecht, was er alles für Fehler, natürliche Schwächen und Unvollkommenheiten aufweist, so finde ich, dass wir es nötiger gehabt haben, als jedes andere Tier, für uns die Kleidung zu erfinden ... Es ist doch auch beachtenswert, dass von Leuten, die etwas davon verstehen, als Mittel gegen Liebesleidenschaft empfohlen wird, man solle den ersehnten Leib ganz frei und unverhüllt ansehen; man brauche den geliebten Gegenstand nur ganz vorurteilslos zu betrachten, da kühle sich die Zuneigung sofort ab ...

(Michel de Montaigne, Die Essais, Anadonda-Verlag, München, S. 208.)

7.1 Der Mensch als Natur- und Kulturwesen

... heute im All

Erich Kästner: „Die Entwicklung der Menschheit“

Einst haben die Kerls auf den Bäumen gehockt,
behaart und mit böser Visage.
Dann hat man sie aus dem Urwald gelockt
und die Welt asphaltiert und aufgestockt,
bis zur dreißigsten Etage.
Da saßen sie nun, den Flöhen entflohn,
in zentralgeheizten Räumen.
Da sitzen sie nun am Telefon.
Und es herrscht noch genau derselbe Ton
wie seinerzeit auf den Bäumen.
Sie hören weit. Sie sehen fern.
Sie sind mit dem Weltall in Fühlung.
Sie putzen die Zähne. Sie atmen modern.
Die Erde ist ein gebildeter Stern
mit sehr viel Wasserspülung.
Sie schießen die Briefschaften durch ein Rohr.
Sie jagen und züchten Mikroben.
Sie versehn die Natur mit allem Komfort.
Sie fliegen steil in den Himmel empor
und bleiben zwei Wochen oben.
Was ihre Verdauung übrig lässt,
das verarbeiten sie zu Watte.
Sie spalten Atome. Sie heilen Inzest.
Und sie stellen durch Stiluntersuchungen fest,
dass Cäsar Plattfüße hatte.
So haben sie mit dem Kopf und dem Mund
den Fortschritt der Menschheit geschaffen.
Doch davon mal abgesehen und
bei Lichte betrachtet sind sie im Grund
noch immer die alten Affen.

(Quelle: http://www.deutschunddeutlich.de/contentLD/GD/GT62kEntwMenschheit.pdf, Abruf: 01.04.2021)

Aufgaben

1. Welches Menschenbild entwirft Kästner im vorliegenden Gedicht? Fertigen Sie eine Tabelle an und stellen Sie positive und negative Aspekte einander vergleichend gegenüber.
2. Erläutern Sie, inwiefern sich innerhalb des Gedichtes eine Entwicklung des Menschen erkennen lässt.
3. Entwickeln Sie, ausgehend von nebenstehendem Bild, einen knappen Text, in welchem Sie die Kernaussage des Gedichts zusammenfassen.
4. Beschreiben Sie das nebenstehende Bild und setzen Sie dessen Interpretation in Bezug zu dem von Kästner angesprochenen Menschenbild.

Wie alles angefangen hat …

Der Mensch – Die Krone der Schöpfung(?)

Aufgaben

1. Beschreiben Sie das nebenstehende Zeitungscover.
2. Erklären Sie für jede der dargestellten Personen, inwiefern sie nicht „für die moderne Welt geschaffen" ist.
3. Denken Sie an Ihr Lieblingstier/Ihr Haustier. Beschreiben Sie Eigenschaften und Fähigkeiten, die es Ihnen gegenüber als überlegen erscheinen lässt. Was kann Ihr Haustier/Lieblingstier besser als Sie?

Arnold Gehlen: Mängel- und Handlungswesen

Morphologisch [auf die äußere Gestalt bezogen] ist nämlich der Mensch im Gegensatz zu allen höheren Säugern hauptsächlich durch Mängel bestimmt, die jeweils im exakt biologischen Sinne als Unangepasstheiten, Unspezialisiertheiten, als Primitismen, d. h. als Unterentwickeltes zu bezeichnen sind: also wesentlich negativ. Es fehlt das Haarkleid und damit der natürliche Witterungsschutz; es fehlen natürliche Angriffsorgane, aber auch eine zur Flucht geeignete Körperbildung; der Mensch wird von den meisten Tieren an Schärfe der Sinne übertroffen, er hat einen geradezu lebensgefährlichen Mangel an echten Instinkten und er unterliegt während der Säuglings- und Kinderzeit einer ganz unvergleichlich langfristigen Schutzbedürftigkeit. Mit anderen Worten: innerhalb natürlicher, urwüchsiger Bedingungen würde er als bodenlebend inmitten der gewandtesten Fluchttiere und der gefährlichsten Raubtiere schon ausgerottet sein … Er ist von einer einzigartigen … biologischen Mittellosigkeit, und er vergütet diesen Mangel allein durch seine Arbeitsfähigkeit oder Handlungsgabe, d. h. durch Hände und Intelligenz: eben deshalb ist er aufgerichtet, „umsichtig", mit freigelegten Händen …

Die physische Unspezialisiertheit des Menschen, seine organische Mittellosigkeit sowie der erstaunliche Mangel an echten Instinkten bilden also unter sich einen Zusammenhang, zu dem die … Umweltenthebung den Gegenbegriff bilden. Umgekehrt entsprechen beim Tier die Organspezialisierung, das Instinktrepertoire und die Umweltfesselung einander …

(Quelle: Arnold Gehlen, Der Mensch, Aula Verlag 2009, S. 33–36)

Babies sind lange auf Hilfe angewiesen.

Aufgaben

1. Formulieren Sie in einem Satz, wie Gehlen den Menschen definiert.
2. Erschließen Sie sich den Inhalt des Textabschnittes (A. Gehlen, Mängel- und Handlungswesen) anhand folgender Leitfragen:
   - Wie ist der Mensch laut Gehlen äußerlich bestimmt?
   - Anhand welcher Merkmale zeigt sich das „Unterentwickelte"?
   - Wie gleicht der Mensch die von Gehlen beschriebenen Mängel aus?
3. Erklären Sie den Unterschied zwischen den Begriffen „Umweltenthebung" und „Umweltfesselung".

7.2 Auch nur ein Tier(?) – Sprachfähigkeit

George G. Simpson: Sprache in der Perspektive der Evolution

... Sehen wir uns die sogenannte „Sprache" der Bienen an, die sehr bekannt geworden ist. Honigbienen, die Herumfliegen oder Nahrung beschaffen, machen nach der Rückkehr zum Bienenstock bestimmte Tanzbewegungen und geben summende Laute von sich, die eine ziemlich genaue Information über die Richtungen, in denen Honig- und Pollenquellen zu finden sind, sowie Entfernungen dorthin, übermitteln. Das ist sicherlich Kommunikation, die für beide Seiten nützlich ist ... Kommunikation: ja, Sprache: nein.

Ein Kommunikationssystem kann ... nicht sinnvoll „Sprache" genannt werden, wenn es weitgehend bzw. völlig instinktiv ... und im Wesentlichen unwillkürlich ist und über einen einzelnen Gegenstand nur geringe Informationen zu vermitteln vermag ...Worin liegt aber dann der Unterschied? [D]ie ... tierischen Lautäußerungen [sind] affektiv ...: Anlass ist der momentane physiologische und emotionale Zustand des Tieres ... Jede Vokalisation ist eine isolierte Einheit, und alle Laute stehen spezifisch mit nur ganz wenigen Einzelsituationen in Zusammenhang; sie können zur Übermittlung von Informationen über mehrere oder über komplexere Situationen nicht erweitert bzw. kombiniert werden.

... All das aber, was tierische Lautäußerungen nicht [können], vollbringt die menschliche Sprache mit außergewöhnlicher Perfektion. Jede Sprache benennt, beschreibt und generalisiert all das, [was die Leute], die diese Sprache sprechen, [mitteilen wollen oder worüber sie nachdenken]. Sie tut das, indem sie alle Dinge, Handlungen und abstrakte Begriffe symbolisiert. Sie kann sich auf Dinge beziehen (und tut das auch), die nicht jetzt stattfinden, also zum Beispiel Dinge in der Vergangenheit oder Zukunft, ja sogar auf Dinge (oder Vorstellungen), die nicht in der Realität existieren. Sie ist buchstäblich unendlich schöpferisch-produktiv: Sie erweitert und kombiniert Informationen, eine Voraussetzung dafür, sie auf neue Situationen anwenden zu können, die nie zuvor gedacht oder mitgeteilt wurden.

(Quelle: Simpson, George G.: „Biologie und Mensch", Frankfurt am Main: Suhrkamp, 1972, S. 42 ff.)

Aufgabe

Ordnen Sie die folgenden Schlüsselbegriffe aus dem vorangehenden Text den Kategorien „Sprache“ und „Kommunikation“ zu.

affektiv	wenige, isolierte Informationseinheiten		instinktive Lautäußerungen
Bezug auf nicht existente Dinge	Vergangenheits-, Gegenwarts- und Zukunftsbezug		Bezug auf Einzelsituationen
Generalisierung	unwillkürlich	Symbolisierung	Kombination von Informationen

Aufgaben

1. Betrachten Sie die nebenstehende Zeichnung.
2. Diskutieren Sie, ob die Katze auf diesem Bild Sprache oder lediglich Kommunikation nutzt. Orientieren Sie sich dabei an den Ergebnissen der vorangegangenen Textarbeit.
3. Sammeln Sie Ihre Ergebnisse in Form stichwortartiger Notizen.

Ist das Sprache?

„Koko konnte uns zeigen, zu was alle Menschenaffen fähig sind.“

Koko, ein Westlicher Flachlandgorilla, starb am 19.06.2018 im Alter von 46 Jahren im Schlaf. Die Gorilladame war für ihre emotionale Tiefe und ihre Fähigkeit, sich in Gebärdensprache zu verständigen, berühmt geworden. Im Laufe ihres Lebens erlangte sie internationale Bekanntheit und eignete sich ein Vokabular von mehr als 1.000 Zeichen an. Zudem verstand sie mehr als 2.000 gesprochene englische Worte, wie die Gorilla Foundation berichtet ...

Koko wurde am 4. Juli 1971 im Zoo von San Francisco geboren und Hanabiko getauft, japanisch für „Feuerwerkskind“. Die Forscherin Francine Patterson begann 1972, mit Koko zu arbeiten und ihr die Gebärdensprache beizubringen ...

Die Forschung über und Arbeit mit Koko und anderen Gorillas offenbarte, dass Menschenaffen über eine ähnliche Sprachkompetenz wie Kleinkinder verfügten ...

Neben ihrer Sprachfertigkeit zeigte Koko auch Gefühlsäußerungen, die mit denen von Menschen vergleichbar sind. Außerdem schien sie einen Sinn für Humor zu haben und verhielt sich mitunter sogar ein bisschen schelmisch.

Cynthia Gorney interviewte Koko im Jahr 1985. Zunächst schien Koko sie nicht so recht zu mögen und nannte sie per Gebärdensprache sogar eine Toilette. Gorney erinnert sich, dass Patterson sie dafür ermahnte: „Koko! Das ist nicht nett.“

Letztendlich freundete sich die Gorilladame dann aber doch noch mit Gorney an, und als sie gefragt wurde, wohin Gorillas gehen, wenn sie sterben, zeigte sie: „Gemütliches Loch tschüss“.

(Quelle: https://www.nationalgeographic.de/wissenschaft/2018/06/koko-konnte-uns-zeigen-zu-was-alle-menschenaffen-faehig-sind, Abruf: 15.07.2021)

https://www.nationalgeographic.de/wissenschaft/2018/06/koko-konnte-uns-zeigen-zu-was-alle-menschenaffen-faehig-sind

Haben Menschenaffen Sprachkompetenz?

Aufgaben

1. Erarbeiten Sie anhand dieses Textes die herausragenden Fähigkeiten der Gorilladame Koko.
2. Ordnen Sie diese Fähigkeiten den Merkmalen von Kommunikation und Sprache nach Simpson zu.
3. Bewerten Sie ausgehend von dieser Zuordnung, ob Koko Sprache verwendet oder lediglich kommuniziert.
4. Erinnern Sie sich an die Merkmale einer Person nach Peter Singer. Erörtern Sie, ob Koko eine Person ist.

7.3 Psychologische Aspekte

Instanzenmodell nach Freud

Aufgaben

1. Beschreiben Sie das nebenstehende Bild.
2. Erklären und interpretieren Sie die Bedeutung der Bildüberschrift.

Die älteste dieser psychischen Instanzen nennen wir das ES; sein Inhalt ist alles, was ererbt, bei Geburt mitgebracht, konstitutionell festgelegt ist, vor allem also die aus der Körperorganisation stammenden Triebe ...

Unter dem Einfluss der uns umgebenden realen Außenwelt hat ein Teil des ES eine besondere Entwicklung erfahren, die von nun an zwischen ES und Außenwelt vermittelt. Diesen Bezirk des Seelenlebens nennen wir das ICH ... Es hat die Aufgabe der Selbstbehauptung, erfüllt sie, indem es nach außen die Reize kennenlernt, Erfahrung über sie aufspeichert (im Gedächtnis), überstarke Reize vermeidet (durch Flucht), mäßigen Reizen begegnet (durch Anpassung) und endlich lernt, die Außenwelt in zweckmäßiger Weise zu seinem Vorteil zu verändern (Aktivität); nach innen gegen das ES, indem es die Herrschaft über die Triebansprüche gewinnt, entscheidet, ob sie zur Befriedigung zugelassen werden sollen, diese Befriedigung auf die in der Außenwelt günstigen Zeiten und Umstände verschiebt oder ihre Erregungen überhaupt unterdrückt ...

Als Niederschlag der langen Kindheitsperiode, während der der werdende Mensch in Abhängigkeit von seinen Eltern lebt, bildet sich in seinem ICH eine besondere Instanz heraus, in der sich dieser elterliche Einfluss fortsetzt. Sie hat den Namen des ÜBER-ICHs erhalten. Insoweit dieses ÜBER-ICH sich vom ICH absondert und sich ihm entgegenstellt, ist es eine dritte Macht, der das ICH Rechnung tragen muss.

Eine Handlung des ICHs ist dann korrekt, wenn sie gleichzeitig den Anforderungen des ES, des ÜBER-ICHs und der Realität (Außenwelt) genügt, also die Ansprüche miteinander zu versöhnen weiß. Die Einzelheiten der Beziehung zwischen ICH und ÜBER-ICH werden aus der Zurückführung des Verhältnisses des Kindes zu seinen Eltern verständlich. Im Elterneinfluss wirkt natürlich nicht nur das persönliche Wesen der Eltern, sondern auch der durch sie fortgeführte Einfluss von Familien-,

Rassen- und Volkstraditionen sowie die von ihnen vertretenen Anforderungen des jeweiligen sozialen Milieus. Ebenso nimmt das ÜBER-ICH im Laufe seiner individuellen Entwicklung Beiträge späterer Ersatzpersonen der Eltern auf (Erzieher, öffentliche Vorbilder).

(Quelle: Sigmund Freud: Abriss der Psychoanalyse. In: Gesammelte Werke. Band 17: Schriften aus dem Nachlass 1892–1939. Hrsg. von Anna Freud. S. Fischer Verlag, Frankfurt am Main 1993. S. 67 ff.)

Aufgaben

1. Finden Sie sich in drei Gruppen zusammen.
2. Erarbeiten Sie in den jeweiligen Gruppen die zentralen Inhalte des Informationstextes zu den Aspekten
   – Über-Ich – Ich – Es
3. Je ein Mitglied der drei Gruppen findet sich mit einem Mitglied aus den anderen Gruppen zusammen.
4. Präsentieren und erklären Sie sich in diesen Expertengruppen gegenseitig die Aspekte des Instanzenmodells nach Freud.
5. Erstellen Sie gemeinsam eine Präsentation, mit der Sie Ihren Mitschülerinnen und Mitschüler die Zusammenhänge des Instanzenmodells verdeutlichen.
6. Eine Gruppe präsentiert ihre Ergebnisse im Plenum. Die anderen Gruppen fungieren als Feedbackgemeinschaft.
7. Erarbeiten Sie im Anschluss an die Präsentation gemeinsam in der Klasse ein Schaubild, das als Musterlösung dient.

Diskussionen in den Expertengruppen

7.4 Evolution und/oder Schöpfung

Charles Robert Darwin wurde am 12. Februar 1809 im englischen Shrewsbury geboren. Mit seinen fünf Geschwistern und den Eltern, dem Arzt Robert und seiner Frau Susannah, lebte er dort bis zu seiner Studienzeit

Darwin besuchte zunächst eine Schule der Unitarier-Gemeinde, der Religionsgemeinschaft seiner Mutter. Seine schulische Laufbahn setzte er später an einem privat geführten Internat fort. Schon im frühen Kindheitsalter interessierte sich Darwin für die Natur. Er beobachtete das Verhalten von Vögeln, sammelte Muscheln, Mineralien und Münzen und führte eigene spielerische Experimente durch. Darwin entschied sich, dass er, wie sein Vater, Arzt werden wollte und begann 1825 das Medizinstudium an der Universität Edinburgh.

Weil ihn der Unterricht aber bis auf wenige Ausnahmen langweilte, wechselte er zum Theologiestudium. Dieses absolvierte er als zehntbester Student im Jahr 1831. Die Fächer an der Universität hatten ihn mitgerissen: So beschäftigte er sich mit großem Interesse mit der Naturphilosophie und den neuen Kontinenten.

Als er 1831 zur Reise mit der HMS Beagle, einem Vermessungsschiff der britischen Marine eingeladen wurde, war Darwin überglücklich. Auf dieser Fahrt, eigentlich zum Zwecke der Vermessung von Patagonien

Darwin im Evolutionsprozess

7 Anthropologie

und Feuerland in Südamerika, konnte er sein Interesse für Natur und Geologie miteinander verbinden.

(Quelle: https://www.geo.de/geolino/mensch/2868-rtkl-weltveraenderer-charles-darwin, Abruf: 16.07.2021)

Aufgabe

Erstellen Sie ausgehend von diesem Text einen Steckbrief des Wissenschaftlers.

Zeit bedeutet Evolution.

Charles Darwins Evolutionstheorie

Am 27. Dezember 1831 stach Charles Darwin mit der HMS Beagle in See. Während der Reise sammelte er zahlreiche Pflanzen, Tiere und Gesteinsproben. In zahlreichen Notizbüchern hielt er seine Beobachtungen fest.

Nach einer Weltumseglung kehrte die HMS Beagle am 2. Oktober 1836 wieder nach England zurück.

Schildkröten, Spottdrosseln und vor allem ein paar Finken, die Darwin von den Galápagos-Inseln mitbringt, liefern dem Forscher die entscheidenden Hinweise für seine berühmte Evolutionstheorie ... Dabei schenkt der Biologe den faustgroßen Vögeln zunächst keine Beachtung. Er hält sie für Zaunkönige, Schwarzdrosseln und Kernbeißer, denn sie haben vollkommen unterschiedliche Schnäbel. Einige dieser Schnäbel sind dick und damit ideal zum Nüsseknacken, die längeren eignen sich besser zum Insektenfangen.

Erst ein herbeigerufener Kollege stellt fest: Bei den Vögeln handelt es sich um miteinander verwandte Finkenarten. Darwin vermutet darum: Diese verschiedenen Arten müssen jeweils auf unterschiedlichen Galápagos-Inseln entstanden sein. Und er weiß auch, warum: Weil Nahrung auf den Inseln knapp ist, herrscht dort ein ständiger Überlebenskampf.

Rein zufällig wurden irgendwann Finken mit dicken Schnäbeln geboren. Und die hatten große Vorteile gegenüber ihren anderen Artgenossen: Die Dickschnäbel konnten nämlich auch Nüsse knacken und hatten dadurch ein größeres Speiseangebot als die „normalen" Finken, die nur Samen fressen konnten.

Auf diese Weise entwickelten sich aus einer einzigen Finkenart viele neue – jede davon besetzt ihre eigene Nahrungsnische. Doch wie ein unsichtbarer Züchter lässt die Natur nur diejenigen Arten überleben, die sich am besten an ihre Umgebung angepasst haben.

Natürliche Auslese nennt Darwin dieses Prinzip. Den Begriff der natürlichen Auslese (Selektion) prägte Charles Darwin damit, mit dem er die Veränderungen innerhalb einer Art erklärte. Arten würden sich aufgrund von verschiedenen Einflüssen (beispielsweise ihrer Umwelt) entwickeln und verändern. In ihrem natürlichen Kampf um Nahrung und Lebensraum könne nur überleben, wer am besten an seine Umwelt angepasst ist. Diese Selektion führe über Generation hinweg zu einer Veränderung der Arten. Und er legt damit den Grundstein für seine

Entwicklung der Arten

Evolutionstheorie. Die wurde zwar schon ein paar Mal ergänzt und abgewandelt – aber in ihren Grundzügen gilt sie als bewiesen.

(Quelle: https://www.geo.de/geolino/mensch/2868-rtkl-weltveraenderer-charles-darwin, Abruf: 17.08.2021)

Aufgaben

1. Beschreiben Sie anhand des Textes, welche Beobachtung Darwin zu seinen Überlegungen hinsichtlich der Veränderung der Arten veranlasst hat.
2. Fassen Sie die Grundidee der Evolutionstheorie knapp in eigenen Worten zusammen.
3. Informieren Sie sich im Internet über die Vorstellungen zur Entstehung der Welt und insbesondere des Menschen zur Zeit Darwins.
4. Spekulieren Sie, inwiefern die Evolutionstheorie für die damalige Zeit einen regelrechten Skandal darstellte.

Darwin, der die Notizen von über 2 000 Seiten auf seiner Reise angefertigt hatte, begann nun, diese zu sortieren und zu untersuchen. Dies gilt als Geburtsstunde der Evolutionstheorie. Mit ihr wollte er belegen, dass die Entstehung von Arten auf naturwissenschaftliche Grundlagen zurückzuführen ist, und nicht, wie zu dieser Zeit verbreitet, Gott zu verdanken sei. Darwin war fest der Überzeugung, dass sich einzelne Arten entwickeln und nicht, wie in der Bibel niedergeschrieben, einfach erschaffen werden.

Seine Theorie der Evolution wendete Charles Darwin später auch auf Affen an. Darwin behauptete darin, dass der Mensch und der Affe dieselben Vorfahren haben, sich nur anders entwickelten. Darwins Theorie löste – vor allem in Kirchenkreisen – eine Welle der Empörung aus. Für viele Gläubige waren seine Ideen Gotteslästerei. Die Wissenschaft aber bestätigte die Theorie.

https://www.geo.de/geolino/mensch/2868-rtkl-weltveraenderer-charles-darwin, Abruf: 17.08.2021)

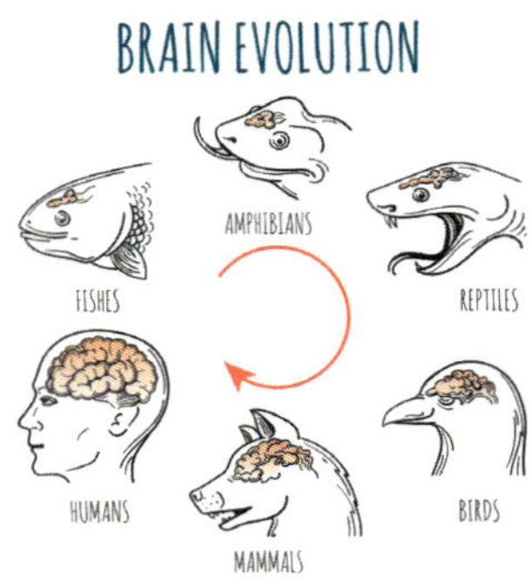

Entwicklung des Hirns

Aufgaben

1. Erläutern Sie anhand des Textes, gegen welche Grundannahme sich die Evolutionstheorie richtete.
2. Welche Vorstellung von der Rolle des Menschen wird durch die Evolutionstheorie zerstört?

Die Schöpfungsgeschichte

Im Anfang schuf Gott Himmel und Erde; die Erde aber war wüst und wirr, Finsternis lag über der Urflut und Gottes Geist schwebte über dem Wasser. Gott sprach: Es werde Licht. Und es wurde Licht. Gott sah, dass das Licht gut war. Gott schied das Licht von der Finsternis und Gott nannte das Licht Tag und die Finsternis nannte er Nacht. Es wurde Abend und es wurde Morgen: erster Tag.

Das Bild Gottes im Schöpfungsmythos.

Gott erschafft die Welt.

6 Dann sprach Gott: Ein Gewölbe entstehe mitten im Wasser und
scheide Wasser von Wasser 7 Gott machte also das Gewölbe und schied
das Wasser unterhalb des Gewölbes vom Wasser oberhalb des Gewölbes.
So geschah es 8 und Gott nannte das Gewölbe Himmel. Es wurde Abend
und es wurde Morgen: zweiter Tag.

9 Dann sprach Gott: Das Wasser unterhalb des Himmels sammle sich
an einem Ort, damit das Trockene sichtbar werde. So geschah es. 10 Das
Trockene nannte Gott Land und das angesammelte Wasser nannte er
Meer. Gott sah, dass es gut war. 11 Dann sprach Gott: Das Land lasse
junges Grün wachsen, alle Arten von Pflanzen, die Samen tragen, und
von Bäumen, die auf der Erde Früchte bringen mit ihrem Samen darin.
So geschah es. 12 Das Land brachte junges Grün hervor, alle Arten von
Pflanzen, die Samen tragen, alle Arten von Bäumen, die Früchte bringen
mit ihrem Samen darin. Gott sah, dass es gut war. 13 Es wurde Abend
und es wurde Morgen: dritter Tag.

14 Dann sprach Gott: Lichter sollen am Himmelsgewölbe sein, um Tag
und Nacht zu scheiden. Sie sollen Zeichen sein und zur Bestimmung
von Festzeiten, von Tagen und Jahren dienen; 15 sie sollen Lichter am
Himmelsgewölbe sein, die über die Erde hin leuchten. So geschah es.
16 Gott machte die beiden großen Lichter, das größere, das über den Tag
herrscht, das kleinere, das über die Nacht herrscht, auch die Sterne.
17 Gott setzte die Lichter an das Himmelsgewölbe, damit sie über die
Erde hin leuchten, 18 über Tag und Nacht herrschen und das Licht von
der Finsternis scheiden. Gott sah, dass es gut war. 19 Es wurde Abend
und es wurde Morgen: vierter Tag.

20 Dann sprach Gott: Das Wasser wimmle von lebendigen Wesen und
Vögel sollen über dem Land am Himmelsgewölbe dahinfliegen. 21 Gott
schuf alle Arten von großen Seetieren und anderen Lebewesen, von
denen das Wasser wimmelt, und alle Arten von gefiederten Vögeln. Gott
sah, dass es gut war. 22 Gott segnete sie und sprach: Seid fruchtbar
und vermehrt euch und bevölkert das Wasser im Meer und die Vögel
sollen sich auf dem Land vermehren. 23 Es wurde Abend und es wurde
Morgen: fünfter Tag.

(Quelle: Einheitsübersetzung der Heiligen Schrift. © 1980 Katholische Bibelanstalt, Stuttgart)

Aufgaben

Fassen Sie die Schöpfung der einzelnen Tage in eigenen Worten zusammen.

Die Tierwelt wird erschaffen.

24 Dann sprach Gott: Das Land bringe alle Arten von lebendigen Wesen
hervor, von Vieh, von Kriechtieren und von Tieren des Feldes. So ge-
schah es. 25 Gott machte alle Arten von Tieren des Feldes, alle Arten von
Vieh und alle Arten von Kriechtieren auf dem Erdboden. Gott sah, dass
es gut war. 26 Dann sprach Gott: Lasst uns Menschen machen als unser
Abbild, uns ähnlich. Sie sollen herrschen über die Fische des Meeres,

über die Vögel des Himmels und über alle Tiere, über das Vieh, über die ganze Erde und über alle Kriechtiere auf dem Land. 27 Gott schuf also den Menschen als sein Abbild; als Abbild Gottes schuf er ihn. Als Mann und Frau schuf er sie. 28 Gott segnete sie und Gott sprach zu ihnen: Seid fruchtbar und vermehrt euch, bevölkert die Erde, unterwerft sie euch und herrscht über die Fische des Meeres, über die Vögel des Himmels und über alle Tiere, die sich auf dem Land regen. 29 Dann sprach Gott: Hiermit übergebe ich euch alle Pflanzen auf der ganzen Erde, die Samen tragen, und alle Bäume mit samenhaltigen Früchten. Euch sollen sie zur Nahrung dienen. 30 Allen Tieren des Feldes, allen Vögeln des Himmels und allem, was sich auf der Erde regt, was Lebensatem in sich hat, gebe ich alle grünen Pflanzen zur Nahrung. So geschah es. 31 Gott sah alles, was er gemacht hatte: Es war sehr gut. Es wurde Abend und es wurde Morgen: der sechste Tag.

(Quelle: Einheitsübersetzung der Heiligen Schrift. © 1980 Katholische Bibelanstalt, Stuttgart)

Adam und Eva im Paradies

Aufgaben

1. Begründen Sie, warum diese Schöpfung erst am letzten Tag der Erschaffung der Welt erfolgen konnte.
2. Beurteilen Sie, welche Rolle dem Menschen innerhalb der Schöpfung zukommt. Begründen Sie Ihre Urteile anhand entsprechender Textstellen.
3. Diskutieren Sie, welche Rechte gegenüber der Welt anhand dieser Schöpfungsgeschichte gerechtfertigt werden können. Welchen Anspruch hat der Mensch berechtigterweise an die Welt?
4. Erinnern Sie sich nochmals an Darwins Evolutionstheorie. Begründen Sie ausgehend von den in der bisherigen Unterrichtsreihe erarbeiteten Informationen, warum die Evolutionstheorie insbesondere in Kirchenkreisen für große Empörung sorgte.

Richard Dawkins, Jahrgang 1941, ist der wohl bekannteste Evolutionsbiologe unserer Zeit. Berühmt wurde er bereits in den 1970er-Jahren mit seinem Buch „Das Egoistische Gen". Bis 2008 war er Professor an der Universität Oxford. Immer wieder erregt der Atheist Dawkins Aufsehen, indem er gegen religiösen Fanatismus und für eine wissenschaftlich fundierte Sicht auf die Welt plädiert.

SZ: Können Sie uns das Prinzip [der Evolutionstheorie] noch einmal erklären?

RD: Die entscheidende Idee ist, dass alle Arten von einem gemeinsamen Vorfahren abstammen. Wir sind alle Cousins. Die treibende Kraft der Evolution ist die natürliche Selektion, sie produziert all die Schönheit, Eleganz und das vermeintliche Design, das wir in der Natur finden. Und zwar so: Nachkommen, die sich durch puren Zufall genetisch unterscheiden, haben unterschiedliche Überlebenschancen. Darwin kannte

© Artur – stock.adobe.com

noch keine Gene, er hat es anders ausgedrückt: Es werden mehr Kinder geboren als überleben können. Also gibt es Konkurrenz, und die Gewinner sind diejenigen, die am besten für das Überleben ausgestattet sind. Und diese positiven Eigenschaften vererben sie an ihre Nachkommen. Heute sagen wir, dass die Individuen mit den besten Genen überleben – und nicht nur das: Sie geben ihre Gene weiter und pflanzen sich fort.

SZ: Noch immer gibt es ja Zweifler. Zum Beispiel, weil sie an einen Schöpfergott glauben. Welche Beweise gibt es dafür, dass Evolution wirklich stattgefunden hat?

SZ: Jede Kreatur, die wir uns bisher angeschaut haben, hat denselben DNA-Code – das wäre wohl ein sehr merkwürdiger Zufall. Es muss also einen gemeinsamen Vorfahren aller Lebewesen gegeben haben, eine Zelle, wohl ein Bakterium. Wir nennen es Luca – the Last Universal Common Ancestor. Vielleicht war Luca nicht das allererste Leben, das es auf der Erde gab, aber es ist der gemeinsame Vorfahre von uns allen. Niemand weiß, wann Luca genau gelebt hat, aber vermutlich war es vor etwa drei Milliarden Jahren. Und Luca hatte bereits nahezu denselben genetischen Code wie wir.

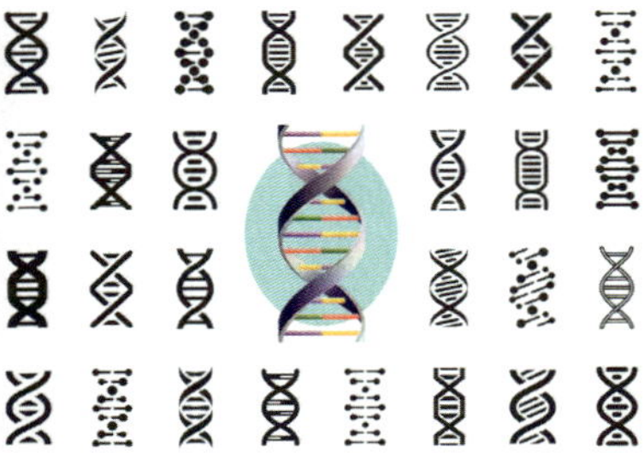

© TheCatDesign – stock.adobe.com

DNA Ketten

SZ: Es ist eine faszinierende Idee, dass wir alle miteinander verbunden sind – Mensch und Elefant, Virus und Bakterium. Ist der Mensch etwas Besonderes?

RD: Wir sind etwas Besonderes, aber viele Tiere können das für sich ebenfalls in Anspruch nehmen. Dennoch gilt das für uns noch ein bisschen mehr, denn wir haben sehr große Hirne, Kultur und Sprache. Und wir haben Technologien, die sich in extremer Geschwindigkeit weiterentwickeln.

(Quelle: https://www.horizonte-journalisten.de/fileadmin/user_upload/ruby/Ruby_und_Steffens_I_3.9..pdf, Abruf: 12.05.2021)

Aufgaben

1. Erklären Sie in eigenen Worten, was Dawkins mit der Aussage „Wir sind alle Cousins“ meint.
2. Fassen Sie knapp den dargelegten Beweis für die Richtigkeit der Evolutionstheorie zusammen.
3. Erläutern Sie, inwiefern der Mensch auch unter Annahme der Evolutionstheorie als etwas Besonderes angesehen werden kann.
4. Finden Sie weitere Beispiele, die diese Überzeugung bekräftigen. Stellen Sie sich hierzu folgende Frage: Wie gelingt es dem Menschen, sich selbst an die Natur und die Natur an seine eigenen Bedürfnisse anzupassen?

8 Ethik des Sollens

8 Ethik des Sollens

Die Ethik des Sollens ist – ohne dass es uns bewusst ist – Begleiter in fast allen täglichen Diskussionen. Sei es im privaten oder beruflichen Umfeld: sehr häufig geht es um die Frage, ob man bei seiner Handlung kalkuliert bzw. abwägend agieren sollte oder man sich doch eher regelkonform verhält. Dieser innere Zwiespalt ist nur allzu menschlich, denn es scheint fast ausgeschlossen, dass man sich permanent an die geltenden Regeln hält ... oder etwa doch nicht?

8.1 Flugzeugentführung

Ferdinand von Schirach

Henry ist völlig außer Atem. Gerade hat er die Verfilmung des modernen Dramas „Terror" nach Ferdinand von Schirach auf Netflix gestreamt. Das, was er dort gesehen hat, macht ihn völlig fertig. Er geht zu seiner Mutter, um ihr davon zu erzählen und um herauszufinden, wie sie darüber denkt. Er beginnt zu erzählen:

„Es kommt (vor dem Anpfiff des Fußballländerspiels zwischen Deutschland und England in der Münchner Allianz-Arena) zu einer Flugzeugentführung einer Maschine des Typs A320-100/200 mit 164 Insassen. Die Terroristen planen, das Flugzeug in die Allianz-Arena zu fliegen, um so nicht nur die 164 Insassen zu töten, sondern zusätzlich die Zuschauer in der Münchner Fußball Arena. Die Bundeswehr schickt, um die Tragödie abzuwenden, einen Kampfjet in die Luft. Nachdem alle Verhinderungsversuche (Kontaktaufnahme durch den Kampfpiloten, Abdrängen und Warnschüsse) wirkungslos geblieben sind, muss der Pilot eine Entscheidung fällen." (nach von Schirach: Terror)

Also, sagt er zu seiner Mutter: Wie soll er sich deiner Meinung nach entscheiden?

Zusatzinformation:

Also handelt der Pilot, Lars Koch, und schießt die Maschine ab, um letztlich größeren Schaden zu vermeiden.

Infolgedessen kommt Koch in Untersuchungshaft und steht nun vor Gericht: Es geht um die Frage, ob Koch Verantwortung gezeigt hat, um 70.000 Menschen zu retten oder ob er sich des vorsätzlichen Mordes schuldig gemacht hat.

https://www.youtube.com/watch?v=oVVNEzD7uks

Aufgaben

1. Fassen Sie die Kernaussagen des obigen Textes stichwortartig zusammen.
2. Nennen Sie mögliche Handlungsalternativen und begründen Sie diese.
3. Diskutieren Sie diese im Plenum.

8.2 Ein Dilemma-Projekt

„Da habe ich wohl nur die Wahl zwischen Pest und Cholera" ...

Eine solche Situation zeichnet sich dadurch aus, dass handelnden Personen zwei Alternativen zur Verfügung stehen, die sich beide moralisch begründen lassen, jedoch logisch auszuschließen scheinen. Indem man eine Wahl trifft, muss man also einen moralischen Grundsatz verletzen. Ein Dilemma enthält einen Widerspruch, mit dem man sich in der Regel nicht abfinden will. Bei der Entscheidungsfindung muss der Handelnde demnach abwägen und kommt so zwangsläufig ins Philosophieren. Er muss sich mit ethischen Grundsätzen und Werten befassen. Nur so kann man zu einer fundierten Entscheidung gelangen. Sozusagen wird plötzlich alles hinterfragt: Werte und Normen, Regeln und Gesetze – alles wird auf seine Tragfähigkeit hin analysiert. Man begibt sich also auf eine Metaperspektive, d. h. man betrachtet die Situation objektiv von einem äußeren Standpunkt.

(Quelle: Nach Inga Piel: Wie soll ich mich entscheiden? Verlag an der Ruhr 2009)

Es ist nicht immer leicht, die richtige Entscheidung zu treffen.

Aufgaben

1. Verfassen Sie auf Basis des Informationstextes und der Zeichnung eine eigene knappe Definition des Begriffs „Dilemma".
2. Erläutern Sie, inwiefern es sich bei der Ausgangssituation um ein Dilemma handelt.
3. Beurteilen Sie davon ausgehend das Handeln des Piloten Lars Koch.
4. Sollte Koch vor einem deutschen Gericht verurteilt werden? Begründen Sie ihre Entscheidung.
5. Sie können sich noch nicht entscheiden? Legen Sie knapp dar, welche Informationen Ihnen noch zu einer fundierten Entscheidung fehlen.

Entscheidung über Leben und Tod

© AndSus – stock.adobe.com

Das ist gewöhnungsbedürftig ...

Aufgaben

1. Beschreiben Sie die beiden Situationen auf auf den vorangehenden Abbildungen.
2. Entscheiden Sie spontan, welche der beiden Optionen zu bevorzugen ist.
3. Diskutieren Sie Ihre Entscheidung im Plenum.

Entscheidung über Leben und Tod

Wenn das autonome Fahren in Zukunft Realität werden sollte, ergeben sich folglich auch kritische Fragen hinsichtlich der Entscheidungen, die solch ein selbstfahrendes Fahrzeug in Gefahrensituationen zu treffen hätte. Wo der Mensch in Sekundenbruchteilen entscheiden muss, würde an dieser Stelle die jeweils programmierte Routine die Entscheidung übernehmen, was in der Situation zu tun ist. Welche Routinen sollen in diesen Abwägungsprozessen aber festgeschrieben sein, oder anders ausgedrückt: Wie soll die Maschine sich in Dilemmasituationen entscheiden?

https://www.moralmachine.net/hl/de

Aufgaben

Besuchen Sie die nebenstehende Internetseite.

1. Spielen Sie die dort dargebotenen Dilemmasituationen durch. Beachten Sie dabei die Details in der jeweiligen Situation. Manche Figuren sind alt, manche übergewichtig oder sie haben verschiedene soziale Positionen (Arzt, Dieb, Obdachloser ...), manche halten sich an die bestehenden Regeln (Ampel), andere nicht.
2. Begründen Sie Ihre Entscheidung für jedes Szenario knapp stichwortartig.
3. Erstellen Sie unter dem Button „Designen“ selbst Szenarien und lassen Sie diese von Ihren Klassenkameraden beurteilen. Ergeben sich hier unterschiedliche Beurteilungstendenzen?

Das Handlungsprodukt

Erstellen Sie eine eigene Studie zu den ethischen Fragestellungen bezüglich des autonomen Fahrens. Entwickeln Sie hierzu einen Fragebogen, in welchem die Befragten unterschiedliche von Ihnen entwickelte Dilemmasituationen hinsichtlich des autonomen Fahrens beurteilen sollen. Lassen Sie den Fragebogen von mindestens 10 Personen ausfüllen. Werten Sie anschließend die Ergebnisse aus und fassen Sie diese in Form einer Präsentation oder eines Schaubildes zusammen. Bereiten Sie sich darauf vor, Ihre Forschungsergebnisse in der Klasse zu präsentieren.

8.3 Der quantitative Utilitarismus

Jeremy Bentham: Quantitativer Utilitarismus

Benthams Prinzip der Nützlichkeit basiert auf den zwei menschlichen Grundkonstanten – Freude und Leid. Damit vertritt er eine hedonistische Ethik, die auf zwei Grundbedürfnisse beschränkt ist. Der Mensch lebt demzufolge auf Grund des Strebens nach Lust und der damit einhergehenden Vermeidung von Leid.

Das Prinzip der Nützlichkeit stellt Bentham dabei in einem hedonistischen Kalkül dar. In diesem Kalkül werden Freude und Leid gegeneinander abgewogen. Wenn also eine Handlung, dem Kalkül nach, mehr Freude als Leiden erbringt, dann wird sie durchgeführt, auch wenn einige Menschen darunter leiden müssen. Für Jeremy Bentham war bei dem Prinzip der Nützlichkeit also allein die Quantität des Glücks von Bedeutung.

(Nach Jeremy Bentham in Otfried Höffe: *Zur Theorie des Glücks im klassischen Utilitarismus*)

Jeremy Bentham

Aufgaben

1. Arbeiten Sie Schlüsselbegriffe des Textes stichwortartig heraus.
2. Erstellen Sie dazu eine Begriffshierarchie und zeigen Sie mit Hilfe von Pfeilen, in welchem Zusammenhang die Begriffe zueinanderstehen.
3. Begründen Sie abschließend, weshalb Bentham sich für eine bestimmte Handlung entscheiden würde.
4. Diskutieren Sie, wie sich Bentham als Pilot des Kampfjets verhalten könnte.

Beispiel

Familie Löw lebt in einem Mehrgenerationenhaus. Dabei haben vor allem Oma Löw und ihre Tochter Maria ein sehr enges Verhältnis. Seit längerer Zeit leidet die alte Dame an Krebs und wird deshalb von ihrer Tochter gepflegt. Auf Grund der großen Belastung ist die Tochter sehr gestresst und ausgebrannt, weswegen ihr Mann Franz bereits vor längerer Zeit eine Reise gebucht hat. Maria und Franz freuen sich sehr auf die Reise und können sie nicht mehr stornieren. Doch Frau Löw kann innerhalb von Marias Abwesenheit sterben. Marias Tochter, Eva (Mitte 20), soll deshalb, gemeinsam mit ihrem Mann Adam (Mitte 20), auf sie aufpassen und sie pflegen. Sie wohnen zwar nicht im Elternhaus, doch haben auch sie ein sehr enges Verhältnis zur Großmutter. Glücklicherweise haben beide gerade ein paar Tage Urlaub und sind bereit zu helfen. Dennoch wäre Frau Löw die Anwesenheit von Maria lieber.

Aufgaben

1. Diskutieren Sie, ob Maria mit ihrem Mann verreisen soll.
2. Wenden Sie das hedonistische Kalkül Benthams auf das Fallbeispiel an.
3. Bestimmen Sie dabei jeweils den Wert der unmittelbar (direkt) und mittelbar (Folgen/Konsequenzen) zu erwarteten Freude bzw. des Leides; setzen Sie dabei +10 Einheiten für ein Maximum erreichter Freude und −10 Einheiten für ein Maximum hervorgebrachten Leids. Ermitteln Sie nach dem von Bentham vorgeschlagenen Verfahren, ob die untersuchte Handlung moralisch richtig oder falsch ist.

8.4 Der qualitative Utilitarismus

John Stuart Mill: Qualitativer Utilitarismus

© picture alliance/Quagga Illustrations

John Stuart Mill (1806–1873)

... Es ist besser, ein unzufriedener Mensch zu sein als ein zufriedengestelltes Schwein; besser ein unzufriedener Sokrates als ein zufriedener Narr. Und wenn der Narr oder das Schwein anderer Ansicht sind, dann deshalb, weil sie nur die eine Seite der Angelegenheit kennen. Die andere Partei hingegen kennt beide Seiten. Man wird vielleicht einwenden, dass viele, die der höheren Befriedigung fähig sind, unter dem Einfluss der Versuchung gelegentlich die niedrigen den höheren vorziehen. Aber dies ist mit der vollen Anerkennung der inneren Überlegenheit der höheren Befriedigung durchaus vereinbar. Aus Charakterschwäche entscheiden sich die Menschen sowohl bei der Wahl zwischen zwei sinnlichen wie auch bei der Wahl zwischen sinnlichen und geistigen Freuden oft für das nähere Gut, obgleich sie wissen, dass es geringeren Wert hat. Sie geben sich zum Schaden ihrer Gesundheit sinnlichen Genüssen hin, obgleich sie wissen, dass Gesundheit das größte Gut ist ...

Es ist allerdings einzuräumen, dass die utilitaristischen Autoren die Überlegenheit der geistigen über die körperlichen Freuden im Wesentlichen nur in der größeren Dauerhaftigkeit ... der Ersteren gesehen haben, also eher in ihren äußeren Vorteilen als in ihrer inneren Beschaffenheit. In all diesen Punkten haben die Utilitaristen ihren Standpunkt überzeugend begründet. Aber sie hätten auch diesen anderen und sozusagen höheren Grund geltend machen können, ohne sich selbst untreu zu werden. Die Anerkennung der Tatsache, dass einige Arten der Freude wünschenswerter und wertvoller sind als andere, ist mit dem Nützlichkeitsprinzip durchaus vereinbar. Es wäre unsinnig anzunehmen, dass der Wert einer Freude ausschließlich von der Quantität abhängen sollte, wo doch in der Wertbestimmung aller anderen Dinge neben der Quantität auch die Qualität Berücksichtigung findet.

(Quelle: John Stuart Mill, Utilitarismus. In: Otfried Höffe (Hrsg.): Einführung in die utilitaristische Ethik. München 1975, S. 62 f.)

© kim morrell/EyeEm – stock.adobe.com

Alternative: körperliche Freuden

Aufgaben

1. Fassen Sie die 3–4 wichtigsten Aussagen des Textes zusammen, die eine Unterscheidung zur Philosophie Benthams erkennen lassen.
2. Erläutern Sie, inwiefern die Theorie von John Stuart Mill eine Weiterentwicklung des Utilitarismus darstellt.

8.5 Der Präferenz-Utilitarismus

Peter Singer: Präferenzen und Person

Der australische Philosoph Peter Singer entwickelte den Utilitarismus auf kontroverse Art und Weise weiter.

Seiner Auffassung nach sollten Menschen per se das tun, was ihre Präferenzen, also ihre Interessen und Wünsche fördert. Dabei sollte eine Interessenabwägung durchgeführt werden. In dieser sollen auch Nicht-Personen wie bspw. Tiere mit der vorwiegenden Präferenz der Freiheit von Schmerzen miteinbezogen werden. Er nennt dieses unparteiische Vorgehen das Prinzip der gleichen Interessenabwägung.

Doch seine Theorie hat einen Haken, denn in der Rechnung der Interessenabwägung wird Personen ein größerer Wert beigemessen als Nicht-Personen. Doch woran liegt das?

Laut Singer ist man eine Person, wenn man ein selbstbewusstes Wesen ist, das weiß, inwiefern es sich von anderen unterscheidet und Präferenzen für die Zukunft hat; es kann darüber hinaus auch über die Vergangenheit reflektieren.

Hierin unterscheiden sich demzufolge Personen von Nicht-Personen.

Eine Handlung ist also nach Singer dann moralisch falsch, wenn sie den Präferenzen der Personen entgegenstehen.

(nach Peter Singer: Praktische Ethik)

Aufgaben

1. Inwiefern unterscheidet sich dieser Ansatz von den bisherigen? Begründen Sie.
2. Überlegen Sie, wie Peter Singer bezogen auf das Flugzeugszenario handeln würde. Erläutern Sie Ihre Antwort in Abgrenzung zu den anderen Philosophen.
3. Ist seine Philosophie wirklich ein Fortschritt? Diskutieren Sie ausgehend von folgender Behauptung: Die Präferenzen eines gesunden Schimpansen sind stärker zu gewichten als die eines Mannes, der im Koma liegt und auch mehr wert als die Präferenzen einer Hauskatze.
   Beziehen Sie bei Ihrer Antwort auch die Unterscheidung von nicht bewussten, bewussten und selbstbewussten Wesen mit ein (vgl. S. 40 – drei Kategorien von Wesen nach Singer).

Exkurs: Abtreibung – Mein Körper, meine Wahl???

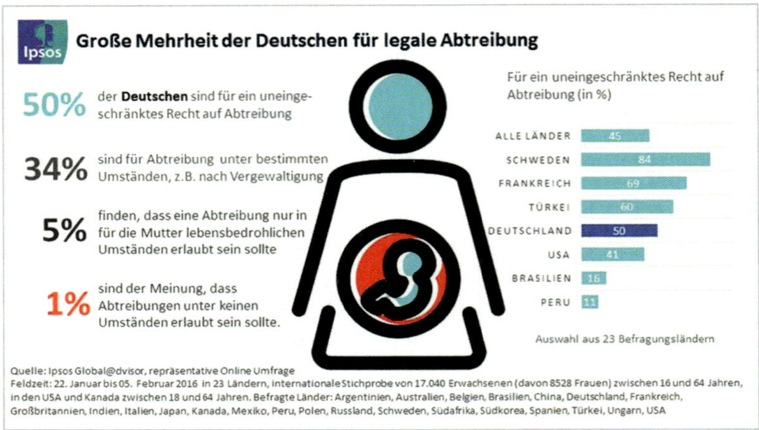

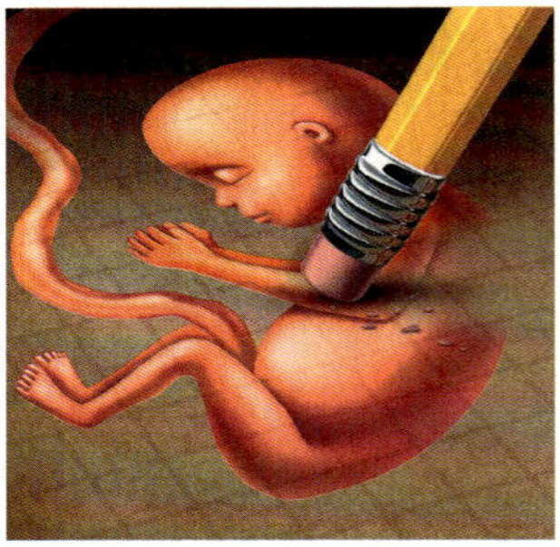
© freshidea – stock.adobe.com

Es ist nicht immer leicht, die richtige Entscheidung zu treffen ...

Aufgaben

1. Äußern Sie Ihre spontanen Eindrücke zum Bild (Randspalte, Embryo) im Plenum.
2. Beschreiben Sie die zentralen Inhalte des Schaubildes.
3. Diskutieren Sie diese Inhalte im Plenum.
4. Sollte Abtreibung ein Tabuthema sein? Beziehen Sie Stellung.

MoTrip: Embryo-Liedtext

Hallo Mama, hallo Papa, ihr habt mich gezeugt
Ich höre mit, ihr sprecht Arabisch und ein bisschen Deutsch
Ich war schon da, doch euer Plan drehte sich um euch
Ihr habt es irgendwann erfahren, aber euch nicht gefreut
Wie muss das aussehen, wenn die Sonne durch die Wolken bricht
Ich wollte nur das Licht der Welt erblicken, doch ich sollte nicht
Seht hoch, ich fliege mit dem Wind
Lebt wohl, in Liebe euer Kind

Und damals warst du noch ein Embryo
Ich hab's erfahren, da warst du gerade drei
Monate alt, es war 'ne harte Zeit
Ich lernte deine Mutter kennen, da hatte ich grad nicht viel
Ich wusste selber nicht, was ihr an meiner Art gefiel
Ich war nur froh, dass wir denselben Weg zur Schule hatten
Nicht zu weit und grade nah genug, um es zu Fuß zu schaffen
Wenn ich verschlafen hab, dann lief ich noch, um sie zu sehen
Sie hat gewartet, wegen mir kamen wir oft zu spät
Es hat gefunkt, sie war die Hübscheste im Viertel
Tätowierung rund um ihre Hüfte wie ein Gürtel
Wir unterhielten uns und alles was sie sagte war
Wie Musik, doch leider wurd nicht alles was sie sagte wahr

© picture alliance/SvenSimon

Rapper MoTrip

Eines Tages fragte ich nach ihrer Nummer, fragte nach
Ob sie nicht Lust hat irgendwas zu starten und sie sagte ja
Sie sagte, wir haben keine Zeit mehr zu verschwenden
Zieh zu mir, trag mich einfach nur auf Händen
Und ich trag dein Namen
Ich wollte, dass sie meinen Namen trägt, gesagt, getan
Nur ein paar Tage später und wir waren ein Paar
Liegen bei ihr Arm in Arm
Sie war meine erste große Liebe, aber nach paar Jahren
Lief es nicht grad nach Plan
Ich war selber noch ein Schüler als die Nachricht kam
Klassenfahrt, hätte ich was geahnt, hätte ich abgesagt
So saß sie da, ganz allein, wir hatten keine Mittel
Nur eine zwei Zimmer Wohnung in 'nem kleinen Viertel
Alleine konnten wir uns gerade noch die Miete gönnen
Wir haben uns eingeredet, dass wir dir nichts bieten können
Und wenn ich heute daran denke, bricht es mir das Herz
Du wolltest bleiben, aber leider nahm dich niemand ernst
Du hattest mehr als das Recht uns dein Gesicht zu zeigen
Wie konnten wir nur so naiv sein und für dich entscheiden
Es bringt mich um, doch ich kann nichts mehr daran ändern
Ich werfe einen Blick in den Kalender

Damals warst du noch ein Embryo
Ich trage diese Narben nicht umsonst
Du willst leben, doch man gab dir nicht die Chance
Damals warst du noch ein Embryo
Heute wärst du vier
Wegen mir bist du heute nicht mehr hier
Damals warst du noch ein Embryo
Ich trage diese Narben nicht umsonst
Du willst leben, doch man gab dir nicht die Chance
Damals warst du noch ein Embryo
Damals warst du noch ein Embryo

(Quelle: https://genius.com/Motrip-embryo-lyrics, Abruf: 23.12.2021)

Manchmal kommt Reue zu spät.

Aufgaben

1. Tauschen Sie sich mit Ihrem Banknachbarn über Ihre Emotionen bezüglich des Liedtextes aus.
2. Erläutern Sie Ihre Position zu dieser Thematik.
3. Diskutieren Sie, ausgehend von Ihren Impressionen, die Sichtweise des Rappers.
4. Überlegen Sie, was Singer zum Thema Abtreibung sagen würde. Begründen Sie Ihre Überlegungen. (Vertiefen Sie Ihre Kenntnisse mit den Informationen über Peter Singers Personenbegriff aus dem Kapitel „Der Mensch als Person".)

§ 218a StGB Straflosigkeit des Schwangerschaftsabbruchs

(1) Der Tatbestand des § 218 ist nicht verwirklicht, wenn

1. die Schwangere den Schwangerschaftsabbruch verlangt und dem Arzt durch eine Bescheinigung nach § 219 Abs. 2 Satz 2 nachgewiesen hat, daß sie sich mindestens drei Tage vor dem Eingriff hat beraten lassen,
2. der Schwangerschaftsabbruch von einem Arzt vorgenommen wird und
3. seit der Empfängnis nicht mehr als zwölf Wochen vergangen sind.

(2) Der mit Einwilligung der Schwangeren von einem Arzt vorgenommene Schwangerschaftsabbruch ist nicht rechtswidrig, wenn der Abbruch der Schwangerschaft unter Berücksichtigung der gegenwärtigen und zukünftigen Lebensverhältnisse der Schwangeren nach ärztlicher Erkenntnis angezeigt ist, um eine Gefahr für das Leben oder die Gefahr einer schwerwiegenden Beeinträchtigung des körperlichen oder seelischen Gesundheitszustandes der Schwangeren abzuwenden, und die Gefahr nicht auf eine andere für sie zumutbare Weise abgewendet werden kann.

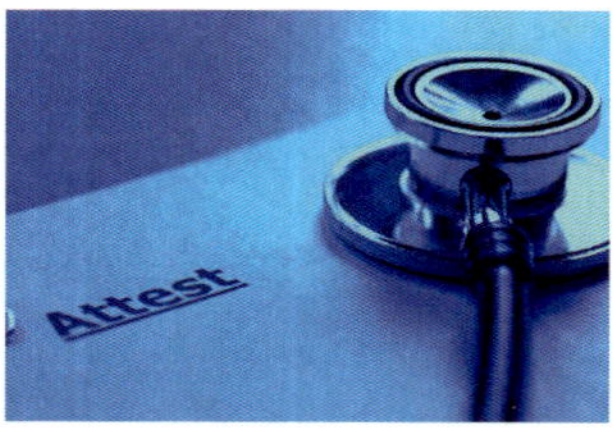

Das Attest muss der Wahrheit entsprechen.

§ 218b StGB Schwangerschaftsabbruch ohne ärztliche Feststellung; unrichtige ärztliche Feststellung

(1) Wer in den Fällen des § 218a Abs. 2 oder 3 eine Schwangerschaft abbricht, ohne daß ihm die schriftliche Feststellung eines Arztes, der nicht selbst den Schwangerschaftsabbruch vornimmt, darüber vorgelegen hat, ob die Voraussetzungen des § 218a Abs. 2 oder 3 gegeben sind, wird mit Freiheitsstrafe bis zu einem Jahr oder mit Geldstrafe bestraft, wenn die Tat nicht in § 218 mit Strafe bedroht ist. Wer als Arzt wider besseres Wissen eine unrichtige Feststellung über die Voraussetzungen des § 218a Abs. 2 oder 3 zur Vorlage nach Satz 1 trifft, wird mit Freiheitsstrafe bis zu zwei Jahren oder mit Geldstrafe bestraft, wenn die Tat nicht in § 218 mit Strafe bedroht ist. Die Schwangere ist nicht nach Satz 1 oder 2 strafbar.

(2) Ein Arzt darf Feststellungen nach § 218a Abs. 2 oder 3 nicht treffen, wenn ihm die zuständige Stelle dies untersagt hat, weil er wegen einer rechtswidrigen Tat nach Absatz 1, den §§ 218, 219a oder 219b oder wegen einer anderen rechtswidrigen Tat, die er im Zusammenhang mit einem Schwangerschaftsabbruch begangen hat, rechtskräftig verurteilt worden ist. Die zuständige Stelle kann einem Arzt vorläufig untersagen, Feststellungen nach § 218a Abs. 2 und 3 zu treffen, wenn gegen ihn wegen des Verdachts einer der in Satz 1 bezeichneten rechtswidrigen Taten das Hauptverfahren eröffnet worden ist.

§ 219 Beratung der Schwangeren in einer Not- und Konfliktlage

(1) Die Beratung dient dem Schutz des ungeborenen Lebens. Sie hat sich von dem Bemühen leiten zu lassen, die Frau zur Fortsetzung der Schwangerschaft zu ermutigen und ihr Perspektiven für ein Leben mit dem Kind zu eröffnen; sie soll ihr helfen, eine verantwortliche und gewissenhafte Entscheidung zu treffen. Dabei muß der Frau bewußt sein, daß das Ungeborene in jedem Stadium der Schwangerschaft auch ihr gegenüber ein eigenes Recht auf Leben hat und daß deshalb nach der Rechtsordnung ein Schwangerschaftsabbruch nur in Ausnahmesituationen in Betracht kommen kann, wenn der Frau durch das Austragen des Kindes eine Belastung erwächst, die so schwer und außergewöhnlich ist, daß sie die zumutbare Opfergrenze übersteigt. Die Beratung soll durch Rat und Hilfe dazu beitragen, die in Zusammenhang mit der Schwangerschaft bestehende Konfliktlage zu bewältigen und einer Notlage abzuhelfen. Das Nähere regelt das Schwangerschaftskonfliktgesetz.

(2) Die Beratung hat nach dem Schwangerschaftskonfliktgesetz durch eine anerkannte Schwangerschaftskonfliktberatungsstelle zu erfolgen. Die Beratungsstelle hat der Schwangeren nach Abschluß der Beratung hierüber eine mit dem Datum des letzten Beratungsgesprächs und dem Namen der Schwangeren versehene Bescheinigung nach Maßgabe des Schwangerschaftskonfliktgesetzes auszustellen. Der Arzt, der den Abbruch der Schwangerschaft vornimmt, ist als Berater ausgeschlossen.

Beratung in Not- und Konfliktlage

Aufgaben

1. Fassen Sie die Kernaspekte der §§ 218a und b sowie § 219 StGB zusammen.
2. Begründen Sie, wie Sie zu diesen Inhalten stehen.
3. Stellen Sie die Gesetzeslage in einen Zusammenhang zu dem Song und Peter Singers Thesen.

8.6 Die Deontologie nach Kant

Aufgaben

1. Verfassen Sie auf Grundlage des Videos (nebenstehender QR-Code) sowie des Informationstextes eine Zusammenfassung, die die grundlegenden Aussagen dieser Theorie zusammenfasst.
2. Vergleichen Sie die Theorie mit dem Utilitarismus.

https://www.youtube.com/watch?v=qC3Gh71no00

© Feng Yu – stock.adobe.com

Der gute Wille, Handeln aus Pflicht und Kategorischer Imperativ

Es ist überall nichts in der Welt, ja überhaupt auch außer derselben zu denken möglich, was ohne Einschränkung für gut könnte gehalten werden, als allein ein GUTER WILLE. Verstand, Witz, Urteilskraft und wie die Talente des Geistes sonst heißen mögen, oder Mut, Entschlossenheit, Beharrlichkeit im Vorsatze als Eigenschaften des Temperaments sind ohne Zweifel in mancher Absicht gut und wünschenswert; aber sie können auch äußerst böse und schädlich werden, wenn der Wille, der von diesen Naturgaben Gebrauch machen soll ..., nicht gut ist. Mit den Glücksgaben ist es ebenso bewandt. Macht, Reichtum, Ehre, selbst Gesundheit und das ganze Wohlbefinden und Zufriedenheit mit seinem Zustande unter dem Namen der Glückseligkeit machen Mut und hierdurch öfters auch Übermut, wo nicht ein guter Wille da ist, der den Einfluss derselben aufs Gemüt und hiermit auch das ganze Prinzip zu handeln berichtige und allgemein zweckmäßig mache. Einige Eigenschaften sind sogar diesem guten Willen selbst beförderlich und können sein Werk sehr erleichtern, haben aber dem ungeachtet keinen inneren unbedingten Wert, sondern setzen immer noch einen guten Willen voraus ... Mäßigung in Affekten und Leidenschaften, Selbstbeherrschung und nüchterne Überlegung sind nicht allein in vielerlei Absicht gut, sondern scheinen sogar einen Teil vom innern Werte der Person auszumachen; allein es fehlt viel daran, um sie ohne Einschränkung für gut zu erklären (so unbedingt sie auch von den Alten gepriesen worden). Denn ohne Grundsätze eines guten Willens können sie höchst böse werden ...

© vodolej – stock.adobe.com

Immanuel Kant, 1724–1804

Der gute Wille ist nicht durch das, was er bewirkt oder ausrichtet, nicht durch seine Tauglichkeit zur Erreichung irgendeines vorgesetzten Zweckes, sondern allein durch das Wollen, d. i. an sich gut, und, für sich selbst betrachtet, ohne Vergleich weit höher zu schätzen als alles, was durch ihn zu Gunsten irgendeiner Neigung ... immer zustande gebracht werden könnte. Wenngleich durch eine besondere Ungunst des Schicksals oder durch kärgliche Ausstattung einer stiefmütterlichen Natur es diesem Willen gänzlich an Vermögen fehlte, seine Absicht durchzusetzen; ... [d]ie Nützlichkeit oder Fruchtlosigkeit kann diesem Werte weder etwas zusetzen noch abnehmen ...

Um aber den Begriff eines an sich selbst hochzuschätzenden und ohne weitere Absicht guten Willens zu entwickeln, wollen wir den Begriff der Pflicht vor uns nehmen ...

Ich übergehe hier alle Handlungen, die schon als pflichtwidrig erkannt werden, ob sie gleich in dieser oder jener Absicht nützlich sein mögen; denn bei denen ist gar nicht einmal die Frage, ob sie aus Pflicht geschehen sein mögen, da sie dieser sogar widerstreiten. Ich setze auch die Handlungen beiseite, die wirklich pflichtmäßig sind, zu denen aber Menschen unmittelbar keine Neigung haben, sie aber dennoch ausüben, weil sie durch eine andere Neigung dazu getrieben werden. Denn da lässt sich leicht unterscheiden, ob die pflichtmäßige Handlung aus Pflicht oder aus selbstsüchtiger Absicht geschehen sei. Weit schwerer ist dieser Unterschied zu bemerken, wo die Handlung pflichtmäßig ist und das

Subjekt noch überdem unmittelbare Neigung zu ihr hat. Z. B. es ist allerdings pflichtmäßig, dass der Krämer seinen unerfahrenen Käufer nicht überteuere, und, wo viel Verkehr ist, tut dieses auch der kluge Kaufmann nicht, sondern hält einen festgesetzten allgemeinen Preis für jedermann, so dass ein Kind ebenso gut bei ihm kauft wie jeder andere. Man wird also ehrlich bedient; allein das ist lange nicht genug, um deswegen zu glauben, der Kaufmann habe aus Pflicht und Grundsätzen der Ehrlichkeit so verfahren; sein Vorteil erforderte es; dass er aber überdem noch eine unmittelbare Neigung zu den Käufern haben sollte, um gleichsam aus Liebe keinem vor dem anderen im Preise den Vorzug zu geben, lässt sich hier nicht annehmen. Also war die Handlung weder aus Pflicht noch aus unmittelbarer Neigung, sondern bloß in eigennütziger Absicht geschehen ...

Dagegen, sein Leben zu erhalten, ist Pflicht, und überdem hat jedermann dazu noch eine unmittelbare Neigung. Aber um deswillen hat die oft ängstliche Sorgfalt, die der größte Teil der Menschen dafür trägt, doch keinen innern Wert, und die Maxime derselben keinen moralischen Gehalt. Sie bewahren ihr Leben zwar pflichtmäßig, aber nicht aus Pflicht. Dagegen, wenn Widerwärtigkeiten und hoffnungsloser Gram den Geschmack am Leben gänzlich weggenommen haben; wenn der Unglückliche, stark an Seele, über sein Schicksal mehr entrüstet, als kleinmütig oder niedergeschlagen, den Tod wünscht, und sein Leben doch erhält, ohne es zu lieben, nicht aus Neigung, oder Furcht, sondern aus Pflicht: alsdenn hat seine **Maxime** einen moralischen Gehalt ... [E]ine Handlung aus Pflicht hat ihren moralischen Wert nicht in der Absicht, welche dadurch erreicht werden soll, sondern in der Maxime, nach der sie beschlossen wird ...

Was ich unmittelbar als Gesetz für mich erkenne, erkenne ich mit Achtung, welche bloß als Bewusstsein der Unterordnung meines Willens unter einem Gesetze ohne Vermittlung anderer Einflüsse auf meinen Sinn bedeutet. Die unmittelbare Bestimmung des Willens durchs Gesetz und das Bewusstsein derselben heißt Achtung. Pflicht ist die Notwendigkeit einer Handlung aus Achtung fürs Gesetz.

Da ich den Willen aller Antriebe beraubet habe, die ihm aus der Befolgung irgend eines Gesetzes entspringen könnten, so bleibt nichts als die allgemeine Gesetzmäßigkeit der Handlungen überhaupt übrig, welche allein dem Willen zum Prinzip dienen soll, d. i. ich soll niemals anders verfahren, als so, dass ich auch wollen könne, meine Maxime solle ein allgemeines Gesetz werden. Hier ist nun die bloße Gesetzmäßigkeit überhaupt (ohne irgend ein auf gewisse Handlungen bestimmtes Gesetz zum Grunde zu legen) das, was dem Willen zum Prinzip dient, und ihm auch dazu dienen muss, wenn Pflicht nicht überall ein leerer Wahn und chimärischer Begriff sein soll; hiermit stimmt die gemeine Menschenvernunft in ihrer praktischen Beurteilung auch vollkommen überein, und hat das gedachte Prinzip jederzeit vor Augen.

(Quelle: E. Kant, Grundlegung zur Metaphysik der Sitten, Meiner Verlag, S. 75 f.)

Das ist letztendlich auch für den Verkäufer von Vorteil.

Maxime:

(lat.) das Höchste, hier: subjektiver Handlungsgrundsatz

Pflicht ist die Notwendigkeit einer Handlung aus Achtung fürs Gesetz.

8.7 Ein Vermittlungsversuch

Der Regelutilitarismus (RU)

Auch Regeln spielen eine entscheidende Rolle im gesamten gesellschaftlichen Gefüge.

... [D]er Regelutilitarismus [betont] die zentrale Rolle von Regeln für die Moral und besteht darauf, – wenn schon nicht immer, so doch im Allgemeinen – konkrete moralische Entscheidungen im Einklang mit einer Regel zu fällen (wie der Regel, die Wahrheit zu sagen), ohne Rücksicht darauf, welche Handlungsalternative in der betreffenden Situation die besten Folgen hat. Das heißt, die Frage lautet nicht mehr, welche Handlung am nützlichsten ist, sondern welche Regel. Wenn wir eine Handlung in Betracht ziehen, so sollten wir uns nicht fragen „Was werden die Folgen sein, wenn ich in diesem Fall so handle", sondern „Was wären die Folgen, wenn jeder in derartigen Fällen so handelte?" – eine Frage, die wir uns tatsächlich in unseren moralischen Überlegungen häufig stellen.

Das Utilitätsprinzip wird – im Normalfall zumindest – nicht bei der Festlegung unserer konkreten Pflichten relevant, sondern bei der Festlegung von Regeln, nach denen diese sich richten. Die Auswahl, Beibehaltung, Abänderung und Aufhebung dieser Regeln darf allein auf der Basis ihrer Nützlichkeit erfolgen. Das Prinzip der Nützlichkeit bleibt damit der letzte Maßstab, wenn es auch, anstatt auf der Ebene von konkreten Urteilen, auf der Ebene von Regeln eingreift.

(Quelle: Hoerster: Texte zur Ethik, dtv Verlag, München)

Aufgaben

1. Erläutern Sie den Unterschied zwischen dem Regelutilitarismus (RU) und Kants Deontologie.
2. Begründen Sie, weshalb der RU als Vermittler zwischen Konsequentialismus und Deontologie gedeutet werden kann.

8.8 Abschießen: Ja oder Nein?

Flugzeug von einer Rakete getroffen.

Aufgaben

Das Flugzeugszenario (nach von Schirach, Terror):

Überlegen Sie, wie die jeweiligen Philosophen handeln würden.

ZUSATZINFO KANT: Handele stets so, dass du die Menschheit als Zweck und niemals als Mittel missbrauchst.

Begründen Sie Ihre Meinung mit Bezug auf die jeweilige Theorie. (Gesondertes Blatt nach dem folgenden Muster anlegen.)

	BENTHAM	MILL	SINGER	KANT
Entscheidung				
Begründung				

Das Handlungsprodukt

Doch eine Frage bleibt: Wie würden Sie handeln?

Verfassen Sie ein Schlussplädoyer zur Tat von Lars Koch. Sprechen Sie ihn entweder frei oder verurteilen Sie ihn. Planen Sie Ihr Plädoyer als Rede (10 bis 15 Minuten) und tragen Sie diese vor dem Plenum vor.

Infobox

Abschlussplädoyer

Ein Plädoyer, das Wort kommt aus dem Französischen und bedeutet auf Deutsch Schlussrede einer Partei vor Gericht, richtet sich im Strafprozess vom Staatsanwalt oder dem Strafverteidiger an den Richter. Ein Plädoyer kann aber auch eine formfreie Überzeugungsrede sein, in der man Menschen von einem Standpunkt überzeugen möchte.

So verfassen Juristen ein Plädoyer:

Ein Plädoyer ist eine Schlussrede, die vom Strafverteidiger und dem Staatsanwalt gehalten wird. Danach hat der Angeklagte das letzte Wort. Das Urteil wird erst danach gefällt und gesprochen.

Schreiben Sie das Plädoyer so, dass Sie darin die wesentlichen Punkte aus der Hauptverhandlung darstellen und dies rechtlich bewerten.

Am Ende Ihres Plädoyers stellen Sie einen Antrag auf das Resultat, das aus Ihrem Plädoyer folgt. Sie können zur Strafzumessung Stellung nehmen.

Strafverteidigerin beim Plädoyer

Weitere Tipps:

Suchen Sie ein Thema aus. Sie können frei wählen. Sinnvoll ist immer ein polarisierendes Thema. Ein Thema, bei dem es schwierig ist, eine Pro- oder Kontraposition einzunehmen. Da es zu differenziert ist, eignet es sich aber nur, wenn Sie geübt darin sind, Plädoyers zu schreiben.

Sie können Ihr Plädoyer als Leserbrief, als Stellungnahme oder als freie Rede schreiben.

Überlegen Sie vorab, wen Sie auf welche Art und Weise überzeugen möchten und welche Argumente für die Zielgruppe entscheidend sein könnten. Viele Argumente sind zwar durchschlagend, interessieren aber nicht jede Zielgruppe.

Konzentrieren Sie sich auf Ihre Proargumente und wiederlegen Sie damit die Kontraargumente. Schneiden Sie Kontraargumente immer nur kurz an. Sie können Ihr Plädoyer so aufbauen, dass Sie in der Einleitung kurz das Thema darstellen und den Zuhörer in den Problemkreis einführen. Dann beginnen Sie nach und nach, Kontraargumente kurz anzuschneiden und führen ausführlich Proargumente aus. Seien Sie schlagkräftig, ausdrucksstark und bringen Sie jede Aussage präzise auf den Punkt. Je präziser Ihre Wortwahl, desto besser bleiben Ihre Aussagen im Gedächtnis. Bringen Sie in Ihr Plädoyer zwei Hauptaussagen ein, die kurz und knapp formuliert sind und sich dazu eignen, wiederzitiert zu werden. So bleibt Ihre Hauptaussage den Hörern im Gedächtnis.

(Quelle: nach: www.helpster.de/ein-plaedoyer-schreiben-so-wird-s-gemacht_41942, Abruf: 02.05.2021)

9 Zusammenleben mit anderen

9 Zusammenleben mit anderen

Ausgangssituation

Unser tägliches Zusammenleben orientiert sich häufig an dem, was man als gesellschaftliche Realität bezeichnet. Doch was bedeutet das und ist dem auch wirklich so? Sicherlich gibt es nicht die EINE gesellschaftliche Realität. In angespannten Zeiten (Kriege, Terror, Umweltkatastrophen etc.), stellt sich die Frage, wie ein Zusammenleben mit anderen gelingen kann.

9.1 Impfen, aber nach welchen Kriterien?

© Alexander Limbach – stock.adobe.com

Impfzentren sind gut organisiert.

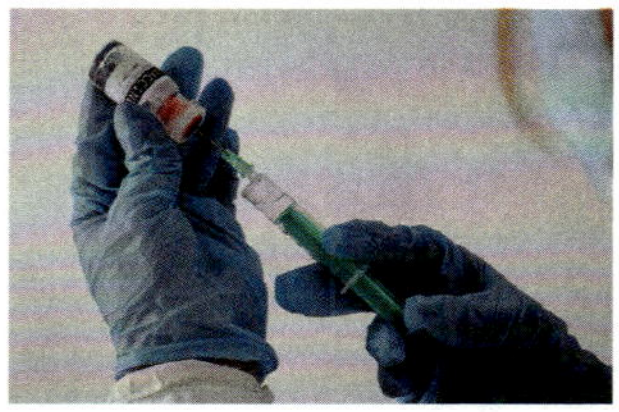

© Daniel – stock.adobe.com

Vorbereitungen zur Impfung.

Henry ist einmal mehr schwer am Zweifeln. Seit März 2020 gibt es fast nur dieses eine Thema in den Medien: Corona! Doch nun, kurz vor dem Ende des Jahres gibt es endlich einen Hoffnungsschimmer, da nicht bloß ein Impfstoff in kürzester Zeit entwickelt und getestet werden konnte, sondern ab Ende des Jahres 2020 werden die ersten Menschen geimpft. Eigentlich ein Grund zur Freude, denkt Henry, doch es mehren sich kritische Stimmen. Sei es in Gesprächen mit Freunden über Skype oder mit den Verwandten an den Weihnachtstagen. Der eine möchte sich nicht impfen lassen, weil er das Zulassungsverfahren anzweifelt, eine andere, weil sie Angst vor den Langzeitfolgen, also vor den Nebenwirkungen, hat. Andere gehen noch einen Schritt weiter und sagen: das ist Körperverletzung. Sein Onkel Karl sagt außerdem: Es wird hier eine Unterscheidung nach Bedeutung und Wertigkeit der Menschen für die Gesellschaft durchgeführt. Solch eine Klassifizierung ist weder in Ordnung noch gesetzeskonform. Wieso müssen alte Menschen und Pflegekräfte zuerst geimpft werden? Er sei doch schließlich als Bauingenieur auch systemrelevant und, bevor die Corona-Krise begann, in allen Ländern der Welt umhergereist, um lebensnotwendige Brunnen in der dritten Welt zu planen und zu bauen. Er wolle sein altes Leben wieder, aber das sei scheinbar weniger bedeutend als die Arbeit in Pflegeeinrichtungen, Altenheimen und Krankenhäusern. Henry liegt in seinem Bett und seine Gedanken drehen sich permanent um die Worte seiner Freunde und Verwandten. Er will nochmal an den Computer, um sich weiter über dieses Thema zu informieren. Er stößt auf eine weitere Möglichkeit: Eine Impfpflicht! Er fragt sich,ob dies überhaupt mit den Grundrechten vereinbar ist und was seine so geschätzten Philosophen eigentlich dazu sagen. Er forscht weiter, um endlich genau zu wissen, was richtig und was falsch ist. Bei seinen Recherchen stößt er auf folgende Aussage:

„Verstößt eine Impfpflicht gegen das Grundgesetz? In den Forderungen nach einer Impfpflicht sehen viele Impfgegner Verstöße gegen das Grundgesetz. Denn der Zwang zur Impfung kollidiert ihrer Meinung nach mit Verfassungsgarantien wie dem Recht auf körperliche Unversehrtheit oder dem Erziehungsrecht der Eltern".

(Quelle: https://www.google.com/search?client=firefox-b-e&q=Impfen+und+das+Grundgesetz, Abruf: 10.05.2021))

Jetzt kann er erst recht nicht mehr schlafen und vertieft seine Recherchen. Sobald er genau weiß, welcher Weg uns voranbringt, möchte er dies in einem Online-Blog veröffentlichen. Er informiert sich weiter.

Aufgaben

1. Erstellen Sie eine Übersicht (Pro/Kontra) der unterschiedlichen Perspektiven zur Impfproblematik aus dem Text.
2. Bilden Sie Kleingruppen und tragen Sie weitere Argumente für und gegen die dargestellte Problematik zusammen.
3. Begründen Sie, wie Sie zu der dargestellten Problematik stehen.
4. Geben Sie Henry eine erste intuitive Handlungsempfehlung.

9.2 Recht auf körperliche Unversehrtheit und Erziehungsrecht

Aufgaben

1. Diskutieren Sie, was mit den drei Bildern (links) ausgedrückt werden soll.
2. Stellen Sie einen Zusammenhang zwischen dem Bild und der Ausgangssituation her.

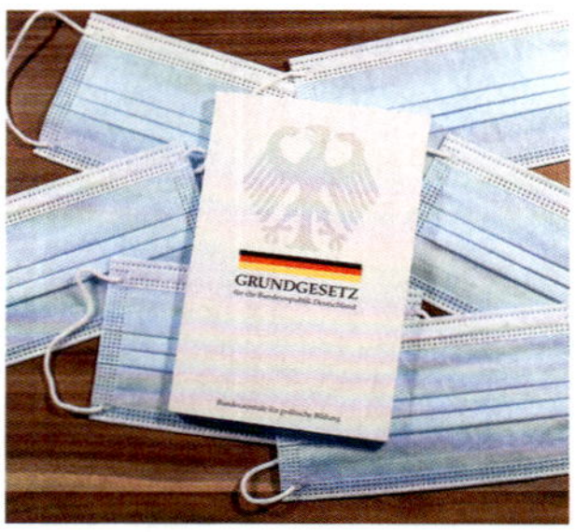

© picture alliance/foto2press

© thauwald-pictures – stock.adobe.com

© bluedesign – stock.adobe.com

Es gilt, das Grundgesetz zu bewahren.

Grundgesetz für die Bundesrepublik Deutschland

Artikel 2

(1) Jeder hat das Recht auf die freie Entfaltung seiner Persönlichkeit, soweit er nicht die Rechte anderer verletzt und nicht gegen die verfassungsmäßige Ordnung oder das Sittengesetz verstößt.

(2) Jeder hat das Recht auf Leben und körperliche Unversehrtheit. Die Freiheit der Person ist unverletzlich. In diese Rechte darf nur auf Grund eines Gesetzes eingegriffen werden.

Artikel 6

(1) Ehe und Familie stehen unter dem besonderen Schutze der staatlichen Ordnung.

(2) Pflege und Erziehung der Kinder sind das natürliche Recht der Eltern und die zuvörderst ihnen obliegende Pflicht. Über ihre Betätigung wacht die staatliche Gemeinschaft.

(3) Gegen den Willen der Erziehungsberechtigten dürfen Kinder nur auf Grund eines Gesetzes von der Familie getrennt werden, wenn die Erziehungsberechtigten versagen oder wenn die Kinder aus anderen Gründen zu verwahrlosen drohen.

(4) Jede Mutter hat Anspruch auf den Schutz und die Fürsorge der Gemeinschaft.

(5) Den unehelichen Kindern sind durch die Gesetzgebung die gleichen Bedingungen für ihre leibliche und seelische Entwicklung und ihre Stellung in der Gesellschaft zu schaffen wie den ehelichen Kindern.

Aufgaben

1. Fassen Sie die Kernaussagen der Grundgesetzesartikel zusammen.
2. Leiten Sie auf Grundlage des Gesetzestextes weitere Argumente zur Impffrage ab und fassen Sie diese in Form einer Mindmap zusammen.

9.3 Alltäglicher Egoismus

Definitionen EGOISMUS

DEFINITION 1:
Jeder ist sich selbst der Nächste → Lebenseinstellung, die mit dem Anspruch auf Selbstverwirklichung gerechtfertigt wird.

DEFINITION 2:
Haltung (aus soziobiologischer Sicht), die jeder menschlichen Handlung zugrunde liegt → Rigorose Verdammung des Egoismus würde somit Grundgedanken der menschlichen Natur leugnen.

Spiegel 22/1994

Falco: Egoist

Die ganze Welt dreht sich um mich
Denn ich bin nur ein Egoist

Der Mensch, der mir am nächsten ist
Bin ich, ich bin ein Egoist

Die ganze Welt dreht sich um mich
Denn ich bin nur ein Egoist

Der Mensch, der mir am nächsten ist
Bin ich, ich bin ein Egoist

Ein Egoist, ein Egoist, ein Egoist, ein Egoist

Ganz oben auf der Liste, ja da stehe ich
Ja du musst mir schon verzeihen, aber ich liebe mich

Das obwohl ich überaus und durchaus kritisch bin
Hab ich den ganzen lieben langen Tag nur mich im Sinn

Ich habe über meinem Bett 'nen Spiegel angebracht
Damit mein eigenes Spiegelbild mir meinen Schlaf bewacht

Und ich will niemanden wollen nein, ich will, dass man mich will

Aufgaben

1. Formulieren Sie – ausgehend von Ihren Überlegungen – eine eigene Definition von Egoismus.
2. Erläutern Sie, welcher Zusammenhang zwischen den Definitionen und der Ansicht von Henrys Onkel besteht.

9.4 Ethischer Egoismus

Definition:

In der Ethik kommt Bedürfnissen und Interessen eine besondere Bedeutung zu: Der ethische Egoismus betrachtet das rationale Eigeninteresse des Menschen als Grund der Moral und als Quelle der Motivation zu moralischem Handeln. Ethiken können ohne den Bezug auf menschliche Bedürfnisse und Interessen keinen angemessenen Begriff eines guten Lebens definieren.

(Quelle: Düwel,M., Handbuch Ethik, J.B. Metzler, Stuttgart/Weimar, 2011, S. 311).

Aufgaben

1. Erklären Sie, inwiefern der ethische Egoismus sich von dem alltäglichen Egoismus unterscheidet. Nennen Sie das entscheidende Kriterium.
2. Behauptung: Der ethische Egoismus ist eine Weiterentwicklung des alltäglichen Egoismus. Nehmen Sie Stellung zu dieser Behauptung.

9.5 Ein Gedankenexperiment

Aufgabe

Kennen Sie diesen bestimmten Ring? Wenn ja, berichten Sie was es damit auf sich hat.

Gedankenexperiment

Platon: Der Ring des Gyges

Platon (428–348 v. Chr.)
griechischer Philosoph

Zunächst Schüler des Sokrates und später Begründer der Athener Akademie.

Zu seinen wichtigsten Werken zählen Politeia und der Phaidros.

Die Macht, die ich meine, wäre ungefähr in der Art, ... wie sie einst Gyges, der Ahnherr des Lydiers, besessen haben soll. Er sei nämlich ein Hirte im Dienste des damaligen Herrschers von Lydien gewesen. Eines Tages erblickte er ein hohles ehernes Pferd, mit Türen, zu denen er hineingeguckt und innen einen Leichnam, wie es schien, von mehr als menschlicher Größe gewahrt habe. Dieser habe sonst nichts gehabt als an der Hand einen goldenen Ring, den er sich an den Finger gesteckt habe, und dann sei er herausgestiegen. Bei der gewöhnlichen Zusammenkunft der Hirten, um dem König den Monatsbericht über die Herden zu erstatten, habe darauf auch er sich eingefunden, mit dem Ring am Finger. Wie er so unter den übrigen saß, habe er zufällig den Ringkasten gegen sich, dem Innern der Hand zu, gedreht, infolgedessen sei er seinen Nebensitzern unsichtbar geworden, und sie haben von ihm als einem Abwesenden gesprochen. Er habe sich gewundert, wieder den Ring angefasst und dessen Kasten nach außen gedreht, und darauf sei er sichtbar geworden. Als er dies bemerkt, habe er mit dem Ringe den Versuch gemacht, ob er diese Kraft besitze, und wirklich sei es ihm immer so gegangen, dass, wenn er den Kasten nach innen gedreht, er unsichtbar geworden sei, und sichtbar, wenn er ihn nach außen gedreht. Nach dieser Entdeckung habe er sogleich es dahin zu bringen gewusst, dass er einer der an den König Abgesendeten wurde. Da habe er denn dessen Weib zum Ehebruch verführt, habe in Gemeinschaft mit ihr dem Könige nachgestellt, ihn ermordet und sich der Herrschaft bemächtigt. Wenn es nun zwei solcher Ringe gäbe und den einen der Gerechte sich ansteckte, den andern der Ungerechte, so wäre, wie mir scheint, wohl keiner von so eherner Festigkeit, dass er bei der Gerechtigkeit bliebe und es über sich gewänne, fremden Gutes sich zu enthalten und es nicht zu berühren, trotzdem dass er ohne Scheu sogar vom Markte weg nehmen dürfte, was er wollte, und in die Häuser hineingehen und beiwohnen, wem er wollte, und morden und aus dem Gefängnis befreien, wen er wollte, und überhaupt handeln wie ein Gott unter den Menschen. Wenn er aber so handelte, so würde er nicht verschieden von dem andern verfahren, sondern beide gingen denselben Weg. Und doch wird man dies als ein sicheres Zeichen betrachten, dass niemand freiwillig gerecht ist ...

(Quelle: Platon, Politeia. Der Staat, Zweites Buch, Stuttgart S. 2 f.)

Königsmord

Aufgaben

1. Fassen Sie die Kernaussagen von Platons Gedankenexperiment zusammen. Tauschen Sie sich mit Ihrem Banknachbarn darüber aus.
2. Angenommen, Henrys Onkel hätte den Ring: Was würde er Ihrer Auffassung nach damit tun?
3. Wie könnte Platon das Verhalten von Henrys Onkel bewerten? Begründen Sie.

9.6 Der fiktive Naturzustand

Thomas Hobbes: Der Naturzustand

Die Menschen sind von Natur aus gleich, sowohl in ihren körperlichen als auch in ihren geistigen Anlagen ... Man nehme nur die Körperstärke: selbst der Schwächste ist stark genug, auch den Stärksten zu vernichten; er braucht sich nur einer List zu bedienen ... Dieser Gleichheit entspringen die gleichen Hoffnungen, ein Ziel zu erreichen.

Das Zusammenleben ist den Menschen also kein Vergnügen, sondern schafft ihnen im Gegenteil viel Kummer, solange es keine übergeordnete Macht gibt, die sie alle im Zaume hält ... So sehen wir drei Hauptursachen des Streits in der menschlichen Natur begründet: Wettstreben, Argwohn und Ruhmsucht ...

Und hieraus folgt, dass Krieg herrscht, solange die Menschen miteinander leben ohne eine oberste Gewalt, die in der Lage ist, die Ordnung zu bewahren. Und es ist ein Krieg, den jeder Einzelne gegen jeden Einzelnen führt ... In einem solchen Zustand gibt es keinen Fleiß ... Statt dessen: ständige Furcht und die drohende Gefahr eines gewaltsamen Todes."

(Quelle: Thomas Hobbes, Leviathan, Kap. XIII, Suhrkamp, Berlin, S. 1119 f.)

Aufgaben

1. Stellen Sie einen Zusammenhang zwischen „Der Naturzustand" und dem Gedankenexperiment von Platon her.
2. Erläutern Sie, ob und inwiefern sich dieser fiktive Naturzustand in modernen Gesellschaften erkennen lässt.

9.7 Das aufgeklärte Selbstinteresse

Thomas Hobbes (1588–1679) britischer Philosoph

Er gilt als Begründer des „aufgeklärten Selbstinteresses" und ist einer der bedeutendsten Philosophen in Hinblick auf den fiktiven Naturzustand und seinen Schriften zum Gesellschaftsvertrag.

Als sein bedeutendstes Werk gilt der Leviathan.

Thomas Hobbes: Die Überwindung des Naturzustandes

Die Menschen, die von Natur aus Freiheit und Herrschaft über andere lieben, führten die Selbstbeschränkung, unter der sie, wie wir wissen, in Staaten leben, letztlich allein mit dem Ziel und der Absicht ein, dadurch für ihre Selbsterhaltung zu sorgen und ein zufriedeneres Leben zu führen – das heißt, dem elenden Kriegszustand zu entkommen, der, wie gezeigt wurde, aus den natürlichen Leidenschaften der Menschen notwendig folgt, dann nämlich, wenn es keine sichtbare Gewalt gibt, die sie im Zaume zu halten und durch Furcht vor Strafe an die Erfüllung ihrer Verträge ... zu binden vermag ... Der alleinige Weg zur Errichtung einer solchen Gewalt, die in der Lage ist, die Menschen vor dem Angriff Fremder und vor gegenseitigen Übergriffen zu schützen und ihnen dadurch eine solche Sicherheit zu verschaffen ... liegt in der Übertragung ihrer gesamten Macht und Stärke auf einen Menschen oder eine Versammlung von Menschen, die ihre Einzelwillen durch Stimmenmehrheit auf einen Willen reduzieren können ... Ist dies geschehen, so nennt man diese zu einer Person vereinte Menge Staat ... Dies ist die Erzeugung jenes großen Leviathans ... dem wir ... unseren Frieden und Schutz verdanken. Denn durch diese ihm von jedem einzelnen im Staat verliehene Autorität steht ihm so viel Macht und Stärke zur Verfügung ... dass er ... in die Lage versetzt wird ... den Willen aller auf den innerstaatlichen Frieden und auf gegenseitige Hilfe gegen auswärtige Feinde hinzulenken.

(Quelle: Hoerster, N., Klassische Texte der Staatsphilosophie, München, S. 109 f.)

Aufgaben

1. Tauschen Sie sich mit Ihrem Banknachbarn über die wichtigsten Aussagen des Textauszuges aus. Legen Sie hierzu Hobbes Lösungsansatz zur Überwindung des Naturzustandes argumentativ dar.
2. Henry fragt sich weiterhin: Was soll ich darüber bloß in meinen Blog schreiben? Geben Sie ihm auf der Grundlage Ihres neuerworbenen Wissens einen kurzen Tipp in Form einer Chatnachricht.

9.8 Der Mensch im Staat

Aristoteles: Zoon politikon

© thelefty – stock.adobe.com

Der Staat ist denn auch von Natur ursprünglicher als das Haus oder jeder Einzelne von uns. Denn das Ganze muss ursprünglicher sein als der Teil. Wenn man nämlich das Ganze wegnimmt, so gibt es auch keinen Fuß oder keine Hand, außer dem Namen nach, wie etwa eine Hand aus Stein; nur in diesem Sinn wird eine tote Hand noch eine Hand sein. In Wahrheit ist alles bestimmt durch seine besondere Leistung und Fähigkeit, und wenn es diese nicht mehr besitzt, kann es auch nicht mehr als dasselbe Ding bezeichnet werden außer dem bloßen Namen nach ... Alle Menschen haben also von Natur den Drang zu einer solchen Gemeinschaft, und wer sie als erster aufgebaut hat, ist ein Schöpfer größter Güter. Wie nämlich der Mensch, wenn er vollendet ist, das beste der Lebewesen ist, so ist er abgetrennt von Gesetz und Recht das schlechteste von allen. Das schlimmste ist die bewaffnete Ungerechtigkeit. Der Mensch besitzt von Natur als Waffen die Klugheit und Tüchtigkeit, und gerade sie kann man am allermeisten in verkehrtem Sinne gebrauchen. Darum ist der Mensch ohne Tugend das gottloseste und wildeste aller Wesen

(Quelle: Aristoteles, Politik. 1. Buch, 1252b–1253a, Akademie Verlag, Berlin. 1991)

Aristoteles (384–322 v. Chr.) griechischer Philosoph

Zunächst Schüler in Platons Athener Akademie, von dem er die Lehre der vier Kardinaltugenden übernimmt. Er entwirft nach dessen Tod seine eigene philosophische Schule, das Lykeion, wo er unter anderem Alexander den Großen unterrichtet.

Als sein bekanntestes Werk gilt die Nikomachische Ethik.

Aufgaben

1. Laut Aristoteles hat der Mensch eine grundlegende Eigenschaft. Benennen Sie diese.
2. Warum ist diese Eigenschaft so bedeutend? Begründen Sie Ihre Antwort.
3. Aristoteles wählt eine Vergleichsmetaphorik, um den Menschen als Gemeinschaftswesen besser beschreiben zu können. Arbeiten Sie diese Metaphorik heraus.
4. Wie würde Aristoteles über jemanden urteilen, der systematisch seine Bereitschaft zum Impfen verweigert? Begründen Sie Ihre eigene Position, indem Sie einen möglichen Dialog zwischen Henrys Onkel und Aristoteles verfassen.

9.9 Impfen: Ja oder Nein?

PRESSESCHAU

Interview mit dem Rechtsphilosophen Reinhard Merkel

[NZZ:] *Herr Merkel, Union und SPD erwägen ein gesetzliches Verbot von Privilegien für Menschen mit Corona-Impfung. Der FDP-Fraktionsgeschäftsführer Marco Buschmann hingegen sagt, wenn feststehe, dass*

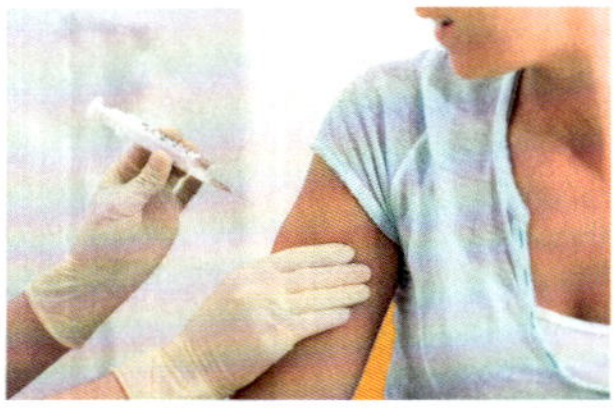

Das geht schnell und tut nicht weh.

„von einem Menschen weder für sich noch für andere eine Gefahr ausgeht, dann darf der Staat seine Freiheit nicht einschränken". Wer hat recht?

[RM:] Der Staat darf in Grundrechte nur eingreifen, solange er einen legitimen Schutzzweck verfolgt. Menschen mit Corona-Impfung gefährden andere nicht mehr – sofern sie selbst nicht mehr ansteckend sind, was bekanntlich noch zu klären ist. Unter dieser Prämisse entfällt jedoch der epidemiologische Schutzzweck. Grundrechte sind keine Privilegien, sondern das Fundament unserer Rechtsordnung. Für ihre Wahrnehmung muss sich der Bürger nicht legitimieren; vielmehr muss der Staat sein Verbot begründen.

[NZZ:] *Das gilt schon jetzt? Obwohl nicht alle einen Zugang zum Impfstoff haben?*

[RM:] Nehmen wir das Beispiel des Betreibers eines Fitnessstudios. Verbietet man ihm die Öffnung nur für Geimpfte, dann ist das ein doppelter Eingriff: einerseits in die Grundrechte des Fitnessstudiobetreibers, andererseits in die Freiheitsrechte des Geimpften. Nun ist es ja nicht so, dass die Geimpften, die ins Studio gehen, den Ungeimpften die Plätze wegnähmen, dass also hier zugunsten der Geimpften unfair priorisiert würde. Vielmehr ist die Alternative, alle Studios ganz zu schließen; und das geschieht ja derzeit auch. Aber nach der Impfung gibt es eben eine gefahrlose Möglichkeit des Studiobetriebs. Dann ist es nicht einzusehen, diese Möglichkeit nur deshalb, weil sie nicht jedem auf der Stelle verfügbar ist, allen zu verbieten. Das ist grundrechtswidrig und freiheitsfeindlich.

[NZZ:] *Hätte ein solches Verbot überhaupt Bestand vor Gerichten?*

Was spricht dafür, was spricht dagegen?

[RM:] Vermutlich nicht. Ich denke, die Gerichte würden das, wenn es per Verordnung käme, reihenweise kassieren. Geimpft und damit für andere kein Ansteckungsrisiko mehr zu sein, ist im Kontext einer Pandemiebekämpfung, die nun mal Ansteckungen verhindern und nicht schiefe Solidaritätsappelle in zwangsrechtliche Verbote packen soll, ganz offensichtlich ein legitimer Grund, anders behandelt zu werden als „riskante" Ungeimpfte.

[NZZ:] *Nehmen wir also an, im Februar würden die Geimpften wieder in Restaurants sitzen, während ein großer Teil der Bevölkerung weiterhin nur davon träumen könnte. Führte das nicht zu großem Unmut in der Gesellschaft?*

[RM:] Nun, vielleicht. Es wäre aber Aufgabe der Politik, das sachlich zu erklären, also klarzustellen, dass es sich bei den Menschen im Restaurant keineswegs um Privilegierte mit Sonderrechten handelt. Sondern um Leute, die keine potenziellen Gefahrenquellen mehr sind und deshalb auch nicht als solche behandelt werden dürfen. Jemandem zu sagen: „Du bist zwar nicht mehr gefährlich, aber du bleibst trotzdem zu Hause, weil die anderen, die noch Gefährlichen, das auch müssen", ist kein Fairnessgebot, wie jetzt offenbar viele glauben. Im Gegenteil! Den Unmut muss die Politik natürlich ernst nehmen. Aber sie sollte ihm mit Erklärungen begegnen, statt seine falschen Voraussetzungen zu bekräftigen.

[NZZ:] *Die Bundesregierung sieht das anders. Sie fürchtet die Spaltung der Gesellschaft.*

[RM:] Ein grob überzogener Moralismus. Die Zulassung zu bestimmten Handlungsmöglichkeiten an Sicherheitsbedingungen zu binden, die nicht alle erfüllen, gehört doch zur geläufigen sozialen Normalität. Die Einreise in bestimmte Länder Afrikas ist etwa mit der Voraussetzung bestimmter Impfungen verbunden. Und für Kinder, die in die Kita oder die Schule gehen, fordern wir mit Recht eine Masernimpfung.

[NZZ:] *Was ist mit Solidarität? Gesundheitsminister Jens Spahn fordert, Menschen, die geimpft wurden, sollten sich solidarisch zeigen mit solchen, die noch nicht geimpft wurden.*

[RM:] Das halte ich für falsch. Man kann nicht Freiheitsrechte einschränken mit dem vagen Appell an einen unklaren Begriff von Solidarität. Spahn nimmt hier nur die Perspektive der noch nicht Geimpften in den Blick. Es gibt aber auch die Perspektive der Geimpften, und es gibt drittens die Perspektive der Restaurant-, Fitnessstudio- oder Kinobetreiber. Warum appelliert Spahn nicht an die noch nicht Geimpften, sich solidarisch zu zeigen und ein wenig geduldig zu sein? Aber es geht in Wahrheit gar nicht um Solidarität, sondern um Grundrechte.

(Quelle: https://www.nzz.ch/international/iv-reinhard-merkel-ld.1594307, Abruf: 02.05.2021)

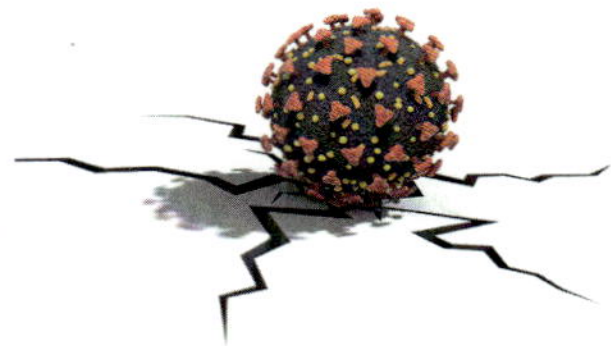

Spaltet Corona die Gesellschaft?

Das Handlungsprodukt

Henrys Blogeintrag

Sie haben nun Informationen aus den Bereichen Recht, Gesellschaft, Ethik und Philosophie gesammelt, um sich ein abschließendes Bild darüber machen zu können, ob und inwiefern eine Impfpflicht im Umgang mit einer Pandemie angemessen sein kann oder nicht.

Versetzen Sie sich in Henrys Lage und verfassen Sie einen Blogeintrag.

Beziehen Sie zusätzlich die Aussagen des Rechtsphilosophen Reinhard Merkel in Ihre Überlegungen mit ein.

Infobox

Blogeintrag

- Formulieren Sie eine interessante Überschrift. Wählen Sie eine Überschrift, die spannend, vielversprechend, provozierend oder unterhaltsam ist. Formulieren Sie diese kurz und knackig und nehmen Sie sich dafür Zeit. Ein guter Titel entscheidet oft darüber, ob Ihre Leser den Artikel überhaupt beachten. Was genau eine gute Überschrift braucht, erfahren Sie hier.
- Halten Sie das Versprechen, das Sie machen. Mit Ihrer Überschrift schüren Sie Erwartungen und geben ein Versprechen an Ihre Leser ab. Erfüllen Sie es! Anders formuliert: Wenn der Titel praktische Tipps verspricht, müssen diese auch im Artikel enthalten sein. Ansonsten verlieren Sie Ihre Leser.

- Bauen Sie Bilder ein. Wir können es nicht oft genug sagen: Blogartikel ohne Bilder sind langweilig. Sie können die besten Inhalte bieten, doch mit reinen Textwüsten ziehen Sie kaum Leser an.
- Machen Sie sich über das Layout Gedanken. Apropos Textwüste: Neben den Bildern spielen auch Layout und Gestaltung Ihrer Artikel eine Rolle. Zwischenüberschriften, hervorgehobene Sätze oder Schlagworte, Textkästen und Listen lockern einen Artikel auf und erhöhen die Lesbarkeit.
- Sprechen Sie die Sprache Ihrer Leser. Schreiben Sie verständlich und wählen Sie passende Formulierungen. Wer unnötige Fachbegriffe oder zu viel Denglisch verwendet, vertreibt Leser damit oft effektiv.
- Strukturieren Sie Ihre Texte. Das gilt nicht nur für die Optik und das Layout, sondern auch für den Inhalt. Machen Sie es Lesern leicht, dem roten Faden zu folgen.
- Bringen Sie Beispiele und Erfahrungen ein. Wertvolle Informationen sind zwar gut, doch wenn Sie diese um eigene Erfahrungen bereichern, kommt das bei Lesern – unserer Erfahrung nach – noch besser an.
- Schreiben Sie mit Witz und Humor. Humor oder Ironie sind zwar nicht bei allen Artikeln angebracht, können Texte jedoch ansprechender gestalten und ein Lächeln auf das Gesicht Ihrer Leser zaubern.
- Nutzen Sie verschiedene Formate. Checklisten, Guides, Tutorials, Praxisbeispiele – all das sind Artikelformate und Elemente, mit denen Sie Ihre Beiträge interessanter gestalten können.

(Quelle: https://karrierebibel.de/blog-starten/#So-schreiben-Sie-lesenswerte-Blogartikel, Abruf: 30.04.2021)

10 Gewalt

gewalt
system
opfer
cyber-mobbing
beleidigen
instant-messaging-anwendungen
bloßstellen
jugendlichen
täter
täterinnen
machtungleichgewicht
bedrohen
wohnviertel
angriffe
belästigen
cyber-bullying
menschen
strukturelle
internet
isoliert
ethnischen
sozialen
anrufe
bully

10 Gewalt

Aggressionen und Gewalt haben längst Einzug in alle gesellschaftlichen Bereiche gehalten. Sie sind salonfähig geworden und aus keiner Fernsehserie mehr wegzudenken. Gewaltdarstellungen finden in der breiten Masse Akzeptanz. Der Nervenkitzel ist erwünscht. Hieraus ergibt sich jedoch eine gewisse Verantwortung für jeden Einzelnen.

Gewalt gegen die Polizei

Einsatz körperlicher Gewalt bei einer Festnahme

Erklärung der Menschenrechte

https://www.amnesty.de/alle-30-artikel-der-allgemeinen-erklaerung-der-menschenrechte

10.1 Gewalt hat viele Gesichter

Henry sitzt am Abend mit seinem Vater auf der Couch. Die beiden schauen sich gemeinsamen die Nachrichten an. Im Fernsehen läuft ein Bericht aus Düsseldorf. Darin geht es um einen Polizisten, der bei einem Einsatz sein Knie auf den Kopf eines 15-Jährigen gedrückt haben soll, um diesen am Boden zu fixieren. Gegen den Beamten wurden nun die Ermittlungen begonnen.

Henry und sein Vater werden direkt hellhörig, da auch Henrys Vater Polizist ist. Ein Video von diesem Vorfall kursiert seit dem gestrigen Abend in allen sozialen Medien. Henry und sein Vater schauen sich das Video gemeinsam an. Es gibt bereits mehr als 1000 Kommentare. Auch Henry und sein Vater werden nachdenklich und beginnen eine Diskussion. Henrys Vater bezieht eindeutig Position und distanziert sich vom Verhalten des Polizisten im Video. Die gesehene Szene erinnert Henry an einen Vorfall aus dem Sommer 2020 in den USA, von dem ebenfalls in den Medien berichtet wurde und der landesweite Proteste und Ausschreitungen ausgelöst hat. Dabei ging es um den Tod des Afroamerikaners George Floyd. Ein Polizist hatte mehr als acht Minuten sein Knie auf Floyds Hals gedrückt, wodurch dieser starb.

Aufgaben

1. Äußern Sie sich intuitiv zu dieser Situation.
2. Benennen Sie Fragen und Unklarheiten, die sich für Sie aus der Situation ergeben.
3. Beschreiben Sie die Ausprägungen von Gewalt, die sich anhand dieses Beispiels zeigen.
4. Informieren Sie sich mithilfe des QR-Codes über die Menschenrechte.
5. Erläutern Sie, welche Menschenrechte in diesem Szenario verletzt werden.
6. Analysieren Sie die Ziele, die durch die Menschenrechte erreicht werden sollen.
7. Diskutieren Sie diesbezüglich die Brandanschläge gegen die Polizei.

10.2 Formen von Gewalt

Henry ist entsetzt über das Ausmaß an Gewalt und insbesondere auch darüber, in welchen Lebensbereichen Gewalt zu finden ist. Daher beschließt er, sich näher über die unterschiedlichen Gewaltausprägungen zu informieren.

Personale Gewalt
Personale Gewalt besteht darin, dass sie von einem Menschen oder einer Menschengruppe ausgeübt wird.

Strukturelle Gewalt
Eine unpersönliche Form von Gewalt, die von einem System ausgeht. Menschen werden daran gehindert, sich ihren Bedürfnissen entsprechend zu entwickeln.

Gewalt gegen Sachen
Die *Gewalt gegen Sachen* richtet sich gegen Gegenstände und Dinge. Eine Form dieser Gewalt ist Vandalismus.

Gewalt gegen Menschen
Diese Form von Gewalt wird direkt gegenüber Menschen ausgeübt.

Körperliche Gewalt
Bei dieser Gewaltform werden einem Menschen körperliche Schmerzen oder Verletzungen zugefügt.

Psychische Gewalt
Bei dieser Form von Gewalt wird dem Menschen psychischer Schaden zugefügt, indem dieser unter Druck gesetzt, ausgegrenzt oder beleidigt wird.

Bringen Sie die unterschiedlichen Formen von Gewalt in eine begründete Struktur. Verwenden Sie dazu Ober- bzw. Unterbegriffe sowie Pfeile, um Zusammenhänge zu verdeutlichen.

Aufgaben

1. Nennen Sie zu jeder der Gewaltformen mindestens ein Beispiel.
2. Untersuchen Sie das Ausgangsszenario hinsichtlich der dargestellten Formen von Gewalt.

10 Gewalt

Positionierungslinie

Ablauf:

Die Lehrkraft belegt eine Ecke des Klassenraumes mit der Punktzahl 1, die entgegengesetzte Ecke mit der Punktzahl 10.

Die Werte zwischen 1 und 10 stehen hierbei für die jeweilige Stärke der Gewalt, wobei 1 für eine geringe Gewaltstärke und 10 für eine schlimme Gewalttat steht.

Schreiben Sie ein Beispiel für eine Form von Gewalt auf einen Zettel. Die Lehrkraft sammelt die Zettel anschließend ein.

Diese Beispiele werden in zufälliger Reihenfolge durch die Lehrkraft vorgelesen.

Sie positionieren sich nun individuell auf der Skala von 1–10.

Im Anschluss an die jeweilige Positionierungsrunde findet eine Auswertung statt, indem Sie Ihre Zuordnung begründen.

Nehmen Sie abschließend Stellung zu folgender Behauptung: „Gewalterleben ist subjektiv.“

Die Gewaltspirale

© Jonathan Stutz – stock.adobe.com

Das ist keine Lösung von Konflikten.

Zwei Freunde

Matthias (17) und Yanek (18) sind schon seit dem Kindergarten beste Freunde und seitdem unzertrennlich. Auch jetzt sind sie gemeinsam in einer Klasse der Berufsfachschule an einer beruflichen Schule.

Yanek ist nicht der beste Schüler. Insbesondere im Fach Englisch hat er große Schwierigkeiten. Es hängt von der letzten Klassenarbeit ab, ob Yanek das Schuljahr bestehen wird, weshalb er sich penibel auf diese Arbeit vorbereitet. Während der letzten Klassenarbeit in diesem Fach verfällt Yanek allerdings in Panik und wendet sich hilfesuchend an seinen besten Freund. Matthias zuckt nur mit den Schultern.

Eine Woche später bekommen die beiden Freunde die Arbeit zurück. Yaneks Befürchtungen bewahrheiten sich. Er hat eine Fünf. Matthias hingegen hat eine 2 in der Arbeit. Yanek fragt, warum Matthias ihm nicht geholfen habe. „Selbst schuld", bekommt er zur Antwort. Yanek wird sauer und ruft Matthias „Spasti" hinterher, während er selbst den Raum verlässt. Matthias denkt sich, dass Yanek das noch leidtun wird.

Nach Schulschluss will Yanek mit seinem Auto nach Hause fahren und bemerkt schnell den fehlenden Seitenspiegel an seinem Auto. Für ihn ist klar, das muss Matthias gewesen sein. Er erblickt diesen an einer Ecke, wie er sich über den fehlenden Spiegel lustig macht. Ohne darüber nachzudenken geht Yanek auf ihn zu und schlägt ihm mit der Faust ins Gesicht.

© doomu – stock.adobe.com

Gewaltspirale

Aufgaben

1. Geben Sie den Inhalt der Situation mit eigenen Worten wieder.
2. Nennen Sie die Ursache für den Konflikt zwischen den beiden Schülern.
3. Beschreiben Sie die Reaktion der beiden auf den entstandenen Konflikt.
4. Benennen Sie die angewandten Gewaltformen innerhalb der Situation.
5. Nehmen Sie Stellung zu der Behauptung „Gewalt erzeugt Gegengewalt".
6. Besprechen Sie in diesem Zusammenhang die nebenstehende Grafik (Gewaltspirale) im Plenum.
7. Übernehmen Sie die Grafik in Ihre Unterlagen und beschriften Sie diese mit den jeweiligen Gewaltakten, die im Text „Zwei Freunde" genannt werden.
8. Stellen Sie Vermutungen darüber an, wie sich die aufgeführte Situation weiterentwickelt.
9. Formulieren Sie mögliche Lösungsansätze.

10.3 Gewalt begegnet uns überall

Gewalt im sozialen Umfeld – Schule

Vandalismus besser verstehen

... Vandalismus hat viele Gesichter: brennende Papierkörbe, angekokelte Tische, eingeschlagene Scheiben, durchgeschnittene Feuerlöscherschläuche, zerstörte Toilettentürschlösser, geklaute Fahrradventile, Stinkbomben werfen, Toiletten mit Toilettenpapier verstopfen, Farb- oder Filzstiftschmierereien, Scratchen von Fensterscheiben, Einbrüche und blinde Zerstörungswut. Auch wenn man kopfschüttelnd davor steht: Jede Form von Vandalismus hat einen Sinn – für den Täter.

Für Außenstehende ist dieser Sinn meist nicht zu erkennen. Wer die versteckten Motive der Täter nicht versteht, kann keine gezielten Gegenmaßnahmen treffen. Dem Täter muss, damit er aufhört, die Motivation genommen werden. Leider ist die Bekämpfung von Vandalismus in der Schule kein Sprint, sondern ein Marathon ...

Sobald die erste ernsthafte Beschädigung längere Zeit sichtbar ist, zieht sie schnell weitere nach sich. Ein Dominoeffekt. Die Wissenschaftler nennen das den „Broken Window Effekt". Dieser geht auf einen Aufsatz über ein Experiment aus dem Jahre 1969 zurück. Ein Auto ohne Nummernschilder wurde mit offener Motorhaube auf eine Straße in der Bronx gestellt. Nichts geschah. Dann schlug der Wissenschaftler selbst eine Scheibe des Autos ein. Innerhalb kürzester Zeit wurde der Wagen von den Vandalen heimgesucht. Und innerhalb von 24 Stunden wurde fast jedes brauchbare Teil entwendet, der nicht verwertbare Rest des Autos wurde zerstört ...

(Quelle: https://www.das-macht-schule.net/vandalismus-besser-verstehen/
Abruf: 23.08.2021)

Unerwünschte Graffiti

Vandalismus ist kein Kavaliersdelikt.

Aufgaben

1. Bestimmen Sie die im Text vorliegende Form von Gewalt.
2. Begründen Sie Ihre Zuordnung.
3. Versetzen Sie sich in einen Menschen hinein, der Dinge zerstört und nennen Sie mögliche Motive.
4. Leiten Sie aus diesen Motiven und dem Textbeispiel Gegenmaßnahmen ab, um Vandalismus zu vermeiden.
5. Machen Sie einen Rundgang an Ihrer Schule und notieren Sie Schäden, die durch Vandalismus entstanden sind.
6. Entwickeln Sie ein Projekt für Ihre Schule, um Vandalismus entgegenzuwirken. Dieses könnte beispielsweise darin bestehen, den eigenen Klassenraum zu renovieren, damit Sie sich selbst dort wohler fühlen. Eine weitere Möglichkeit ist, einen Kunstwettbewerb zu organisieren, bei dem Graffitis oder „Tags" ausgestellt und durch eine Jury bewertet werden. Die Gewinner werden belohnt.

10 Gewalt

Gewalt in Social Networks – Cybermobbing

© merklicht.de – stock.adobe.com

Aufgaben

1. Beschreiben Sie das Bild.
2. Nennen Sie das Problem, auf welches das Bild hinweist.
3. Ordnen Sie die das Bild einer Form von Gewalt zu. Begründen Sie.
4. Berichten Sie von Erfahrungen, die Sie in diesem Zusammenhang bereits gemacht haben.

© TheVisualsYouNeed – stock.adobe.com

Cyber-Mobbing zerstört Menschen.

https://www.klicksafe.de/themen/kommunizieren/cyber-mobbing/was-sagt-das-gesetz/

Cyber-Mobbing – was ist das?

Unter Cyber-Mobbing (Synonym zu Cyber-Bullying) versteht man das absichtliche Beleidigen, Bedrohen, Bloßstellen oder Belästigen anderer mithilfe von Internet- und Mobiltelefondiensten über einen längeren Zeitraum hinweg. Der Täter – auch „Bully" genannt – sucht sich ein Opfer, das sich nicht oder nur schwer gegen die Übergriffe zur Wehr setzen kann. Zwischen Täter und Opfer besteht somit ein Machtungleichgewicht, welches der Täter ausnutzt, während das Opfer sozial isoliert wird.

Cyber-Mobbing findet im Internet (bspw. in Sozialen Netzwerken, in Video-Portalen) und über Smartphones (bspw. durch Instant-Messaging-Anwendungen wie WhatsApp, lästige Anrufe etc.) statt. Oft handelt der Bully anonym, sodass das Opfer nicht weiß, von wem genau die Angriffe stammen. Gerade bei Cyber-Mobbing unter Kindern und Jugendlichen kennen Opfer und TäterInnen einander aber meist aus dem „realen" persönlichen Umfeld wie z. B. der Schule, dem Wohnviertel, dem Dorf oder der ethnischen Community. Die Opfer haben deshalb fast immer einen Verdacht, wer hinter den Attacken stecken könnte.

Gerade weil der Bully meist aus dem näheren Umfeld des Opfers stammt, geht das Cyber-Mobbing oft mit Mobbing in der Offline-Welt einher: Teils wird das Mobbing online weitergeführt, teils beginnt Mobbing online und setzt sich dann im Schulalltag fort. Aus diesem Grund sind Mobbing und Cyber-Mobbing in der Mehrheit der Fälle nicht voneinander zu trennen.

(Quelle: https://www.klicksafe.de/themen/kommunizieren/cyber-mobbing/cyber-mobbing-was-ist-das/, Abruf: 01.05.2021)

Aufgaben

1. Arbeiten Sie die Merkmale von Cyber-Mobbing heraus.
2. Stellen Sie die Unterschiede zwischen Cyber-Mobbing und Mobbing heraus.
3. Beurteilen Sie, ob es sich bei den unten aufgeführten Beispielen um Cyber-Mobbing handelt. Begründen Sie Ihre Einschätzung.
4. Ist Cyber-Mobbing eigentlich strafbar? Informieren Sie sich mithilfe des QR-Codes und beurteilen Sie anschließend die aufgeführten Beispiele.

Beispiele

1. Jonas postet etwas auf seiner Pinnwand. Niemand reagiert.
2. Samy hat sich neu auf einer Internetseite angemeldet. Alle Mitschüler und Mitschülerinnen lehnen ihre Freundschaftsanfrage ab.
3. Max hat auf der letzten Party zu viel getrunken. Er wurde dabei ohne sein Wissen gefilmt. Dieses Video kursiert nun im Internet.
4. Jennys Freundin plaudert auf ihrer Pinnwand „versehentlich“ ein Geheimnis aus.
5. Alle Fotos, die Lea online von sich postet, werden von einer Mädchenclique aus ihrer Klasse mit der Bezeichnung „hässliche Schlampe“ kommentiert.

Aufgaben

https://www.youtube.com/watch?v=RhYNl0vzZRM

1. Scannen Sie den QR-Code und schauen Sie sich den Kurzfilm zum Thema „Cyber-Mobbing“ an.
2. Übernehmen Sie die Tabelle in Ihre Unterlagen und füllen Sie diese stichpunktartig aus.

	Junge	Schülerinnen	Lehrer
Situation der Person			
Verhalten der Person			
Gefühle der Person			
Bewertung des Verhaltens			
Wie würden Sie sich verhalten?			

3. Beschreiben Sie die Folgen, die sich für das Opfer aufgrund des Cyber-Mobbings ergeben.
4. Stellen Sie sich vor, sie wären in derselben Schulklasse. Wie würden Sie sich in dieser Situation verhalten?
5. Recherchieren Sie in diesem Kontext den Begriff „Zivilcourage“ und definieren Sie diesen.
6. Erarbeiten Sie Vorschläge, wie sich ein Opfer von Cyber-Mobbing am sinnvollsten verhält.
7. Beschreiben Sie Möglichkeiten, um Cyber-Mobbing vorzubeugen.

Gewalt in Filmen und Serien

Aufgaben

1. Beschreiben Sie die Darstellungsweise der Gewalt in den obigen Abbildungen.
2. Nennen Sie Film- und Serienhelden, die häufig Gewalt anwenden.
3. Diskutieren Sie diese Form der Gewaltdarstellung.

Angstauslöser Film

Das alltägliche Gemetzel in Film und Fernsehen

Die Wissenschaftler Kelly Dillon und Brad Bushman spielten 104 Kindern im Alter zwischen acht und zwölf Jahren ein zwanzigminütiges Video vor. Die Kinder bekamen die Filme „Rocketeer“ oder „Das Vermächtnis der Tempelritter“ zu sehen. Die eine Hälfte der Teilnehmer sah den Streifen ohne Schießereien und Actionszenen, die andere Hälfte wurde bewusst den Gewaltdarstellungen ausgesetzt. Für beide Filme wird in den USA empfohlen, dass ihn Kinder unter 13 Jahren allenfalls in Begleitung ihrer Eltern sehen sollten, in Deutschland gilt die FSK-Altersfreigabe ab zwölf.

Anschließend konnten sich die Kinder 20 Minuten zu zweit in einem Raum aufhalten, in dem sich etliche Spielsachen befanden, aber auch eine Pistole, bei der Abzug und Entsicherung zwar noch funktionierten, die aber nicht mehr scharf gestellt werden konnte. Fast alle Kinder entdeckten die Waffe zwischen den übrigen Gegenständen, und knapp die Hälfte spielte damit. Zwischen jenen Schülern, die zuvor Gewalt im Film gesehen hatten und jenen, bei denen die brutalen Szenen aus dem Streifen geschnitten wurden, gab es jedoch erhebliche Unterschiede: Die Kinder, die Action und Schießerei im Film angeschaut hatten, hielten die Pistole 53 Sekunden lang und drückten durchschnittlich dreimal ab – bei den anderen waren es nur elf Sekunden und nur wenige von ihnen betätigten den Abzug ...

(Quelle: https://www.sueddeutsche.de/panorama/gewaltdarstellungen-das-alltaegliche-gemetzel-in-film-und-fernsehen-1.3682160, Abruf: 30.04.2021)

Aufgaben

1. Fassen Sie die Versuchsanordnung sowie deren Ergebnisse knapp in eigenen Worten zusammen.
2. Stellen Sie einen Zusammenhang zwischen den Inhalten, die die Kinder gesehen haben und ihrem Verhalten im Anschluss her.
3. Nennen Sie Ursachen für das Verhalten der Kinder.
4. Erörtern Sie mögliche Folgen, die sich für die Kinder und die Gesellschaft aus dieser Untersuchung ergeben.
5. Beziehen Sie Stellung zu der Behauptung, Medien hätten eine Vorbildfunktion und leiten Sie daraus Konsequenzen ab.

Gewalt im Fußball

© Tomasz Bidermann – shutterstock.com

https://www.youtube.com/watch?v=vsl-RAwaqnQ

Aufgaben

1. Äußern Sie sich intuitiv zum obigen Foto.
2. Ordnen Sie das Bild begründet einem Lebensbereich zu.
3. Stellen Sie Spekulationen darüber an, inwiefern es in diesem Bereich zu Gewalthandlungen kommen könnte.
4. Rufen Sie den QR-Code auf und schauen Sie sich die Reportage „Fußball und Gewalt“ an.
5. Notieren Sie thematische Schwerpunkte, die in der Dokumentation angesprochen werden.
6 Erstellen Sie anhand Ihrer Notizen eine Mind-Map zum Inhalt der Reportage.
7. Klaus Farin, Jugendkulturforscher und Schriftsteller, sagt in der Reportage: „Gewalt, Männlichkeit und Fußball gehören immer schon zusammen.“ Nehmen Sie zu dieser Aussage begründet Stellung.
8. Nennen Sie Gründe, aus denen sich ein Fan dazu entscheidet, Hooligan zu werden.
9. Erklären Sie, welchen Stellenwert der Begriff der „Ehre“ in der Szene einnimmt.

© belamy – stock.adobe.com

© askaja – stock.adobe.com

10. Nehmen Sie Stellung zu der Aussage, Kämpfe im Kontext der Hooliganszene seien vergleichbar mit Sport, ein „moderner Gladiatorenkampf".
11. In der Reportage wird gesagt, dass insbesondere die Sportart Fußball für die Hooliganszene prädestiniert sei. Führen Sie eine Internetrecherche durch und informieren Sie sich darüber, ob es vergleichbare Szenen auch in anderen Sportarten gibt.
12. Gefährlich wird es dann, wenn Fans in die Kämpfe einbezogen werden, die es gar nicht wollen. Entwickeln Sie Möglichkeiten, wie ein Sportverein der Entstehung einer Hooligan-Fanszene vorbeugen kann.
13. Beurteilen Sie abschließend kritisch, inwiefern die Entscheidung, Hooligan zu werden, nachvollziehbar ist.

So nicht: Gewalt zwischen zwei Fußballfans

So ändert man nichts.

PRESSESCHAU

Ausschreitungen in den Niederlanden: „Das hat nichts zu tun mit Protesten"

Stand: 25.01.2021 12:12 Uhr

Am Tag nach den schweren Krawallen in den Niederlanden hat Premier Mark Rutte die Gewalt scharf verurteilt. „Das ist absolut unzulässig, das hat nichts zu tun mit Protesten, sondern ist kriminelle Gewalt", sagte er in Den Haag.

In mehr als zehn Städten waren am späten Sonntagabend Proteste gegen die Corona-Maßnahmen und Ausgangssperren eskaliert. Mehr als 130 Menschen wurden nach Angaben der Behörden und niederländischer Medien festgenommen. Am Morgen boten viele Städte ein Bild der Verwüstung. Straßen und Plätze waren übersät mit Glasscherben, ausgebrannten Autos und Steinen.

Die Polizei sprach von den schlimmsten Krawallen in 40 Jahren und rechnet mit weiteren Unruhen in den kommenden Tagen. Sie geht in ersten Analysen davon aus, dass unterschiedliche Gruppierungen sich an der Gewalt beteiligt hatten. Dazu würden Corona-Leugner, Fußball-Hooligans und Neonazis gehören.

(Quelle: https://www.tagesschau.de/ausland/niederlande-sperrstunde-krawalle-103.html, Abruf: 26.01.2021)

Aufgaben

1. Fassen Sie die Geschehnisse knapp in eigenen Worten zusammen.
2. Begründen Sie, warum sich insbesondere auch Fußball-Hooligans diesen Krawallen anschließen.
3. Nehmen Sie Stellung zu der Aussage des Premier Mark Rutte: „Das hat nichts zu tun mit Protesten".

10.4 Wie Gewalt entsteht

Aufgaben

1. Teilen Sie sich in drei Gruppen auf (= 3 Expertengruppen).
2. Lesen Sie sich den ihrer Gruppe zugeteilten Text aufmerksam durch.
3. Erarbeiten Sie innerhalb Ihrer Expertengruppe die zentralen Aspekte der jeweiligen Theorie und halten Sie Ihre Ergebnisse stichpunktartig fest.
4. Erarbeiten Sie außerdem Möglichkeiten, wie Gewalt vermieden werden kann.
5. Stellen Sie in Ihrer Stammgruppe die Ergebnisse vor.
6. Veranschaulichen Sie die jeweilige Theorie mithilfe der Ausgangssituation.

Gruppenarbeit macht Spaß und führt zu guten Ergebnissen.

Konrad Lorenz – Triebtheorie

Laut Konrad Lorenz erfüllt der Aggressionstrieb mehrere biologische Funktionen. Aggressionen haben arterhaltende Funktion und sollen, in Form von Flucht oder Angriff, in erster Linie das Überleben sichern. Lorenz definiert Aggression als den auf den Artgenossen gerichteten Kampftrieb von Tier und Mensch, wodurch er zwischenartliche Auseinandersetzungen explizit ausschließt. Auch spricht Lorenz davon, dass sich die Aggressionsenergie ständig neu nachbildet, und nach Abfuhr drängt, die von auslösenden Reizen stark abhängt. Sollten solche Reize zu lange ausbleiben, kann es zu sogenannten „Leerlaufhandlungen" kommen; die Aggressionen laufen auch ohne spezifischen äußeren Reiz ab. Wie populär dieses „Dampfkesselmodell" ist, zeigt sich in Redewendungen wie „Der Tropfen, der das Fass zum Überlaufen bringt", „Dampf ablassen" oder „Mir platzt gleich der Kragen". Lorenz, der viel mit Tierversuchen experimentierte, führt einen folgenschweren Analogieschluss durch, indem er sein an Tieren (hauptsächlich Graugänsen) beobachtetes Verhalten einfach auf den Menschen überträgt. Beim Menschen soll sich der Aggressionstrieb besonders verhängnisvoll auswirken, da ihm die neuzeitliche Zivilisation kaum sinnvolle Entladungsmöglichkeiten biete. In der Folge entstünden beim Menschen Störungen in der physischen wie auch psychischen Gesundheit. Lorenz schlägt zur Regulierung des Aggressionstriebes vor, die Energie auf Ersatzhandlungen umzuleiten.

(Angelehnt an: Stangl, W., 2021, Aggression)

Aggressionen im Straßenverkehr

Finden Sie die Worte ...

John Dollard – Frustrations-Aggressions-These

Dollard und seine Mitarbeiter brachten das Ausüben von Gewalt in einen direkten Zusammenhang mit Frustration. Die von Dollard entwickelte Theorie besagt in ihrer strengsten Form: Frustration führt in jedem Fall zu irgendeiner Form von Aggression. Das Auftreten von Aggression setzt in jedem Fall eine vorhergegangene Frustration voraus. Frustrationen erhöhen den Erregungszustand eines Menschen, was sich physiologisch gut nachweisen lässt. Dieser Erregungszustand kann unter anderem durch aggressives Verhalten in den Normalbereich zurückgeführt werden, sodass subjektiv eine spürbare Erleichterung eintritt. Das hat nach den Gesetzen des Lernens zur Folge, dass in ähnlichen Situationen entsprechende Reaktionen wiederholt werden, um diesen Zustand der Erleichterung wieder zu erreichen. Experimente haben aber auch ergeben, dass der durch die Frustration entstehende Erregungszustand auch anders, etwa durch Gespräche oder Lachen abgebaut werden kann. Eine Erregung, auch wenn sie als Wut erlebt wird, führt nur dann zu einer Aggression, wenn ein besonderes Objekt oder ein Sachverhalt vorhanden sind, welche durch besondere Reize die Aggression provozieren.

(Angelehnt an: Stangl, W., 2021, Frustrations-Aggressionstheorie, Dollard)

So werden wie das Vorbild ...

Albert Bandura – Lernen am Modell

Laut Albert Bandura ist Aggression nicht angeboren, sondern wird unter bestimmten Bedingungen erlernt. Modelllernen liegt vor, wenn ein Individuum als Folge der Beobachtung des Verhaltens anderer Individuen sowie der darauffolgenden Konsequenzen sich neue Verhaltensweisen aneignet oder schon bestehende Verhaltensmuster weitgehend verändert. Wichtig für diesen Lernprozess, der nur unter bestimmten Voraussetzungen (z. B. weitgehende Identifikation des Beobachters mit dem Modell) stattfindet, ist die stellvertretende Verstärkung. Im Gegensatz zu anderen Lernpsychologen beschäftigt sich Bandura gezielt mit der Frage, wie Verhaltensweisen speziell im sozialen und sprachlichen Bereich erworben werden. Für ihn erklärt sein Ansatz des Modelllernens die schnelle und effiziente Übernahme solcher Verhaltensweisen. Durch das Lernen am Modell ist der Mensch in der Lage, sich auch komplexe soziale Handlungen anzueignen. Der Mensch wird hierbei von einem Modell beeinflusst. Dieses Modell kann sowohl eine konkrete Person als auch beispielsweise ein Buch oder eine Person in einem Film sein. Durch das Betrachten eines Modells, wird man dazu angeregt, bestimmte Verhaltensalternativen genauer zu hinterfragen.

(Angelehnt an: Stangl, W., 2021, Lernen am Modell – Albert Bandura – Modelllernen.)

10.5 Lässt sich der Einsatz von Gewalt rechtfertigen?

Gewalt ist immer zu verurteilen und kann nichts Gutes hervorbringen. Dessen ist sich Henry sicher. Er erinnert sich schlagartig an einen Film, den er vor kurzem gesehen hat und der den Titel „Terror" trägt. Dieser handelt von einer Flugzeugentführung und dem sich daraus ergebenen Dilemma, ob es in dieser Situation gerechtfertigt ist, das Flugzeug abzuschießen, wenn dadurch mehr Menschen gerettet würden. Henry beginnt sich unweigerlich zu fragen, ob es Situationen gibt, in denen sich der Einsatz von Gewalt moralisch rechtfertigen lässt.

Die Staatsgewalt versucht, Konflikten vorzubeugen.

Aufgaben

1. Nehmen Sie Stellung zu der abschließenden Frage im obigen Text.
2. Beschreiben Sie eine weitere Situation, in der das Ausüben von Gewalt in Ihren Augen gerechtfertigt erscheint.
3. Begründen Sie Ihre Einschätzung.
4. Der Utilitarismus bezeichnet eine Handlung als moralisch gut, sofern deren Folgen für möglichst viele Menschen positiv sind. Beziehen Sie diesen Grundsatz auf die von Ihnen gefundenen Beispiele.

Henry denkt noch einmal an alles zurück, insbesondere an den Bericht, in dem es um das Verhalten eines Polizisten ging. Dieser soll im Einsatz gegenüber einem 15-jährigen übertrieben gewaltsam vorgegangen sein. Außerdem kommt ihm das Bild von George Floyd in den Sinn.

Er fragt sich, unter welchen Bedingungen Regierungen und deren Staatsbeamte zu Gewalt greifen dürfen. Unter welchen Voraussetzungen darf ein Polizist Gewalt anwenden? Darf ein Staat gezielt unschuldige Bürger durch den Abschuss eines entführten Flugzeuges opfern, um das Leben anderer zu retten? Wie weit darf der Staat gehen, um seine Bürger zu schützen?

So sollte es im Normalfall zwischen Bürger und Polizei ablaufen.

Aufgaben

1. Führen Sie zu den Fragen am Ende des obigen Textes eine Internetrecherche durch und halten Sie Ihre Ergebnisse stichpunktartig fest.
2. Stellen Sie Ihre Ergebnisse im Plenum vor und vergleichen Sie diese.

Panzerangriff im Syrienkrieg

Aufgaben

1. Beschreiben Sie das Bild (Panzerangriff im Syrienkrieg).
2. Stellen Sie einen Bezug zum Thema „Rechtfertigung von Gewalt“ her, indem Sie Spekulationen über mögliche Gewaltbegründungen anstellen.

Kann das ein Kriegsgrund sein?

Verlogene Rechtfertigung

Der Krieg der Türkei gegen die Kurden im benachbarten Syrien ist ein eindeutiger Verstoß gegen das in Artikel 2.4 der UN-Charta verankerte Gewaltverbot. Und damit ein schwerwiegender Bruch des Völkerrechts. Das Recht auf militärische Selbstverteidigung aus Artikel 51 der Charta kann die Regierung Erdoğan nicht für sich reklamieren, denn die Türkei wurde nicht angegriffen. Es drohte nicht einmal ein militärischer Angriff – weder unmittelbar noch mittelbar –, den es zu verhindern galt.

Daher muss zur Rechtfertigung die Behauptung einer angeblichen „terroristischen Bedrohung“ herhalten, die man durch Krieg „beseitigen“ wolle. Mit dieser willkürlichen Behauptung haben seit Beginn des globalen „Kriegs gegen den Terrorismus“, den die USA nach den Anschlägen vom 11. September 2001 ausgerufen hatten, schon eine Reihe von Regierungen versucht, völkerrechtswidrige militärische Interventionen, Folter und andere schwerwiegende Menschenrechtsverletzungen zu rechtfertigen. Auch im konkreten Fall hält die Behauptung einer „terroristischen Bedrohung“ einer Überprüfung nicht stand. Die Volkverteidigungseinheiten (YPG) haben sich auf den Aufbau und die Verteidigung der Selbstverwaltung in den kurdischen Region Syriens beschränkt.

In den letzten vier Jahren waren sie zudem der effektivste Verbündete der USA bei der Bekämpfung und Vertreibung der Terrororganisation „Islamischer Staat“ (IS). Von der Regierung Erdoğan wurde der IS zumindest in den ersten Jahren des seit Frühjahr 2011 währenden Syrienkonflikts logistisch sowie mit Waffen und Öllieferungen unterstützt. Das macht Erdoğans Rechtfertigung für den Krieg gegen die YPG besonders verlogen ...

(Quelle: https://taz.de/Tuerkischer-Einmarsch-in-Syrien/!5632508/, Abruf: 02.04.2021)

Aufgaben

1. Arbeiten Sie mögliche Probleme aus dem Text heraus, die sich aus der rechtlichen Legitimationsgrundlage zur Anwendung von Gewalt für Staaten ergeben.
2. Lesen Sie erneut die Ausgangssituation 10.1 „Gewalt hat viele Gesichter“. Beurteilen Sie diese unter Berücksichtigung Ihres neu erworbenen Wissens zum Thema „Rechtfertigung von Gewalt“.

10.6 Gewaltfreie Konfliktlösestrategien

Aufgaben

1. Bilden Sie Lernpaare und erarbeiten Sie gemeinsam ein Rollenspiel, in dem ein Konflikt zwischen zwei Menschen vorliegt.
2. Halten Sie den Dialog schriftlich fest und tragen Sie ihn anschließend vor.
3. Zuschauer:
   a) Benennen Sie den Konflikt innerhalb des Rollenspiels.
   b) Beschreiben Sie die Wirkung der Sprache.
   c) Untersuchen Sie Gründe, weshalb die sprachlichen Äußerungen diese Wirkung erzeugen.
4. Im Streit kommt es nicht nur darauf an, was man sagt, sondern vielmehr auch, wie etwas gesagt wird. Machen Sie sich mit den beiden folgenden Methoden gewaltfreier Kommunikation vertraut.

Marshall B. Rosenbergs Konzept der „gewaltfreien Kommunikation“

Gewaltfreie Kommunikation kann in allen Konflikten angewendet werden, ob in einem familiären Zwist oder bei diplomatischen Auseinandersetzungen. Dabei gilt es grundsätzlich, vier Schritte zu beachten:

1. Beobachtung: Am Anfang steht die Wahrnehmung und Beschreibung der Situation, ohne jede Interpretation, beispielsweise: „Zu unseren letzten beiden Verabredungen bist du eine halbe Stunde zu spät gekommen“ (statt „Immer kommst du zu spät!“).
2. Gefühl: Erst dann sollten Emotionen erspürt und mit Worten benannt werden („Das macht mich traurig“).
3. Bedürfnis: Aus dem Gefühl lässt sich ein Bedürfnis erkennen („Denn ich wünsche mir mehr Wertschätzung“).
4. Bitten: Wenn das Bedürfnis klar erkannt ist, sollte daraus eine Bitte erwachsen – am besten um eine konkrete Handlung („Könntest du dich bei unserer nächsten Verabredung bitte bemühen, pünktlicher zu sein?“).

Rosenberg fasste diese vier Schritte in einer Faustformel zusammen: Wenn ich a sehe (Beobachtung), dann fühle ich b (Gefühl), weil ich c brauche (Bedürfnis). Deshalb möchte ich jetzt gern d (Bitte).

(Quelle: https://www.geo.de/wissen/gesundheit/16296-rtkl-gewaltfreie-kommunikation-wie-man-sich-im-streit-hoeflich-aber-bestimmt, Abruf: 31.03.2021)

© keport – Shutterstock.com

Ich- und Du-Botschaften

Du-Botschaften wirken auf den Empfänger oft vorwurfsvoll oder verletzend (Bsp.: „Du hörst nie richtig zu!“). Im Gegensatz dazu bieten Ich-Botschaften die Möglichkeit dem Betroffenen zu verdeutlichen, wie sein Verhalten auf die andere Person wirkt und welche Folgen sich ergeben. Dadurch wird das Problem nicht dem Gegenüber zugeschrieben, sondern Ausgangspunkt bieten eigene Empfindungen, wodurch die Aussage weniger angreifend oder provokativ wirkt.

https://www.youtube.com/watch?v=LuQIFcpP77U

© fizkes – stock.adobe.com

Hier scheint es sich hauptsächlich um Ich-Botschaften zu handeln.

Eine gelungene Ich-Botschaft sollte folgende drei Teile beinhalten:

1. Sachliche Beschreibung des Problems aus der eigenen Perspektive.
2. Die eigenen Gefühle, die durch dieses Verhalten ausgelöst werden, werden benannt.
3. Die Folgen, die sich aus dem Verhalten ergeben, werden aufgezeigt.

Aufgaben

1. Setzen Sie sich erneut mit Ihrem Partner zusammen und schreiben Sie Ihren anfänglichen Dialog um. Setzen Sie dabei die neu erlernten Techniken gewaltfreier Kommunikation um.
2. Präsentieren Sie den Dialog erneut als Rollenspiel.
3. Zuschauer:
   a) Beschreiben Sie die Wirkung der Sprache und begründen Sie Ihre Meinung.
   b) Stellen Sie Unterschiede zu dem ersten Rollenspiel heraus.
4. Bewerten Sie die neu erlernten Kommunikationstechniken hinsichtlich ihrer Wirksamkeit.
5. Leiten Sie aus diesen Erkenntnissen Konsequenzen für Ihre Kommunikation ab.

0800 1239900 HILFETELEFON GEWALT AN MÄNNERN

© männerhilfetelefon.de

Das Handlungsprodukt

Henry ist entsetzt, wie viel Gewalt überall herrscht. Er beschließt, das nicht länger hinzunehmen und will ganz konkret etwas gegen Gewalt tun. Daher beschließt er, für seine Schule einen Flyer zu erstellen, um seine Mitschüler und Mitschülerinnen über das Thema Gewalt zu informieren, Lösungsmöglichkeiten anzubieten und Hilfestellen anzugeben.

Erstellen Sie einen solchen Flyer, der sich mit einer von Ihnen gewählten Form von Gewalt auseinandersetzt. Beschreiben Sie diese genauer, zeigen Sie Lösungsmöglichkeiten auf und geben Sie Betroffenen Hinweise zu möglichen Hilfestellen.

10.7 Hilfe bei Gewalt

HILFE TELEFON GEWALT GEGEN FRAUEN 08000 116 016 www.hilfetelefon.de

© Bundesamt für Familien und zivilges. Aufgaben

Sie wurden Opfer oder bedroht?

- Bei akuter Bedrohung, wählen Sie 110! Die Polizei wird alles Erforderliche tun, um Sie zu schützen.
- Zeigen Sie die Straftat bei der Polizei an. Eine Strafanzeige können Sie bei jeder Polizeidienststelle erstatten.
- Zur Anzeigenerstattung kann Sie eine Person Ihres Vertrauens und/ oder ein Rechtsbeistand begleiten.
- Erhält die Polizei Kenntnis über häusliche Gewalt (z. B. durch Anrufe von Nachbarn), muss sie von Amts wegen ein Ermittlungsverfahren einleiten.

- Wenn Sie sich noch nicht entscheiden können, die Polizei zu rufen, wenden Sie sich an eine Person Ihres Vertrauens oder lassen Sie sich beraten, aber handeln Sie!
- Setzen Sie sich mit einer Beratungs- oder Interventionsstelle für häusliche Gewalt in Verbindung. Den Kontakt in Ihrer Nähe vermittelt Ihnen die Polizei oder das Hilfetelefon „Gewalt gegen Frauen“ 08000 116 016, rund um die Uhr und in vielen Sprachen.
- Notieren Sie sich Einzelheiten zu den Vorfällen, wie Datum, Uhrzeit und was genau geschehen ist.
- Suchen Sie einen Arzt auf, nennen Sie ihm den Ursprung der Verletzungen und lassen Sie die Verletzungen attestieren und z. B. fotografieren, um sie für eine mögliche Strafanzeige beweissicher dokumentiert zu haben.
- Frauenhäuser bieten Ihnen ebenfalls Schutz vor Bedrohung und die Mitarbeiterinnen können Sie bei weiteren Schritten beraten.
- Wenn Sie bedroht oder unter Druck gesetzt werden, melden Sie dies unbedingt der Polizei. Nur so kann die Polizei schnell geeignete Maßnahmen zu Ihrem Schutz einleiten.

(Quelle: https://www.polizei-beratung.de/opferinformationen/haeusliche-gewalt/, Abruf: 04.01.2021)

© Nummer gegen Kummer e.V., Wuppertal

11 Vorbilder und Idole

© freshidea – stock.adobe.com

© Maurer

11 Vorbilder und Idole

Kinder und Jugendliche brauchen Vorbilder. Eine zwar sehr alte Behauptung, doch ist sie auch in der heutigen Zeit nicht weniger wichtig und zutreffend. Vor allem als junger, heranwachsender Mensch orientiert man sich, sei es bewusst oder unbewusst, an den Personen, die einen täglich umgeben. Doch was macht einen Menschen eigentlich zu einem guten Vorbild? Worin unterscheiden sich Vorbilder von Idolen oder ist es ein und dasselbe?

Polizei als Vorbild ...

11.1 Polizist oder Fußballstar?

Ausgangssituation

Henrys Vater ist sehr stolz. Gestern Abend wurde Ihm von der örtlichen Polizei eine Urkunde für vorbildliche Polizeiarbeit überreicht. In der Rede sagte der Polizeichef: „Tugenden wie Tapferkeit, Mut und Respekt zeichnen Sie seit Jahren aus. Vor allem die jungen Polizisten könnten viel von einer solchen Einstellung lernen." Im Anschluss an die Veranstaltung geht die Familie gemeinsam essen, um den großen Erfolg zu feiern.

Später sieht Henry im Fernsehen, dass gerade eine Dokumentation über seinen Lieblingsfußballer Bastian Schweinsteiger läuft. Auch dieser wird als Vorbild bezeichnet. Sie sprechen dort aber auch davon, dass er ein Idol für Millionen von jungen Menschen sei.

Henry ist nun verwirrt. Er fragt deshalb seinen Vater: „Was unterscheidet eigentlich Vorbilder und Idole?" Sein Vater sagt, dass das ganz davon abhängt, was man selbst daraus machst.

Ok ... also ist es irgendwie dasselbe und irgendwie auch nicht, aber da muss doch noch mehr dahinterstecken. Einmal mehr beginnt Henry nachzuforschen ...

... oder doch lieber Fußballspieler?

Aufgaben

1. Erarbeiten Sie anhand des Textes ein erstes Verständnis von Vorbildern und Idolen.
2. Wer sind Ihre Vorbilder und Idole? Stellen Sie eine Liste zusammen und begründen Sie Ihre Entscheidung.

Bedeutung von Vorbildern

Kinder können im Alltag viel von ihren Eltern oder auch von anderen Erwachsenen profitieren, indem sie sich an den Verhaltensweisen dieser orientieren. Sie können sich bei ihren Problemen, Ängsten oder Sorgen an die Erwachsenen wenden und um Rat bitten. Sie können von deren Handlungen dieser lernen und sich so ein Beispiel daran nehmen. Dasselbe gilt auch für das Leben in Vereinen. Verhält sich ein Trainer bei einer Niederlage fair und sportlich, kann sich dies positiv auf die Entwicklung von Kindern auswirken. Die Grundlage dafür ist, dass zwischen Kindern und Erwachsenen ein gutes Verhältnis herrscht, sodass die Erwachsenen eine Bezugsperson für die Kinder darstellen und man keine Scheu davor hat, sich an die Eltern, Vereinstrainer oder Bekannten zu wenden. Kinder machen die Erwachsenen so zu ihren Vorbildern, die bei der eigenen Entwicklung eine nützliche Orientierung sein können. Verhält sich ein Erwachsener jedoch nicht vorbildlich, bspw. durch den Konsum von Drogen oder durch aggressives Verhalten gegenüber anderen Menschen, kann dies negative Folgen für die Entwicklung eines Heranwachsenden haben.

Idol Musiker

Bedeutung von Idolen

Kinder verbinden ihre Wünsche und Sehnsüchte oft mit Idolen aus den Bereichen Sport und Musik. Manchmal stehen die Kinder vor einem Poster oder dem Fernseher und begeben sich im Sinne einer Traumreise auf die Spuren ihrer Idole. Sie stellen sich dabei vor, wie es wohl wäre, selbst ein großer Star zu sein. Gelegentlich versuchen sie aber auch ihre Idole im Alltag zu kopieren, indem sie sich wie sie anziehen oder wie sie gestikulieren (z. B. Zunge raustrecken wie Popstar Miley Cyrus). Doch darf diese Verehrung nicht zu einer Vergötterung führen, da man auf diese Weise nicht mehr vernünftig mit den Idolen umgeht und so den Bezug zur Realität verlieren kann. Hat man aber einen vernünftigen Blick auf das Leben eines Idols, kann man sich bei der eigenen Entwicklung auch an diesem orientieren. Ein Idol, das sich hierzu eignet, ist z. B. der Fußball Weltmeister Bastian Schweinsteiger. Dieser steht durch sein sportliches und faires Auftreten für beispielhaftes Verhalten (auf und neben dem Fußballplatz).

Aufgaben

1. Notieren Sie die Schlüsselbegriffe der beiden Texte auf Karten.
2. Erstellen Sie basierend darauf eine vergleichende Gegenüberstellung der Begriffe Vorbilder und Idole.
3. Nennen Sie Unterschiede zwischen Bastian Schweinsteiger und Miley Cyrus hinsichtlich ihrer Funktion als Vorbild und Idol.

Schweinsteiger ist das große Vorbild.

Bastian Schweinsteiger, ein Vorbild für Fußballer

Kommentar zum Karriereende von Bastian Schweinsteiger

Bastian Schweinsteiger beendet seine aktive Karriere als Profifußballer. Der deutsche Fußball verliert nicht nur einen herausragenden Sportler, sondern auch das Vorbild einer ganzen Fußballer-Generation. Ein Kommentar von ran-Redakteur Dominik Kaiser.

München – „Persönlichkeit hat nur der, der einer Sache dient", sagte einst der deutsche Soziologe Max Weber. Auf keinen deutschen Fußballer des letztens Jahrzehnts trifft diese Aussage so sehr zu wie auf Bastian Schweinsteiger.

Der „Fußballgott" beendet mit 35 Jahren seine Karriere als Profifußballer. Kaum ein anderer Spieler prägte den deutschen Fußball so nach haltig, wie der Mittelfeldspieler aus dem beschaulichen Kolbermoor bei

Rosenheim. Schweinsteiger zeigte, was es heißt, ein Vorbild für Mitspieler und Fans zu sein.

Allein seine Titelsammlung, allen voran mit dem FC Bayern, liest sich herausragend: 1x Weltmeister, 1x Champions-League-Sieger, 1x Klub-Weltmeister, 8x Deutscher Meister, 7x DFB-Pokalsieger, 2x DFL-Ligapokal-Sieger, 2x DFL-Supercup-Sieger, 1x Europa-League-Sieger, 1x FA-Cup-Sieger, 1x League-Cup-Sieger, 1x Deutschlands Fußballer des Jahres.

Über einen wirklich großen Fußballer muss am Ende seiner Karriere aber mehr geschrieben werden, als eine nackte Aufzählung von Pokalen und eine Handvoll beeindruckender Partien. Schweinsteiger hat in den für einen Sportler schwierigsten Situationen bewiesen, dass er ein ganz Großer ist.

Ein Schlag ins Gesicht, Krämpfe und ein blutiges Auge. Die meisten Fußballer hätten sich umgehend vom Platz geschlichen, aber nicht Bastian Schweinsteiger. Er wusste, dass seine Mannschaft ihn brauchte. Er ging voran, riss das Team mit und krönte sich 2014 zum Weltmeister.

Doch wirklich beeindruckend war Schweinsteigers Umgang mit dem wohl größten Missverständnis seiner Karriere – dem Wechsel zu Manchester United. Nur ein Jahr nach seinem Bayern-Abgang durfte der ausgemusterte Weltmeister nicht mehr mit der Mannschaft trainieren, wurde abgesondert. Seine Reaktion? Kein böses Wort, keine Presseschlacht, keine Skandale.

Dieses Verhalten war und ist eine Blaupause, wie Fußballer sich in ihrer Rolle als Vorbild verhalten sollten. Er sah sich als Teil des Ganzen, stellte sich in den Dienst der Mannschaft. Er diente einfach nur der Sache – wie es große Persönlichkeiten machen.

(Quelle: https://www.ran.de/fussball/international/news/ransicht-bastian-schweinsteiger-ein-vorbild-fuer-fussballer-135370, Abruf: 06.03.2021)

Der Teamgeist zählt.

Wer wohl ihr Vorbild ist?

11.2 Vorbilder hinterfragen

Ist Miley Cyrus ein schlechtes Vorbild für ihre Fans?

Die Fans erkennen ihr Idol Miley Cyrus nicht mehr wieder. Auf ihrer Tour „Miley Cyrus and her dead Petz" zeigt die Sängerin ihren Fans eine etwas andere Seite. Kein Vergleich mehr zu der Seite ihrer Rolle „Hannah Montana". Ist die 23-Jährige deshalb ein schlechtes Vorbild für ihre Fans?

Auf der Bühne trägt die Sängerin ausgefallene Outfits. Doch Aufsehen erregt nicht etwa ihre freizügige Kleidung. Vielmehr geht es um ihren Plastik-Dildo, den Miley Cyrus als Accessoires auf der Bühne trägt ... Auch Joints raucht die 23-Jährige auf der Bühne. Ihr Instagram-Profil ist voll mit Bildern, auf denen die Sängerin Drogen konsumiert oder offenbar bekifft ist.

Kein Wunder, dass die Fans allmählich genervt sind von ihrem einstigen Idol. Viele bedauern die Veränderung der 23-Jährigen sehr. Ein Fan schreibt: „Dass du jetzt erwachsen geworden bist, ist nicht gut. Ich habe früher immer Hannah Montana geschaut." Miley Cyrus will sich mit ihrem aktuellen Verhalten wohl deutlich von ihrem früheren Image des netten Mädchens von nebenan abgrenzen. Sie will zeigen, wie erwachsen

Die Musik wird durch Obszönitäten nicht zwangsläufig besser.

sie jetzt geworden ist. Und was eignet sich dazu besser, als einige Drogenskandale auf ihrer aktuellen Tour. Diese Veränderung wird wohl den meisten Fans nicht sonderlich gefallen. Außerdem sollte der einstige Teenie-Star vielleicht wieder darauf achten, die Vorbildfunktion zu leben. Schließlich sind der Großteil ihrer Fans junge Mädchen.

(Quelle: https://www.meinbezirk.at/c-leute/ist-miley-cyrus-ein-schlechtes-vorbild-fuer-ihre-fans-foto_a1587716#gallery=null, Abruf: 18.01.2021)

... dadurch auch nicht unbedingt.

Interview mit der Pädagogin Dr. Eveline Hipeli

Was unterscheidet Influencer und andere Vorbilder aus der Social Media Welt von bisherigen medialen Vorbildern genau? Ist die Wirkung nicht ähnlich?

Dr. Eveline Hipeli: Die Wirkung neuer und alter Vorbilder ist bestimmt ähnlich. Beide unterscheiden sich vor allem durch Nähe. Früher war es schon ein Highlight, wenn man im MTV-Studio angerufen hat und so ein wenig Nähe erzeugen konnte oder ganz selten einen Star hinter der Bühne treffen konnte. Das war es dann schon. Das ist mit der Nähe, die Influencer erzeugen können, nicht vergleichbar.

Heute schauen sich Jugendliche Instagram Stories an und sehen ihre Vorbilder und Stars eventuell noch im Schlafanzug und direkt über eigene Gefühle kommunizieren. Das gab es vorher so nicht. Man hatte weniger Informationen über seine Vorbilder, da diese selbst keinen Content hergestellt haben. Insgesamt ist es also persönlicher geworden. Auch wenn der Content trotzdem inszeniert ist und große Teams im Hintergrund mitarbeiten. Als junger Konsument versteht man diese Situation oft nicht. Deshalb erzeugt das Ganze eine scheinbare Nähe, indem man immer dabei sein kann.

Wenn diese Nähe nun mehr gegeben ist, ist es dann eine andere Beeinflussung, denen Jugendliche ausgesetzt sind?

Hier muss man aufpassen, denn Medienwirkung ist immer schwierig zu messen. Aber wenn man Jugendliche befragt, nennen sie vor allem das Gefühl von Nähe, von dem wir gerade schon gesprochen haben, auch als stärksten Einfluss ... Dass sie den Alltag ihrer Idole beobachten können, anders als bei entrückten Stars, die weit weg sind, wird von vielen als positiv bewertet. Die Jugendlichen wollen glauben, dass es nicht inszeniert ist. Sie wollen bewundern ...

Medien können Gewaltphantasien auslösen, ...

Das heißt, es gibt durchaus positive Einflüsse durch Influencer?

Ja natürlich. Generell wird viel weniger über positive Medieneffekte diskutiert. Wir hören immer nur was schlecht ist, aber Vorbilder sind grundsätzlich etwas Gutes. Sei es, dass Jugendliche versuchen anzuecken und sich von den Eltern loszulösen ...

Bei einem kleinen Teil können diese Vorbilder allerdings eine übermäßig starke Präsenz in ihrem Leben einnehmen. Dann sind über eine längere Zeit nur noch die Influencer gefragt und andere Dinge werden stark vernachlässigt. Aber nur eine kleine Menge verhält sich so. Die Meisten kommen relativ gut klar mit dieser Trennung ...

(Quelle: https://blmplus.de/influencer-als-vorbilder-so-unterscheiden-sie-sich-von-anderen-idolen/, Abruf: 02.02.2021)

Mediale Vorbilder: Kinder haben ein Recht auf Schutz

Kinder haben Rechte – auch in der digitalen Welt. Kinder haben ein Recht auf Medien: um sich zu informieren, ihre Meinung auszudrücken, sich mit anderen auszutauschen und Spaß zu haben. Kinder haben aber auch ein Recht auf die Entwicklung einer eigenen Identität und Persönlichkeit – und darauf, dass Erwachsene sie darin begleiten. Bei der Entwicklung von Persönlichkeiten spielen gerade im Kindesalter Vorbilder und Idole eine große Rolle. Darum sollten Eltern gut hinschauen, wem die Kinder eigentlich so nacheifern.

... die Phantasie aber auch positiv anregen.

Kinder brauchen Vorbilder

Vorbilder sind für alle Menschen wichtig. Sie helfen uns, unsere Ziele zu verfolgen, sind Inspiration und lassen uns selbst im Erwachsenenalter manches Mal noch träumen. Gerade für Kinder sind Vorbilder aber mehr als nur ein kleiner Ausflug aus dem manchmal vermeintlich tristen Alltag. Vorbilder und Idole bieten Orientierungshilfe, sind Projektionsfläche und oft eben auch Personen, denen man nacheifert. Vorbilder sind für die Entwicklung von Kindern oft förderlich. Ein Aufwachsen in Zeiten von digitalen Medien und ständiger Präsenz von möglichen Idolen im Fernsehen, auf Plakaten, in Zeitungen, in der Werbung und in den sozialen Medien erfordert es jedoch, Kinder auch bei der Wahl ihrer Vorbilder zu begleiten. Denn nicht jede Figur des öffentlichen Lebens ist ein geeignetes Vorbild. Kinder brauchen Vorbilder. Ein Idol zu haben, kann sich gut auf ihre Entwicklung auswirken. Gerade in den Medien finden sich oft „falsche Vorbilder", die Kindern Werte oder Verhaltensmuster vermitteln, die nicht förderlich für ihre körperliche und geistige Entwicklung sind. Deshalb sollten Erwachsene Kinder bei der Wahl ihrer Vorbilder begleiten und mit ihnen darüber im Gespräch bleiben.

Schlechte Vorbilder schaden Kindern.

Über falsche Vorbilder

Problematisch werden Vorbilder insbesondere dann, wenn sie Werte oder Verhaltensmuster vorleben, die den Kindern und Jugendlichen schaden können oder auch Stereotype reproduzieren, die Kindern eine falsche Vorstellung von der Welt geben. So gibt es viele Formate in den Medien, die Mädchen vermitteln, dass es vor allen Dingen darauf ankommt, hübsch und dünn zu sein, Jungs hingegen müssen stark sein und möglichst nicht zu emotionsgeleitet. Eine solche Reproduktion von Stereotypen ist nicht nur für unsere Gesellschaft rückschrittlich, sondern macht aus den Kindern eher Marionetten einer Medienwelt als eigenständige, charakterstarke Persönlichkeiten.

Influencerinnen und Influencer als Vorbilder

Eine Vielzahl von Studien, die in den letzten Jahren veröffentlicht wurden, zeigen, dass Kinder und Jugendliche ihre Idole immer öfter in den sozialen Netzwerken finden – auf Instagram, YouTube oder in anderen Angeboten, die im Alltag der Kinder und Jugendlichen wichtig sind. Oft sind heute sogenannte Influencerinnen und Influencer die Idole insbesondere von Jugendlichen. Sie bieten eine Menge Identifikationsmöglichkeiten, Projektionsfläche und zeigen oft, dass jede und jeder erfolg-

Influencerin in Aktion

reich sein kann. Problematisch können solche Vorbilder dann werden, wenn sie tatsächlich auch bezahlte Werbung machen: Viele Kinder und Jugendlichen sind nicht in der Lage, versteckte oder auch markierte Werbung eindeutig zu erkennen und ihr Handeln danach zu reflektieren. So werden Idole und Vorbilder von Kindern und Jugendlichen oft auch genutzt, um Produkte zielgruppengerecht zu vermarkten.

Gute Vorbilder fördern Kindern.

Über Vorbilder sprechen

Wissen Sie, welche Vorbilder Ihr Kind hat? Vorbilder und Idole haben eine riesige Bedeutung für Kinder und Jugendliche und können ihre Entwicklung maßgeblich beeinflussen. Deshalb ist es gut, wenn sich Eltern mit den Vorbildern ihrer Kinder auseinandersetzen. Sprechen Sie mit Ihrem Kind über ihre bzw. seine Vorbilder. Überlegen Sie gemeinsam, welche guten Eigenschaften das Vorbild hat, wo aber auch Kritik geübt werden kann. Achten Sie beim Medienkonsum Ihres Kindes darauf, dass die von Ihrem Kind genutzten Medieninhalte und -angebote altersgerecht sind.

(Quelle: https://www.dkhw.de/schwerpunkte/medienkompetenz/kampagne-medien-wirken-ein-leben-lang/medien-wirken-mediale-vorbilder/, Abruf: 12.05.2021)

Aufgaben

1. Erläutern Sie auf Grundlage der vorangehenden Texte mögliche positive und negative Einflüsse von Vorbildern und Idolen auf die Entwicklung von Kindern und Jugendlichen.
2. Was unterscheidet Influencer von bisherigen Vorbildern bzw. Idolen? Begründen Sie.
3. Ziehen Sie ein Fazit: Was unterscheidet Henrys Vater von Bastian Schweinsteiger, Miley Cyrus oder Influencerinnen und Influencern in Bezug auf die Bedeutung für Henrys Leben?
4. Erstellen Sie ein Ranking Ihrer persönlichen Vorbilder und Idole.
5. Verfassen Sie im Anschluss daran eine kurze schriftliche Begründung Ihrer Rangliste.

Das Handlungsprodukt

Erinnern Sie sich nochmal an Ihre Auflistung zu Vorbildern und Idolen zu Beginn des Kapitels. Welche Kriterien haben Sie damals zu Rate gezogen? Inwiefern haben sich diese Kriterien nun verändert?

Erstellen Sie auf Grundlage Ihres neu erworbenen Wissens eine Homestory über ein Vorbild aus Ihrem Alltag.

Dabei können Sie sowohl ein Interview durchführen oder Ihr Vorbild im Alltag begleiten und demonstrieren, weshalb genau diese Person Ihr Vorbild ist.

Sie können die Story entweder in Form eines Films oder in Form einer Präsentation festhalten.

12 Medienethik

© arborpulchra – stock.adobe.com

© Maurer

12 Medienethik

Medien sind aus unserem Leben nicht mehr wegzudenken. Sie sind zu unserem täglichen Begleiter geworden in der Schule, beim Sport, sogar im Badezimmer.
Aber nicht nur die Allgegenwart der Medien nimmt zu. Auch die Leistungen unserer Geräte steigern sich immer weiter. Damit wird unser Leben vielfach vereinfacht, aber auch die Risiken erhöhen sich. So kann heute sogar der Kühlschrank zur Gefahr werden, indem dieser zur Datensammlung oder gar zu Spionagezwecken eingesetzt wird.

12.1 Medien im Alltag des Einzelnen

Notebook und Handy dominieren das Frühstück: guten Appetit ...

Es könnte ein gewöhnlicher Samstagabend sein – doch heute ist alles anders. Letzte Woche ist Lauras Kater Janosch gestorben und nun ist sie zum ersten Mal wirklich allein Zuhause. Ihre Familie ist im Theater, keiner ihrer Freunde hat Zeit und Laura versucht sich abzulenken. Sie bestellt eine Pizza, schaltet ihren Laptop ein und sucht auf einer Streamingplattform nach einer neuen Serie, die sie interessieren könnte. Alle vorgeschlagenen und auf sie angepassten Serienvorschläge sprechen sie jedoch nicht an.

Um sich Inspiration einzuholen, postet sie in einem sozialen Netzwerk ihre Situation: „Hey ihr da draußen! Jemand Serientipps für mich? Mir geht's nicht so gut, mein Kater ist gestorben und niemand ist daheim, um mich abzulenken ... Habe mir aus Frust schon eine Pizza bestellt ☹ ...". Ihr fällt ein, dass Henry ihr vor einiger Zeit die Serie „Dark" empfohlen hat, also legt Laura ihr Smartphone zur Seite und wählt gespannt die Serie aus. Laura ist sofort völlig gebannt vom Bildschirm und merkt deshalb nicht, wie die Zeit vergeht und auch die vielen Nachrichten auf ihrem Smartphone bleiben unbemerkt. Dann klingelt es an der Haustür ...

Aufgaben

1. Nehmen Sie Stellung zu Lauras Verhalten.
2. Stellen Sie Spekulationen darüber an, wie sich die dargestellte Situation weiterentwickelt.
3. Arbeiten Sie Probleme heraus, die in der Situation angesprochen werden.
4. Erarbeiten Sie auf der Basis der genannten Probleme innerhalb der Klasse eine Mind-Map zu Themenbereichen, mit denen sich die Medienethik Ihrer Ansicht nach befasst.
5. Ergänzen Sie diese Mind-Map im Verlauf der Unterrichtseinheit selbstständig.

© REDPIXEL – stock.adobe.com

Aufgaben

1. Benennen Sie die abgebildeten Symbole und ordnen Sie diese einer Medienkategorie zu.
2. Welche dieser Apps nutzen Sie selbst?
3. Erläutern Sie die Funktionen, die diese Anwendungen übernehmen.
4. Beschreiben Sie in diesem Kontext die Bedeutung dieser Anwendungen für Ihr eigenes Leben und für die Gesellschaft.
5. Nennen Sie weitere Medien, die Sie selbst nutzen.
6. Vergleichen Sie Ihre Antworten mit der untenstehenden Statistik zur „Mediennutzung in der Freizeit 2020“.
7. Informieren Sie sich über die verschiedenen Medienarten (Primär-, Sekundär-, Tertiär- und Quartärmedium) und tragen Sie deren grundlegenden Aspekte in Form einer Tabelle zusammen.
8. Führen Sie einen Tag lang ein Medientagebuch. Tragen Sie dort alle genutzten Medien ein, die Uhrzeit und die Nutzungsdauer sowie den jeweiligen Verwendungszweck.

© chrisdorney – stock.adobe.com

Medienbeschäftigung in der Freizeit 2021

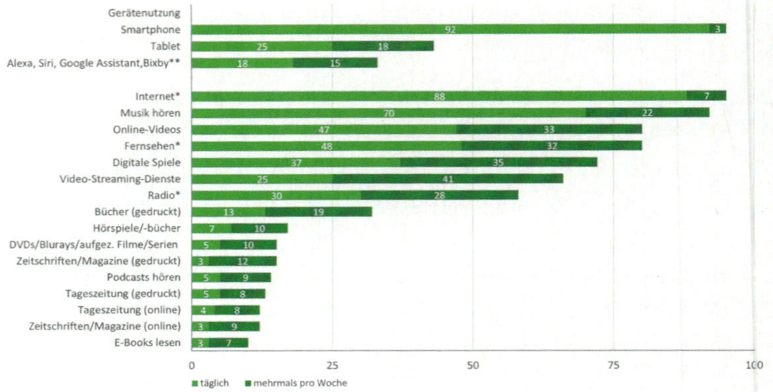

Quelle: JIM 2021, Angaben in Prozent; *egal über welchen Verbreitungsweg, **2020 nicht abgefragt, Basis: alle Befragten, n=1.200

Aufgaben

1. Reflektieren Sie: Wie viel Zeit verbringen Sie täglich online?
2. Nennen Sie Lebensbereiche, die durch die Nutzung des Internets vereinfacht werden.
3. Stellen Sie dar, inwieweit sich die Internetnutzung in den letzten zehn Jahren verändert hat. Beziehen Sie dazu die Statistik der Jim-Studie in Ihre Überlegungen mit ein.
4. Wagen Sie einen Ausblick in die Zukunft und beschreiben Sie, wie sich die Nutzung in den nächsten zehn Jahren Ihrer Meinung nach weiter verändern könnte.

Entwicklung tägliche Onlinenutzung 2011-2021
- Montag bis Freitag, Selbsteinschätzung in Minuten -

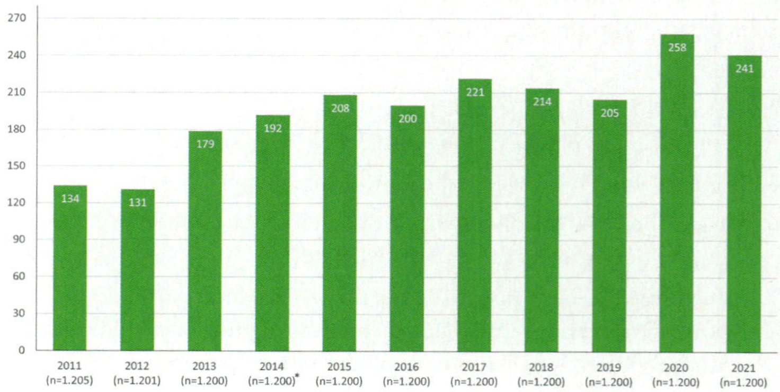

Quelle: JIM 2011-JIM 2021, Angaben in Minuten; *Änderung der Fragestellung, Basis: alle Befragten

Das kostet viel Zeit …

Aufgaben

1. Beschreiben Sie das nebenstehende Foto.
2. Nehmen Sie begründet Stellung zu der abgebildeten Szene.
3. Welchen Stellenwert nimmt die Mediennutzung in Ihrem Alltag ein? Erläutern Sie.

4. Analysieren Sie die Auswirkungen der veränderten Mediennutzung auf Ihr eigenes Leben und Ihren Alltag. Erstellen Sie dazu eine Tabelle, in der Sie positive und negative Auswirkungen einander gegenüberstellen.

Gedankenexperiment

Stellen Sie sich vor, Sie wachen an einem ganz normalen Samstagmorgen auf, die Sonne scheint durchs Fenster und alle Medien sind verschwunden. Es gibt keinen Fernseher mehr, kein Smartphone, kein Telefon, keine Bücher.

Aufgaben

1. Beschreiben Sie diese neue Welt, indem Sie exemplarisch einen Tagesablauf darstellen.
2. Nennen Sie Risiken und Probleme, die sich aus dieser veränderten Welt für Sie ergeben.
3. Erarbeiten Sie Vorteile und Chancen dieser veränderten Welt.
4. Nehmen Sie Stellung dazu, ob Sie gerne in dieser Welt ohne Medien leben würden und begründen Sie Ihre Einschätzung.

Das Gedankenexperiment erfordert Konzentration.

12.2 Zwischen Medienlust und Medienlast

Laura wird langsam bewusst, dass Medien in ihrem Leben einen sehr hohen Stellenwert einnehmen. Sie beginnt zu überlegen, welchen Einfluss Medien auf sie und ihre Entscheidungen haben. Manchmal fühlt sie sich schon von den ganzen Nachrichten gestresst. Trotzdem kann sie sich ein Leben ohne ihr Smartphone nicht mehr vorstellen.

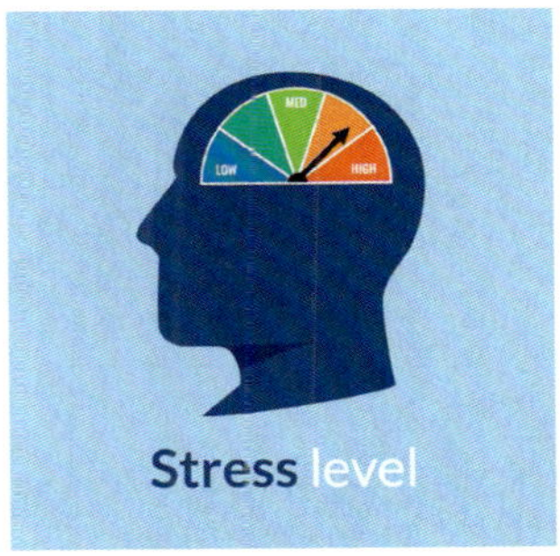

Übermäßiger Medienkonsum kann schnell zur Last werden.

Aufgaben

1. Schätzen Sie Ihr eigenes Mediennutzungsverhalten als problematisch ein? Begründen Sie.
2. Beantworten Sie die untenstehenden Fragen möglichst ehrlich und intuitiv. Dabei steht 1 für „keine Zustimmung“, 2 für „geringe Zustimmung“, 3 für „eher Zustimmung“ , 4 für „überwiegend Zustimmung“ und 5 für „volle Zustimmung.
3. Zählen Sie Ihre erreichten Punkte zusammen. Dabei verweist ein erreichter Wert von über 25 bereits auf ein kritisches Nutzungsverhalten.
4. Werten Sie Ihre Ergebnisse innerhalb der Klasse aus, indem Sie Ihre erreichten Punktzahlen vergleichen.

Fragebogen: Durch diesen Test wird keine fachliche Diagnose gestellt.

Den Fragebogen auf ein gesondertes Blatt übertragen.

Nicht im Buch ankreuzen.

Fragen zum Nutzungsverhalten		Bewertung				
1	Aufgrund meiner Medien-Nutzung erledige ich geplante Aufgaben nicht.	1 ◯	2 ◯	3 ◯	4 ◯	5 ◯
2	Durch meine Medien-Nutzung fällt es mir schwer, mich zu konzentrieren.	1 ◯	2 ◯	3 ◯	4 ◯	5 ◯
3	Eine Welt ohne Medien (ohne Smartphone) ist für mich unvorstellbar.	1 ◯	2 ◯	3 ◯	4 ◯	5 ◯
4	Ich schaue ständig auf mein Smartphone, um keine Nachrichten zu verpassen.	1 ◯	2 ◯	3 ◯	4 ◯	5 ◯
5	Wenn ich keinen Internet-empfang habe, werde ich nervös.	1 ◯	2 ◯	3 ◯	4 ◯	5 ◯
6	Mir fällt es schwer, zwischen Realität und Fiktion zu unterscheiden.	1 ◯	2 ◯	3 ◯	4 ◯	5 ◯
7	Ich nutze Medien, um mich besser zu fühlen oder um Probleme zu vergessen.	1 ◯	2 ◯	3 ◯	4 ◯	5 ◯
8	Ich verbringe mehr Zeit mit Medien/online als mit realer Kommunikation.	1 ◯	2 ◯	3 ◯	4 ◯	5 ◯
9	Wenn ich mein Smartphone zu Hause vergessen habe, werde ich unruhig.	1 ◯	2 ◯	3 ◯	4 ◯	5 ◯
10	Ich fühle mich gereizt, frustriert und unausgeglichen ohne Medien.	1 ◯	2 ◯	3 ◯	4 ◯	5 ◯

Die Welt geht unter ...

Aufgaben

Analysieren Sie das nebenstehende Bild mithilfe der „GEIST-Methode“

1. Schritt: Gefühle und Gedanken äußern
   „Das Bild wirkt auf mich ...“, „Das Bild ruft folgende Assoziationen bei mir hervor ...“
2. Schritt: Elemente – Das Bild beschreiben
   „Ich sehe auf dem Bild ...“
3. Schritt: Interpretation – die Wirkung beschreiben
   „Die Darstellung steht für ...“, „Die Person ist in der folgenden Situation ...“
4. Schritt: Den Sinn des Bildes erkennen
   „Der Zeichner möchte mit seinem Bild aussagen, dass ...“
5. Schritt: Die Tragweite erschließen
   „Die Abbildung fordert den Betrachter zum Weiterdenken auf, weil ...“

„Social-Media-Zwang“

„Wie? Du hast kein Instagram? Dann verpasst du ja alles!“ Reaktionen dieser Art, meist zusammen mit einem völlig entgeisterten Blick, erlebe ich häufig, wenn ich zugebe, nicht in Social-Media-Kanälen aktiv zu sein.

Instagram, Facebook und Co. sind in unserer Gesellschaft so allgegenwärtig und ihre Nutzung so selbstverständlich, dass das Fehlen eines Social-Media-Accounts von vielen als ein ernsthafter Mangel wahrgenommen wird. Aktivität in sozialen Netzwerken ist für viele Menschen völlig selbstverständlich und gleichbedeutend mit der Teilnahme am gesellschaftlichen Leben, sowie mit einem Gefühl der Zugehörigkeit.

Gegen diese Einstellung ist grundsätzlich auch nichts einzuwenden, denn soziale Medien ermöglichen eine neue, vielseitige Art der Kommunikation, die das gesellschaftliche Leben durchaus bereichern kann.

Problematisch wird es jedoch dann, wenn Menschen unter Druck gesetzt oder gar ausgegrenzt werden, wenn sie sich nicht mit dem Charakter sozialer Netzwerke identifizieren können und nicht das Gefühl haben, diese unbedingt zu brauchen ...

Vielen ist nicht bewusst, dass bereits die Aussage, ohne soziale Medien nicht ausreichend informiert zu sein, als diskriminierend empfunden werden kann. Ebenso kann der ständige Zwang, seine eigene Abwesenheit in sozialen Netzwerken zu rechtfertigen, zur Belastung werden.

Deutlich und nachvollziehbar sollte es hingegen sein, dass Personen, die von gesellschaftlichen Aktivitäten ausgeschlossen werden, weil ausschließlich über die sozialen Medien über diese berichtet wurde, ein Gefühl der Ausgrenzung und der Ungerechtigkeit erfahren.

Wir alle sollten unsere Einstellung von Zeit zu Zeit kritisch hinterfragen und Verständnis zeigen für die unterschiedlichen Vorlieben und Lebensstile unserer Mitmenschen, auch was den Umgang mit sozialen Medien angeht. Damit sich auch in Zukunft jeder in der Gesellschaft angenommen fühlen kann – ob nun mit oder ohne Instagram.

(Quelle: https://www.nordschleswiger.dk/de/meinung-kulturkommentar/social-media-zwang, Abruf: 21.01.2021)

Fluch und Segen

Eine gute Abwechslung – direkte Kommunikation

Aufgaben

1. Beschreiben Sie die im Kommentar dargestellte gesellschaftliche Entwicklung in Bezug auf die Nutzung von Medien.
2. Arbeiten Sie sowohl positive als auch negative Folgen dieser Entwicklung heraus.
3. Erläutern Sie den Zusammenhang her zwischen der hier dargestellten Entwicklung und dem Gefühl der steigenden Abhängigkeit von Medien.
4. Nehmen Sie Stellung zu folgender Aussage: „Medien bestimmen immer mehr unseren Alltag und schränken uns hinsichtlich unserer Handlungsmöglichkeiten sogar ein.“

Datensicherheit, Überwachung, Omnipräsenz

Während Laura auf ihre Pizza wartet, erreichen sie zahlreiche Nachrichten ihrer schockierten Freunde, die sie auf die Gefahr aufmerksam machen wollen, der sich Laura durch ihren unbedachten Post ausgesetzt hat. Sie beginnt, ihr Verhalten zu hinterfragen.

Aufgaben

1. Bilden Sie innerhalb der Klasse eine Positionierungslinie von 1 (wenig/niedrig) bis 10 (sehr/hoch).
2. Positionieren Sie sich auf der Skala zu den folgenden Aussagen.
3. Begründen Sie im Anschluss Ihre Positionierung.

Gleich geht's zur Positionierungslinie.

Positionieren Sie sich zu folgenden Aussagen:

- Mir ist der Schutz meiner Daten im Internet wichtig.
- Ich bin in sozialen Netzwerken aktiv.
- Mir ist es wichtig, im Netz möglichst anonym und unsichtbar zu bleiben.
- Ich veröffentliche regelmäßig Fotos auf sozialen Netzwerken.
- Meine Privatsphäre schütze ich aktiv in sozialen Netzwerken.
- Ich nutze meine Webcam regelmäßig.
- Ich habe schon einmal einen Text oder ein Bild gepostet und es im Nachhinein bereut.

Aufgaben

1. Notieren Sie, welche Daten Sie selbst in sozialen Netzwerken preisgeben.
2. Manche Daten sind privater als andere; manche können sogar in den falschen Händen zur Gefahr werden. Erstellen Sie eine Definition zu dem Begriff „personenbezogene Daten".
3. Übernehmen Sie die untenstehende Tabelle in ihre Unterlagen und ordnen Sie die angegebenen personenbezogenen Daten zu.
4. Ergänzen Sie die Tabelle durch eigene Vorschläge.
5. Gleichen Sie Ihre Zuordnung mit Ihrem Banknachbarn ab.
6. Reflektieren Sie Ihre Zuordnung und ziehen Sie für sich selbst eine Schlussfolgerung, wo für Sie persönlich eine Grenze besteht.

https://www.datenschutz.org/personenbezogene-daten/

privat	unsicher	öffentlich

Vollständiger Name, Adresse, Hobbys, Alter, Geburtstag, Telefonnummer, Handynummer, Schuhgröße, Passfoto, E-Mail-Adresse, Name des Haustieres, Lieblings-Serie, Lieblings-Film, Vorname des besten Freundes, Mädchenname der Mutter, Lieblingsessen, aktuelles Urlaubsfoto ...

Laura ist sich nun bewusst, dass ihr Verhalten nicht angemessen war. Niemals hätte sie private Informationen über sich preisgeben dürfen. Doch was passiert eigentlich mit unseren Daten, wenn sie erst einmal im Internet veröffentlicht wurden?

https://www.bildungsserver.de/Datenschutz-und-Urheberrecht-12703.de-html

Die Datenkrake

https://www.klicksafe.de/themen/datenschutz/privatsphaere/wie-kann-ich-meine-daten-im-internet-schuetzen/

Aufgaben

1. Beschreiben Sie die vorstehende Abbildung mit der Datenkrake..
2. Finden Sie eine passende Überschrift zur Abbildung und begründen Sie Ihre Auswahl.
3. Beschreiben Sie das Dilemma, das sich zwischen dem Zwang ergibt, Social-Media-Kanäle zu nutzen, um in Kontakt zu bleiben und der Problematik, die durch die Abbildung verdeutlicht wird.

© studiostoks – shutterstock.com

Das war wohl eine böse Überraschung.

Datenspuren im Netz

... Das Internet von heute bietet eine Vielzahl von Diensten, und bei ihrer Nutzung entsteht ein Datenschatten. Jeder Klick, jeder Chat, jedes Foto, jede Suche, jeder Post, jede Nachricht – alles hinterlässt Datenspuren. Und oft werden diese gespeichert, ausgewertet und zu Nutzerprofilen verdichtet. Warum? Die Antwort heißt Werbung. Im Internet ist vieles, vielleicht sogar das meiste, kostenlos, obwohl Aufwand an Personal und Technik dahinter steht. Dieser finanziert sich vielfach über Werbung, und je genauer diese auf den potenziellen Kunden abgestimmt ist, je mehr man über ihn weiß, desto mehr kann erlöst werden.

Vielleicht willst du dir aber beim Surfen nicht ständig über die Schulter schauen lassen. Das ist dein gutes Recht. Anonymität ist nichts Unanständiges. Wir bleiben im Alltag schließlich oft anonym, z. B. wenn wir an der Kinokasse bar bezahlen, eine Zeitschrift kaufen oder eine DVD. Warum also nicht auch im Internet? Auch Superhelden unterscheiden ja zwischen ihrer Rolle als Kämpfer wider das Böse und der Rolle im normalen Leben. Wenn Batman sich erholen will, möchte er vielleicht nicht, dass man erfährt wo er Urlaub macht, schließlich will er seine Ruhe haben. Das ist Teil seiner Privatsphäre. Deshalb bucht er eben als Bruce Wayne. Und wenn Spiderman zum Arzt geht, weil ihm schwindlig ist, tut er das auch besser als Peter Parker. Genauso möchten viele im Internet nicht immer erkannt oder beobachtet werden. Und dagegen kann man etwas tun!

Das heißt nicht, dass man das Internet meiden soll, aber es heißt, dass man bewusst mit seinen Daten umgeht, auf ein paar wesentliche Dinge achtet und Datenspuren vermeidet oder von Zeit zu Zeit beseitigt ...

(Quelle: https://www.youngdata.de/internet/datenspuren-im-netz/, Abruf: 03.04.2021)

Aufgaben

1. Fassen Sie den Inhalt des Textes knapp in eigenen Worten zusammen.
2. Informieren Sie sich mithilfe der QR-Codes (vorherige Seite) über das Thema Datenschutz.
3. Differenzieren Sie zwischen den Begriffen „Datenschutz" und „Datensicherheit".
4. Halten Sie wichtige Ergebnisse stichpunktartig fest.
5. Führen Sie eine Internetrecherche durch und finden Sie heraus, was das Internet über Sie weiß. Erstellen Sie anhand der gefundenen Daten ein Persönlichkeitsprofil.
6. Beschreiben Sie die Wirkung der von Ihnen gefundenen Daten auf einen Außenstehenden oder einen hypothetischen Arbeitgeber.
7. Beurteilen Sie die von Ihnen gefundenen Daten und leiten Sie daraus Folgerungen für sich selbst ab.

Film – The Social Network

Aufgaben

Vor dem Film:

1. Nutzen Sie selbst die Social-Media-Plattform „Facebook“?
2. Beschreiben Sie, welche Funktionen Sie selbst auf „Facebook“ nutzen.
3. Führen Sie eine Internetrecherche zu der Entwicklung der Nutzerzahlen durch.
4. Nehmen Sie Stellung zu folgendem Zitat von Marc Zuckerbergs Ex-Freundin im Film „The Social Network“: „Im Internet schreibt keiner mit Bleistift ..., sondern mit Tinte“.

https://www.youtube.com/watch?v=5mmjX4Evqmg

The Social Network – Inhalt

An einem Herbstabend im Jahr 2003 setzt sich Harvard-Student und Computergenie Mark Zuckerberg an seinen PC und beginnt, wie in Rage an einer neuen Idee zu arbeiten. Was in seinem Studenten-Zimmer mit wildem Bloggen und Programmieren seinen Anfang nimmt, entwickelt sich bald zu einem globalen sozialen Netzwerk und löst eine Revolution der bisherigen Kommunikation aus. Nur sechs Jahre und 500 Millionen Freunde später, ist Mark Zuckerberg der jüngste Milliardär aller Zeiten, doch dieser große Erfolg führt für den Unternehmer auch zu zahlreichen zwischenmenschlichen und juristischen Problemen. Unter der Regie von David Fincher und nach einem Drehbuch von Aaron Sorkin entstand ein Film, der beweist, dass man keine 500 Millionen Freunde haben kann, ohne sich dabei auch ein paar Feinde zu machen.

(Quelle: http://www.filmabc.at/bilder/file/Dateien%20UnterrMat/Filmhefte/32_FilmheftFilmABC_TheSocialNetwork.pdf, Abruf: 22.11.2020)

Aufgaben

Nach dem Film:

1. Bewerten Sie Marc Zuckerbergs Vorgehen, Fotos aus dem Online-Verzeichnis der Universität zu nutzen.
2. Versetzen Sie sich in die Situation dieser Studentinnen und schildern Sie Ihre Gefühle.
3. Beschreiben Sie die Strategie von „Facebook“, um an Daten zu gelangen.
4. Führen Sie eine Internetrecherche zum aktuellen Umgang von „Facebook“ mit persönlichen Daten und Fotos durch.
5. Informieren Sie sich mithilfe des QR-Codes, wie Sie Ihre Daten im Internet schützen können.
6. Erstellen Sie angepasst auf Ihr eigenes Nutzungsverhalten eine Tabelle mit konkreten Handlungsmöglichkeiten und beurteilen Sie deren Umsetzbarkeit.

https://www.klicksafe.de/themen/datenschutz/privatsphaere/wie-kann-ich-meine-daten-im-internet-schuetzen/

https://www.youtube.com/watch?v=XcfhDs9l6mQ

12.3 Medien und die wirkliche Welt

© delcarmat – shutterstock.com

Aufgaben

1. Schildern Sie die Situation der Menschen innerhalb des abgebildeten Szenarios.
2. Bei dem abgebildeten Szenario handelt es sich um eine Abbildung zu Platons „Höhlengleichnis“. Ein Gleichnis ist eine kurze Erzählung, die einen abstrakten Sachverhalt durch eine bildliche Darstellung verdeutlicht. Erläutern Sie diesen Sachverhalt.
3. Stellen Sie Vermutungen darüber an, wie sich die Situation entwickelt, wenn sich einer der Gefangenen befreien und die Höhle verlassen kann.
4. Gleichen Sie Ihre Vermutungen mit dem folgenden Textausschnitt ab.

Platon (427 v. Chr.–347 v. Chr.) griechischer Philosoph

Schüler des Sokrates; Erkenntnisse und Überlegungen in Form von Dialogen, die den Leser den Gedankengang und die Argumentation schrittweise nachvollziehen lassen.

... Eines Tages kommt eine der Gefangenen frei. Die befreite Person stolpert raus aus der dunklen Höhle und kann in der Helligkeit nichts erkennen. Ihre Augen tun weh und sie will nicht glauben, was sie hört – nämlich, dass es Unsinn sein soll, was die Gefangenen in der Höhle sehen. Die Befreite ist verwirrt und hält jene Schatten noch für wirklicher, als die seltsamen Schimmer, die sie jetzt umgeben. Als ihr die Quelle des Lichts gezeigt wird, schmerzen ihre Augen noch mehr. Angeblich zeigt dieses Licht der Befreiten die wirklichen Dinge – aber es dauert, bis ihre Augen sich an die Helligkeit gewöhnen. Auch hier draußen sind die Schatten das erste, was die Befreite erkennt. Dann die Spiegelungen im Wasser und schließlich, wenn sie aufschaut, sieht sie alles. Erstmals in ihrem Leben erkennt die Befreite die wirklichen Dinge und kann bald sogar zur Lichtquelle hinaufschauen, der Sonne. Sie versteht, dass von dieser Sonne alles ausgeht. Die Sonne schafft die Zeiten und Jahre und sie ist die Ursache all der Dinge um sie herum.

Die Befreite ist begeistert von dieser Erkenntnis – und denkt sofort an die Gefangenen in der Höhle, die nichts als Schatten betrachten und für die Wirklichkeit halten. Sie muss es ihnen sagen! ...

(Quelle: https://dajolens.de/blog/platons-hoehlengleichnis/, Abruf: 13.12.2020)

© anastasios71 – stock.adobe.com

Sokrates und Platon vor der Akademie in Athen.

Aufgaben

1. Beschreiben Sie die Reaktion und die neugewonnenen Erkenntnisse der befreiten Person.
2. Versetzen Sie sich in die Situation der Personen hinein, die noch in der Höhle sind und die Schatten der Dinge betrachten. Schildern Sie deren Gefühle und ihre Ausgangssituation.
3. Stellen Sie Vermutungen darüber an, wie die gefangenen Personen auf die Neuigkeiten des Zurückkehrenden reagieren und begründen Sie Ihre Meinung.

... Die Gefangenen ehren und loben untereinander noch diejenigen, die die Schatten am schärfsten sehen und am besten vorhersagen, was als nächstes an der Wand erscheint. Der Befreiten ist diese Ehre nichts mehr wert, weiß sie doch die Wahrheit. Als sie aber hinabsteigt, müssen sich die Augen der Befreiten wieder umgewöhnen. Anfangs sieht sie kaum die Schatten an der Höhlenwand und hört nur das Lachen der Gefangenen über ihre verdorbenen Augen. Oh nein, sie möchten gar nicht da hinauf, sagen die Gefangenen. Stattdessen sind sie bereit, jeden Menschen, der sie lösen und hinaufbringen will, zu packen und, wenn nötig, umzubringen.

Aufgaben

1. Erklären Sie die Reaktion der Gefangenen, nachdem sie die Neuigkeiten erfahren.
2. Stellen Sie einen Bezug zum Thema „Medien und Mediennutzung her".
3. Stellen Sie sich vor, die Gefangenen wären gar keine Gefangenen, sondern Menschen, die in ihrem Wohnzimmer sitzen und auf den Fernsehbildschirm starren.
4. Beschreiben Sie anhand der Ergebnisse das Verhältnis zwischen Wirklichkeit und medialer Darstellung von Wirklichkeit.
5. Erörtern Sie in diesem Zusammenhang den allgemeinen Wahrheitsanspruch medialer Darstellungen.

https://dajolens.de/blog/platons-hoehlengleichnis/

12.4 Medien: Zwischen Information und Manipulation

Laura erkennt, dass sie durch Medien nur ein Abbild, aber niemals die Wirklichkeit selbst wahrnehmen kann. Sie überlegt weiter, inwieweit sie ihrer Wahrnehmung und dem, was auf dem Bildschirm gezeigt wird, überhaupt trauen kann.

Aufgaben

1. Scannen Sie den QR-Code und führen Sie den Aufmerksamkeitstest selbst durch.
2. Halten Sie Ihre Erkenntnisse stichpunktartig fest.
3. Nennen Sie Strategien, durch die Sie „manipuliert" wurden und ergänzen Sie weitere Möglichkeiten zur Manipulation durch Medien.
4. Verfassen Sie eine eigene Definition des Begriffs „Manipulation".
5. Vergleichen Sie die linke und die rechte Seite der folgenden Abbildung und beschreiben Sie die jeweilige Wirkung.
6. Nehmen Sie Stellung zu folgenden Aussagen:
   a) Was ich mit meinen Augen wahrnehmen kann, ist die Wirklichkeit.
   b) Es ist nicht möglich, die Wirklichkeit objektiv darzustellen.
7. Leiten Sie aus diesen Erkenntnissen Folgen für Ihre Mediennutzung ab.

https://www.youtube.com/watch?v=Q90VMK7Sa-4

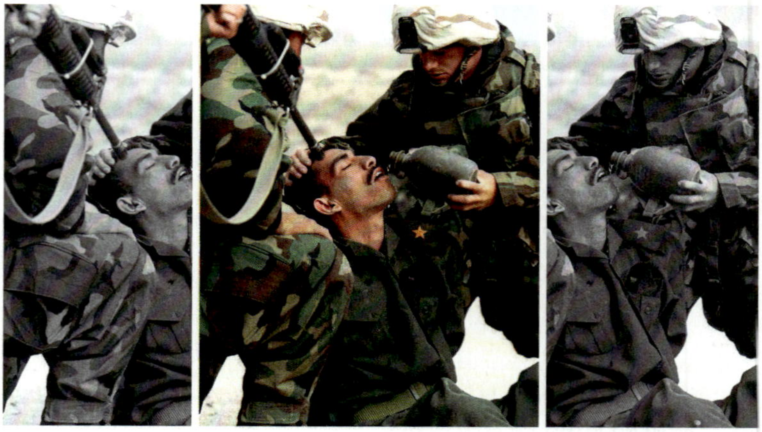

© picture alliance/ASSOCIATED PRESS

© onephoto – stock.adobe.com

Komplexe Medienwelt

Alles ist nur Schein, selbst Bilder können lügen. Laura wird sich mehr und mehr darüber bewusst, wie blind sie selbst war und dass Menschen durch eine selektive Wahrnehmung dazu neigen, lediglich die Dinge wahrzunehmen, die sie erwarten. In Anbetracht der zunehmenden Politisierung der Medien, fragt sie sich, wie weit diese Manipulation reicht und beginnt zu recherchieren.

Aufgaben

1. Nennen Sie Medien, die Sie selbst nutzen, um sich zu informieren.
2. Beschreiben Sie die folgende Statistik.
3. Werten Sie die Statistik aus und gehen Sie insbesondere auf die Veränderungen ein.
4. Begründen Sie die Einschätzung der Glaubwürdigkeit bei Sozialen Medien wie Facebook.
5. Formulieren Sie eine Stellungnahme zur Glaubwürdigkeit von Medien im Jahr 2020.

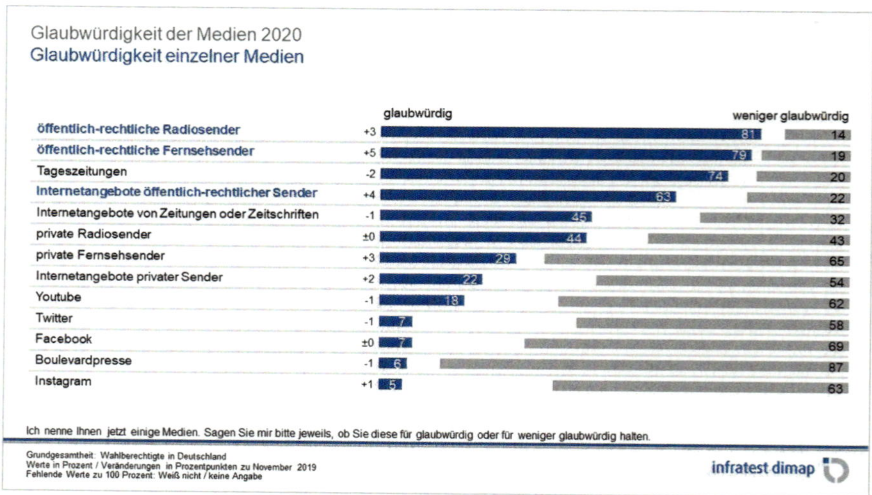

© Ipsos GmbH

Aufgaben

1. Lesen Sie den nachfolgenden Text zum Thema „Fake News/Falschmeldungen".
2. Geben Sie den Inhalt knapp in eigenen Worten wieder.
3. Führen Sie eine Internetrecherche zum Begriff „Fake News" durch und nennen Sie die Bedingungen, damit eine Meldung als „Fake News" bezeichnet werden kann.
4. Konstruieren Sie ein eigenes Beispiel für Fake News.
5. Begründen Sie ausgehend vom Text und Ihrer eigenen Erfahrung, inwiefern von Fake News eine besondere Gefahr ausgeht.

Fake News/Falschmeldungen

Falsche Informationen, die absichtlich und gezielt gestreut werden, werden als Falschmeldungen oder Desinformation bezeichnet. Im allgemeinen Sprachgebrauch wird hierfür auch häufig der englischsprachige Begriff „Fake News" benutzt.

Dieser fand seit 2016 zunehmend Verbreitung. Da er aber sehr bald in der Politik, beispielsweise von US-Präsident Donald Trump, verwendet wurde, um unliebsame Berichterstattung herabzusetzen, wird in Abgrenzung dazu inzwischen häufiger der Begriff „Desinformation" verwendet.

Wer Falschmeldungen absichtlich verbreitet, verfolgt damit bestimmte Ziele. Diese können vielfältig sein und greifen oft ineinander. So dient die Desinformation etwa dazu, die Glaubwürdigkeit Einzelner oder bestimmter Gruppen zu schwächen oder zu zerstören, gesellschaftliche Konflikte anzustiften oder zu verstärken, Angst und Hass zu schüren und geschäftliche Interessen damit zu verbinden.

Falschmeldungen und Desinformationen sind keine neuen Erscheinungen. Die Geschichte kennt zahlreiche Beispiele wie etwa die sogenannten „Protokolle der Weisen von Zion", eine antisemitische Hetzschrift von 1903, die eine angebliche jüdische Weltverschwörung beweisen sollte. Obwohl die Fälschung der Dokumente belegt und bekannt ist, wird sie bis heute gezielt genutzt, um Hass gegen jüdische Menschen zu schüren.

(Quelle: https://www.politische-bildung-brandenburg.de/lexikon/fake-news-falschmeldungen, Abruf: 07.01.2021)

Trump verklagt Twitter, Facebook und Google

Ex-US-Präsident Donald Trump will seine Konten auf Twitter und Facebook wieder benutzen. Nun klagt er vor einem Gericht in Florida gegen die Onlinekonzerne – und argumentiert mit der Redefreiheit.

Jahrelang wandte sich Donald Trump über Twitter und Facebook an seine Anhänger, doch nach dem Sturm auf das US-Kapitol im Januar entzogen die Plattformen dem früheren US-Präsidenten quasi die Sendeerlaubnis: Seine Konten wurden gesperrt. Nun will Trump sich auf Twitter, Facebook und YouTube einklagen ...

(Quelle: https://www.spiegel.de/netzwelt/donald-trump-will-twitter-facebook-und-google-verklagen-a-735ec4ec-36a7-47b2-90a5-b2f90cd218a2, Abruf: 29.11.2021)

https://www.klicksafe.de/typo3conf/ext/quiz_maker/Resources/Public/game/?path=https%3A%2F%2Fwww.klicksafe.de%2F%3FeID%3DquizJson%26uid%3D6

© Deligne

Aufgaben

1. Beschreiben Sie die nebenstehende Karikatur.
2. Finden Sie eine passende Überschrift zur Abbildung und begründen Sie Ihre Auswahl.
3. Stellen Sie einen Zusammenhang zwischen dieser Darstellung und dem Thema „Falschmeldungen/Fake News“ her.
4. Leiten Sie aus dieser Darstellung Konsequenzen für Ihren eigenen Umgang mit Medien ab.
5. Beschreiben Sie Möglichkeiten, die jeder Einzelne hat, um Fake News zu entlarven und sich so vor ihnen zu schützen.
6. Testen Sie abschließend Ihr Wissen über „Fake News“. Scannen Sie dazu den nebenstehenden QR-Code ein und beantworten Sie die Fragen.

Das Handlungsprodukt

Laura ist sich nun darüber bewusst, dass ihr bisheriger unreflektierter Umgang mit Medien und sozialen Netzwerken große Gefahren birgt. Sie will ihr neues Wissen jedoch nicht für sich behalten und beschließt, eine Übersicht zu erstellen, in der sie zehn Ratschläge zu einem verantwortungsbewussten Umgang mit sozialen Netzwerken und Medien im Allgemeinen formuliert.

Erstellen Sie einen solchen Ratgeber, indem Sie zehn Handlungsrichtlinien formulieren, die einen bewussten Umgang mit Medien unterstützen. Begründen Sie im Anschluss Ihre Auswahl.

© Dave Vaughan

Sachwortverzeichnis

Editorial

Liebe Leserin, lieber Leser der *Elsevier Emergency,*
obwohl so manche Änderung im deutschen Rettungsdienst dringend notwendig ist, macht die präklinische Notfallmedizin zwischenzeitlich nicht halt.
In dieser Ausgabe richten wir den Fokus auf ausgewählte gynäkologische Notfallsituationen, die zwar seltener, aber darum nicht minder bedrohlich oder sogar lebensbedrohlich sein können.
Im Beitrag von Johanna Büchel, Eva Fella und Jörg Holländer stehen die hypertensiven Erkrankungen in der Schwangerschaft im Vordergrund. Auf der bezugswissenschaftlichen Grundlage der S2k-Leitlinie der DGGG 2024 werden die hypertensiven Schwerpunktthemen Präeklampsie, Eklampsie und das HELLP-Syndrom thematisiert. Besonderer Fokus wird auf die strukturierte Herangehensweise und das differenzierte pharmakologische Management gelegt.
Die Uterusatonie mit dem Potenzial für akute, lebensbedrohliche Hämorrhagie und Schock steht im Zentrum des zweiten Beitrages von Johanna Büchel, Eva Fella und Jörg Holländer. Das Therapieregime der permissiven Hypotension bei unkontrollierbarer Hämorrhagie und die mechanisch-medikamentösen Behandlungsoptionen bilden auf der Grundlage der S2k-Leitlinie zu peripartalen Blutungen der DGGG 2022 den Schwerpunkt in diesem Beitrag.
Eva Kircher und Kornelius Treiber stellen die beiden Notfallbilder Placenta praevia und vorzeitige Plazentaablösung vor. Neben den pathophysiologischen Aspekten der beiden Krankheitsbilder und der strukturierten Herangehensweise und Übergabe der Patientinnen werden ebenfalls Besonderheiten der pharmakologischen Therapie betrachtet. Tranexamsäure, Noradrenalin und die vielleicht perspektivische Möglichkeit der Vaginalsonografie zur verbesserten Diagnosestellung stehen deshalb mit im Fokus des Beitrages.

Manche Dinge brauchen Zeit, bis sie akzeptiert und etabliert werden. Mirko Scheuplein und Sebastian Hild stellen in ihrem Beitrag eindrucksvoll und unmissverständlich klar, dass nicht nur Patienten mit einer ST-Streckenhebung ins Katheterlabor müssen. Das Erkennen und die korrekte Interpretation von Hochrisiko-EKGs in der Notfallmedizin kann und muss dazu beitragen, dass Patienten mit drohendem Verschluss von Koronararterien frühzeitig und leitlinienkonform diagnostiziert und therapiert werden.
Ferdinand Widl und Luis Müller befassen sich mit Bewusstseinszuständen, die durch Reanimationsmaßnahmen induziert sind und Angehörige und Rettungsteams belasten können. Die Autoren stellen in ihrem Beitrag aktuelle Erkenntnisse zu Cardiopulmonary Resuscitation-Induces Consciousness (CPR-IC) vor und liefern dazu Hintergrundinformationen.
Tim Schmitz fokussiert in seinem Beitrag den Lernort Rettungswache. Er greift federführend die Frage auf, wie wichtig ein individuell erstellter Ausbildungsplan in Bezug auf Transparenz für Lernziele und Erfolgskriterien ist.
Florian Zahorka und Michael Weiß geben in ihrem Beitrag zum Projekt Transparenzlandkarte Rettungsdienst des BVRD.at einen Überblick über die Gesamtstruktur des Rettungswesens in Österreich. Sie stellen eindrucksvoll die Notwendigkeit einer zentralen Koordinationsstelle für den Rettungsdienst dar, um eine evidenzbasierte Versorgungsplanung zu erreichen.
Ich wünsche Ihnen allen viel Freude beim Lesen. Kommen Sie gut durch den Sommer

Ihr Herausgeber für diese Ausgabe

Matthias Klausmeier

Ihr Feedback ist uns wichtig!

Sie möchten uns Lob oder Kritik mitteilen? Sie möchten Ihre Meinung zu Artikeln mitteilen oder sind einfach einer anderen Meinung? Oder haben Sie Fragen an das Herausgeberteam oder an das Team hinter ELSEVIER Emergency? Für all diese Themen gibt es eine Feedback-Seite auf https://forms.office.com/r/raZZ1rc1x7 bzw. über den nebenstehenden QR-Code.

Natürlich sind wir aber auch weiterhin unter unserer E-Mail-Adresse rettungsdienst@elsevier.com erreichbar.
Wir freuen uns auf Ihre Nachricht! Ihr ELSEVIER Emergency-Team

In diesem Heft

LEITTHEMA | GYNÄKOLOGISCHE NOTFÄLLE

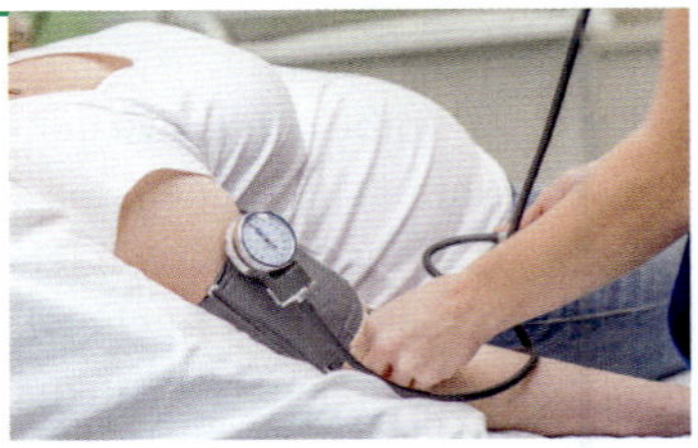

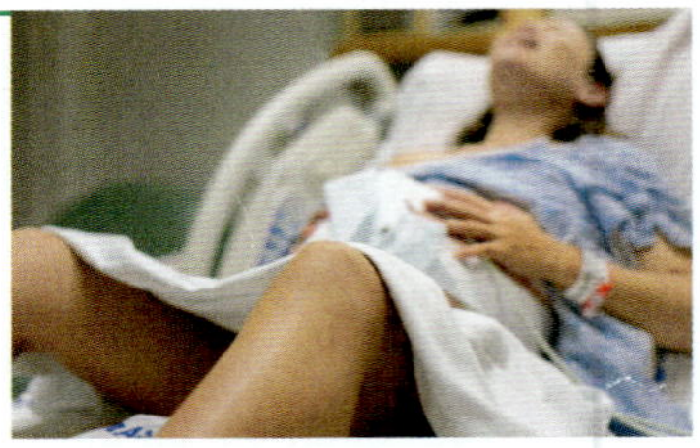

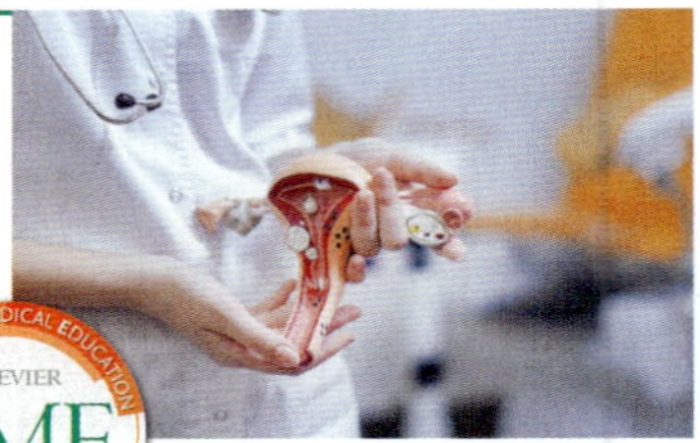

CONTINUOUS MEDICAL EDUCATION ELSEVIER CME Emergency

In diesem Heft

FOAM | News | Termine

In dieser Rubrik gehen wir in jeder Ausgabe in aller Kürze auf aktuelle Themen ein und stellen etwas aus der FOAM-Szene vor. Außerdem finden Sie hier Termine von Kongressen oder sonstigen interessanten Veranstaltungen.
Gerne können Sie uns Termine, die Sie hier gelistet haben wollen, unter der E-Mail-Adresse rettungsdienst@elsevier.com mitteilen. An die gleiche Adresse können Sie uns auch Leserbriefe schicken.

FOAM-Plattform

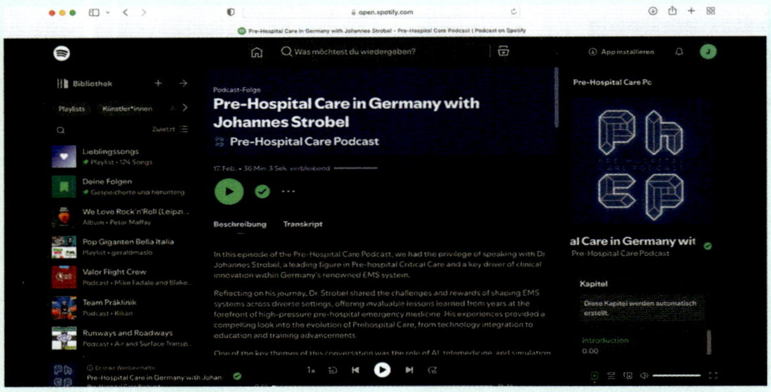

Pre-Hospital Care Podcast, ein Podcast von Eoin Walker, der Experten aus dem Bereich der außerklinischen Notfallmedizin zu Wort kommen lässt – meist in Interviewform. Obwohl der Podcast auf Englisch aufgelegt ist, kommen auch deutsche Gäste zu Wort, so unter anderem Dr. Johannes Strobel, Notarzt bei der Berufsfeuerwehr Hamburg.
Vom speziellen geriatrischen Patientenklientel bis hin zur Thorakotomie sind in diesem Podcast mannigfaltige, spannende und lehrreiche Themen geboten.
Unter anderem zu finden auf:
Spotify: https://open.spotify.com/show/3HnrbCN2Y63ImWt9uKpjBg?si=bcfc7e5630b845d1
Apple Podcast: https://podcasts.apple.com/gb/podcast/pre-hospital-care-podcast/id1441215901

https://else4.de/uze

FOAM-Artikel

Thorakotomie bei TOHCA …

… ein immer wieder gerne und heiß diskutiertes Thema. Der im Februar 2025 in *JAMA Surgery* erschienene Artikel „Prehospital Resuscitative Thoracotomy for Traumatic Cardiac Arrest“ von Perkins et al. befasst sich mit genau diesem Thema und gibt Zahlen bzgl. Überleben an. Er macht aber auch deutlich, dass – wie bei fast allen hochinvasiven Maßnahmen – die Zeit eine wesentliche Rolle spielt.

https://else4.de/vs3

FOAM = Free Open Access Medical Education

Bisher in dieser Rubrik vorgestellte FOAM-Seiten und Podcasts:

dasFOAM – www.dasfoam.org
Pin-up-Docs – www.pin-up-docs.de
Die Rettungsaffen – www.dierettungsaffen.com
Rettungsdienst FM – www.rettungsdienstfm.de
Nerdfallmedizin – www.nerdfallmedizin.blog
Die Zwei in Reflexstreifen – www.die-zwei-in-reflexstreifen.blog
Einfachmedizin – sebastian-casu.com
Medizin To Go – www.medizintogo.de
Passion Notfallmedizin – www.passion-notfallmedizin.de
RESponse Notfallmedizin – www.response-podcast.buzzsprout.com
The Resus Room Podcast – www.theresusroom.co.uk
FOAM Rettungsdienst – https://foam-rd.health.blog
News Papers – www.news-papers.eu
FOAMINA – www.foamina.blog
Fasttrack – www.fasttrack-notfall.com
LiInTHEFASTLANE – https://litfl.com
Deutsche Gesellschaft für Rettungswissenschaften – www.dgre.org
BwZemCast – https://bwzemcast.net/der-podcast/
NotSanEx – https://n744614.websitebuilder.online
FlightBridgeED – www.flightbridgeed.com/fbe_podcasts/
FOAMio – https://foamio.org
Retterview – https://www.retterview.de/ecmo.php
Nofallguru – https://www.notfallguru.de
HINZ – http://hinz-fortbildung.de
St. Emlyn's – https://www.stemlynsblog.org
First10EM – https://first10em.com
TaktischeMedizin – https://open.spotify.com/show/00Gl2zRqOCOK5d7nf4S-zO2?si=415e23c227754ee0
EUSEM Academy – https://academy.eusem.org
Dr. Smith's ECG Blog – http://hqmeded-ecg.blogspot.com
FULLMETALEM – https://fullmetalem.de
ToxDocs – http://toxdocs.de
Team Präklinik – https://open.spotify.com/show/6cTySIY2DrJFEeWwjUgk8T

Hypertonie

Ein ja nicht gerade seltenes Meldebild im Rettungsdienst, welches auch heute leider immer noch, oftmals alleine aufgrund eines gemessenen Wertes, die wertvolle Ressource Notarzt bindet und auch meist unnötigerweise Notaufnahmen in den Kliniken belegt. Zu dieser Thematik wurde bereits im August 2024 die neuen ESC-Guidelines zur Behandlung von hohem Blutdruck veröffentlicht (QR-Code ①).

Bereits seit dem Jahre 2019 befasst sich der Blog von #dasFOAM mit dieser manchmal zum Haare raufenden Thematik (QR-Code ②) ...

sowie jetzt noch einmal aus aktuellem Anlass (QR-Code ③).

QR-Code ①
https://else4.de/e7c

QR-Code ②
https://else4.de/syn

QR-Code ③
https://else4.de/uql

Rekapillarisierungszeit

Wie oft haben wir schon auf den Fingernagel oder andere exponierten Körperteile gedrückt, um zu sehen, wie schnell sich das unter der Druckstelle dann blutleere Gewebe wieder mit Blut füllt – eigentlich unser tägliches Geschäft. Hier nun eine Untersuchung von Morin et al. in *Critical Care* zum Zusammenhang bzw. der Widerspiegelung der Rekapillarisierungszeit mit dem mikrovaskulären Blutfluss der Haut bzw. deren Aussagekraft.

https://else4.de/1lp

Adrenalin, i.v. oder i.o.?

Zu dieser Frage gibt es zwei interessante Artikel. Leider steht nur der erste hier aufgeführte Artikel von Hubble et al. aus *Prehospital Emergency Care* online im Open Access zur Verfügung (QR-Code ④).

Für den zweiten von Couper et al. aus *The New England Journal of Medicine* ist leider nur das Abstract kostenfrei (QR-Code ⑤).

QR-Code ④
https://else4.de/bm7

QR-Code ⑤
https://else4.de/e1q

Extrication ... ja, aber wie?

Hierzu ein Artikel von Nutbeam et al., erschienen im Januar 2025 im *Scandinavian Journal of Trauma, Resuscitation and Emergency Medicine*: „Extrication following a motor vehicle collision: a consensus statement on behalf of The Faculty of Prehospital Care, Royal College of Surgeons of Edinburgh".

https://else4.de/kxo

Ketamin

Und hier noch ein interessanter, zusammenfassender Artikel von Richards et al. im *British Journal of Anaesthesia* zum Thema Ketamin: „The diverse effects of ketamine, jack-of-all-trades: a narrative review".

https://else4.de/gat

Termine

Veranstaltungen D/A/CH			
VERANSTALTUNG	**DATUM**	**ORT**	**WEBSITE**
Rescue Forum Wallis	20.–21.06.2025	Brig-Glis (CH)	https://www.rescueforumwallis.ch/willkommen
Björn Steiger: Wege zum Rettungsdienst der Zukunft	24.–25.06.2025	Berlin	https://rettungslandschaft.steiger-stiftung.de/kongress2025/
Deutscher Rettungsdiensttag	12.–13.09.2025	Siegen	https://deutscher-rettungsdiensttag.de
EUSEM Kongress	27.09.–01.10.2025	Wien (A)	https://eusemcongress.org
Online Rettungsdienstkongress	06.–12.11.2025	*Online*	https://www.rettungsdienstkongress.de
Notfallgäu	21.–22.11.2025	Memmingen	https://www.notfallgäu.de

Veranstaltungen international			
VERANSTALTUNG	**DATUM**	**ORT**	**WEBSITE**
EMS World Expo	20.–24.10.2025	Indianapolis IN (USA)	https://emswordexpo.com

Möchten Sie ebenfalls einen Termin veröffentlichen? Dann wenden Sie sich bitte an rettungsdienst@elsevier.de.
Alle Termine ohne Gewähr.

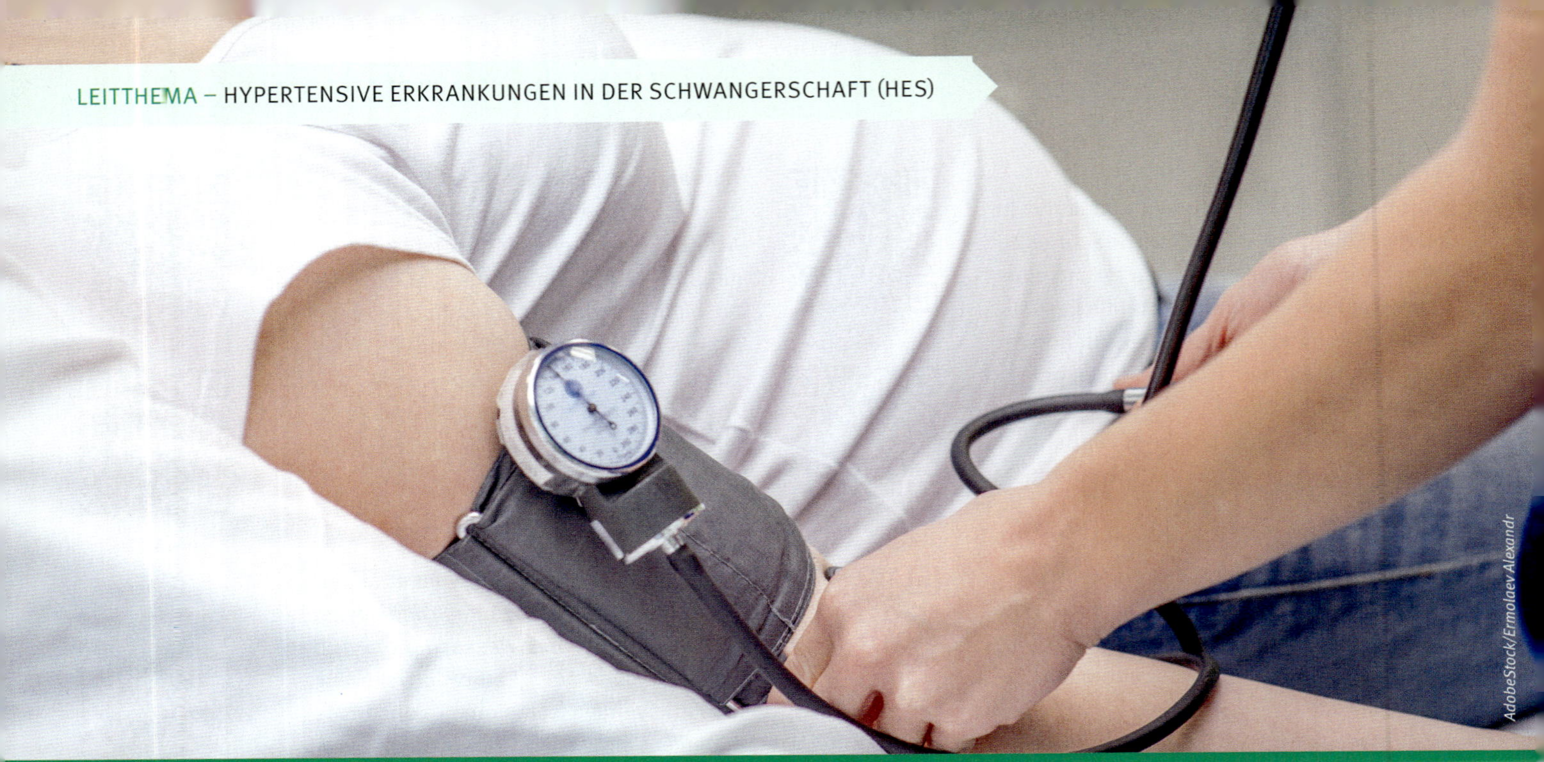

Hypertensive Erkrankungen in der Schwangerschaft (HES)

Schlüsselwörter:
HES
Chronische Hypertonie
Schwangerschafts-induzierte Hypertonie
Gestationshypertonie
Präeklampsie
Eklampsie
HELLP-Syndrom

Zusammenfassung: *Hypertensive Erkrankungen in der Schwangerschaft, zu denen auch die Präeklampsie, Eklampsie und das HELLP-Syndrom zählen, sind ernste Notfälle im Rettungsdienst. Sie können zu lebensbedrohlichen Komplikationen wie Krampfanfällen, Organversagen oder Plazentalösungen führen. Symptome sind neben dem erhöhten Bluthochdruck Kopfschmerzen, Sehstörungen und Ödeme. Ziel ist eine moderate Blutdrucksenkung und Stabilisierung sowie der Transport in die Klinik. Bei einer Eklampsie treten Krampfanfälle auf, die mit Magnesiumsulfat zu behandeln sind. Eine zügige Transportentscheidung ist essenziell, da eine definitive Therapie nur im Krankenhaus erfolgen kann. Frühzeitiges Erkennen und schnelles Handeln können das Leben von Mutter und Kind retten.*

Einleitung

In 6–8 % aller Schwangerschaften wird eine Hypertonie diagnostiziert und ist in den Industrieländern eine führende Ursache der Müttersterblichkeit. Die Hypertonie kann bereits vor der Schwangerschaft bestehen oder erst während der Schwangerschaft auftreten. Zusammengefasst werden die chronische Hypertonie, die schwangerschaftsinduzierte Hypertonie, die Präeklampsie, die Eklampsie und das HELLP-Syndrom unter dem Sammelbegriff „Hypertensive Erkrankungen in der Schwangerschaft“ (HES).

Hierzu wurde 2024 eine neu überarbeitete S2k-Leitlinie „Hypertensive Erkrankungen in der Schwangerschaft (HES)“ erstellt [1]. Da es sich bei den hypertensiven Erkrankungen in der Schwangerschaft um eine häufige Erkrankung handelt, werden die Leitsymptome und wichtigen Vitalparameter, die einen frühen Hinweis auf mögliche Komplikationen geben, bei jeder Schwangerschaftskontrolle erhoben:

Begriffsdefinitionen gemäß S2k-Leitlinie:
Chronische Hypertonie: präkonzeptionelle, also bereits vor Eintritt der Schwangerschaft bestehende, oder im ersten Trimester diagnostizierte Hypertonie.
Gestationshypertonie: im Verlauf der Schwangerschaft neu auftretende Blutdruckwerte von systolisch ≥ 140 und/oder diastolisch ≥ 90 mmHg bei einer zuvor normotensiven Schwangeren ohne zusätzliche Kriterien, die eine Präeklampsie definieren.
Präeklampsie: eine chronische oder Gestationshypertonie mit mindestens einer in der Schwangerschaft neu auftretenden Organmanifestation, welche keiner anderen Ursache zugeordnet werden kann. Zu den typisch betroffenen Organsystemen zählen insbesondere Plazenta (fetale Wachstumsrestriktion), Niere, zentrales Nervensystem, Leber, hämatologisches System, Lunge.
HELLP-Syndrom: typische in der Schwangerschaft auftretende Laborkonstellation aus Hämolyse, erhöhten Transaminasen und Thrombozytopenie < 100 G/l, häufig assoziiert mit einer Präeklampsie.
Eklampsie: im Rahmen einer Schwangerschaft auftretende, tonisch-klonische Krampfanfälle (häufig assoziiert mit Präeklampsie), die keiner anderen neurologischen Ursache (z. B. Epilepsie) zugeordnet werden können.

- Blutdruck
- Proteinurie
- Gewicht
- Ödeme

Im Mutterpass findet man diese Informationen auf Seite 7/8 im Gravidogramm. Zusätzlich werden auf Seite 6 „Besondere Befunde im Schwangerschaftsverlauf" entsprechend die Hypertonie, die Proteinurie und die Ödeme dokumentiert (➤ Abb. 1).
Die resultierenden Komplikationen der hypertensiven Schwangeren können einen Einsatz des Rettungsdienstes erfordern. Gemäß HES-Leitlinie soll bei Eklampsie, Präeklampsie mit schweren neurologischen Prodromalsymptomen, Dyspnoe und/oder hypertensiver Krise mit vitaler Bedrohung ein umgehender Transport über das Rettungswesen in die Klinik erfolgen. Die Leitlinie stellt einen maßgeblichen Orientierungsrahmen für die Behandlung von HES dar, auch wenn weder die präklinische Versorgung noch das Berufsbild der Notfallsanitäter*innen als spezifische Zielgruppe oder als weitere Adressaten für Informationen erwähnt werden.
In diesem Artikel werden die Hypertonie der Schwangeren, die Präeklampsie, die Eklampsie und das HELLP-Syndrom für die Präklinik besprochen.

Hypertonie in der Schwangerschaft

Ziel in der Schwangerschaft ist es, den Blutdruck stabil unter 140/90 mmHg zu halten. Hierfür werden im ambulanten Setting insbesondere Methyldopa, Nifedipin oder Metoprolol eingesetzt. Als Leitsatz gilt „start low, go slow", da eine zu rasche Blutdrucksenkung auch zu einer schlechteren Versorgung der Plazenta und des Fetus führen kann. Im klinischen Setting erfolgt daher bei stark erhöhten Blutdruckwerten ab der Lebensfähigkeit des Kindes die Blutdrucksenkung unter Überwachung der kindlichen Herzfrequenz mittels CTG (Kardiotokogramm). Dies ist in Akutsituationen präklinisch nicht möglich. Daher darf die Blutdrucksenkung bei fehlender kindlicher Überwachung nicht zu abrupt und zu niedrig erfolgen. Zur Verfügung steht als Medikament Urapidil. Der Zielblutdruck liegt generell präklinisch bei 160/100 mmHg. Die Senkung bei extrem hohen Blutdruckwerten in der Präklinik sollte nicht unter 30 % des Ausgangswertes liegen, um eine Minderperfusion der Plazenta zu vermeiden.

Medikamente in der Schwangerschaft
In der Schwangerschaft werden häufig Medikamente verwendet, die in anderen Bereichen nicht mehr oder mit einer anderen Indikation eingesetzt werden. Diese Medikamente sind jedoch meist besser in ihrer Wechselwirkung mit dem Embryo erforscht und daher sicherer für Mutter und Kind. Bei Fragen rund um Medikamente in der Schwangerschaft empfiehlt es sich, zusätzliche Informationsquellen zu nutzen, z. B. Embryotox [2].

Die Hypertonie in der Schwangerschaft zeigt in der präklinischen Diagnostik durch den Rettungsdienst oft nur wenige klinische Zeichen (➤ Tab. 1).

B. Besondere Befunde im Schwangerschaftsverlauf

27. Behandlungsbedürftige Allgemeinerkrankungen, ggf. welche ____________________

28. Dauermedikation
29. Abusus
30. Besondere psychische Belastung
31. Besondere soziale Belastung
32. Blutungen vor der 28. SSW
33. Blutungen nach der 28. SSW
34. Placenta praevia
35. Mehrlingsschwangerschaft
36. Hydramnion
37. Oligohydramnie
38. Terminunklarheit
39. Plazenta-Insuffizienz
40. Isthmozervikale Insuffizienz
41. Vorzeitige Wehentätigkeit
42. Anämie
43. Harnwegsinfektion
44. Indirekter Coombstest positiv
45. Risiko aus anderen serologischen Befunden
46. Hypertonie (Blutdruck über 140/90 mmHg)
47. Pathologische Eiweißausscheidung
48. Mittelgradige – schwere Ödeme
49. Hypotonie
50. Gestationsdiabetes
    - Vortest durchgeführt: ja/nein auffällig: ja/nein
    - Diagnosetest durchgeführt: ja/nein auffällig: ja/nein
51. Einstellungsanomalie
52. Andere Besonderheiten ggf. welche ____________________

6

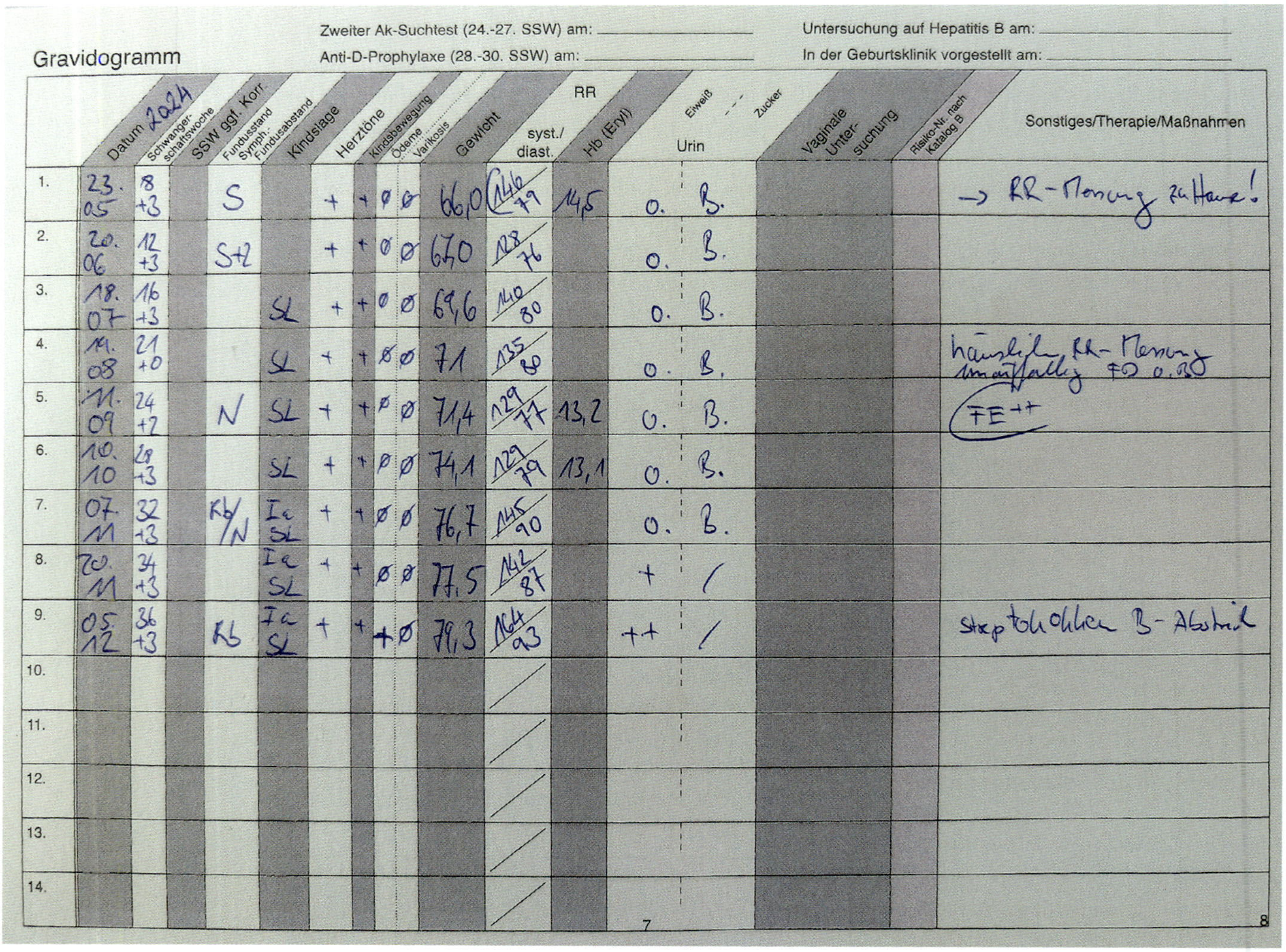

Gravidogramm

Zweiter Ak-Suchtest (24.-27. SSW) am: ______ Untersuchung auf Hepatitis B am: ______
Anti-D-Prophylaxe (28.-30. SSW) am: ______ In der Geburtsklinik vorgestellt am: ______

	Datum 2024	Schwangerschaftswoche	SSW ggf. Korr	Fundusstand Symph.-Fundusabstand	Kindslage	Herztöne	Kindsbewegung	Ödeme	Varikosis	Gewicht	RR syst./diast.	Hb (Eryl)	Urin Eiweiß	Urin Zucker	Vaginale Untersuchung	Risiko-Nr. nach Katalog B	Sonstiges/Therapie/Maßnahmen
1.	23.05	8+3		S		+	+	ø	ø	66,0	146/79	14,5	o.	B.			→ RR-Messung zu Hause!
2.	20.06	12+3		S+2		+	+	ø	ø	67,0	128/76		o.	B.			
3.	18.07	16+3			SL	+	+	ø	ø	69,6	140/80		o.	B.			
4.	14.08	21+0			SL	+	+	ø	ø	71	135/80		o.	B.			häusliche RR-Messung unauffällig FD o.B.
5.	11.09	24+2		N	SL	+	+	ø	ø	71,4	129/77	13,2	o.	B.			FE++
6.	10.10	28+3			SL	+	+	ø	ø	74,1	129/79	13,1	o.	B.			
7.	07.11	32+3		Kb/N	Ia SL	+	+	ø	ø	76,7	145/90		o.	B.			
8.	20.11	34+3			Ia SL	+	+	ø	ø	77,5	142/87		+	/			
9.	05.12	36+3		Kb	Ia SL	+	+	+	ø	79,3	164/93		++	/			Streptokokken B-Abstrich
10.											/						
11.											/						
12.											/						
13.											/						
14.											/						

7 8

Abb. 1 Mutterpass: *(unten)* Gravidogramm auf den Seiten 7/8 und *(oben)* Erklärung auf Seite 6.

Tab. 1 Diagnose Hypertonie in der Schwangerschaft

Behandlungspriorität: Mutter potenziell kritisch					
ABCDE		**SAMPLER**		**OPQRST**	
A		**S**	Symptomfrei bis Kopfschmerzen	**O**	
B		**A**		**P**	
C	› 140/90 mmHg	**M**		**Q**	
D		**P**		**R**	
E		**L**		**S**	NRS 0–10
		E		**T**	
		R	HES in der letzten Schwangerschaft		
Behandlung: Linksseitenlage, Blutdrucksenkung bei Werten › 160/100 mmHg mit Urapidil (start low, go slow), Transport					
Zielklinik: Versorgungsstufe I bis Versorgungsstufe IV, je nach SSW (siehe Infokasten)					

Präeklampsie

Die Präeklampsie ist eine Multisystemerkrankung, bei der neben der Hypertonie weitere Organe beteiligt sind. Entsprechend sind die Symptome unterschiedlich und unspezifisch. Häufig klagen Patientinnen über Kopfschmerzen, Abgeschlagenheit oder Übelkeit. Dies sind aber auch bei normal verlaufenden Schwangerschaften typische Beschwerden (➤ Tab. 2).

Je nach betroffenem Organsystem können folgende Symptome auftreten:

- ZNS: Kopfschmerzen, Sehstörungen, Hörstörung, Tics, Kloni, Krampfanfall, gesteigerte Reflexe
- Leber: Oberbauchschmerzen (Leberkapselschmerz), retrosternale Schmerzen, epigastrische Schmerzen
- Lunge: Dyspnoe mit Sättigungsabfällen
- Niere: Oligo- oder Anurie, Proteinurie
- Gastrointestinal: Übelkeit, Erbrechen, Diarrhö
- Plazenta: Plazentainsuffizienz, Wachstumsretardierung des Kindes

Die Präeklampsie tritt in 2–5 % der Schwangerschaften auf und ist eine der Hauptursachen für mütterliche und kindliche Morbidität und Mortalität. Kausale Therapie der Präeklampsie ist die Entbindung. Entsprechend ist bei der Entscheidung, in welche Klinik der Transport der schwangeren Patientin erfolgen soll, die Schwangerschaftswoche von elementarer Bedeutung. Vor 34 Schwangerschaftswochen wird in der Klinik bei stabiler Patientin versucht, eine Lungenreifungsinduktion durchzuführen, um das Kind in der Frühgeburtlichkeit auf die Geburt vorzubereiten.

Präklinisch lässt sich zunächst nur eine Blutdrucksenkung bis 160/100 mmHg realisieren. Es empfiehlt sich, die Trigger für einen Krampfanfall zu minimieren und die Patientin vor grellem Licht und anderen Umwelteinflüssen abzuschirmen.

Zielgerichtete Fragen zur Diagnose Präeklampsie:

- Kopfschmerzen: Haben Sie Kopfschmerzen, die sich anders anfühlen als sonst?
- Sehstörungen: Sehen Sie verschwommen, Doppelbilder oder Lichtblitze? Empfinden Sie das Licht als zu grell?
- Ödeme: Haben Sie kurzfristig (innerhalb weniger Tage) viel Gewicht zugenommen? Können Sie Ihre normalen Schuhe nicht mehr anziehen? Kommt Ihnen Ihr Gesicht seit kurzem sehr geschwollen vor?
- Bauchschmerzen: Haben Sie Schmerzen im Oberbauch unter dem Rippenbogen, eher auf der rechten Seite?
- Niere: Haben Sie Unterschiede beim Urin bemerkt, z. B. sehr dunkel, sehr wenig?
- Übelkeit/Erbrechen: Haben Sie mit Übelkeit zu kämpfen oder haben Sie sich erbrochen?
- Allgemeinzustand: Fühlen Sie sich allgemein schlapp und abgeschlagen?

Tab. 2 Mögliche Auffälligkeiten, die auf die Diagnose Präeklampsie deuten

Behandlungspriorität: Mutter und Fetus kritisch					
ABCDE		**SAMPLER**		**OPQRST**	
A		**S**	Kopfschmerzen, Oberbauchschmerzen rechts, Sehstörungen, Ödeme, Hörstörung, Tics, Kloni, gesteigerte Reflexe, Übelkeit	O	
B	Dyspnoe	**A**		P	
C	› 140/90 mmHg	**M**		Q	Dumpf
D	Sehstörung, Hörstörung, Tics, Kloni, gesteigerte Reflexe	**P**		R	Rechtseitige Oberbauchschmerzen
E		**L**	Wenig und dunkler Urin	S	NRS 1–10
		E		T	
		R	Präeklampsie in einer Vorschwangerschaft		
Behandlung: Linksseitenlage, Blutdrucksenkung mit Urapidil (➤ Abb. 2) (start low, go slow), Transport					
Zielklinik: Versorgungsstufe I (‹ 29 + 0 SSW) oder Versorgungsstufe II (ab 29 + 0 SSW)					

Versorgungsstufen nach Qualitätssicherungs-Richtlinie Früh- und Reifgeborene (QFR-RL) [3]

- **Versorgungsstufe I: Perinatalzentrum Level 1**
  - Schwangere mit erwartetem Frühgeborenem mit einem geschätzten Geburtsgewicht unter 1.250 g oder mit einem Gestationsalter ‹ 29 + 0 SSW
  - Schwangere mit Drillingen und mit einem Gestationsalter ‹ 33 + 0 SSW sowie Schwangere mit über drei Mehrlingen
  - Schwangere mit allen pränatal diagnostizierten fetalen oder mütterlichen Erkrankungen, bei denen nach der Geburt eine unmittelbare spezialisierte intensivmedizinische Versorgung des Neugeborenen absehbar ist
- **Versorgungsstufe II: Perinatalzentrum Level 2**
  - Schwangere mit erwartetem Frühgeborenem mit einem geschätzten Geburtsgewicht von 1.250–1.499 g oder mit einem Gestationsalter von 29 + 0 bis 31 + 6 SSW
  - Schwangere mit schweren schwangerschaftsassoziierten Erkrankungen, z. B. HELLP-Syndrom (Hämolysis, Elevated Liver Enzymes, Low Platelets) oder Wachstumsretardierung des Fetus unterhalb des 3. Perzentils
  - Schwangere mit insulinpflichtiger diabetischer Stoffwechselstörung mit absehbarer Gefährdung für Fetus bzw. Neugeborenes
- **Versorgungsstufe III: perinataler Schwerpunkt**
  - Schwangere mit erwartetem Frühgeborenem mit einem geschätzten Geburtsgewicht von mindestens 1.500 g und mit einem Gestationsalter von 32 + 0 bis ≤ 35 + 6 SSW
  - Schwangere mit Wachstumsretardierung des Fetus (zwischen 3. und 10. Perzentil)
  - Schwangere mit insulinpflichtiger diabetischer Stoffwechselstörung ohne absehbare Gefährdung für Fetus bzw. Neugeborenes
- **Versorgungsstufe IV: Geburtsklinik**
  - Schwangere ab 36 + 0 SSW ohne zu erwartende Komplikationen und ohne eines der genannten Kriterien für die Aufnahme in die Versorgungsstufen I–III

Praxistipp
Informieren Sie sich darüber, welche Kliniken mit geburtshilflicher und/oder pädiatrischer Abteilung es in Ihrer Nähe gibt und welcher Versorgungsstufe diese angehören. Selbstverständlich können alle Schwangeren auch in einer höheren Versorgungsstufe aufgenommen werden. Auf der Internetseite https://perinatalzentren.org/startseite/ finden Sie Hinweise zu Kliniken der Versorgungsstufe I und II (Perinatalzentren).

URAPIDIL

Medikament	Urapidil
Handelsnamen (Beispiel)	Ebrantil®
Arzneimittelgruppe	Antihypertensivum α_1-Blocker
Dosis/Einheit	50 mg/10 ml → **5 mg/ml**
Pharmakodynamik	
Indikation	**Hypertensiver Notfall** mit Blutdruckwerten › 160/100 mmHg
Wirkung	Direkter Antagonist an peripheren α_1-Adrenorezeptoren Zusätzlich zentrale Sympathikushemmung
Nebenwirkungen	Übermäßiger Blutdruckabfall, Übelkeit und Erbrechen, (Reflex-)Tachykardie, Arrhythmien
Maßnahmen bei Nebenwirkungen	Flachlagerung in Linksseitenlage, Infusionstherapie mit kristalloiden Infusionslösungen, Akrinor als Antidot
Kontraindikationen	Unverträglichkeit/Allergie
Schwangerschaft und Stillzeit	Im Notfall keine Kontraindikation
Wechselwirkungen	–
Dosierung	5 mg als Bolus Repetition mit 5 mg bis zum gewünschten Effekt Maximaldosis 50 mg
Pharmakokinetik	
Applikationsweg	Intravenös
Applikationsgeschwindigkeit	Langsam
Wirkeintritt	Schnell
Wirkdauer	1–3 Stunden
Besonderheiten	
Zielblutdruck liegt generell präklinisch bei 160/100 mmHg. Die Senkung bei extrem hohen Blutdruckwerten in der Präklinik sollte nicht unter 30 % des Ausgangswertes liegen, um eine Minderperfusion der Plazenta zu vermeiden.	

Nach: AWMF: S2k-Leitlinie „Hypertensive Schwangerschaftserkrankungen: Diagnostik und Therapie".
https://www.awmf.org/leitlinien/detail/ll/015-018.html (Stand: Juli 2024)

Jörg Holländer, Höchberg/Susanne Adler, Lübeck

Abb. 2 Medikamente für Notfallsanitäter*innen in Bayern, BRK BFS für Notfallsanitäter*innen Würzburg: Urapidil

Eklampsie

Die Eklampsie ist selten und tritt in etwa 0,1 % der Geburten auf. Hierbei kommt es zu tonisch-klonischen Krämpfen. Es handelt sich um eine potenziell tödliche Komplikation, da akut die Gefahr von Hirnblutungen und Sauerstoffmangel droht. Oftmals kündigt sie sich mit Prodromi wie Kloni, Tics oder starken Kopfschmerzen und einer Hyperreflexie an (➤ Tab. 3). In bis zu 25 % der Fälle sind Patientinnen zuvor jedoch nur wenig symptomatisch und weisen auch keinen erhöhten Blutdruck auf.

Die Hyperreflexie zeigt sich oft darin, dass beispielsweise der Patellarsehnenreflex schon durch eine leichte Berührung mit der Hand ausgelöst werden kann und dann sehr lebhaft ist.

Präklinisch ist es wichtig, die Patientin vor Sturz oder Verletzung während des Krampfanfalls zu schützen und die Dauer des Anfalls zu dokumentieren. Im Vergleich zu anderen Krampfanfällen ist ein eklamptischer Anfall in der Regel selbstlimitierend. Es gilt dann aber, einen weiteren Krampfanfall zu vermeiden. Bei der Eklampsie kommt Magnesiumsulfat i.v. zum Einsatz (➤ Abb. 3), um die Krampfschwelle hochzusetzen und weitere Krampfanfälle zu verhindern. Hierfür werden 4–6 g Magnesiumsulfat über 15–20 Minuten i.v. verabreicht. Bei erhöhtem Blutdruck findet die Blutdrucksenkung mit Urapidil bis auf Werte von 160/100 mmHg statt.

MAGNESIUM	
Medikament	Magnesiumsulfat 20 %
Handelsnamen (Beispiel)	Magnesium 20 %®
Arzneimittelgruppe	Kalziumantagonist
Dosis/Einheit	2.000 mg/10 ml → **200 mg/ml**
Pharmakodynamik	
Indikation	**Krampfanfall bei Präeklampsie/Eklampsie**
Wirkung	Der genaue Wirkmechanismus ist unbekannt, Zellmembranstabilisierung durch Kalziumantagonismus
Nebenwirkungen	Wärmegefühl, Flush, Blutdruckabfall und Hypotonie, Übelkeit und Erbrechen
Maßnahmen bei Nebenwirkungen	Symptomatische Therapie
Kontraindikationen	Im Notfall keine Kontraindikation
Schwangerschaft und Stillzeit	Im Notfall keine Kontraindikation
Wechselwirkungen	–
Dosierung	4.000–6.000 mg als Kurzinfusion
Pharmakokinetik	
Applikationsweg	Intravenös oder intraossär
Applikationsgeschwindigkeit	Kurzinfusion mit 100 ml NaCl 0,9 % über 20 Minuten
Wirkeintritt	Schnell
Wirkdauer	4–6 Stunden

Nach: AWMF: S2k-Leitlinie „Hypertensive Schwangerschaftserkrankungen: Diagnostik und Therapie". https://www.awmf.org/leitlinien/detail/ll/015-018.html (Stand: Juli 2024)

Jörg Holländer, Höchberg/Susanne Adler, Lübeck

Abb. 3 Medikamente für Notfallsanitäter*innen in Bayern, BRK BFS für Notfallsanitäter*innen Würzburg: Magnesium

Wenn der Krampfanfall nicht selbstlimitierend ist, kommen Antikonvulsiva zum Einsatz. Für die präklinische Behandlung empfehlen sich Benzodiazepine, wobei sich Midazolam aufgrund seines schnellen Wirkeintritts und der unkomplizierten Verabreichung mittels MAD (Einweg-Nasalzerstäuber) intranasal sowie wegen der Möglichkeit der intramuskulären (jeweils 10 mg) oder intravenösen Gabe (5 mg) bewährt hat (> Abb. 4). Abhängig von Schwangerschaftsalter und Allgemeinzustand der Patientin ist in dieser Situation eine sehr großzügige und umgehende Indikationsstellung zur Entbindung nach Stabilisierung der Mutter gerechtfertigt. Entsprechend muss die

MIDAZOLAM	
Medikament	Midazolam
Handelsnamen (Beispiel)	Dormicum®
Arzneimittelgruppe	Benzodiazepin
Dosis/Einheit	5 mg/5 ml → **1 mg/ml** 15 mg/3 ml → **5 mg/ml**
Pharmakodynamik	
Indikation	**Krampfanfall**
Wirkung	Die Bindung an Benzodiazepin-Bindungsstellen von GABA-A-Rezeptoren erhöht die Durchlässigkeit des Rezeptors für Chlorid und führt somit zu einer Hyperpolarisation im ZNS Antikonvulsive, sedierende, anxiolytische und zentral muskelrelaxierende Wirkung
Nebenwirkungen	Paradoxe Wirkung (Agitation vor allem bei älteren Patienten), Vigilanzminderung und Amnesie, Atemdepression
Maßnahmen bei Nebenwirkungen	Atemanweisungen geben Assistierte oder kontrollierte Beatmung Flumazenil als Antidot
Kontraindikationen	Unverträglichkeit/Allergie Schwere Ateminsuffizienz
Schwangerschaft und Stillzeit	Im Notfall keine Kontraindikation
Wechselwirkungen	Wirkverstärkung anderer sedierender Medikamente/Drogen
Dosierung Erwachsene	**Krampfanfall** → 5 mg intravenös → 10 mg intranasal oder intramuskulär
Pharmakokinetik	
Applikationsweg	Intravenös, intranasal oder intramuskulär
Applikationsgeschwindigkeit	Intravenös oder intramuskulär langsam Intranasal schnell über MAD®
Wirkeintritt	Schnell
Wirkdauer	45–90 Minuten

Nach: AWMF: S2k-Leitlinie „Status epilepticus im Erwachsenenalter“. https://www.awmf.org/leitlinien/detail/ll/030-079.html (Stand: Juni 2020)

Jörg Holländer, Höchberg/Susanne Adler, Lübeck

Abb. 4 Medikamente für Notfallsanitäter*innen in Bayern, BRK BFS für Notfallsanitäter*innen Würzburg: Midazolam

Tab. 3 Mögliche Auffälligkeiten, die auf die Diagnose Eklampsie deuten

Behandlungspriorität: Mutter und Fetus kritisch					
ABCDE		**SAMPLER**		**OPQRST**	
A	Zungenbiss	**S**	GCS-Minderung nach Krampfanfall	**O**	
B	Dyspnoe	**A**		**P**	
C		**M**		**Q**	
D	Tonisch-klonischer Krampfanfall	**P**	HES/Präeklampsie	**R**	
E	Begleitverletzungen	**L**	Wenig und dunkler Urin	**S**	
		E		**T**	
		R	Präeklampsie in einer Vorschwangerschaft		
Behandlung: Schutz vor Verletzungen, Unterbrechung des Krampfanfalls mit Midazolam, Vermeidung eines erneuten Krampfanfalls mit Magnesium, Blutdrucksenkung mit Urapidil (start low, go slow), Transport in Linksseitenlagerung, Überwachung mit vollständigem Monitoring					
Zielklinik: Versorgungsstufe I oder Versorgungsstufe II					

Zielklinik nach dem Versorgungsstufenkonzept der Perinatalzentren ausgewählt werden.

HELLP-Syndrom

Das HELLP-Syndrom kommt bei 0,1–0,5 % aller Geburten vor. Bei Frauen mit Präeklampsie tritt es in 10–20 % der Fälle auf. Es handelt sich um eine schwere Komplikation mit hoher Morbidität und Mortalität. Gekennzeichnet ist das HELLP-Syndrom durch Hämolyse (H), erhöhte Leberwerte (EL) und erniedrigte Thrombozyten (LP = Low Platelets). Leberruptur, Blutungen, disseminierte intravasale Gerinnungsstörung (DIG) sowie Multi-

Tab. 4 Mögliche Auffälligkeiten, die auf die Diagnose HELLP-Syndrom deuten

Behandlungspriorität: Mutter und Fetus kritisch					
ABCDE		**SAMPLER**		**OPQRST**	
A		**S**	Kopfschmerzen, Oberbauchschmerzen rechts, Sehstörungen, Ödeme, Hörstörung, Tics, Kloni, gesteigerte Reflexe, Übelkeit, Petechien	**O**	
B	Dyspnoe	**A**		**P**	
C	› 140/90 mmHg	**M**		**Q**	Dumpf
D	Sehstörung, Hörstörung, Tics, Kloni, gesteigerte Reflexe	**P**		**R**	Rechtseitige Oberbauchschmerzen
E	Petechien	**L**	Wenig und dunkler Urin	**S**	NRS 1–10
		E		**T**	
		R	Präeklampsie in einer Vorschwangerschaft		
Behandlung: Linksseitenlage, Blutdrucksenkung mit Urapidil (start low, go slow), Transport					
Zielklinik: Versorgungsstufe 1 (‹ 29 + 0 SSW) oder Versorgungsstufe 2 (ab 29 + 0 SSW)					

organversagen führen zu einer akuten Gefahr. Die Klinik beim HELLP-Syndrom beginnt oft mit rechtsbetonten Oberbauchschmerzen (Leberkapselschmerz), die zur weiteren Diagnostik veranlassen (➤ Tab. 4). Diese Diagnostik kann präklinisch nicht erfolgen, sodass der Transport in die Zielklinik vordringlich ist. Liegt zusätzlich eine Hypertonie vor, steht auch hier die Blutdrucksenkung mit Urapidil im Vordergrund.

In der Klinik besteht auch beim HELLP-Syndrom die kausale Therapie in der Entbindung, daher sollte der Transport entsprechend der Schwangerschaftswoche in ein Perinatalzentrum erfolgen.

Fazit

Kernaufgabe bei der Betreuung von Patientinnen mit HES im Rettungsdienst ist zum einen die moderate Blutdrucksenkung ohne eine Gefährdung des Kindes, zum anderen nach Sichtung des Mutterpasses und Feststellung des Schwangerschaftsalters der zügige Transport in eine Zielklinik mit entsprechender Versorgungsstufe in Abhängigkeit vom Zustand der Patientin. Als Besonderheit wird beim eklamptischen Anfall die Gabe von Magnesium i.v. zum Anheben der Krampfschwelle gegeben. Ein bestehender Krampfanfall in der Präklinik wird mit Antikonvulsiva durchbrochen.

Quellen:

[1] Hypertensive Disorders in Pregnancy: Diagnosis and Therapy. Guideline of the German Society of Gynecology and Obstetrics (S2k-Level, AWMF Registry No. 015/018, June 2024. Aus: https://register.awmf.org/de/leitlinien/detail/015-018 (letzter Zugriff: 21.2.2025)

[2] https://www.embryotox.de/ (letzter Zugriff: 21.2.2025)

[3] https://www.g-ba.de/richtlinien/41/ (letzter Zugriff: 21.2.2025)

Autorinnen und Autor

Dr. med. Johanna Büchel, MME (Master of Medical Education), Fachärztin für Gynäkologie und Geburtshilfe, Schwerpunktbezeichnung Spezielle Geburtshilfe und Perinatologie, Instruktorin für geburtshilfliche Notfälle. Derzeit tätig als Oberärztin in der Universitäts-Frauenklinik Würzburg und als Clinical Educator im Studiengang Hebammenwissenschaften am Lehrstuhl für Maternale Gesundheit und Hebammenwissenschaften, Universität Würzburg.

Eva Fella, (Familien-)Hebamme, Praxisanleiterin, Rettungssanitäterin, Dozentin im Rettungsdienst, Instruktorin für NLS. Derzeit tätig als Hebamme im Klinikum Würzburg Mitte. Autorin des Buches „Geburt im Rettungsdienst“ (S+K Verlag, 2024).

Jörg Holländer, Berufspädagoge im Gesundheitswesen Fachrichtung Rettungswesen B. A. Notfallsanitäter, Heilerziehungspfleger, Fachwirt im Gesundheitswesen, CRM-Instruktor. Derzeit tätig als stellvertretender Schulleiter an der BRK-Berufsfachschule für Notfallsanitäter*innen in Würzburg. Autor des Buches „Geburt im Rettungsdienst“ (S+K Verlag, 2024).

Interessenkonflikt: Die Autorinnen und der Autor geben an, dass kein Interessenkonflikt vorliegt.

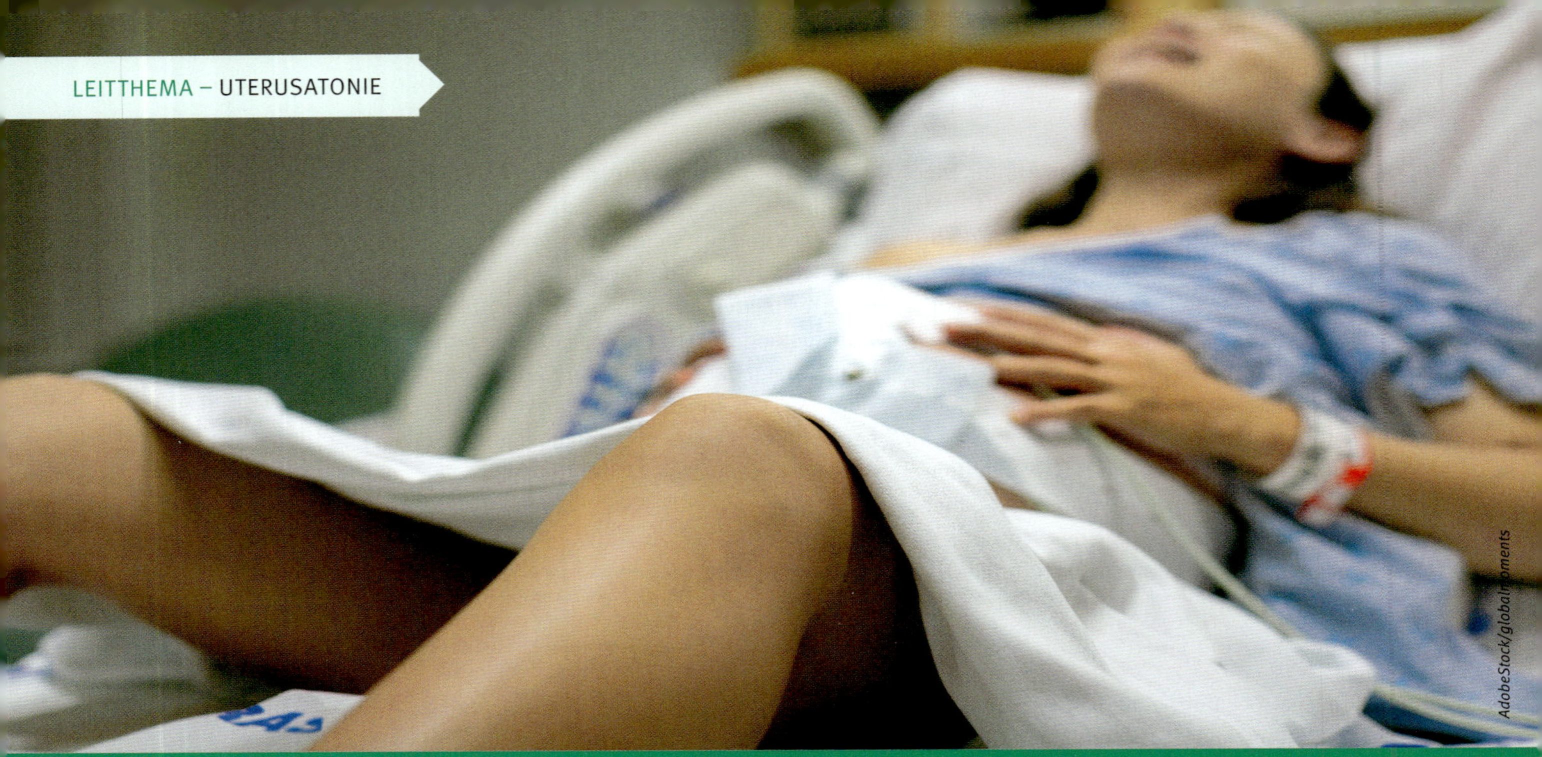

Uterusatonie

Schlüsselwörter
Postpartale Blutung
Postpartale Hämorrhagie
Peripartale Blutung
Hämorrhagischer Schock
Müttersterblichkeit

Zusammenfassung: *Die Uterusatonie ist eine führende Ursache der postpartalen Blutung und ein lebensbedrohlicher Notfall. Sie tritt auf, wenn sich die Gebärmutter nach der Geburt nicht ausreichend kontrahiert, was zu massiven Blutverlusten führen kann. Der Rettungsdienst muss schnell handeln: Vitalzeichen überwachen, Schockzeichen erkennen und Volumentherapie einleiten. Maßnahmen wie das Halten des Uterus, die Fritsch-Lagerung und gegebenenfalls Oxytocingabe sind entscheidend. Ein zügiger Transport in eine geburtshilfliche Klinik ist unerlässlich. Ziel ist es, den Blutverlust zu minimieren und die Mutter zu stabilisieren, um eine weitere Therapie im Krankenhaus zu ermöglichen.*

Einleitung

Die Inzidenz für eine postpartale Hämorrhagie (PPH), definiert als übermäßiger Blutverlust nach der Geburt, wird mit etwa 10 % angegeben [1]. Die WHO nennt die postpartale Hämorrhagie als Ursache für etwa 20 % der weltweiten Müttersterblichkeit und damit als häufigste Todesursache bei Gebärenden. Diese schweren Blutungen nach der Geburt sind jedoch in den meisten Fällen vermeidbar, wenn rechtzeitig angemessene medizinische Maßnahmen ergriffen werden [2]. Die postpartalen Blutungen sind Teil der S2k-Leitlinie Peripartale Blutungen, Diagnostik und Therapie, die 2022 veröffentlicht wurde [3].

Definitionen gemäß S2k-Leitlinie

PPH (postpartale Hämorrhagie)
- Blutverlust von ≥ 500 ml nach vaginaler Geburt
- Blutverlust von ≥ 1.000 ml nach Sectio caesarea

Schwere PPH
- Blutverlust > 1.000 ml

Die Leitlinie stellt einen maßgeblichen Orientierungsrahmen für die Behandlung der Uterusatonie und aller weiteren postpartalen Blutung dar (> Abb. 1) auch wenn weder die präklinische Ver-

Interdisziplinärer PPH-Behandlungsalgorithmus: „PPH 2022“

nach: PPH-Leitlinie 2022 AWMF Register 015/063 der BVF, DGGG (AGG), DeGIR, DEGUM, DGAI, DGHWI, DGKL, DGPM, DGPGM, DHV, DIVI, EFC NI (Pat.), GTH, OEGARI, OEGGG, SGGG, SSAPM (alphabetische Listung)

	anhaltende Blutung	Blutverlust >1000 ml	Blutverlust >1500 ml (~¼ Blutvolumen)	Blutverlust >2000 ml
	HINZUZIEHEN Facharzt Geburtshilfe & INFO Anästhesiologie	HINZUZIEHEN Oberarzt Geburtshilfe & Anästhesiologie | VERLEGUNG in Zentrum erwägen	Ausreichend Personal und Expertise (OA Geb. und OA Anä.) | Hämostaseologischer / radiologischer Konsildienst?	Ausreichend Personal und Expertise? Hämostaseologischer Konsildienst? Embolisation verfügbar?
Klinische Symptome	• Patientin kreislaufstabil • Blutung: – >500 ml nach vaginaler Geburt – >1000 ml nach Sectio caesarea **CAVE**: Blutverluste werden leicht unterschätzt! → messen statt schätzen!!!	• Patientin kreislaufstabil • anhaltend schwere Blutung	• kreislauf<u>in</u>stabile Patientin (Schock-Index [HF / RRsys] > 0,9) mit persistierend schwerer Blutung (Alarmzeichen: BE <-6 mmol/l und Laktat >4 mmol/l)	• **hämorrhagischer Schock**
Geburtsmedizin	• Blutverlust **messen** • **innere Blutung** (z.B. Uterusruptur) ausschließen • 2 i.v.-Zugänge (mögl. großlumig) • **Kreuzprobe / Notfalllabor (**Blutbild, BGA, aPTT, Quick/INR und, sofern verfügbar, Fibrinogen, FXIII,VET), EK's bereitstellen • angepasste Volumengabe (Kristalloide) • Blase katheterisieren • rasche interdisziplinäre Klärung der Blutungsursache (**4T's**): – **Tone**: Uterustonus (Atonie?) – **Tissue**: Plazentainspektion (Plazentarest?) – **Trauma**: Spekulumeinstellung (Geburtskanal?) – **Thrombin**: Gerinnung (Laborwerte? / VET?) • Uteruskompression – Ultraschall	• ALARMIERUNG OP Team • Ausschluss Uterusruptur – Nachtastung / Ultraschall • bei V. a. Plazentarest (nach US oder Inspektion) – manuelle Nachtastung – ggf. Cürettage (US-Kontrolle) • HAMILTON-Handgriff / Aortenkompression erwägen • ggf. Tamponadeverfahren • zusätzliches Personal hinzuziehen	• **BLUTSTILLUNG** – Laparotomie / Gefäßklemmen / Kompression – Kompressionsnähte / Ligaturen • **TAMPONADEVERFAHREN** – mit Hämostyptika (Celox®, *off-label!*) / Streifentamponade • **BALLON-TAMPONADE** des Uterus – Balloneinführung unter Ultraschallkontrolle (ausreichendes Auffüllen des Ballons, Sulproston weiter) – leichten Zug applizieren – Ballon-Deblockade / -Entfernung nach 24 h	• **HYSTEREKTOMIE** interdisziplinär erwägen • **PERSISTIERENDE oder ERNEUTE BLUTUNG** (bei liegender Ballon-Tamponade oder nach Deblockade) – ggf. erneute Ballon-Tamponade („bridging“) – **Packing** – **Ballonokklusion der Aorta** – **Embolisation** (Radiologie) • **NACH BLUTUNGSSTOP** – Stabilisierung – Intensivüberwachung – Ballon-Deblockade nach 24 h (ggf. nach Transfer in Zentrum)
Anästhesiologie / Gerinnung	(falls noch nicht durch **Geburtsmedizin** erfolgt) • **OXYTOCIN** – 3–5 IE als Kurzinfusion – ggf. dann 10-40 IE in 500-1000 ml als Dauertropfinfusion • **TRANEXAMSÄURE** – 1 g i.v. • ggf. **MISOPROSTOL** (zur Therapiesicherung) – 800-1000 µg rektal oder 600 µg oral – *off-label!*	• Bereitstellung **4 FFP / 4 EK / 1 TK** (ggf. in Kreissaal / OP bringen lassen) • wenn >25 IE Oxytocin: Wechsel auf **SULPROSTON** (dann Oxytocin absetzen; nur iv.; rascher Wechsel; Kreislaufmonitoring); Dosierung: 500 µg in 500 ml als Dauertropfinfusion: <u>de</u>eskalierend!, d.h. 3 Min 8,3 ml/min bzw. 500 ml/h (8,3 µg/min), dann 7 Min 1,7 ml/min bzw. 100 ml/h (1,7 µg/min), dann weiter mit 0,2-0,4 ml/min bzw. 10-20 ml/h; max. 1500 µg/d • O_2-Gabe • großlumiger Zugang (≥14-16 G) • angepasste Volumen- / Blutproduktgabe • MAT & Massivtransfusionsgerät erwägen	• O_2-Versorgung sicherstellen, endotracheale Intubation erwägen • Shaldon-Kath. (ggf. US) / arterielle Druckmessung vorbereiten • MAT & Massivtransfusionsgerät aufbauen und anschließen • ggf. **VASOPRESSOREN** (z.B. NORADRENALIN, PHENYLEPHRIN oder THEODRENALIN / CAFEDRIN) • Start der Gerinnungstherapie nach Bedingungen und Vorhaltungen der jeweiligen Klinik **GERINNUNG** (wenn entsprechende Werte erniedrigt): • ggf. **FIBRINOGEN** 30-60 mg/kgKG; Ziel: ≥2-2,5 g/l ($A5_{FIB}$ >12mm) und / oder • ggf. **FXIII** 20 IE/kgKG ; Ziel: FXIII-Aktivität >60% • ggf. **PPSB** initial 25 IE/kgKG • zum Ersatz des Plasmavolumens **FFP** ≥30 ml/kgKG (EK:FFP:TK = 4:4:1) • ggf. **TRANEXAMSÄURE** 1 g wiederholen • evtl. (bei (V.a.) erworbene Thrombozytopathie; nur <u>nach</u> Abnabelung) **DDAVP** 0,3 µg/kgKG über 30 Minuten	• endotracheale Intubation • Shaldon-Kath. (ggf. Ultraschall) / arterielle Druckmessung legen • **MAT** bei Sammelvolumen >1000 ml aufbereiten • möglichst **„hybrid approach“** (initial EK:FFP:TK = 4:4:1, dann schnellst-möglich zielgerichtet, Gerinnungslabor- / VET-gesteuert) • **„damage control“** mit permissiver Hypotonie **GERINNUNG** • ggf. **REKOMBINANTER FAKTOR VIIa** erwägen initial 60-90 µg/kg KG (Bolus), nur bei >35.0°C & Fibrinogen >1,5 g/l & Thrombozyten >50 Gpt/l; ggf. Wiederholungsdosis bei persistierender Blutung nach 30 min

ZIELE DER THERAPIE:

Blutungsstopp I Hämodynamische Stabilisierung I Optimierung der Gerinnung

Hämoglobin 7-9 g/dl (4,3-5,5 mmol/l), Thrombozyten ≥ 70-100 Gpt/l, MAD ≥ 55-65 mmHg, pH ≥ 7,2, Temperatur ≥ 34°C , Calcium ≥ 0,9 mmol/l, BE >-6 mEq/l, Laktat <4 mmol/l

BGA Blutgasanalyse; **MAT** maschinelle Autotransfusion (z.B. „Cell Saver®“); **VET** viskoelastische Tests (z.B. ROTEM®, TEG®, ClotPro®, Quantra®)

Version: 11 Jul 2022

Abb. 1 Innerklinischer PPH-Behandlungsalgorithmus [6]

sorgung noch das Berufsbild der Notfallsanitäter*innen als spezifische Zielgruppe oder als weitere Adressaten für Informationen erwähnt werden.

Dieser Artikel beleuchtet die pathophysiologischen Grundlagen, die präklinische Diagnostik und die notfallmedizinischen Maßnahmen, die erforderlich sind, um das Leben einer Frau, die von einer Uterusatonie betroffenen ist, zu retten.

Hinsichtlich des zeitlichen Auftretens wird zwischen einer primären und einer sekundären PPH unterschieden (➤ Abb. 2).

Für den Rettungsdienst bedeutet das, dass bei starken vaginalen Blutungen bei Frauen im gebärfähigen Alter auch immer eine Anamnese mit der Frage nach einer Geburt in den letzten 12 Wochen stattfinden sollte. Dies kann dann zur Diagnose der späten PPH führen. Dabei kann auch der Mutterpass hilfreich sein.

Die Ursachen für eine postpartale Blutung können unter den 4 Ts zusammengefasst werden (➤ Abb. 3):

- **Tonus** (Uterusatonie)
- **Tissue** (Plazentarest oder Lösungsstörung)
- **Trauma** (Verletzung der Geburtswege)
- **Thrombin** (Dekompensation der Gerinnung, Koagulopathie)

Oft liegt allerdings auch eine Kombination aus verschiedenen Ursachen vor!

Pathologie der Uterusatonie

Um die Pathologie der Uterusatonie zu begreifen, ist es entscheidend, die physiologischen Prozesse sowohl in der Nachgeburtsperiode als auch in der postpartalen Phase zu verstehen.

Die Nachgeburtsphase beginnt unmittelbar nach der Geburt des Kindes und endet mit der vollständigen Ablösung und Geburt der Plazenta und der Eihäute. Während dieser Phase zieht sich die Gebärmutter durch Nachwehen zusammen, wodurch sich die innere Gebärmutterwand verkleinert.

Geburt — 24 h postpartal — 12 Wochen post partum

	Primäre (akute) Blutung	Sekundäre (subakute) Blutung/ späte postpartale Blutungen
Inzidenz		ca. 0,2 bis 2,5 % der Wöchnerinnen
Zeitpunkt	meist innerhalb von wenigen Stunden postpartal, oft schon direkt im Geburtsraum bzw. im OP-Saal	meist erst auf der Wochenbettstation oder zu Hause
Ursache	meist Atonie und Trauma im Sinne eines Blutverlustes	meist Plazentareste, Subinvolutio uteri (Rückbildungsstörung der Gebärmutter) oder Infektionen
Klinik	hämodynamische Entgleisung mit raschem Blutdruckabfall (Hypovolämie)	hämodynamische Entgleisung mit Tachykardie und raschem Blutdruckabfall (hypovolämhämorrhagischer Schock)

Heike Hübner, Berlin

Abb. 2 Primäre und sekundäre PPH (nach S2k-Leitiline Peripartale Blutungen, Diagnostik und Therapie. DGGG, OEGGG u. SGGG, 2022)

Dies führt dazu, dass die Haftfläche der Plazenta minimiert wird und die Plazenta schließlich abgestoßen werden kann. An der entstandenen Wundfläche kommt es zu Blutungen, die nach einer Spontangeburt physiologisch bis zu 500 ml betragen können.

Die Uterusatonie, also das Versagen der Gebärmutter, sich nach der Geburt zusammenzuziehen, ist eine der häufigsten Ursachen für starke postpartale Blutungen und für etwa 70 % der PPH verantwortlich. An der Wundfläche der Plazentahaftstelle können massive Blutungen auftreten, die innerhalb kürzester Zeit lebensbedrohlich werden. In Entwicklungsländern sind postpartale Hämorrhagien weiterhin eine wesentliche Ursache für die Müttersterblichkeit, denn dort fehlen oft die Expertise von Geburtshelfern und Anästhesisten sowie Kontraktionsmittel und Blutprodukte [4].

Ohne eine rasche und gezielte Behandlung kann die Uterusatonie zu einem **hämorrhagischen Schock** führen. Einsätze des Rettungsdienstes können bei primären (akuten) Blutungen sowohl bei geplanten, von Hebammen begleiteten außerklinischen Geburten im häuslichen Umfeld oder in Geburtshäusern erforderlich werden. Ebenso sind Einsatzszenarien in der Präklinik bei ungeplanten Notgeburten im häuslichen Bereich oder im öffentlichen Raum möglich. Zudem sollten Verlegungsfahrten berücksichtigt werden, beispielsweise von einer Geburtsklinik (Versorgungsstufe 4) zu spezialisierten Perinatalzentren der Versorgungsstufen 1 oder 2, um eine optimale medizinische Versorgung der Patientin sicherzustellen. Auch in der späten postpartalen Phase (bis zu 12 Wochen nach Geburt) kann der Rettungsdienst auf eine blutende Wöchnerin stoßen, die hämodynamisch instabil werden kann. Bei späten postpartalen Blutungen ist es oft nicht einfach, die vor drei Monaten stattgefundene Geburt als Ursache der jetzigen Blutung zu erkennen.

Risikofaktoren für eine Atonie sind uterine Überdehnung z. B. durch Multiparität, viel Fruchtwasser oder einen sehr großen Fetus, die Gabe von Tokolytika (Wehenhemmern), schnelle oder protrahierte Geburtsverläufe, Oxytocin-Tachyphylaxie (nach langer Oxytocingabe), Chorioamnionitis sowie ein Uterus myomatosus.

Im Rettungsdienst stellt diese Situation eine besondere Herausforderung dar. Der schnelle Übergang von einem stabilen Zustand der Patientin zu einer potenziell tödlichen Komplikation erfordert nicht nur ein hohes Maß an klinischer Wachsamkeit, sondern auch die Fähigkeit, lebensrettende Maßnahmen unmittelbar einzuleiten.

Prävention der PPH mit Oxytocin i. v.

Durch aktive Leitung der Nachgeburtsperiode durch Gabe von Uterotonika soll ein Blutverlust der Patientin verringert werden. Alternativ kann ein abwartendes Vorgehen gewählt werden. Dies führt jedoch nachweislich zu einem höheren Blutverlust, insbesondere bei Frauen mit Risikofaktoren [5].

Nach Aufklärung erfolgt daher für eine aktive Plazentaphase die Gabe von 3–5 IE Oxytocin in einer Kurzinfusion i. v. Eine zu rasche Gabe von Oxytocin kann zu Blutdruckabfall und Tachykardie führen.

Uterusatonie

- Plazenta ist bereits geboren
- Verstärkte vaginale Blutung aufgrund eines atonen Uterus
- Mögliche Ursache für eine postpartale Hämorrhagie ab einem Blutverlust von › 500 ml

Diagnose der Uterusatonie

Die Diagnose einer Uterusatonie sollte gestellt werden, wenn der Uterus sich weich (also aton) tastet. Oft steigt der Uterusfundus zusätzlich weit über Nabelhöhe, da sich immer mehr Blut im Uterus ansammelt. Dazu kommt eine akute, sichtbare, vaginale Blutung, die schwallartig von dunklem Blut und Koageln ist.

Eine Uterusatonie lässt sich primär an einer anhaltenden vaginalen Blutung erkennen. Ein nicht kontrahierter Uterus, also ein atoner Uterus, stellt ein weiteres frühes Merkmal für eine Uterusatonie dar. Im weiteren Verlauf treten die Anzeichen eines hämorrhagischen Schocks auf.

Das Einschätzen des Schweregrades der Blutung ist schwierig, insbesondere das visuelle Abschätzen ist fehleranfällig. Bevorzugt sollten validierte Messverfahren zur Anwendung kommen. Daher sollten alle blutgetränkten Vor- und Unterlagen gesammelt und bei Ankunft in der Klinik gewogen werden. Die klinischen Symptome eines Volumenmangelschocks können von der Patientin teilweise lange kompensiert werden, da die körperlichen Veränderungen in der Schwangerschaft unter anderem zu einem stark angestiegenen Blutvolumen führen. Dies kann nach einer Phase der Kompensation dann sehr plötzlich zu einer akuten und dramatischen Verschlechterung führen.

Nach der Geburt des Kindes dürfen Sie neben der Versorgung des Neugeborenen die Mutter nicht aus den Augen verlieren:

- Einschätzung des Schweregrads der Blutung:
  - Fritsch-Lagerung der Frau mit Vorlage
  - Sammeln aller Blut „getränkten“ Unterlagen, Binden, Wäsche und aller Koagula an der Einsatzstelle, zum Wiegen in der Klinik
- Kontrolle des Fundusstandes: Unterscheidung zwischen gut kontrahiertem Uterus oder einem weichen, atonen Uterus
- Überwachung auf klinische Symptomatik eines hämorrhagischen Schocks: Atemfrequenz, Rekapillarisierungszeit, Hautmerkmale, Herzfrequenz, Blutdruck, Unruhe/Angst

Neben der visuellen Überwachung des Blutverlusts sollte stets auch immer wieder eine Reevaluation der klinischen Zeichen einer Blutung erfolgen. Achten Sie insbesondere auf die Atemfrequenz (AF) der Patientin. Zählen Sie diese regelmäßig oder lassen Sie sich die AF kontinuierlich auf einem Monitor, wie beispielsweise dem corpuls3T, anzeigen. Eine zunehmende Atemfrequenz kann ein erstes frühes Warnsignal für eine Verschlechterung des Zustands sein. Kontrollieren Sie in festen Intervallen die Rekapillarisierungszeit und überwachen Sie regelmäßig die Hautmerkmale wie Temperatur, Farbe und Feuchtigkeit. Achten Sie zusätzlich auf Anzeichen wie Schwindel oder Verwirrtheit, die auf eine mögliche Hypoperfusion hinweisen können. Stellen Sie sicher, dass das Blutdruckmessintervall nicht länger als drei Minuten beträgt, um eine schnelle Reaktion auf Veränderungen zu gewährleisten. Zudem sollte ein Überwachungs-EKG mit aktiviertem QRS-Ton eingesetzt werden, um frühzeitig kardiale Veränderungen wie einen Anstieg der Herzfrequenz zu detektieren, die mit einer Hypovolämie oder Kreislaufschock in Zusammenhang stehen könnten.

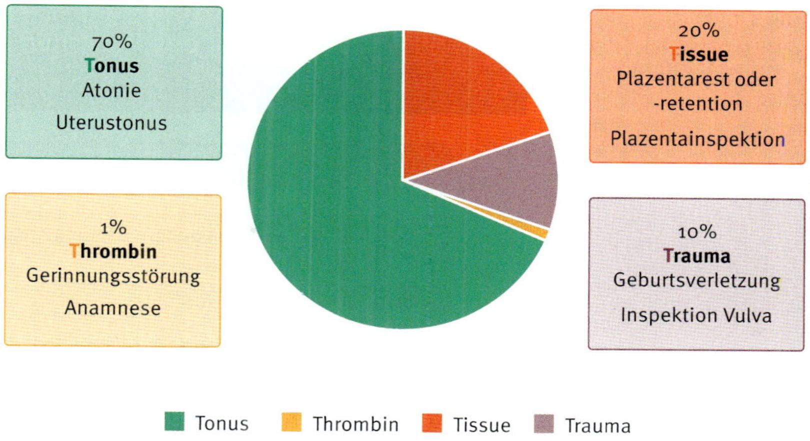

Jörg Holländer, Hochberg/Heike Hübner, Berlin

Abb. 3 Ursachen der postpartalen Hämorrhagie

Diagnose Uterusatonie – kurz und knapp

- Regelmäßige Blutungskontrolle in der Postpartalperiode:
  - Fritsch-Lagerung mit saugfähiger, steriler Vorlage
  - Blutige Vorlage(n) wechseln und in die Klinik mitnehmen
  - Sammeln aller Blut „getränkten“ Unterlagen, Binden, Wäsche und aller Koagula an der Einsatzstelle, zum Wiegen in der Klinik
- Engmaschiges Reevaluieren von:
  - Atemfrequenz
  - Rekapillarisierungszeit
  - Hautmerkmalen
  - Herzfrequenz
  - Blutdruck
  - Unruhe/Angst
- Kontrolle des Fundusstandes

Abb. 4 DBRD-Algorithmus „Management des Patienten im hämorrhagischen Schock"

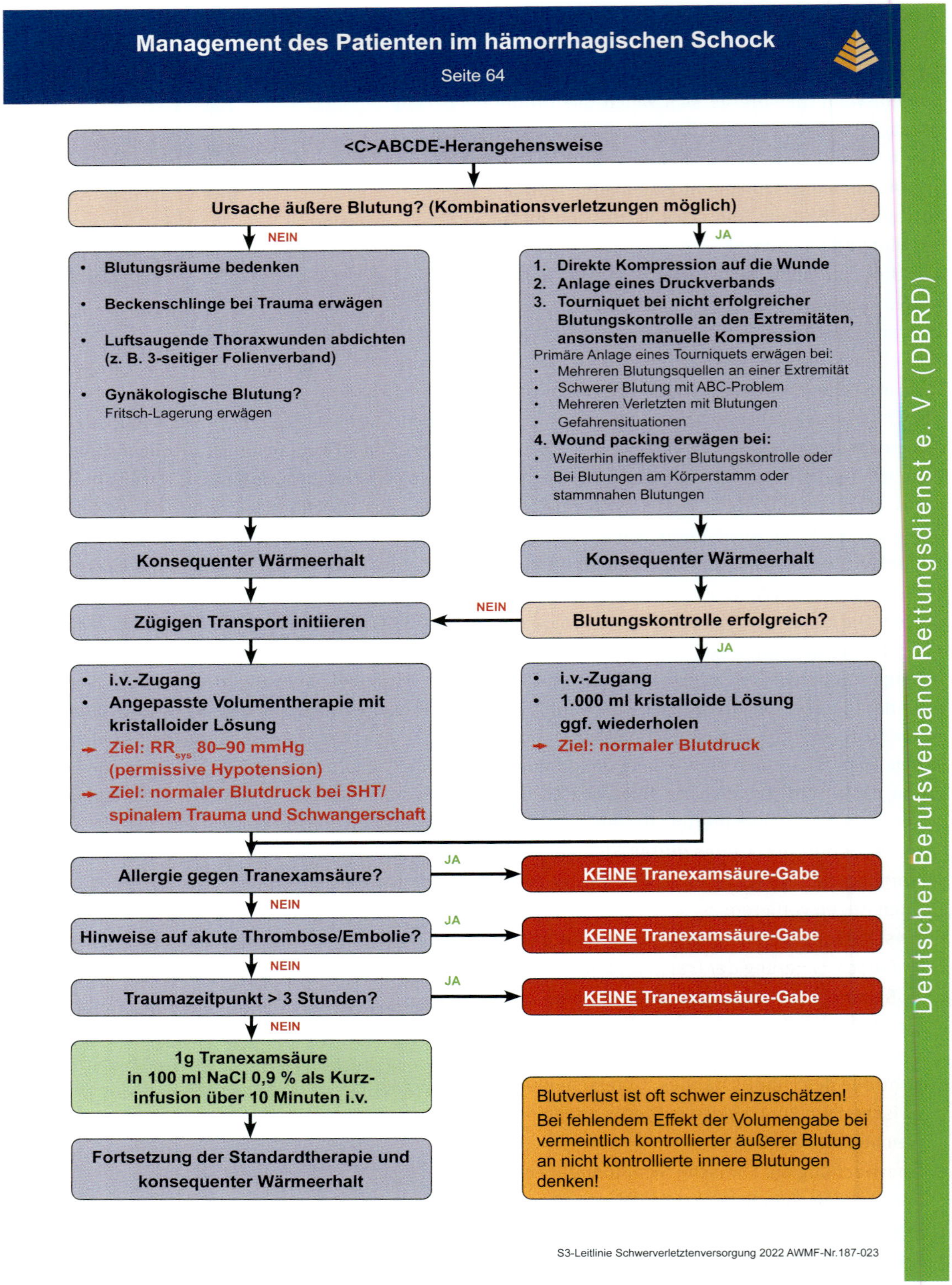

DBRD, Lübeck

Maßnahmen bei präklinischer Uterusatonie

Die Versorgung erfolgt unter der Annahme einer präklinisch nicht kontrollierbaren, inneren Blutung. Eine unkontrollierte Blutung kann schnell zur „tödlichen Trias" führen, einem Phänomen, das das Zusammenspiel von Hypothermie, Koagulopathie und Azidose beschreibt. Ziel ist es, die

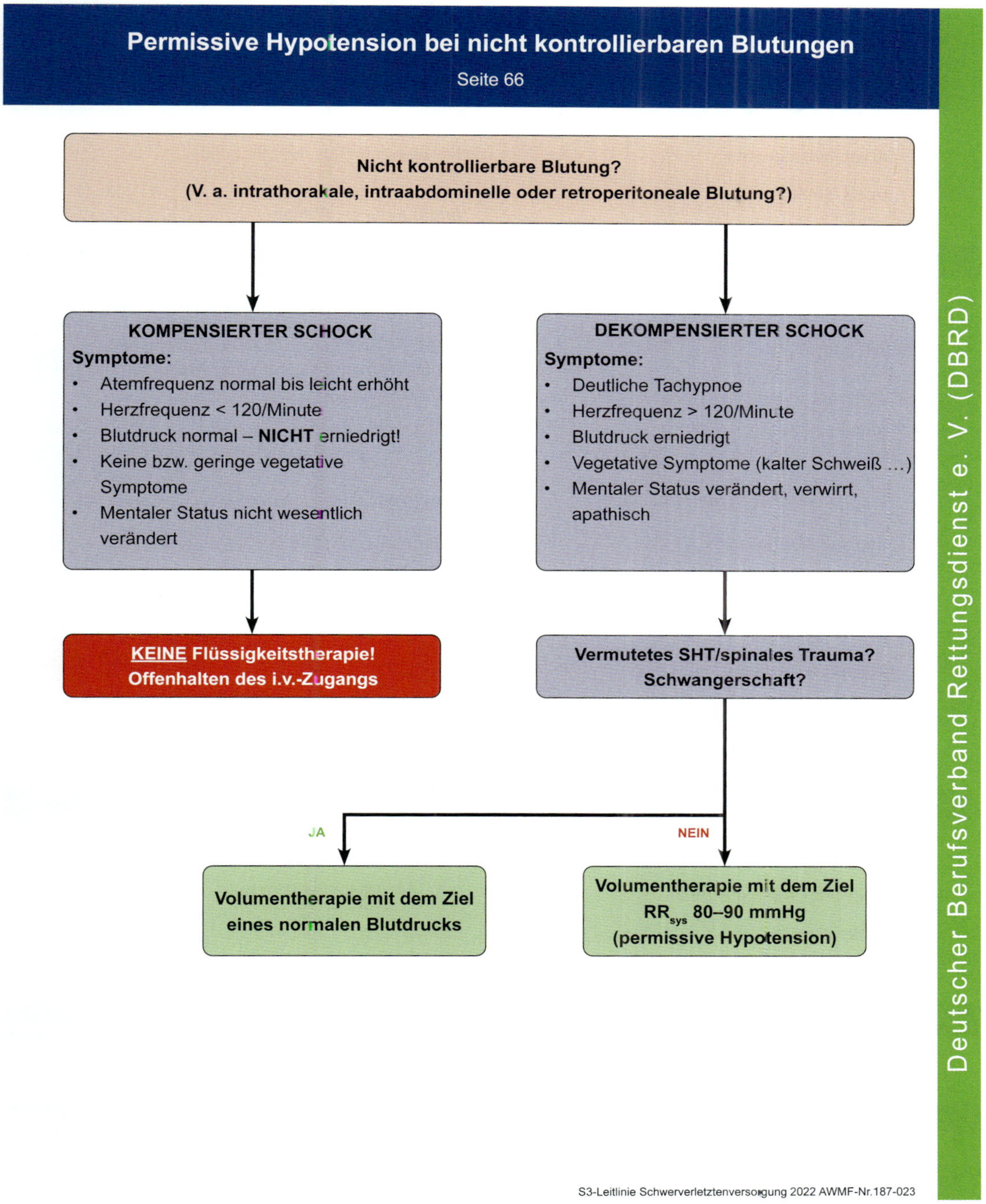

DBRD, Lübeck

Abb. 5 DBRD-Algorithmus „Permissive Hypotension bei nicht kontrollierbaren Blutungen“

gegenseitige Wechselwirkung dieser Faktoren, die im hämorrhagischen Schock zu einer raschen Verschlechterung führen kann, rechtzeitig zu unterbrechen (➤ Abb. 4).

Manuelle Uteruskompression

Die manuelle Kompression des Uterus stellt eine der wichtigsten Sofortmaßnahmen dar. Sie dient der mechanischen Reduktion der Blutung und der Stabilisierung des Kreislaufs. Die Oberkante der Gebärmutter wird mit der flachen Hand gehalten und in Richtung Vagina gedrückt. Dadurch wird der Uterus entleert und von außen ein Kontraktionsreiz ausgelöst. Des Weiteren ist der Credé-Handgriff möglich. Eskalierend ist bei weiterhin fehlender Uteruskontraktion und einem Blutverlust von mehr als 1.000 ml auch eine manuelle Aortenkompression denkbar. Außerdem kann

Abb. 6 Medikamente für Notfallsanitäter*innen in Bayern, BRK BFS für Notfallsanitäter*innen Würzburg: Oxytocin

Jörg Holländer, Höchberg/Susanne Adler, Lübeck

OXYTOCIN

Medikament	Oxytocin
Handelsnamen (Beispiel)	Syntocinon®
Arzneimittelgruppe	Peptidhormon des Hypothalamus
Dosis/Einheit	3 IE/1 ml → **3 IE/ml** **Verdünnung empfohlen**
Pharmakodynamik	
Indikation	Kritische **postpartale Blutung** (Uterusatonie)
Wirkung	Direkter Agonist an Oxytocinrezeptoren des Uterusmyometriums, dadurch Kontraktion der Muskulatur
Nebenwirkungen	Tachykardie oder Bradykardie, Herzrhythmusstörungen, Übelkeit und Erbrechen
Maßnahmen bei Nebenwirkungen	Symptomatische Therapie
Kontraindikationen	Unverträglichkeit/Allergie Sonst im Notfall keine relevanten Kontraindikationen
Schwangerschaft und Stillzeit	–
Wechselwirkungen	–
Dosierung	3 IE als langsamer Bolus Einmalige Repetition nach frühestens 5 Minuten möglich
Pharmakokinetik	
Applikationsweg	Intravenös oder intraossär
Applikationsgeschwindigkeit	Langsam (über eine Minute)
Wirkeintritt	Schnell
Wirkdauer	Wenige Minuten

Verdünnung

1 ml Originalkonzentration + 9 ml NaCl 0,9% → **0,3 IE/ml**

Besonderheiten

Für Oxytocin bestehen zahlreiche Kontraindikationen, die jedoch in der strikten Indikation „kritische postpartale Blutung (Atonie)“ nicht relevant sind.

Nach: Peripartal haemorrhage, diagnosis and therapy. Guideline of the DGGG, OEGGG and SGGG (S2k-Level, AWMF Registry No. 015/063, August 2022).

auch der bimanuell stützende Handgriff nach Hamilton in Erwägung gezogen werden. Diese Maßnahme ist allerdings extrem invasiv und schmerzhaft und sollte deshalb nur bei einer bewusstlosen Patientin oder mit entsprechender Analgesie durchgeführt werden.

Wärmeerhalt

Hypothermie ist ein zentraler Faktor der „tödlichen Trias“. Ein passiver Wärmeerhalt mit Rettungsdecken oder besser der aktive Wärmeerhalt unter Zuhilfenahme einer Wärmedecke mit integrierten Wärmeelementen ist essenziell, um die Gerinnungs-

Abb. 7 Medikamente für Notfallsanitäter*innen in Bayern, BRK BFS für Notfallsanitäter*innen Würzburg: Tranexamsäure

TRANEXAMSÄURE

Medikament	Tranexamsäure
Handelsnamen (Beispiel)	Cyklokapron®
Arzneimittelgruppe	Antifibrinolytikum
Dosis/Einheit	500 mg/5 ml → **100 mg/ml**
Pharmakodynamik	
Indikation	**Hyperfibrinolyse** Hämorrhagischer Schock
Wirkung	Hemmung der Fibrinolyse durch reversiblen Antagonismus am Plasminogen (keine Umwandlung zu Plasmin) Stabilisierung des Fibrinnetzes
Nebenwirkungen	Hautausschlag und Rötung, Sehstörungen, Hypotonie (bei zu schneller Injektion) Erhöhtes Thromboembolierisiko bei Prädisposition (Schlaganfall, Herzinfarkt, Lungenembolie)
Maßnahmen bei Nebenwirkungen	Symptomatische Therapie
Kontraindikationen	Unverträglichkeit/Allergie Thrombosen
Schwangerschaft und Stillzeit	Im Notfall keine Kontraindikation
Wechselwirkungen	–
Dosierung	Erwachsene → 1.000 mg als Kurzinfusion
Pharmakokinetik	
Applikationsweg	Intravenös
Applikationsgeschwindigkeit	Langsam als Kurzinfusion (über 10 Minuten)
Wirkeintritt	Schnell
Wirkdauer	3–5 Stunden

Jörg Holländer, Höchberg/Susanne Adler, Lübeck

Nach: AWMF: S3-Leitlinie „Polytrauma/Schwerverletzten-Behandlung".
https://www.awmf.org/leitlinien/detail/ll/012-019.html (Stand 12/2022) und DIVI- Kinder Notfallkarte 8/2023

fähigkeit des Blutes zu sichern. Nicht zu vergessen sind warme Infusionslösungen.

Hochdosierte Sauerstoffgabe

Die High-Flow-Therapie hilft, die Gewebe-Oxygenierung zu verbessern und die Azidose zu reduzieren. Dies stabilisiert den Kreislauf und optimiert die Gerinnungsmechanismen.

Permissive Hypotension

Eine permissive Hypotension mit einem systolischen Zieldruck von 80–90 mmHg wird angestrebt, um den Blutverlust zu minimieren, bis eine definitive Blutstillung in der Klinik erfolgen kann (➤ Abb. 5).

Medikamentöse Therapie

- **Oxytocin (10–40 IE):** zur Einleitung und Erhaltung der Uteruskontraktionen (➤ Abb. 6)
- **Tranexamsäure (1 g i. v.):** zur Unterbrechung der fibrinolytischen Prozesse und zur Stabilisierung der Gerinnung (➤ Abb. 7)

Es dürfen maximal 6–10 IE Oxytocin als Kurzinfusion verabreicht werden, also bis zu zwei Bolusga-

Tab. 1 Mögliche Auffälligkeiten bei der Diagnose Uterusatonie

Behandlungspriorität: Mutter potenziell kritisch					
ABCDE		**SAMPLER**		**OPQRST**	
A	Tachypnoe	**S**	atoner Uterus tastbar, starke vaginale Blutung, BV > 500 ml	**O**	**Keine Schmerzen!**
B		**A**		**P**	
C	Rekap-Zeit > 2 sec, Haut bleich, nass	**M**		**Q**	
D	verwirrt	**P**	Geburt	**R**	
E	vaginale Blutung	**L**		**S**	
		E		**T**	
		R			
Behandlung: Halten und Massieren des Uterus, Credé-Handgriff, eskalierend ggf. Aortenkompression oder Hamilton-Handgriff, Lagerung liegend nach Fritsch, Wärmeerhalt, Sauerstoffgabe, permissive Hypotension, Kreislaufstabilisierung, Uterotonika, Tranexamsäure					
Zielklinik: Versorgungsstufe I bis Versorgungsstufe IV nach SSW					

ben mit 3–5 IE Oxytocin i.v. Danach ist eine Dauertropfinfusion von 10–40 IE Oxytocin in 500–1.000 ml möglich. Die Dosis hängt hierbei von der uterinen Wirkung ab.
Die medikamentöse Therapie ist in der Präklinik zum Teil auch durch den Vorrat der Rettungsmittel vor Ort begrenzt.

Transportpriorität

Der schnellstmögliche Transport in eine spezialisierte gynäkologische Klinik hat oberste Priorität. Eine klare Kommunikation mit bzw. Voranmeldung an der Zielklinik sollte frühzeitig erfolgen, um die Übernahme der Patientin und eine nahtlose Weiterbehandlung zu gewährleisten.

Zusammengefasst finden Sie in ➤ Tab. 1 die wichtigsten Informationen zum Einschätzen, Erkennen und Behandeln einer Uterusatonie. Diese kann auch als Merkhilfe genutzt werden.

Nützliche Skills

Einschätzung des Blutverlustes

Um eine pathologische Blutungsmenge und damit eine nicht stillbare innere Blutung zu erkennen, sind mehrere Faktoren zu berücksichtigen. Zum einen muss die Blutungsmenge abgeschätzt werden, zum anderen muss den Fachkräften in der präklinischen Notfallrettung bewusst sein, dass die klinischen Zeichen eines hämorrhagischen

Jörg Holländer, Höchberg

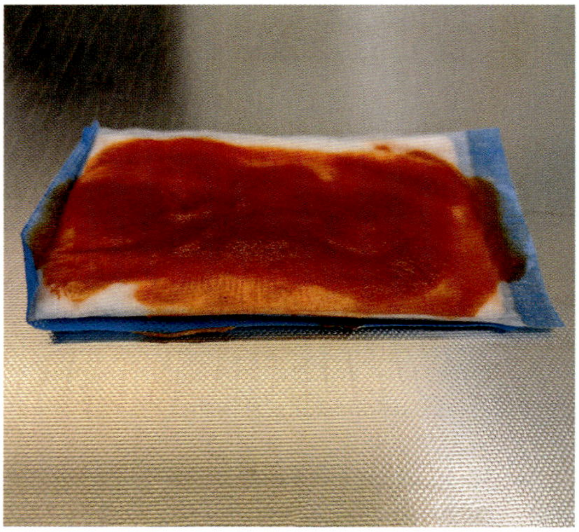

Abb. 8 Große Damenbinde/Saugkompresse mit 100 ml

Jörg Holländer, Höchberg

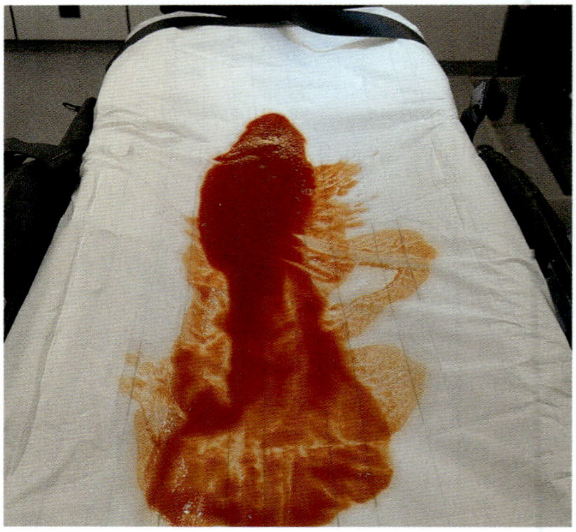

Abb. 9 Einmal-Krankenunterlage mit 250 ml

Schockgeschehens bei einer gerade noch schwangeren Frau verspätet auftreten können.
Ein zentraler Aspekt, den man im rettungsdienstlichen Kontext berücksichtigen muss, ist, dass die meisten gebärenden Frauen bis zu diesem Zeitpunkt als gesund gelten. Durch die körperlichen Veränderungen während der Schwangerschaft, insbesondere die deutliche Zunahme des Blutvolumens zum Ende der Schwangerschaft um ca. 40 % (1–2 Liter), kann der Körper selbst größere Blutverluste über einen längeren Zeitraum kompensieren. Dies birgt jedoch die Gefahr, dass der Ernst einer Situation wie bei einer postpartalen Blutung, insbesondere durch eine Uterusatonie, zunächst unterschätzt wird. Eine weitere Schwierigkeit stellt die visuelle Einschätzung des Blutverlustes von außen dar. Laut Leitlinie werden die Blutverluste um 30–50 % unterschätzt und dies gerade bei höheren Blutmengen. Spät einsetzende Symptome eines schweren Blutverlustes zusammen mit der Schwierigkeit, den Blutverlust visuell einzuschätzen, erschweren die Diagnostik der Uterusatonie. Darüber hinaus darf an dieser Stelle erwähnt werden, dass sich zu diesem Zeitpunkt evtl. nur ein RTW-Team an der Einsatzstelle befindet und sich der Fokus des Teams möglicherweise auf die Versorgung des Neugeborenen richtet.
Die folgenden Abbildungen können dabei helfen, eine sichtbare Blutmenge abzuschätzen:

- Kleine Damenbinde: 30 ml
- Große Damenbinde/Saugkompresse: 100 ml (➤ Abb. 8)
- Einmal-Krankenunterlage: 250–750 ml (➤ Abb. 9, ➤ Abb. 11)
- Nierenschale: 500 ml (➤ Abb. 10)
- 1 m^2 Blutlache: ca. 1.000 ml (➤ Abb. 12)

Im klinischen Alltag werden die Unterlagen oft gesammelt und dann gewogen, um den Blutverlust besser abschätzen zu können.

Kontrolle des Fundusstandes

Nach der Geburt der Plazenta sollte etwa alle 15 Minuten eine Kontrolle des Fundusstandes und der vaginalen Blutung durchgeführt werden, um dadurch frühzeitig Hinweise auf eine postpartale Hämorrhagie zu erkennen.
Die Frau liegt entspannt auf dem Rücken mit ausgestreckten Beinen. Optimalerweise ist die Harnblase

Jörg Holländer, Höchberg

Abb. 10 Nierenschale mit 500 ml

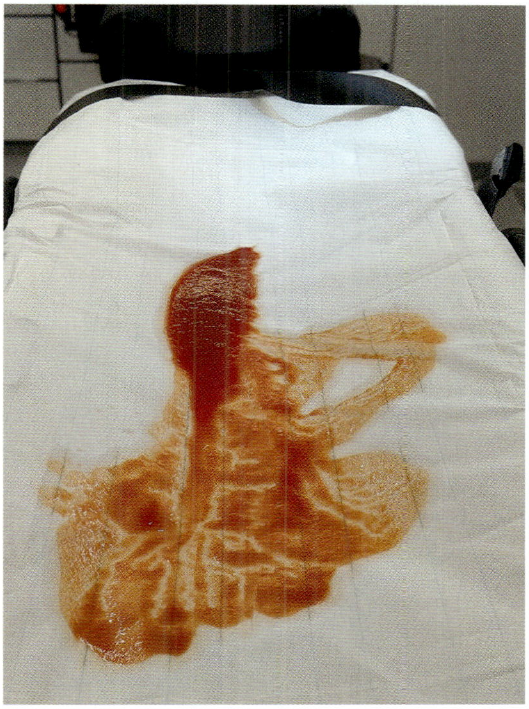

Jörg Holländer, Höchberg

Abb. 11 Einmal-Krankenunterlage mit 750 ml

Jörg Holländer, Höchberg

Abb. 12 Blutlache 70 × 60 cm mit 1.000 ml

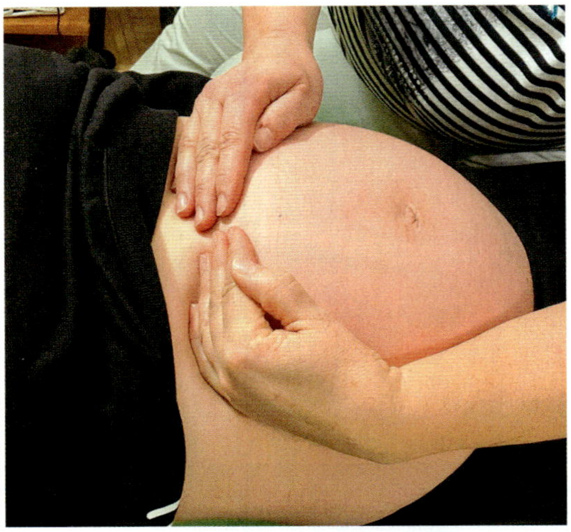

Abb. 13 Tasten des Fundus bei einer Schwangeren

Laura Schroll, Bad Brückenau

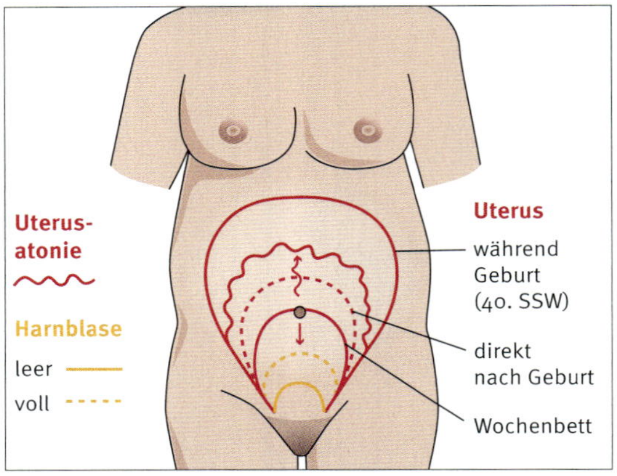

Abb. 14 Höhenstand der Gebärmutter vor der Geburt, kurz nach der Geburt und im Wochenbett, volle bzw. leere Harnblase

Eva Fella, Hammelburg/Susanne Adler, Lübeck

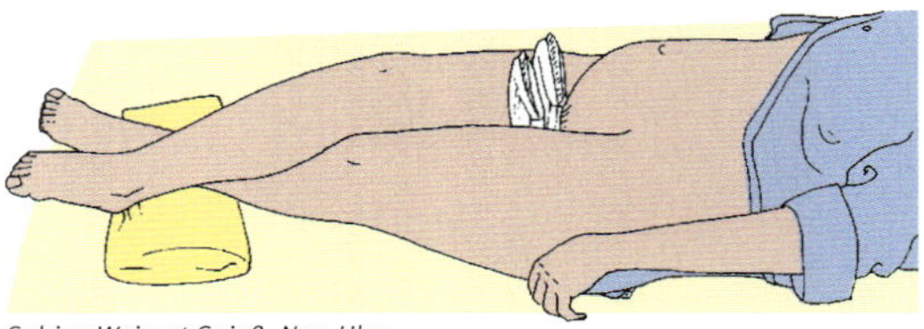

Abb. 15 Fritsch-Lagerung

Sabine Weinert-Spieß, Neu-Ulm

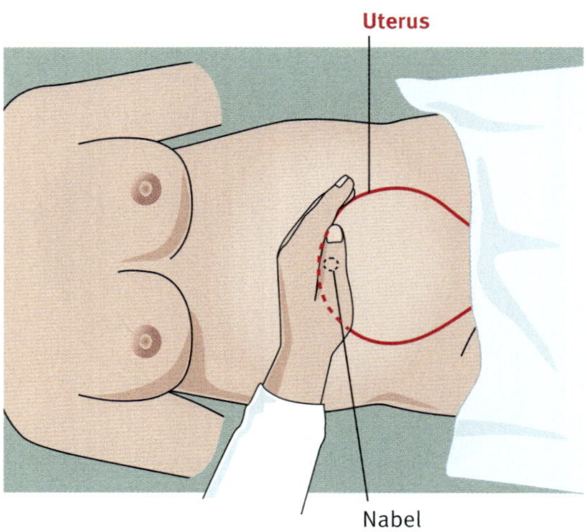

Abb. 16 Halten des Uterus

Eva Fella, Hammelburg/Susanne Adler, Lübeck

leer. Mit der flachen Handinnenfläche wird etwas oberhalb des Bauchnabels nach kaudal nach der Oberkante der Gebärmutter getastet (> Abb. 13). Beurteilt wird dann der Höhenstand des Uterusfundus und die Konsistenz der Gebärmutter.
Kurz nach der Geburt ist der Uterusfundus ungefähr in Höhe des Bauchnabels zu finden (> Abb. 14). Die Gebärmutter verkleinert sich mit jedem Wochenbetttag um ca. 1 Querfinger zur Symphyse hin und ist bei einer physiologischen Rückbildung ca. 10 Tage nach der Geburt von außen nicht mehr tastbar.
Ein gut kontrahierter Uterus tastet sich fest, ein atoner Uterus hingegen weich.

Fritsch-Lagerung

Die Fritsch-Lagerung dient nicht zur Therapie der Blutung, sondern zu ihrer Überwachung. Je nach Lagerung der Frau wird dabei die Vorlage vor der Vulva (bei Flachlagerung mit ausgestreckten überkreuzten Beinen, > Abb. 15) oder bei anderen Lagerungen die Unterlage auf den Abgang von Blut und/oder Koageln inspiziert. Hierbei ist auch auf die Intimsphäre der Frau zu achten! Durch regelmäßige Kontrollen ist auch eine Beurteilung des Verlaufs und damit der Stärke der Blutung möglich.

Halten und Massieren des Uterus

Die Frau liegt auf dem Rücken. Es wird nach dem Fundus getastet (> Abb. 13). Mit der Hand kann dann der Uterus mit leichtem kaudalem Druck und kreisförmigen Bewegungen gehalten und massiert werden (> Abb. 16). Die Maßnahme wird durchgeführt, bis der Uterus dauerhaft kontrahiert ist und die aktuelle Blutung physiologisch ist.
Das Halten des Uterus und damit die Kompression der Blutungsfläche ist entscheidend, um die Blutung einzudämmen, und darf bei atonem Uterus nicht sistiert werden. Es ist eine lebensrettende Maßnahme, die körperlich ähnlich anstrengend ist wie eine Herzdruckmassage in einer Reanimationssituation. Entsprechend kann ein Handwechsel zwischen den Einsatzkräften sinnvoll sein.

Praxistipp
Auch ein Kältereiz kann die Uteruskontraktion verbessern. Hierzu kann man während des Haltens des Uterus zusätzlich ein Coolpack auf das untere Abdomen legen.

Credé-Handgriff

Hierfür wird der Gebärmutterfundus wie mit einer Zange zwischen Daumen und Fingern umfasst und dadurch komprimiert (➤ Abb. 17).

Fazit

Abhängig vom Einsatzszenario sind die taktischen Überlegungen sorgfältig abzuwägen. Generell ist es vorteilhaft, alle zur Verfügung stehenden Ressourcen frühzeitig anzufordern. Eine Atonie kann sehr personalintensiv werden. Bei einer Notgeburt oder einer geplanten, von einer Hebamme begleiteten ambulanten oder häuslichen Geburt, die aufgrund einer Geburtskomplikation einen Rettungsdiensteinsatz erfordert, sollten stets ein zweiter Rettungswagen mit Transportinkubator, ein Notarzt sowie der Neugeborenennotarztdienst des nächstgelegenen Perinatalzentrums der Versorgungsstufe I nachgefordert werden. In einigen Rettungsdienstbereichen wie in den Landkreisen Fulda, Main-Kinzig-Kreis und Vogelsbergkreis in Hessen werden Hebammen zu Rettungsdiensteinsätzen mit Geburtsnotfällen von der Rettungsleitstelle mitalarmiert.

Den Uterus kleinzuhalten, zu komprimieren, ist eine lebensrettende Maßnahme, die körperlich anstrengend ist. Ähnlich wie die HDM bei einer Reanimation kann ein Wechsel der Helfer sinnvoll sein. Sobald der Teamführer die Arbeitsdiagnose atone Blutung als Behandlungsziel ausspricht, muss der Uterus bis zur Übergabe in der Klinik manuell komprimiert werden. Denken Sie daran, dass es sich hierbei um eine nicht stillbare, innere Blutung handelt. Die manuelle Kompression ist daher unser einziges Mittel, um die Blutung zu kontrollieren.

Quellen:

[1] Deneux-Tharaux C, Bonnet MP, Tort J. Épidémiologie de l'hémorragie du post-partum [Epidemiology of post-partum haemorrhage]. J Gynecol Obstet Biol Reprod (Paris). 2014 Dec; 43(10): 936–950.

[2] A Roadmap to combat postpartum haemorrhage between 2023 and 2030. Geneva: World Health Organization; 2023. Licence: CC BY-NC-SA 3.0 IGO

[3] Peripartal haemorrhage, diagnosis and therapy. Guideline of the DGGG, OEGGG and SGGG (S2k-Level, AWMF Registry No. 015/063, August 2022). Aus: http://www.awmf.org/leitlinien/detail/ll/015-063.html (letzter Zugriff: 24.2.2025)

[4] Chikkamath SB, Katageri GM, Mallapur AA et al. (2021) Duration of third stage labour and postpartum blood loss: a secondary analysis of the WHO CHAMPION trial data. Reprod Health. 2021; 18(1): 230.

[5] Begley CM, Gyte GM, Devane D et al. Active versus expectant management for women in the third stage of labour. 2015. Cochrane Database Syst Rev (3): CD007412

[6] Peripartal haemorrhage, diagnosis and therapy. Guideline of the DGGG, OEGGG and SGGG (S2k-Level, AWMF Registry No. 015/063, August 2022). http://www.awmf.org/leitlinien/detail/ll/015-063.html

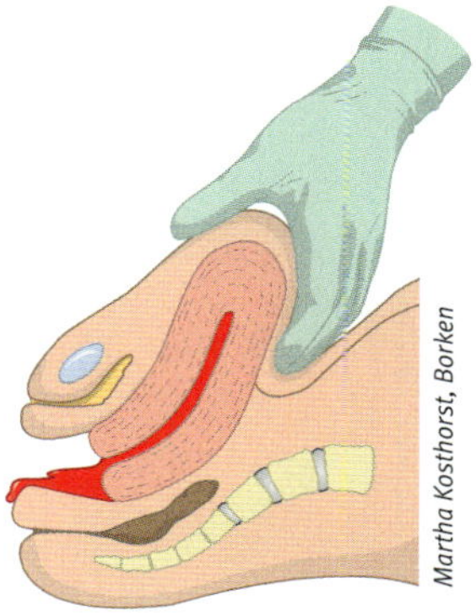

Abb. 17 Credé-Handgriff

Autorinnen und Autor

Dr. med. Johanna Büchel, MME (Master of Medical Education), Fachärztin für Gynäkologie und Geburtshilfe, Schwerpunktbezeichnung Spezielle Geburtshilfe und Perinatologie, Instruktorin für geburtshilfliche Notfälle. Derzeit tätig als Oberärztin in der Universitäts-Frauenklinik Würzburg und als Clinical Educator im Studiengang Hebammenwissenschaften am Lehrstuhl für Maternale Gesundheit und Hebammenwissenschaften, Universität Würzburg.

Eva Fella, (Familien-)Hebamme, Praxisanleiterin, Rettungssanitäterin, Dozentin im Rettungsdienst, Instruktorin für NLS. Derzeit tätig als Hebamme im Klinikum Würzburg Mitte. Autorin des Buches „Geburt im Rettungsdienst“ (S+K Verlag, 2024).

Jörg Holländer, Berufspädagoge im Gesundheitswesen Fachrichtung Rettungswesen B. A., Notfallsanitäter, Heilerziehungspfleger, Fachwirt im Gesundheitswesen, CRM-Instruktor. Derzeit tätig als stellvertretender Schulleiter an der BRK-Berufsfachschule für Notfallsanitäter*innen in Würzburg. Autor des Buches „Geburt im Rettungsdienst“ (S+K Verlag, 2024).

Interessenkonflikt: Die Autorinnen und der Autor geben an, dass kein Interessenkonflikt vorliegt.

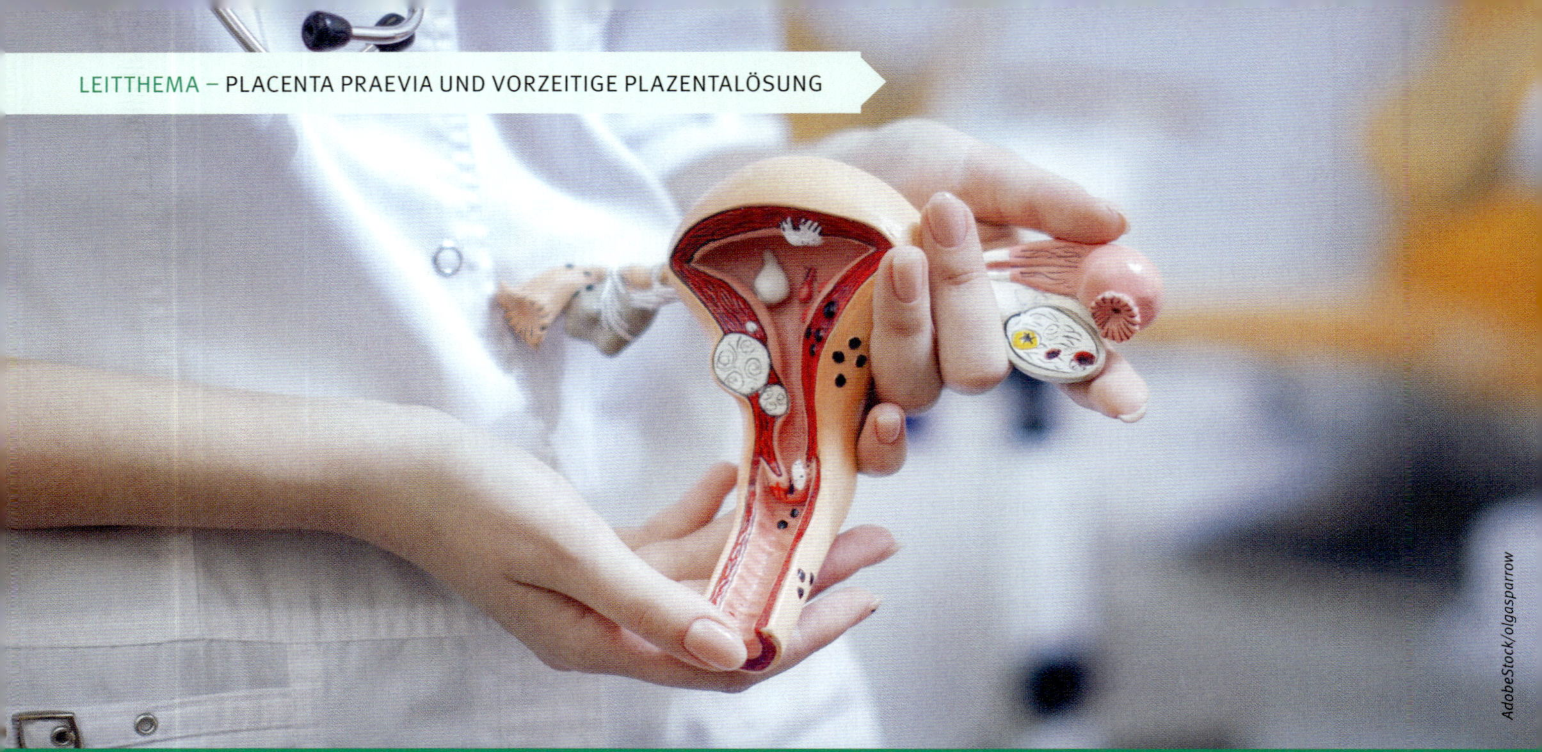

AdobeStock/olgasparrow

Blutige Überraschung: Placenta praevia und vorzeitige Plazentalösung

Schlüsselwörter:
Placenta praevia
Hypertonie in der Schwangerschaft
Abruptio placentae
Sonografie
Gerinnungsmanagement
Zeitmanagement
Zielklinik
Blutbank

Zusammenfassung: *Die vorzeitige Plazentalösung und die Placenta praevia sind akute geburtshilfliche Notfälle, die eine rasche Diagnose und Intervention erfordern. Die Kenntnis von Symptomen, Differenzialdiagnosen und Therapie sowie die interdisziplinäre Zusammenarbeit zwischen präklinischer Notfallmedizin, Geburtshilfe und Anästhesie sind entscheidend für ein optimales Outcome von Mutter und Kind. Eine klare sowie sichere Kommunikation im Team wie auch mit der Zielklinik sichert eine effiziente Versorgung dieser kritischen Patientinnen.*

Placenta praevia

Bedeutung in der Notfallmedizin

Die Placenta praevia stellt in der Notfallmedizin eine besondere Herausforderung dar, da sie mit einem hohen Risiko für dynamische, lebensbedrohliche Hämorrhagien verbunden ist. Sie ist eine der häufigsten Ursachen für schwere antepartale Blutungen, die einen sofortigen medizinischen Einsatz erfordern. Die Blutung kann plötzlich und ohne vorherige Warnzeichen auftreten, was schnelle diagnostische und therapeutische Maßnahmen notwendig macht. In der Notfallmedizin ist das primäre Ziel, die Blutung zu kontrollieren und den Volumenmangel zu korrigieren. Dies erfordert u. a. auch oft den Einsatz von Bluttransfusionen und schnell wirkenden Uterotonika

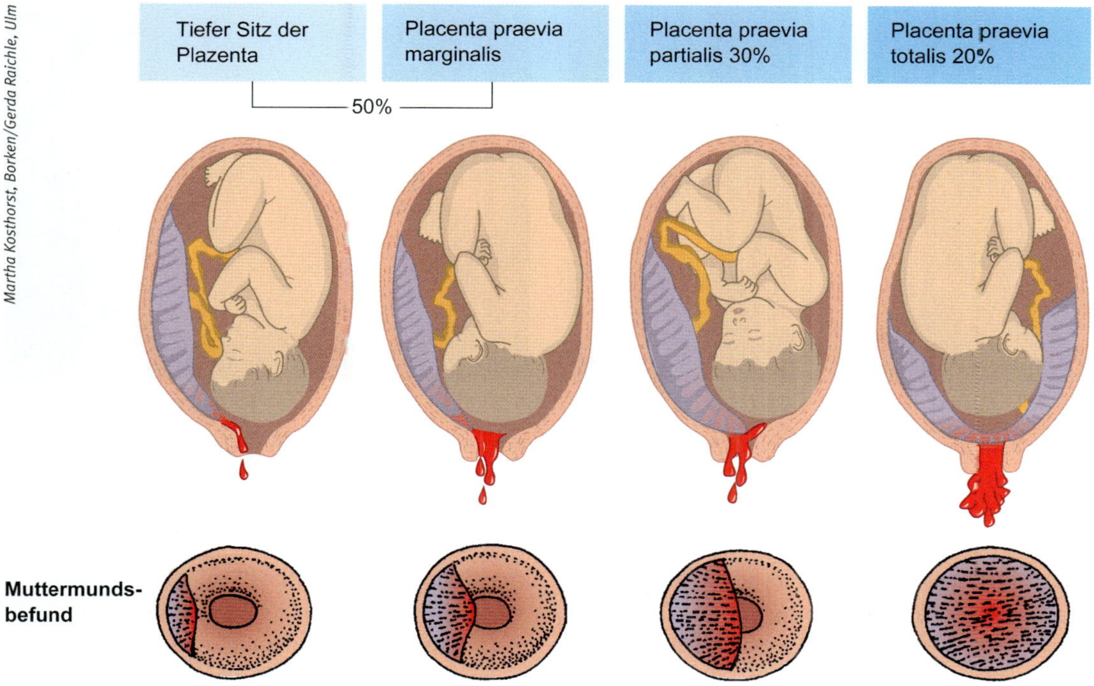

Martha Kosthorst, Borken/Gerda Raichle, Ulm

Abb. 1 Klassifikation der Placenta praevia

sowie Katecholaminen und Antifibrinolytika, um den Blutverlust zu minimieren [21].

Aufgrund der Lage der Plazenta über dem Zervikalkanal kann eine natürliche Geburt zu einer Zunahme der Blutung und weiteren Komplikationen führen. Daher muss die Möglichkeit einer Notfallsectio jederzeit gegeben sein, insbesondere in Einrichtungen, die für den Umgang mit Hochrisikogeburten ausgestattet sind.

Die Behandlung von Patientinnen mit Placenta praevia erfordert eine enge Zusammenarbeit zwischen prä-/innerklinischem Fachpersonal, Notfallmedizinern, Geburtshelfern und Anästhesisten. Die Vorbereitung auf eine potenzielle Notfallsectio und die Koordination der Patientenversorgung sind entscheidend [9].

Definition und Klassifikation

Im Normalfall sitzt die Placenta an der Vorder- oder Hinterwand des Corpus uteri. Die Placenta praevia bezeichnet eine Anomalie der Plazentalokalisation, bei der sich die Plazenta ganz oder teilweise im unteren Uterinsegment anlagert und den inneren Muttermund bedeckt oder ihm sehr nahekommt. Dadurch kann es während der Schwangerschaft oder unter der Geburt zu schmerzlosen, meist rezidivierenden Blutungen kommen, da sich der sich dehnende untere Uterusanteil von der Plazenta löst oder diese partiell abhebt [21,39].

Die Placenta praevia stellt einen der Hauptgründe für Blutungen im dritten Trimenon dar. Sie kann für lebensbedrohliche prä- und postpartale Blutungen verantwortlich sein, die mit einer erheblichen maternalen und perinatalen Morbidität einhergehen [39].

Eine gängige Klassifikation unterscheidet dabei (➤ Abb. 1):

- **Tiefer Sitz der Placenta:** Die Placenta sitzt im unteren Uterinsegment. Der Abstand zum inneren Muttermund beträgt mehr als 20 mm.
- **Placenta praevia totalis:** Die Plazenta bedeckt den inneren Muttermund vollständig.
- **Placenta praevia partialis:** Die Plazenta bedeckt den inneren Muttermund teilweise.
- **Placenta praevia marginalis:** Der untere Anteil der Plazenta reicht bis an den Rand des inneren Muttermunds.

Diese Einteilung ist maßgebend für die spätere Therapie. In der ICD-10-GM Version 2024 hat die Placenta praevia *ohne* aktuelle Blutungen den Code 044.0 und *mit* aktueller Blutung den Code 044.1. Unter einer aktuellen Blutung wird eine Blutung innerhalb der letzten 24 Stunden verstanden.

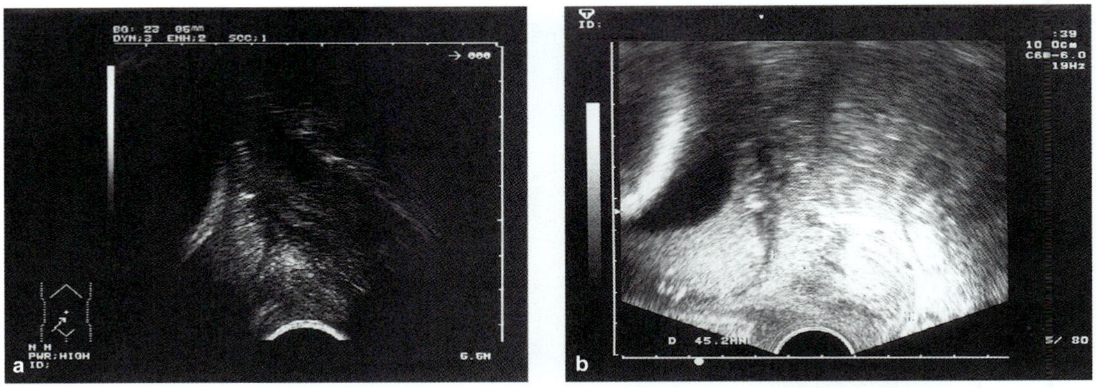

Abb. 2 Placenta praevia in der Vaginalsonografie [48]

Häufig geht die Placenta praevia einher mit einem erhöhten Risiko für massive Blutungen und Komplikationen wie vorzeitige Wehen oder eine pathologische Plazenta-Haftung (z. B. Placenta accreta). Die Diagnose erfolgt mittels transvaginaler und/oder transabdominaler Ultraschalluntersuchung (➤ Abb. 2) und ist wegweisend für das weitere Vorgehen in der Schwangerschaftsbetreuung und Geburtsplanung [39].

Epidemiologie und Risikofaktoren

Prävalenz

Die Placenta praevia tritt bei etwa 0,4 % bis 0,7 % aller Schwangerschaften auf. Die Häufigkeit kann je nach Bevölkerungsgruppe und Risikofaktoren variieren [8,10,45] (➤ Abb. 3).

Die Prävalenzraten variieren zwischen verschiedenen ethnischen Gruppen: Asiatische Frauen haben beispielsweise eine höhere Prävalenz als kaukasische oder hispanische Frauen. Dies könnte auf genetische, umweltbedingte und sozioökonomische Faktoren zurückzuführen sein, die in verschiedenen Regionen variieren. [1,8,10,45]

Abb. 3 Prävalenz der Placenta praevia in Deutschland (mod. nach Cresswell et al. [8])

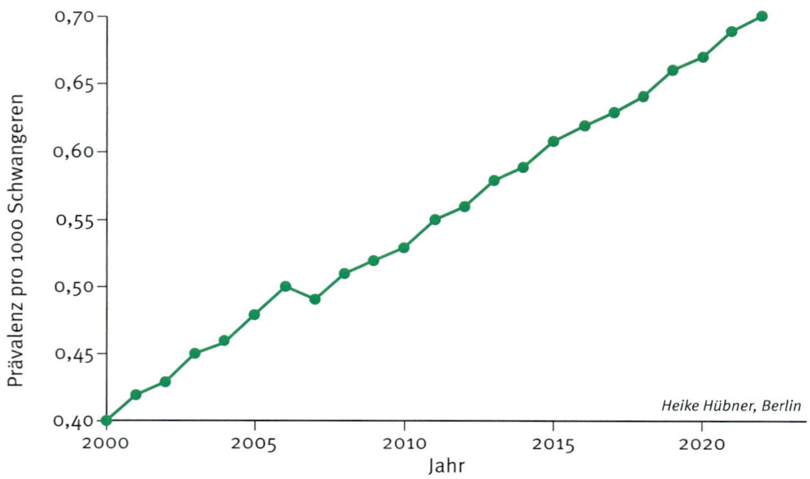

Risikofaktoren

Als Risikofaktoren gelten [7,10,45] (➤ Abb. 4):

- Frauen mit mehreren vorangegangenen Schwangerschaften oder Geburten haben generell ein erhöhtes Risiko.
- Vorangegangene Uterusoperationen oder -verletzungen: Dazu zählen vorangegangene Kaiserschnitte, Myom-Operationen oder andere Eingriffe am Uterus.
- Vorangegangene Sectio caesarea (je mehr vorangegangene Kaiserschnitte, desto höher das Risiko (➤ Abb. 5).
- Höheres Alter der Mutter (> 35 Jahre) ist mit einem erhöhten Risiko für Placenta praevia verbunden.
- Mehrlingsschwangerschaften: Die Prävalenz von Placenta praevia ist bei Zwillingen oder anderen Mehrlingsschwangerschaften höher.
- Rauchen und der Konsum bestimmter Drogen während der Schwangerschaft können das Risiko einer Placenta praevia erhöhen.
- Künstliche Befruchtung (IVF, ICSI).

Pathophysiologie

Implantationsanomalie der Plazenta

Die Placenta praevia resultiert aus einer anomalen Implantation der Plazenta im unteren Bereich des Uterus, nahe oder über dem inneren Muttermund. Diese abnorme Lokalisation kann durch verschiedene Faktoren beeinflusst werden, einschließlich Veränderungen in der Uterusmorphologie oder Vernarbungen des Endometriums.

Verminderte Dezidualisierung

Bei Frauen mit Placenta praevia wird oft eine verminderte Dezidualisierung im Bereich des unteren Uterinsegments beobachtet. Die Dezidua bildet normalerweise eine Barriere, die eine zu tiefe Implantation der Trophoblasten verhindert. Eine unzureichende Dezidualisierung kann dazu führen, dass die Plazenta tiefer in das Myometrium eindringt, was das Risiko für Placenta accreta und andere Komplikationen erhöht.

Gestörte Vaskularisation

Die abnormale Plazentation im unteren Uterinsegment, das eine geringere vaskuläre Versorgung als der Fundus aufweist, führt zu einer unzureichenden Blutversorgung der Plazenta. Dies kann die Plazenta vulnerabler für Ablösungen und Blutungen machen, insbesondere während der späten Schwangerschaft und bei Wehentätigkeit.

Eine reduzierte Durchblutung in höhergelegenen Uterusarealen kann ebenso gegeben sein, sodass der Trophoblast nach tiefer gelegenen, noch gut durchbluteten Bereichen sucht und es dadurch zur Anlagerung im unteren Uterinsegment kommt. Die Plazenta ist somit anfälliger für Ablösungen und Blutungen. Eine Hypervaskularisierung und veränderte Endometriumstruktur ist vornehmlich bei Multipara oder durch Hormonbehandlungen (z. B. im Rahmen von IVF) zu finden.

Fehlende oder insuffiziente Decidua basalis im unteren Segment

Der Aufbau der Decidua basalis (der für die Plazentahaftung zuständigen Gebärmutterschleimhaut) ist im unteren Uterinsegment häufig nicht in gleichem Maße ausgeprägt wie im Fundusbereich. Wenn sich die Plazenta dennoch dort verankert, kann die Haftzone empfindlicher sein, da die mütterliche Gefäßversorgung in dieser Region dünner und das Myometrium weniger mächtig ist. Dies erhöht die Gefahr von Plazentationsstörungen (z. B. Placenta accreta, increta oder percreta), also der abnorm tiefen Invasion der Plazenta in oder sogar durch das Myometrium.

Mechanische Faktoren

Während der Schwangerschaft dehnt sich das untere Uterinsegment aus, was bei einer Placenta praevia zu einer zunehmenden Spannung und potenziellen partiellen Ablösung der Plazenta führen kann. Dies erklärt die typischen schmerzlosen Blutungen, die oft bei diesem Zustand auftreten.

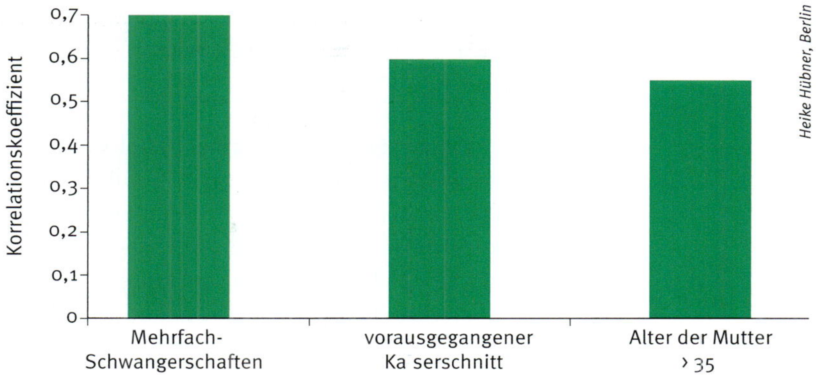

Abb. 4 Korrelation der Placenta praevia mit verschiedenen Risikofaktoren (mod. nach Cresswell et al. [8])

Dynamik der Placenta praevia im Verlauf der Schwangerschaft

- *Dehnung des unteren Uterussegments:* Mit zunehmendem Schwangerschaftsalter dehnt sich das untere Uterinsegment. Liegt die Plazenta dort an, kann es in Kombination mit leichter Zervixreifung oder Vorwehen zu (Teil-)Ablösungen kommen.
- *„Wanderungs"-Phänomen:* Bei einer im 2. Trimenon festgestellten tiefliegenden Plazenta kann es vorkommen, dass sich die Plazentagrenze „vom Muttermund wegbewegt", während der Uterus nach oben hinwächst. Allerdings gilt dieses Phänomen vor allem für tiefliegende Plazenten; eine echte Placenta praevia totalis bleibt meist fix an ihrem Ort.
- *Blutungsneigung:* Ablösungen im Bereich des unteren Segments führen zu schmerzlosen, hellroten Blutungen, da die dortigen Gefäße

Abb. 5 Prävalenz der Placenta praevia nach vorangegangenen Kaiserschnitten (mod. nach Cresswell et al. [8])

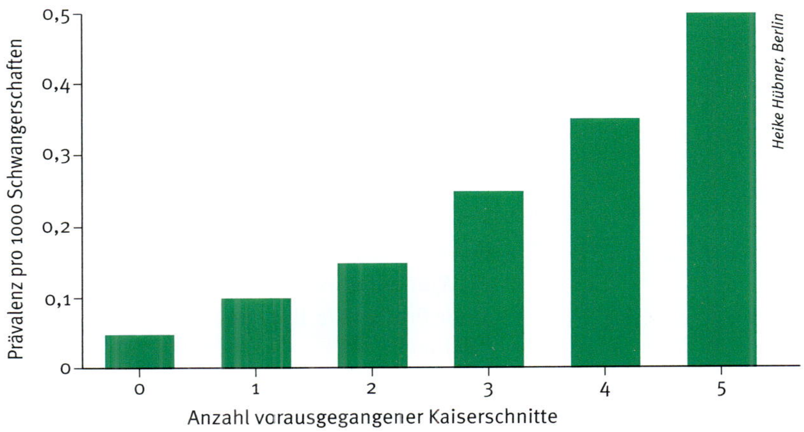

durch fehlende muskuläre Kompression schnell und stark bluten können.

Zusammenfassung der pathophysiologischen Kernpunkte

Die Pathophysiologie der Placenta praevia ist komplex und multidimensional. Neben mechanischen und anatomischen Faktoren (Narben, Uterusstruktur) spielen endokrine Einflüsse (z.B. durch IVF) und Risikofaktoren (höheres Alter der Mutter, Multiparität) eine Rolle.

- Fehlimplantation im unteren Uterinsegment (untypische Plazentationszone) aufgrund veränderter Endometriumstruktur, Narbengewebe oder geringer Perfusion im Fundusbereich.
- Eingeschränkte Fähigkeit zur Blutstillung im unteren Uterussegment, da weniger Muskelschichten für eine kontraktive Kompression vorhanden sind.
- Mechanische Dehnung und Öffnung des Muttermundes führt zu (Teil-)Ablösung von Plazentagewebe und damit oft zu schmerzlosen, hellroten Blutungen.
- Erhöhtes Risiko für abnorm tiefe Plazentainvasionen (Placenta accreta/increta/percreta), besonders nach multiplen Uteruseingriffen.
- Hohes Komplikationspotenzial hinsichtich vorzeitiger Wehen, Frühgeburt, starker maternaler Blutungen und ggf. Hysterektomie.

Allgemeine Symptome und Diagnostik

Charakteristische Merkmale

- Typisches Leitsymptom:
  - Schmerzlose, hellrote, oft plötzliche vaginale Blutung.
- Blutungsstärke:
  - Kann von geringer Schmierblutung bis hin zu starken Blutungen reichen (mit Gefahr des Ausblutens).
  - Wiederholtes Auftreten möglich, meist ohne Prodomi (z.B. ohne spürbare Wehen).
- Uterus:
  - In der Regel weich und nicht druckschmerzhaft.
  - Keine oder nur geringe Kontraktionen (im Unterschied zur vorzeitigen Plazentalösung).
- Schmerzfreiheit:
  - Typischerweise fehlen die intensiven Schmerzen, die man bei einer Abruptio placentae (vorzeitige Plazentalösung) erwartet.
- Hämorrhagische Schocksymptomatik (bei stärkeren Blutungen):
  - Blässe, kaltschweißige Haut, Tachykardie, Hypotonie, Unruhe, ggf. Bewusstseinsstörungen.

Differenzialdiagnostik

In der Differenzialdiagnostik ist es besonders wichtig, die Placenta praevia von anderen Notfallbildern abzugrenzen [35]:

- Vorzeitige Plazentalösung (Abruptio placentae)
  - Meist sehr schmerzhafte, dunkle Blutung, harter (tonischer) Uterus, oft mit Abwehrspannung.
  - Die Mutter kann rasch hämodynamisch dekompensieren.
  - Schmerzen können lokalisiert (z.B. Rücken-/Unterbauchschmerzen) oder diffus sein.
- Uterusruptur
  - Heftige Bauchschmerzen, oft plötzlicher Wehenstopp, Schockzustand, pathologisches CTG (intrauterin).
  - Meist nach mechanischer Überlastung oder infolge einer Narbe (früherer Kaiserschnitt).
  - Sehr selten, aber lebensbedrohlich.
- Vasa praevia
  - Blutung oft ebenfalls hellrot, aber typischerweise verbunden mit fetalem Blutverlust (Gefäße der Nabelschnur/Plazenta verlaufen über dem inneren Muttermund).
  - Rascher kindlicher Herzfrequenzabfall (fetaler Distress).
- Geburtsnahe Verletzungen/Zervixverletzungen
  - Blutung kann ebenfalls hellrot sein, jedoch meist erst intrapartal bei fortgeschrittener Muttermundseröffnung oder unter der Geburt erkennbar.
  - Kann postpartal durch Risse in der Vagina, Vulva oder am Zervixrand auftreten.

Merke: Besonders charakteristisch bei der Placenta praevia ist die plötzliche, meist schmerzlose, helle Blutung bei einem relativ weichen, nicht schmerzhaften Uterus.

Allgemeine Diagnostik

Die Diagnose wird üblicherweise mittels Ultraschalls gestellt, sowohl durch transabdominale als auch transvaginale Ansätze, um die Lage der Plazenta in Bezug auf den inneren Muttermund zu bestimmen. Dies ist entscheidend, um das Vorliegen einer Placenta praevia zu bestätigen und um den Grad der Überdeckung des Muttermundes zu beurteilen [17,35,43].

Leitlinienempfehlung

- Bei V.a. Placenta-praevia-, Vasa-praevia- oder Placenta-accreta-Spektrum soll eine vaginalsonografische Beurteilung erfolgen [43].
- Die Vaginalsonografie stellt den Goldstandard zur Diagnose einer Placenta praevia dar (Sensitivität 87,5 %, Spezifizität 98,8 %, PPV 93,3 %, NPV 97,6 %) [16,43].

Präklinische Diagnostik und Management

Sonografie

Die präklinische Sonografie bietet eine Möglichkeit zur Diagnose und Einschätzung bei Verdacht auf Plazenta praevia:

- Mittels Sonografie können Hinweise auf eine tiefliegende, den Geburtskanal teilweise oder vollständig bedeckende Plazenta geliefert werden.
- Es ermöglicht eine Differenzierung zwischen weiteren Ursachen einer vaginalen Blutung, wie z. B. Abruptio placentae oder Verletzungen des Geburtskanals.
- Mittels Sonografie lassen sich fetale Herzaktionen präklinisch zügig und non-invasiv nachweisen.
- Vaginalsonografie wird aktuell präklinisch technisch nicht unterstützt

Limitationen

Eine unter Umständen zeitintensive, präklinische Ultraschalluntersuchung kann den Patiententransport entscheidend verzögern.

Ebenso ist der diagnostische Mehrwert einer präklinischen Sonografie maßgeblich von der Expertise und der Erfahrung des Anwenders abhängig. Es gilt zu beachten, dass Fehlinterpretationen sowie langwierige Darstellungsversuche fatale Zeit- und Behandlungsfolgen haben können.
Mobile Ultraschallgeräte können insbesondere bei agitierten, vital bedrohten und/oder stark blutenden Patientinnen sowie unzureichender, technischer und lokaler Infrastruktur Schwierigkeiten in der zeitgerechten Bildgebung aufweisen [43].

Merke: Der wichtigste limitierende Faktor ist, dass die Sonografie präklinisch keine therapeutischen Konsequenzen hat. Bei einer Patientin mit starkem Blutverlust und Placenta praevia kann nur ein umgehender Transport in ein spezialisiertes Zentrum mit gynäkologischem OP, 24/7-Blutbank und/oder Kreißsaal das Leben von Mutter und Kind retten.

Allgemeine Maßnahmen

Primärmaßnahmen

Strukturierte Erstbeurteilung inkl. Schlüsselmaßnahmen nach ABCDE und dem Erheben einer SAMPLER-Anamnese.

- Lagerung:
  - Schocklage bzw. flache Rückenlage mit leicht angehobenen Beinen (sofern keine Atemnot oder Wehenkontraindikationen).
  - Alternativ Linkslagerung (Linksseitenlage) ab der ca. 20. SSW, um einen Vena-cava-Kompressionseffekt zu vermeiden.
- Großlumige venöse Zugänge (möglichst zwei) legen.
- Im Fall von starker Blutung Volumenersatz (Kristalloide).
- Sauerstoffgabe:
  - Bei Anzeichen von Hypoxie ($SpO2 < 94\,\%$), respiratorische Insuffizienz oder Schockzustand indiziert.
- Hypothermie-Management:
  - Im Rahmen der Schockbekämpfung und des Gerinnungsmanagements profitieren die Patientinnen von einem frühzeitigen Wärmeerhalt und einer optimierten Umgebung. Ein aktiver Wärmeerhalt mittels Wärmedecken

kann ebenfalls in Betracht gezogen werden. Ziel ist eine Normothermie.

Fokussierte Anamnese

- Schwangerschaftswoche ermitteln.
- Vorangegangene Kaiserschnitte, gynäkologische Operationen oder Mehrlingsschwangerschaften?
- Bisherige (Vor-)Blutungen während der Schwangerschaft?
- Anzahl der Geburten, Risikofaktoren (Rauchen, hohes Alter, IVF)?
- Beurteilung der Blutungsmenge:
  - Einschätzung der Blutungsintensität (Menge/Zeitraum/Frequenz der Binden- oder Vorlagenwechsel).
    Die visuelle Schätzung des Blutverlusts ist inakkurat. Validierte Messverfahren zur Bestimmung des Blutverlustes sind zu bevorzugen.
    Bei verstärkter Blutung/peripartaler Hämorrhagie (PPH) soll das Sammeln und Wiegen (nur im Krankenhaus) aller mit Blut „getränkten“ Unterlagen, Binden, Wäsche und aller Koagula erfolgen.
  - Vorhandensein von Koageln.
  - Zur Einschätzung des Blutverlustes soll die klinische Symptomatik der Patientin (Zeichen einer Hypovolämie) berücksichtigt werden: Schock-Index (HF/RRsys) $>0{,}9$ [2]

Spezielle Pathophysiologie und Maßnahmen

Hämostatische Veränderungen in der Schwangerschaft

Während der Schwangerschaft unterliegt das hämostatische System signifikanten physiologischen Anpassungen, die darauf abzielen, den Blutverlust während der Geburt zu minimieren. Diese Veränderungen führen zu einem prokoagulatorischen Status, der sich durch eine gesteigerte Synthese prokoagulatorischer Faktoren sowie eine verminderte Aktivität antikoagulatorischer Mechanismen manifestiert [23,39].

Veränderungen der Gerinnungsfaktoren und des antikoagulatorischen Systems

Im Verlauf der Schwangerschaft kommt es zu einer erhöhten Konzentration von Fibrinogen (Faktor I), Faktor VIII und dem Von-Willebrand-Faktor (vWF). Diese Veränderungen steigern die Gerinnungsfähigkeit des Blutes und bereiten den Körper auf den physiologisch erwartbaren Blutverlust während der Geburt vor. Parallel dazu nimmt die Aktivität des Tissue Factors (Gewebefaktor, Faktor III) zu, der eine Schlüsselrolle in der initialen Thrombinbildung spielt. Die Aktivität natürlicher Antikoagulanzien ist während der Schwangerschaft reduziert. Besonders relevant ist die verminderte Konzentration von Protein S, einem wichtigen Inhibitor der Gerinnung, was zur prokoagulatorischen Verschiebung beiträgt. Zusätzlich ist die fibrinolytische Aktivität im dritten Trimenon eingeschränkt, welches durch eine erhöhte Konzentration von Plasminogen-Aktivator-Inhibitoren (PAI-1 und PAI-2) bedingt ist. PAI-2 wird primär in der Plazenta produziert und trägt wesentlich zur Reduktion der Fibrinolyse bei [23,39].

Postpartale Veränderungen

Nach der Geburt kommt es durch die Lösung der Plazenta zu einem abrupten Abfall der PAI-2-Spiegel, was eine Zunahme der fibrinolytischen Aktivität zur Folge hat. Der Tissue-type Plasminogen Activator (tPA), der in der Uterusschleimhaut reichlich vorhanden ist, fördert gemeinsam mit der erhöhten Plasminogenkonzentration die postpartale Fibrinolyse, wodurch überschüssige Fibrinablagerungen im Gefäßsystem abgebaut werden [23].

Pathophysiologische Risiken

Das bei der Geburt entstehende Gewebetrauma führt zur Freisetzung von Tissue Factor, welches die Thrombinbildung zusätzlich verstärkt. In bestimmten Situationen, wie schweren Blutungen, Infektionen oder prädisponierenden Grunderkrankungen, kann eine übermäßige Gerinnungsaktivierung auftreten, die in eine disseminierte intravaskuläre Koagulopathie (DIC) münden kann. Diese ist durch eine unkontrollierte Thrombinbildung mit konsekutiver Hyperfibrinolyse gekennzeichnet und stellt einen potenziell lebensbedrohlichen Zustand dar [23].

Pharmakologische Therapie

Antifibrinolytische Therapie

Der WOMAN-Trial, eine multizentrische, randomisierte Studie mit über 20.000 Frauen, hat gezeigt, dass Tranexamsäure (TXA) die Sterblichkeitsrate

der betroffenen Frauen um 20–30 % senken kann, insbesondere wenn die Gabe innerhalb von 20 Minuten nach Beginn der Blutung erfolgt. Es konnte festgestellt werden, dass Verzögerungen um jeweils 15 Minuten den Nutzen der Therapie um ca. 10 % reduzieren [13,36,37].
Dosierung nach der S2k-Leitlinie der DGGG „Peripartale Blutungen, Diagnostik und Therapie":

- 1 g Tranexamsäure nach Diagnosestellung PPH.
- Bei persistierender Blutung kann nach 30 Minuten eine zweite Dosis von 1 g TXA verabreicht werden, um die antifibrinolytische Wirkung zu verstärken.

Bei Frauen, denen innerhalb von drei Stunden nach der Geburt Tranexamsäure verabreicht wurde, konnte eine signifikante Reduktion des Sterberisikos durch Blutungen beobachtet werden (89 [1,2 %] Frauen starben in der Tranexamsäure-Gruppe gegenüber 127 [1,7 %] in der Placebo-Gruppe, RR 0,69, 95 % KI 0,52–0,91; p = 0,008) (> Abb. 6).
Eine nach drei Stunden verabreichte Tranexamsäure-Gabe führte nicht zu einer signifikanten Reduktion (66 [2,6 %] in der Tranexamsäure-Gruppe gegenüber 63 [2,5 %] in der Placebo-Gruppe, RR 1,07, 95 % KI 0,76–1,51; p = 0,70).

Hinsichtlich der Art der Geburt oder der Ursache der Blutung konnte keine Heterogenität in der Wirkung festgestellt werden [13,36,37].

Kalzium

Kalzium spielt eine wichtige Rolle bei der Uteruskontraktion und der Blutgerinnung. Ein niedriger Kalziumspiegel kann zu einer verminderten Uteruskontraktion (Atonie) und damit zu verstärkten Blutungen führen [44].
Die Ergänzung der Hypokalzämie als eigenständiger Teil der Letalen Triade zum Letalen Diamanten [47] rechtfertigt einen Kommentar zur Kalzium-Zufuhr im Kontext einer peri-/postpartalen Blutung. Es ist wichtig zu erwähnen, dass es aktuell **keine Empfehlung zur routinemäßigen Gabe von Kalziumpräparaten** in der Präklinik gibt. Es liegen einige Studien vor, die vielversprechende Ergebnisse zur Reduktion von Blutverlust und Uterusatonie durch eine Kalziumgabe zeigen, jedoch ist weitere Forschung dazu notwendig [44].

Volumenmanagement

Im Rahmen der Behandlung einer peripartalen Hämorrhagie ist die Stabilisierung des Kreislaufs von

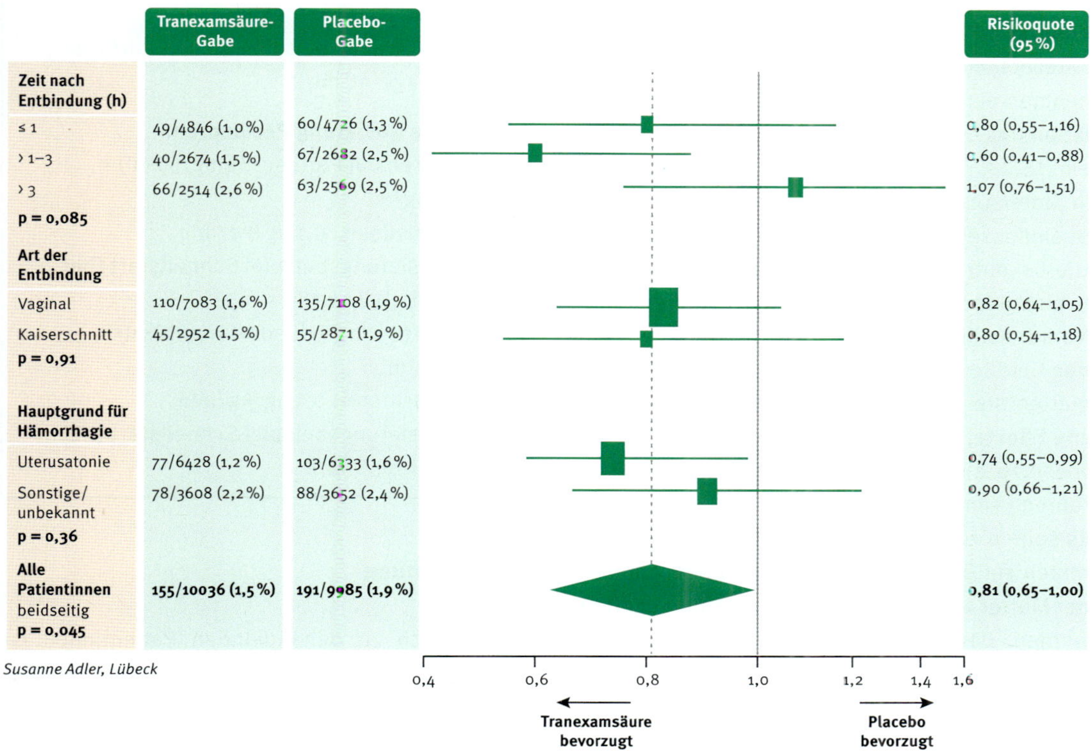

Abb. 6 Nutzen der Gabe von Tranexamsäure

essenzieller Bedeutung, wobei eine Verschlechterung der bereits bestehenden oder drohenden Koagulopathie unbedingt vermieden werden muss. Die sorgfältige Selektion der Volumenersatzmittel nimmt dabei eine entscheidende Rolle ein. Es ist äußerst wichtig, eine verdünnungsbedingte Koagulopathie zu vermeiden. Der Einsatz kolloidaler Lösungen sollte nicht die primäre Behandlungsmethode darstellen, da diese nachweislich mehrere negative Effekte auf die Hämostase zeigen können. Es wird konstatiert, dass die Verstärkung der Gewebsödeme auf eine erhöhte Kapillarleckage sowie osmotische Effekte zurückzuführen ist.

Kolloide stören die Fibrinpolymerisation und Thrombozytenaggregation, welche die Gerinnung weiter verschlechtern. Der Volumenersatz mit Kolloiden trägt stärker zur Verdünnung der Gerinnungsfaktoren bei als bei der Gabe kristalloider Lösungen [2].

Merke: Mittel der ersten Wahl im Rahmen des initialen Volumenersatzes sind balancierte Vollelektrolytlösungen!

Katecholamin-Gabe im pathophysiologischen Kontext

Katecholamine wie Noradrenalin und Adrenalin nehmen eine bedeutende Funktion bei der Regulation des Gefäßtonus und der Uteruskontraktion ein [15,28].

In Untersuchungen an Tiermodellen konnte die Beeinflussung des uterinen Blutflusses und der Uteruskontraktion durch die Gabe von Katecholaminen nachgewiesen werden. In Studien führte Noradrenalin zu einer Vasokonstriktion der uterinen Gefäße und einer verstärkten Kontraktion der glatten Uterusmuskulatur. Adrenalin zeigte ähnliche Effekte, wobei die β_2-adrenerge Wirkung teilweise zu einer Relaxation der Uterusmuskulatur führen kann [6,15,18,19,28,34].

Es sollten weitere kontrollierte Studien zu den Effekten auf den Blutverlust, die Hämodynamik bei der Mutter und neonatale Outcomes durchgeführt werden. Darüber hinaus bedarf es weiterer Forschung bezüglich der Interaktion mit anderen Uterotonika wie Oxytocin.

Katecholamin-Gabe zur Kreislaufstabilisierung

Push-Dose-Pressoren (PDP) stellen eine spezifische Form der Vasopressorengabe dar, deren Relevanz in der Notfall- und Intensivmedizin signifikant zunimmt. Der Vorteil dieser Methode besteht in der schnellen und titrierbaren Gabe von Vasopressoren zur akuten Behandlung von Hypotension und Kreislaufinstabilität. Die Wirkungsweise von PDPs zeichnet sich durch eine rasche Wirkung aus, die in einem Anstieg des Blutdrucks resultiert. Dieser Anstieg manifestiert sich typischerweise innerhalb von Sekunden bis wenigen Minuten [5,11,14,22,24,26,30,31,32,33,40,42,46].

Die Verabreichung kann über einen peripheren intravenösen Zugang erfolgen. Die Wirkdauer ist kurz: ca. 5 bis 20 Minuten. Hierdurch ist eine rasche repetitive Gabe notwendig. Ein frühzeitiger Wechsel auf einen Katecholamin-Perfusor sollte angestrebt werden [11,14,22,24,26,30,31,32,33, 40,42,46].

Mögliche Dosierung „Push Dose"-Perfusor:

- Verdünnung von 1 mg Noradrenalin mit je 100 ml NaCl 0,9 % (ca. 10 µg/ml)
  - Dann davon 10 ml (ca. 100 µg) abziehen
  - In 1–3 ml Boli (10–30 µg Boli) i. v. verabreichen
  - Startdosis: 0,1 µg/kg/min
  - Dosierungsbeispiel Schnellstart (bei 70 kg): 40 ml/h

Mögliche Dosierung Perfusoren:

- Noradrenalin Perfusor (1 mg/50 ml) = 0,02 mg/ml
  - Startdosis: 0,1 µg/kg/min
  - Dosierungsbeispiel Schnellstart (bei 70 kg): 20 ml/h
- Noradrenalin Perfusor (5 mg/50 ml) = 0,1 mg/ml
  - Startdosis: 0,1 µg/kg/min
  - Dosierungsbeispiel Schnellstart (bei 70 kg): 5 ml/h

Überwachung

Bei kritisch zu behandelnden Patientinnen ist eine engmaschige Überwachung der Vitalfunktionen unerlässlich. Diese umfasst die Messung der

Blutdruckwerte in Intervallen von weniger als fünf Minuten, die Verwendung eines Pulsoxymeters sowie eine kontinuierliche Herzfrequenzüberwachung. Zudem ist eine regelmäßige Neubewertung nach dem ABCDE-Schema erforderlich [2].

Merke: Bei Verdacht auf Placenta praevia kann eine vaginale Untersuchung weitere Blutungen provozieren. Diese sollte daher nur in der Klinik durch Gynäkologen/Entbindungspersonal unter sterilen Bedingungen und Ultraschallkontrolle erfolgen.

Transportstrategie

- Zügiger Transport in eine Fachklinik (Level I Perinatalzentrum oder zumindest Geburtsklinik mit Blutbank und Möglichkeiten einer sofortigen Sectio).
- Behandlungspriorität: Stabile Kreislaufverhältnisse erhalten, Schockvermeidung, zügiger Transport ohne unnötige Verzögerungen.

Zusammenfassung von präklinischer Diagnostik und Management

- Schmerzlose, hellrote Blutung ist das zentrale Warnsignal für eine mögliche Placenta praevia.
- Kein Tastbefund (keine vaginale Untersuchung) durch den Rettungsfachpersonal!
- Sonografie muss abgewogen werden (besondere Herausforderungen in der Präklinik).
- Gesicherte intravenöse Zugänge, Volumenmanagement, pharmakologische Therapie und Überwachung sind essenziell, da jederzeit massive Blutungsereignisse drohen.
- Eine umfassende Anamnese liefert wichtige Hinweise zur Diagnosestellung (z. B. vorangegangene Kaiserschnitte, Mehrlingsgravidität, IVF etc.).
- Ggf. frühzeitig Spezialisten/Support hinzuziehen.
- Schneller Transport in eine entsprechende Schwerpunktklinik mit Geburtsabteilung, 24/7-Blutbank und Not-OP-Kapazität – entscheidend für den Schutz von Mutter und Kind.

Kommunikation und Teamarbeit

Teamkommunikation

In diesem Kontext ist es von essenzieller Bedeutung, die CRM-Leitsätze zu befolgen, um eine sichere, effektive und zeitgerechte Kommunikation sowie Team- und Patientensicherheit zu gewährleisten. Schwangerschaftsnotfälle sind mit einer Vielzahl an Besonderheiten und einem hohen Stresslevel assoziiert. Die Vorbereitung, die Teamkommunikation nach CRM sowie die konsequente und ausführliche Nachbereitung und Nachbesprechung dieser Einsätze ermöglichen es dem notfallmedizinischen und dem Rettungsfachpersonal, ihre Leistung zu steigern, ihre Kompetenzen auszuweiten und Psychohygiene zu betreiben, um die berufliche Gesundheit zu erhalten.

Kommunikation mit der Klinik

Um eine frühzeitige Vorbereitung der weiteren innerklinischen, aber dennoch notfallmedizinischen Versorgung zu ermöglichen, ist die frühzeitige Alarmierung der örtlichen Ressourcen von großer Wichtigkeit. Der Schwerpunkt sollte bei der Anmeldung (Level I Perinatalzentrum, 24/7-Blutbank oder zumindest Geburtsklinik mit Blutbank und Möglichkeiten einer sofortigen Sectio) auf die wesentlichen Punkte beschränkt werden:

- Alter, nach Möglichkeit (Para & Gravida)
- Wenn möglich SSW
- Kardiopulmonale Situation nach ABCDE
- Geschätzte Ankunftszeit
- Treffpunkt und gewünschte häusliche Lokalität erfragen! (Schockraum, OP, Kreißsaal, Intensivstation)
- Ggf. zielgerichtete Fragen an Fachpersonal am Telefon stellen
- Übergabe nach Akronym: SINNHAFT [12] (➤ Abb. 7)

Spezielle Herausforderungen

- Strikte Blutungsdokumentation:
  - Laufende Dokumentation der Blutverluste (Menge, Farbe, Geruch) [2].
  - Registrieren, ob die Blutung anhält, zunimmt oder abnimmt [2].
- Psychoemotionale Betreuung:
  - „Von Beginn an soll die Gebärende/Wöchnerin und ihre Begleitung über die Blutung und

Abb. 7 Ein hilfreiches Akronym zur „sinnhaften" Übergabe (Gräff et al. [12], licensed under CC BY 4.0 Int. Deed)

Start	**RUHE!** Möglichst alle Manipulationen/Tätigkeiten am Patienten vermeiden! Face-to-Face-Kommunikation!
Identifikation	Geschlecht, Nachname und Alter
Notfallereignis	**1. Was?** (Leitsymptom/Verdachtsdiagnose) **2. Wie?** (Ursache) **3. Wann?** (Zeitpunkt des Ereignisses) *Optional:* **Wo/Woher?** (Ort/Auffindesituation)
Notfallpriorität **H**andlung	**Notfallpriorität** anhand des ABCDE-Schemas mit pathologischen Untersuchungsbefunden und pathologischen Vitalparametern Durchgeführte **Handlungen:** Maßnahme, Dosis/Umfang/Zeitpunkt, Wirkung, falls zutreffend bewusst unterlassene Handlungen
Anamnese	Allergien, Medikation, Vorerkrankung, Infektion, Soziales/Organisatorisches, Besonderheiten
Fazit	Wiederholung durch das aufnehmende Personal: Identifikation, Notfallereignis, Notfallpriorität, Handlung
Teamfragen	Möglichkeit für zusätzliche essenzielle Fragen des aufnehmenden Personals

Heike Hübner, Berlin

das Vorgehen möglichst laienverständlich informiert werden." [2]

- Eine PPH manifestiert sich zumeist plötzlich und kann für die Mutter sowie die Begleitpersonen eine signifikante Belastung darstellen. In einer solchen Notfallsituation ist es von entscheidender Bedeutung, dass die Betroffenen „beruhigt" und über die Maßnahmen sowie die Diagnose informiert werden, sofern dies möglich ist [2].

Prognose und Nachsorge

Die Prognose und Nachsorge bei Placenta praevia sind entscheidend, um die Gesundheit sowohl der Mutter als auch des Kindes zu gewährleisten [2].

Prognose

- *Risiko für die Mutter:* Frauen mit Placenta praevia haben ein erhöhtes Risiko für massive Blutungen, die vor, während oder nach der Geburt auftreten können. Dies kann zu weiteren Komplikationen wie Hypovolämie, Schock und in seltenen Fällen zu einem disseminierten intravasalen Gerinnungssyndrom (DIC) führen. Die Prognose verbessert sich erheblich mit frühzeitiger Diagnose und geplantem Management.
- *Risiko für den Fetus:* Das Risiko für den Fetus umfasst Frühgeburt, Wachstumsrestriktion und in einigen Fällen intrauterine Hypoxie, insbesondere wenn bei der Mutter schwere Blutungen auftreten. Mit sorgfältiger Überwachung und rechtzeitiger Intervention können jedoch viele dieser Risiken minimiert werden.
- *Langzeitfolgen:* Das langfristige Risiko für eine wiederholte Placenta praevia oder Plazentationsstörungen in nachfolgenden Schwangerschaften steigt, insbesondere nach einem Kaiserschnitt.

Nachsorge

- *Geburtsmanagement:* Die Geburt sollte in einer Einrichtung erfolgen, die mit der Versorgung von Hochrisikoschwangerschaften vertraut ist. Ein geplanter Kaiserschnitt wird oft empfohlen, um das Blutungsrisiko zu minimieren.
- *Postpartale Überwachung:* Nach der Geburt sollte die Mutter sorgfältig auf Anzeichen von postpartalen Blutungen überwacht werden. Bei umfangreichen Blutungen oder komplizierten Eingriffen kann eine intensivmedizinische Überwachung erforderlich sein.
- *Eisenstatus/Hb-Kontrollen:* Die Mutter sollte auf Anämie untersucht und ggf. behandelt werden (Eisen, Bluttransfusion).
- *Wundkontrolle nach Sectio:* Notwendig zur frühzeitigen Erkennung von Komplikationen und Infektionen
- *Psychologische Unterstützung:* Die Diagnose einer Placenta praevia kann für die betroffene Frau und ihre Familie stressig sein. Psychologische Unterstützung und Beratung können hilfreich sein, um mit der Situation umzugehen.

- *Langzeitnachsorge:* Follow-up-Termine sind wichtig, um langfristige Gesundheitsprobleme, die aus Komplikationen während der Schwangerschaft und Geburt entstehen können, zu überwachen und zu behandeln.

Fazit

Für präklinisches Personal und Rettungsfachpersonal ist eine rasche Differenzierung zwischen Placenta praevia und anderen Ursachen akuter vaginaler Blutungen im letzten Schwangerschaftsdrittel von entscheidender Bedeutung.

Das praxisrelevante Leitsymptom ist die „Painless bright red bleeding“, also die schmerzlose, hellrote Blutung.

Das präklinische Management zielt darauf ab, die kardiopulmonale Stabilität zu wahren, eine Verschlimmerung der Hämorrhagie zu vermeiden (u. a. Verzicht auf vaginale Untersuchung), die kritische Patientin sowie die mögliche Dynamik frühzeitig zu erkennen und den Transport zügig in ein geeignetes Zentrum einzuleiten.

Vorzeitige Plazentalösung

(Abruptio placentae)

Bedeutung in der Notfallmedizin

Die vorzeitige Plazentalösung stellt eine ebenso akute geburtshilfliche Notfallsituation dar. Schlüsselaspekte der Notfallmedizin sind:

- *Frühzeitige Diagnosestellung:* Differenzialdiagnosen (Placenta praevia, Uterusruptur, fetale Bradykardie) berücksichtigen.
- *Schocktherapie:* Aggressive Volumen- und Blutproduktgabe, ggf. Katecholamin-Therapie.
- *Interdisziplinäre Zusammenarbeit:* Rasche Kommunikation mit Gynäkologie, Neonatologie und Anästhesie.

Definition und Klassifikation

Die vorzeitige Plazentalösung (Abruptio placentae) beschreibt eine teilweise oder komplette Ablösung der Plazenta von der Uteruswand vor der Geburt des Fetus. Dies führt zu einer variablen Reduktion des uteroplazentaren Blutflusses mit potenziell lebensbedrohlichen Folgen für Mutter und Kind [25]. Die Pathologie stellt eine der schwerwiegendsten Komplikationen in der Schwangerschaft dar und ist mit einer erhöhten Morbidität und Mortalität assoziiert

- Grad 1 (leicht): Minimaler Blutverlust (< 500 ml), keine fetale Beeinträchtigung, asymptomatisch oder nur leichte Uteruskontraktionen
- Grad 2 (moderat): Mäßige Blutung (500–1000 ml), fetale Herzfrequenzveränderungen (Tachykardie, Dezelerationen), schmerzhafte Uteruskontraktionen, normotensive oder leicht hypertensive Mutter
- Grad 3 (schwer): Massive Blutung (> 1000 ml), fetale Hypoxie oder intrauteriner Fruchttod, Koagulopathie, hypovolämischer Schock, Uterus hyperton oder „holzartig“ gespannt

Die ➤ Abb. 8 zeigt zwei der drei Varianten der vorzeitigen Plazentalösung:

a) Ein retroplazentares Hämatom, auch als unsichtbare Blutung bezeichnet, manifestiert sich, wenn die Plazenta sich nicht am Rand, sondern zentral in der Uteruswand löst. In der Folge kommt es zu einer von außen nicht sichtbaren Blutung in den durch die Lösung entstandenen Zwischenraum hinter der Plazenta.
b) Im Falle einer sichtbaren Blutung ex utero ist die Ursache in der Regel die Ablösung der Plazenta am Rand. Diese Ablösung führt zu einer von außen sichtbaren Blutung.
c) Mischtyp: Kombination aus retroplazentarem Hämatom und von außen sichtbarer Blutung.

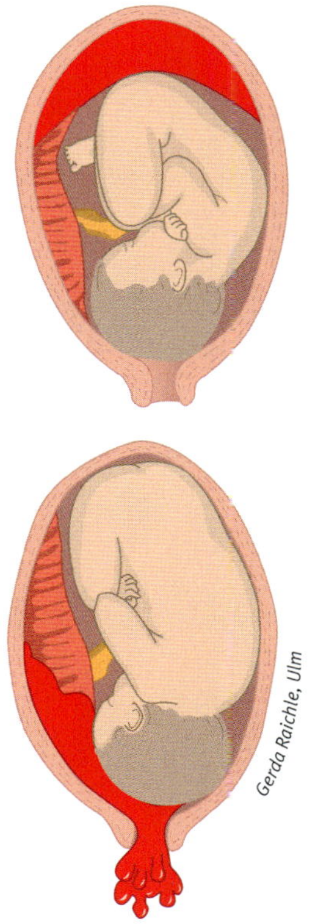

Abb. 8 Vorzeitige Plazentalösung ohne und mit Blutung nach außen

Epidemiologie

Die Inzidenz der vorzeitigen Plazentalösung liegt weltweit zwischen 0,5–1 % aller Schwangerschaften. Die Mortalitätsrate für den Fetus liegt je nach Schweregrad zwischen 10–50 % [25,27,45].
Risikofaktoren sind:

- Vorangegangene Plazentalösung (Erhöhung des Risikos um das 10-Fache)
- Hypertensive Erkrankungen (Präeklampsie, chronische Hypertonie)
- Nikotin- und Kokainkonsum (Vasospasmus der Plazentagefäße)
- Trauma (z. B. stumpfes Bauchtrauma oder Unfälle)
- Infektionen wie Chorioamnionitis
- Polyhydramnion oder Mehrlingsschwangerschaft

Pathophysiologie

Die bekannten physiologischen Veränderungen der Hämostase während der Schwangerschaft haben auch hier Einfluss auf ein mögliches Blutungsgeschehen. Die vorzeitige Plazentalösung entsteht durch eine Ruptur der Dezidualgefäße, die zu einer retroplazentären Hämatombildung führt [20,25,41].
Dies führt zu:

- *Fetaler Hypoxie:* Reduktion des uteroplazentaren Blutflusses
- *Hypovolämie bei der Mutter:* Verlust von bis zu 2,5 L Blut in das retroplazentäre Hämatom
- *Koagulopathie:* Disseminierte intravasale Gerinnung (DIC), bedingt durch die Freisetzung von Gewebethromboplastin
- *Uterus hypertonus („Holzuterus"):* Kontraktionsbereitschaft steigt, was die Perfusion weiter verschlechtert

Risikofaktoren und Ursachen

Die Ätiologie der vorzeitigen Plazentalösung ist multifaktoriell und umfasst [25,27,38,41,45]:

- *Maternale Faktoren:* Bluthochdruck, Thrombophilien (z. B. Faktor-V-Leiden), Diabetes mellitus
- *Mechanische Faktoren:* Traumata durch äußere Gewalteinwirkung (z. B. Sturz, Unfälle, äußere Wendung bei Beckenendlage), starke Wehen oder plötzlicher Druckabfall (z. B. nach Polyhydramnion)
- *Fetale Faktoren:* Anomalien der Plazenta (z. B. Plazenta circumvallata), intrauterine Infektionen
- *Iatrogene Faktoren:* Übermäßige Uterusstimulation durch Oxytocin oder Prostaglandine, Amniozentese

Klinik und Symptome

Die klinische Präsentation der vorzeitigen Plazentalösung kann variabel sein, abhängig vom Schweregrad der Ablösung und dem Ausmaß der maternalen und fetalen Beeinträchtigung [25,41].
Typische Symptome sind:

- *Vaginale Blutung:* Häufig dunkelrotes Blut, kann jedoch auch okkult sein, wenn das Hämatom retroplazentär verbleibt
- *Plötzliche, starke abdominale Schmerzen:* Besonders in der suprasymphysären Region oder diffus über das Abdomen
- *Uterine Hypertonie und „Holzuterus":* Dauerhaft angespannte Uterusmuskulatur mit fehlender oder stark eingeschränkter Relaxation zwischen den Wehen
- *Hämodynamische Instabilität:* Hypotonie, Tachykardie und Blässe durch massiven Blutverlust
- *Fetale Distress-Symptome:* Veränderungen der fetalen Herzfrequenz, Bradykardie oder variable Dezelerationen aufgrund von Hypoxie
- *Koagulopathie:* Disseminierte intravasale Gerinnung (DIC) mit konsekutiver Thrombozytopenie, Hypofibrinogenämie und erhöhter INR/PTT

Die Kombination dieser Symptome erfordert eine rasche notfallmedizinische Intervention, um schwerwiegende Komplikationen bei Mutter und Fetus zu vermeiden.

Diagnostik [41]

- Bildgebende Verfahren:
  - Ultraschall mit retroplazentärer Hämatomerkennung

- Doppler-Sonografie zur Beurteilung der uteroplazentaren Durchblutung
- MRT in seltenen unklaren Fällen

- Labordiagnostik:
  - Hämoglobin und Hämatokrit zur Bestimmung des Blutverlustes
  - Thrombozytenzahl und Gerinnungsparameter (D-Dimere, Fibrinogen)
  - Serum-Laktat als Marker für fetale Hypoxie

Prävention [41]

- *Blutdruckkontrolle:* Behandlung von Hypertonie und Präeklampsie
- *Lifestyle-Modifikation:* Nikotinverzicht, Vermeidung von Kokain
- *Engmaschige Kontrollen* bei Risikopatientinnen (z. B. frühere Abruptio placentae, Gerinnungsstörungen)
- *Medikamentöse Maßnahmen:* Low-Dose-Aspirin zur Prävention von Präeklampsie

Allgemeine Therapie

Die Therapie richtet sich nach der Schwere der Ablösung, dem Gestationsalter und dem fetalen Zustand [4,29,35,41]:

- Konservative Therapie (< 34. SSW, stabile Vitalparameter):
  - Hospitalisierung mit engmaschiger CTG- und Doppler-Kontrolle
  - Gabe von Kortikosteroiden zur Lungenreifung
  - Thromboseprophylaxe
- Sofortige Entbindung (bei schweren Fällen oder fetaler/mütterlicher Dekompensation):
  - Sectio caesarea als Standardtherapie
  - Vaginale Geburt möglich, wenn Mutter stabil und Zustand des Fetus akzeptabel ist
- Gerinnungsmanagement:
  - Gabe von Tranexamsäure zur antifibrinolytischen Therapie, Vermeidung der Verdünnungskoagulopathie

Präklinische Maßnahmen

Strukturierte Erstbeurteilung inkl. Schlüsselmaßnahmen nach ABCDE und dem Erheben einer SAMPLER-Anamnese.
Basisversorgung abhängig vom Patientenzustand!

- Lagerung: Linke Seitenlage der Schwangeren zur Verbesserung der uterinen Perfusion.
- Volumentherapie mit kristalloiden Lösungen, ggf. Katecholamintherapie. Auch hier sollten, wenn möglich, zwei großlumige Zugänge etabliert werden.
- Gerinnungsmanagement und Hypothermie-Prophylaxe: Neben der Gabe von 1 g Tranexamsäure (TXA) [4,29,35,36,37] stellt auch hier der Wärmeerhalt eine wichtige Maßnahme zur Unterstützung der Gerinnung dar.
- Transportmanagement: Notfallmäßige Verlegung in ein Perinatal-Zentrum mit 24/7-Blutbank bei starker Blutung.
- Interdisziplinäre Absprache/Übergabe in/mit der Zielklinik z. B. nach dem SINNHAFT-Schema (➤ Abb. 7).

Fazit

Die vorzeitige Plazentalösung ist eine akute, potenziell lebensbedrohliche geburtshilfliche Notfallsituation, die sowohl für die Mutter als auch für den Fetus erhebliche Risiken birgt. Eine frühzeitige Diagnosestellung, schnelle notfallmedizinische Intervention und interdisziplinäre Zusammenarbeit sind entscheidend für eine erfolgreiche Behandlung. Das Management erfordert eine individualisierte Therapie, die von konservativer Überwachung bis hin zur sofortigen Entbindung reichen kann. Präventive Maßnahmen zur Kontrolle von Risikofaktoren können das Auftreten und die Schwere dieser Komplikation reduzieren und somit die Prognose für Mutter und Kind erheblich verbessern. Die Basisversorgung erfolgt nach den präklinischen notfallmedizinischen Standards und zielt auf die vitale Stabilisierung der Patientin und des Fetus ab. Die erweiterte Therapie richtet sich ebenfalls nach der S2k-Leitlinie „Peripartale Blutungen, Diagnostik und Therapie".

Hypertensive Erkrankung in der Schwangerschaft (HES)

Die bei ca. 6–8 % aller Schwangerschaften auftretenden hypertensiven Erkrankungen tragen zu 20–25 % der Fälle von perinataler Mortalität bei und stehen in den Industrieländern an führender Stelle der Todesursachen von Schwangeren. Auch wenn eine HES nicht als direkte Ursache für die Plazenta praevia genannt wird, ist anzunehmen, dass durch vaskuläre Veränderungen das Risiko beeinflusst werden kann. Bei der vorzeitigen Plazentalösung ist HES, insbesondere die Präeklampsie (2–5 % der schwangeren Frauen) ein bekannter Risikofaktor. Die daraus resultierenden vaskulären Schäden sowie eine verminderte Durchblutung der Plazenta können eine Ablösung begünstigen [3].

Abschließendes Fazit

Jede vaginale Blutung in der Spätschwangerschaft ist ein Notfall, bis das Gegenteil bewiesen ist!

Kurzübersicht im Vergleich

Der Unterschied zwischen Placenta praevia und einer vorzeitigen Plazentalösung (Abruptio placentae) liegt in der Lokalisation der Plazenta, in den Charakteristika und der Pathophysiologie.

Merkmal	Placenta praevia	Vorzeitige Plazentalösung
Blutung	Häufig schmerzlos, hellrot!	Schmerzhaft, dunkelrot!
Schmerzen	Keine	Starke, dauerhafte Bauchschmerzen
Uterustonus	Normal	Gesteigert, „holzharte“ Gebärmutter
Gefährdung des Fetus	Je nach Ausmaß der Blutung	Akute fetale Hypoxie, hohes Risiko
Diagnostik	Ultraschall (Lokalisation der Plazenta)	Klinisch + Ultraschall (eingeschränkt)
Geburtsweg	Häufig Sectio notwendig	Not-Sectio bei Vitalgefährdung

Quellen:

[1] Ananth, C. V., et al. (2021). Epidemiology and Risk Factors for Placental Abruption. Obstetrics & Gynecology, 137(4), 587–595.

[2] Annecke, T., Lier, H., Girard, T., et al. (2022). Peripartale Blutungen, Diagnostik und Therapie: Update der S2k-Leitlinie AWMF 015/063 vom August 2022. Anaesthesiologie, 71(12), 952–958. https://doi.org/10.1007/s00101-022-01224-6

[3] Arbeitsgemeinschaft der Wissenschaftlichen Medizinischen Fachgesellschaften e.V. (AWMF). (2024). Hypertensive Erkrankungen in der Schwangerschaft: Diagnostik und Therapie. https://register.awmf.org/assets/guidelines/015-018l_S2k_Hypertensive-Erkrankungen-Schwangerschaft-HES-Diagnostik-Therapie_2024-07.pdf

[4] Arbeitsgemeinschaft der Wissenschaftlichen Medizinischen Fachgesellschaften e.V. (AWMF). (2022). Peripartale Blutungen, Diagnostik und Therapie. In AWMF 015/063 Peripartale Blutungen, Diagnostik und Therapie.

[5] Bakhsh, A., & Alotaibi, L. (2021). Push-Dose Pressors During Peri-intubation Hypotension in the Emergency Department: A Case Series. Clinical Practice and Cases in Emergency Medicine, 5(4), 390–393. https://doi.org/10.5811/cpcem.2021.4.51161

[6] Comline, R.S., & Silver, M. (1961). The release of adrenaline and noradrenaline from the adrenal glands of the foetal sheep. The Journal of Physiology, 156(3), 424–444. https://doi.org/10.1113/jphysiol.1961.sp006687

[7] Crane, J. M. G., van den Hof, M. C., Dodds, L., et al. (2000). Maternal complications with placenta previa. American Journal of Perinatology, 17(2), 101–106.

[8] Cresswell, J. A., Ronsmans, C., Calvert, C., & Filippi, V. (2013). Prevalence of placenta praevia by world region: a systematic review and meta-analysis. Tropical Medicine & International Health, 18(6), 712–724. https://doi.org/10.1111/tmi.12100

[9] Dildy, G. A. (2023). Emergency Response to Placental Abruption: Clinical Protocols and Outcomes. Journal of Emergency Medicine, 45(3), 310–321.

[10] Faiz, A. S., & Ananth, C. V. (2003). Etiology and risk factors for placenta previa: an overview and meta-analysis of observational studies. The Journal of Maternal-Fetal & Neonatal Medicine, 13(3), 175–190. https://doi.org/10.1080/jmf.13.3.175.190

[11] Fandler, M., & Böhm, L. (2023). Periphere Gabe von Vasopressoren. AINS – Anästhesiologie Intensivmedizin Notfallmedizin Schmerztherapie, 58, 52–54. https://doi.org/10.1055/a-1987-1439

[12] Gräff, I., Ehlers, P., & Schacher, S. (2024). SINNHAFT – die Merkhilfe für die standardisierte Übergabe in der zentralen Notaufnahme. Notfall + Rettungsmedizin, 27, 19–24. https://doi.org/10.1007/s10049-023-01167-4

[13] Haslinger, C., & Korte, W. (2022). Gerinnungsmanagement bei der postpartalen Hämorrhagie. Die Gynäkologie, 55(8), 575–580. https://doi.org/10.1007/s00129-022-04970-1

[14] Hollenberg, S. M. (2010). Vasoactive drugs in circulatory shock. American Journal of Respiratory and Critical Care Medicine, 183(7), 847–855. https://doi.org/10.1164/rccm.201006-0972ci

[15] Holzman, C., Senagore, P., Tian, Y., et al. (2009). Maternal catecholamine levels in midpregnancy and risk of preterm delivery. American

Journal of Epidemiology, 170(8), 1014–1024. https://doi.org/10.1093/aje/kwp218
[16] Jauniaux, E., Collins, S., & Burton, G. J. (2018). Placenta Accreta Spectrum: Pathophysiology and Evidence-based Anatomy for Prenatal Ultrasound Imaging. American Journal of Obstetrics and Gynecology, 218(1), 75–87. https://doi.org/10.1016/j.ajog.2017.05.067
[17] Jauniaux, E., & Jurkovic, D. (2017). Placenta Praevia and Placenta Accreta: Diagnosis and Management. Obstetrics, Gynecology and Reproductive Medicine, 27(7), 185–191. https://doi.org/10.1016/j.ogrm.2017.05.004
[18] Jentzer, J.C., et al. (2013). Therapeutic Strategies for High-Dose Vasopressor-Dependent Shock. Pharmacotherapy, 33(9), 941–956. https://doi.org/10.1002/phar.1297
[19] Karahoda, R., Vachalova, V., Portillo, R., Marrla, F., et al. (2024). Developmental expression of catecholamine system in the human placenta and rat fetoplacental unit. Scientific Reports, 14(1), 6948. https://doi.org/10.1038/s41598-024-57481-5
[20] Kawakita, T., & Parikh, L. I. (2021). Pathophysiology of Placental Abruption and Fetal Implications. Placenta, 113, 45–53.
[21] Klein, V., et al. (2022). Placenta Praevia: A Comprehensive Overview. Journal of Obstetrics and Gynaecology, 128(2) 345–356.
[22] Kwak, D. (2023). Push Dose Pressors: Your Quick & Dirty Guide. Kwak Talk.
[23] Lagercrantz, H., & Slotkin, T.A. (1986). The "stress" of being born. Scientific American, 254(4), 100–107. https://doi.org/10.1038/scientificamerican0486-100
[24] Overgaard, C., & Møller, A.M. (2019). Standardised inotrope and vasopressor guidelines. Safer Care Victoria.
[25] Oyelese, Y., & Ananth, C. V. (2006). Placenta Abruption. Obstetrics & Gynecology, 108(4), 1005–1016. https://doi.org/10.1097/01.AOG.0000239439.04364.9a
[26] Hussain N, Jovaisa T, Puthucheary Z, Pearse R, Phull MK. Peripherally administered vasopressors in critically ill adult patients: A survey of UK healthcare professional practices, attitudes and experiences. J Intensive Care Soc. 2024 Jul 25;25(4):391-398. doi: 10.1177/17511437241259443. PMID: 39524075; PMCID: PMC11549726.
[27] Reddy, U. M., et al. (2020). Risk Factors and Outcomes of Placental Abruption. BJOG: An International Journal of Obstetrics & Gynaecology, 127(9), 1124–1132.
[28] Ronca, A.E., et al. (2006). Effects of Labor Contractions on Catecholamine Release and Breathing Frequency in Newborn Rats. Behavioral Neuroscience, 120(6), 1308–1314. https://doi.org/10.1037/0735-7044.120.6.1308
[29] Rosenberg, A., et al. (2022). Management Strategies for Severe Placental Abruption. Critical Care Medicine, 50(9), 1523–1530.
[30] Rotando, A., et al. (2019). Human Errors and Adverse Hemodynamic Events Related to "Push Dose Pressors" in the Emergency Department. Journal of Medical Toxicology, 15(4), 276–279. https://doi.org/10.1007/s13181-019-00716-z
[31] Rotando, A., et al. (2023). Preparation/administration of push-dose versus continuous infusion vasopressors in the emergency department. American Journal of Emergency Medicine, 63, 51–55. https://doi.org/10.1016/j.ajem.2022.10.028
[32] Sáez-Lorente, C., et al. (2024). A pilot randomized controlled trial comparing noradrenaline and adrenaline in neonatal septic shock. Frontiers in Pediatrics, 12, 1443990. https://doi.org/10.3389/fped.2024.1443990
[33] Schmitt, J., et al. (2023). Incidence of cardiovascular instability in patients receiving various vasopressor strategies for peri-intubation hypotension. American Journal of Emergency Medicine 65, S0735-6757(22)00795-7. https://doi.org/10.1016/j.ajem.2022.11.004
[34] Segal, S., et al. (1998). The tocolytic effect of catecholamines in the gravid rat uterus. Anesthesia & Analgesia, 87(4), 864–869. https://doi.org/10.1213/00000539-199810000-00022
[35] Sentilhes, L., et al. (2016). Postpartum hemorrhage: guidelines for clinical practice from the French College of Gynaecologists and Obstetricians (CNGOF). European Journal of Obstetrics & Gynecology and Reproductive Biology, 198, 12–21. https://doi.org/10.1016/j.ejogrb.2015.12.012
[36] Shakur, H., Elbourne, D., Gülmezoglu, M., et al. (2010). The WOMAN Trial (World Maternal Antifibrinolytic Trial): tranexamic acid for the treatment of postpartum haemorrhage: an international randomised, double blind placebo controlled trial. Trials, 11(1). https://doi.org/10.1186/1745-6215-11-40
[37] Shakur, H., et al. (2017). Effect of early tranexamic acid administration on mortality, hysterectomy, and other morbidities in women with post-partum haemorrhage (WOMAN): an international, randomised, double-blind, placebo-controlled trial. The Lancet, 389(10084), 2105–2116. https://doi.org/10.1016/S0140-6736(17)30638-4
[38] Sheiner, E., et al. (2023). Iatrogenic Factors in Placental Abruption: A Review. Journal of Maternal-Fetal & Neonatal Medicine, 36(2), 224–230.
[39] Silver, R. M. (2020). Abnormal Placentation: Placenta Previa, Vasa Previa, and Placenta Accreta. Obstetrics & Gynecology, 135(5), 1132–1147. https://doi.org/10.1097/AOG.0000000000003744
[40] Tian, D. H., et al. (2020). Safety of peripheral administration of vasopressor medications: A systematic review. Emergency Medicine Australasia, 32, 220–227. https://doi.org/10.1111/1742-6723.13423
[41] Tikkanen, M. (2022). Classification and Clinical Management of Placental Abruption. American Journal of Perinatology, 39(6), 732–740.
[42] Tilton, L. J., et al. (2023). Push-dose vasopressors in the Emergency Department: a narrative review. Journal of Emergency and Critical Care Medicine, 7, 13. https://doi.org/10.21037/jeccm-21-98
[43] Tuzovic, L. (2005). Complete and Incomplete Placenta Previa: Clinical, Sonographic, and Demographic Differences. Journal of Perinatal Medicine, 33(2), 108–112. https://doi.org/10.1515/JPM.2005.020
[44] Weber, S., Beres, Y., Hossfeld, B., & Kulla, M. (2024). Kalzium in der Notfallmedizin – Update 2024. Notfallmedizin Up2date, 19(02), 233–249. https://doi.org/10.1055/a-2223-2369
[45] Yang, Q., Wen, S., Phillips, K., et al. (2008). Comparison of Maternal Risk Factors between Placental Abruption and Placenta Previa. American Journal of Perinatology, 26(04), 279–286. https://doi.org/10.1055/s-0028-1103156
[46] Yerke, J. R., et al. (2024). Peripheral Administration of Norepinephrine A Prospective Observational Study. CHEST, 165, 348–355. https://doi.org/10.1016/j.chest.2023.08.015
[47] https://i0.wp.com/deltadevteam.com/wp-content/uploads/2023/05/c31044_6d6e0cc0f02c47b63e0a1f55662aaaf4mv2.webp?w=450&ssl=1
[48] Felberbaum, FAP Gynäkologie und Geburtshilfe, 2. Aufl., Elsevier/Urban & Fischer, 2015

Autorin und Autor

Prof. Dr. Eva Kircher, Studiengangsleiterin Medizinpädagogik B.A. und Medizin- und Gesundheitspädagogik M.A., Professorin für Medizinpädagogik bei der SRH-University am Campus Stuttgart, Fachkrankenschwester für Anästhesie und Intensivpflege, Praxisanleiterin, Rettungsassistentin, B.A. Medizinpädagogik, M.A. Medizinpädagogik
Kontaktdaten: eva.kircher@srh.de

Kornelius Treiber, cand. B.A. Medizinpädagogik, Notfallsanitäter, Praxisanleiter, AHA PALS-, ACLS-Instruktor, NAEMT/DBRD GEMS-Instruktor, EPC-Provider, Hauptberuflich: Fachdozent für Notfallmedizin an einer Berufsfachschule in Baden-Württemberg, Operator Simulationszentrum, Dozent bei „Advanced Training for and from Emergency Medicine" (ATEM), Gründungsmitglied bei FOAM-Live e.V.
Kontaktdaten: kornelius.treiber@t-online.de

Interessenskonflikt: Autorin und Autor geben an, dass keine Interessenskonflikte vorliegen.

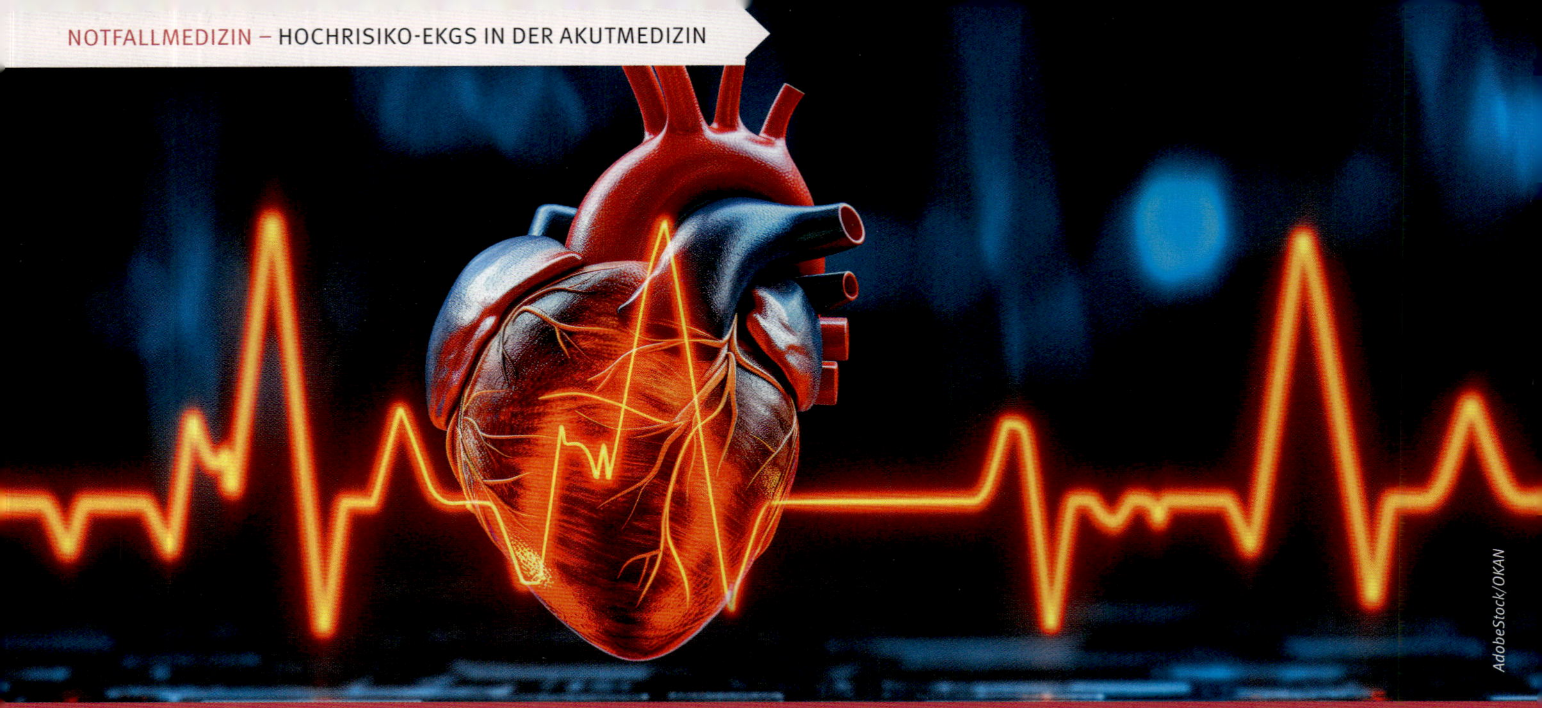

Hochrisiko-EKGs in der Akutmedizin

Schlüsselwörter:
STEMI
OMI
Myokardinfarkt
Wellens-Syndrom
Hochrisiko EKG

Zusammenfassung: *Hochrisiko-EKG-Befunde sind von entscheidender prognostischer und therapeutischer Relevanz. Die aktuellen europäischen und amerikanischen Leitlinien betonen die Bedeutung einer raschen Identifikation dieser EKG-Veränderungen und ihres klinischen Kontexts, um schnellstmöglich eine geeignete Therapie einzuleiten [1,2,3]. Das übergeordnete Ziel bleibt die frühzeitige Erkennung einer lebensbedrohlichen Myokardischämie und die umgehende Durchführung einer Reperfusionstherapie. Durch konsequente Anwendung der Leitlinien kann die Prognose von Patienten mit Hochrisiko-EKG-Befunden signifikant verbessert werden.*

Neue Klassifikation verändert den Fokus bei Diagnose und Therapie

Seit Jahrzehnten dient die Unterscheidung des Akuten Koronarsyndroms (AKS) in ST-Strecken-Hebungs-Myokardinfarkt (STEMI) und Nicht-ST-Strecken-Hebungs-Myokardinfarkt (NSTEMI) als Grundlage für Therapieentscheidungen und Prognoseabschätzungen. Diese Einteilung stützt sich im Wesentlichen auf elektrokardiografische Veränderungen, insbesondere das Vorhandensein oder Fehlen einer ST-Strecken-Hebung. Jedoch hat sich in den letzten Jahren zunehmend gezeigt, dass die pathophysiologischen Grundlagen, die der ST-Strecken-Veränderung zugrunde liegen, komplexer sind. Hieraus ist die Idee entstanden, den Fokus stärker auf die zugrundeliegende Koronarpathologie zu legen und von einer OMI/NOMI-Klassifikation (Occlusion Myocardial Infarction/Non-Occlusion Myocardial Infarction) zu sprechen. Diese neue Einteilung betont das Vorhandensein oder Fehlen eines thrombotischen Koronarverschlusses als primären Prädiktor für die notwendige, zeitkritische Reperfusionstherapie [4].

Hintergrund: STEMI vs. NSTEMI

Die traditionelle Einteilung basiert auf dem 12-Kanal-EKG:

- **STEMI:** ST-Strecken-Hebungen in mindestens zwei benachbarten Ableitungen, zumeist verursacht durch einen vollständigen Verschluss einer epikardialen Koronararterie.
- **NSTEMI:** Keine diagnostischen ST-Strecken-Hebungen, jedoch erhöhte kardiale Biomarker (Troponin) als Hinweis auf eine Myokardschädigung. Die zugrundeliegende Koronarläsion ist oft inkomplett oder dynamisch.

Dieser Ansatz hat sich sowohl klinisch als auch präklinisch bewährt, kann jedoch in bestimmten Situationen Fehldiagnosen oder Verzögerungen bei der Reperfusion zur Folge haben. Beispielsweise können Patienten mit verschlossenem Koronargefäß, aber ohne klassische ST-Hebungen (sogenannte „STEMI-Äquivalente" oder subtilere ischämische Zeichen im EKG) zu spät oder nicht invasiv behandelt werden. Gleichzeitig können Patienten mit ST-Hebungen, aber ohne tatsächlichen Verschluss, unnötig aggressiv behandelt werden. [5]

OMI/NOMI-Konzept – Schwerpunkt auf der Koronarmorphologie

Die OMI/NOMI-Klassifikation verschiebt den Fokus von der rein elektrokardiografischen Erscheinung hin zur anatomisch-pathophysiologischen Grundlage [4]:

- **OMI (Occlusion Myocardial Infarction):** Ein Myokardinfarkt, dem ein kompletter oder nahezu kompletter Verschluss einer epikardialen Koronararterie zugrunde liegt. Der Patient benötigt in der Regel eine umgehende perkutane Koronarintervention (PCI) oder andere zeitkritische Reperfusionsmaßnahmen. Ziel ist die schnellstmögliche Wiederherstellung des Koronarflusses, um das bedrohte Myokard zu retten.
- **NOMI (Non-Occlusion Myocardial Infarction):** Ein Myokardinfarkt, bei dem kein vollständiger epikardialer Verschluss vorliegt. Die Ätiologie kann variieren: instabile Plaques mit teilweisem Thrombus, Mikrozirkulationsstörungen oder andere Mechanismen, die zwar eine Myokardschädigung hervorrufen, aber nicht so unmittelbar zeitkritisch sind wie ein kompletter Verschluss.

Merke: 25–30% der Patienten mit klassischen „NSTEMI" haben einen akuten drohenden Verschluss einer Koronararterie.

Klinische Implikationen

Die OMI/NOMI-Philosophie zielt darauf ab, die Dringlichkeit einer raschen Koronarangiografie und gegebenenfalls PCI klarer zu definieren. Während der STEMI traditionell als Indikation für eine sofortige Koronarangiografie angesehen wird, können im OMI/NOMI-System auch Patienten ohne klassische ST-Hebungen, aber mit anderen signifikanten Befunden (wie ausgeprägten T-Inversionen, terminalen QRS-Veränderungen, aVR-ST-Hebungen oder bestimmten Kombinationen subtiler EKG-Veränderungen) als „verdeckte" OMI identifiziert werden. Diese Patienten profitieren potenziell von einer frühzeitigen invasiven Diagnostik und Therapie.
Ziel ist eine präzisere Risikostratifizierung, weniger Fehldiagnosen und eine konsequentere Nutzung invasiver und nicht-invasiver Bildgebungsmethoden (z.B. hochauflösende Koronar-CT-Angiografie, hochsensitive Troponinprotokolle), um den tatsächlichen Verschluss-Status besser einschätzen zu können.

Kritik und Herausforderungen

Die Einführung der OMI/NOMI-Klassifikation bedeutet einen Paradigmenwechsel, der sowohl Schulung als auch breite Konsensbildung erfordert. Kritiker bemängeln, dass die Diagnose eines Verschlusses nicht immer einfach anhand EKG-Kriterien zu stellen ist und häufig eine Koronarangiografie notwendig ist, um „OMI" sicher zu bestätigen. Zudem ist die Implementierung der OMI/NOMI-Terminologie in Leitlinien, klinischen Routinen und Abrechnungssystemen noch nicht etabliert. Dennoch weist der Ansatz vielversprechende Ergebnisse auf und könnte in Zukunft eine etab-

Heike Hübner, Berlin

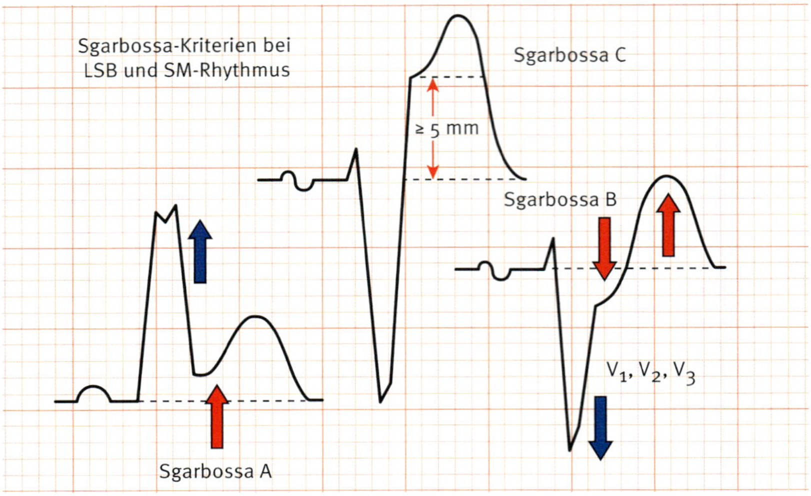

Abb. 1 Sgarbossa-Kriterien bei Linksschenkelblock/Schrittmacherrhythmus

lierte Ergänzung oder sogar einen Ersatz der klassischen STEMI/NSTEMI-Einteilung darstellen.

Zukünftige Perspektiven

Langzeitstudien und prospektive Registerdaten werden benötigt, um die klinische Validität und Überlegenheit des OMI/NOMI-Konzepts gegenüber der herkömmlichen STEMI/NSTEMI-Klassifikation zu belegen. Parallel hierzu schreitet die Entwicklung von KI-gestützter EKG-Analyse voran, die eine genauere und schnellere Identifikation von Verschlussmustern erleichtern könnte.

Einschätzung

Die OMI/NOMI-Klassifikation bietet eine neue, pathophysiologisch fundierte Sichtweise auf das akute Koronarsyndrom. Sie unterstreicht die Bedeutung der raschen Identifikation von Patienten mit tatsächlich verschlossenen Koronararterien (OMI) gegenüber solchen ohne kompletten Verschluss (NOMI). Während die STEMI/NSTEMI-Trennung weiterhin gültig ist, könnte die OMI/NOMI-Klassifizierung in Zukunft zu einer präziseren und zielführenden Patientenbehandlung führen.

Abb. 2 12-Kanal-EKG eines Linksschenkelblocks mit Ischämiezeichen

Heike Hübner, Berlin

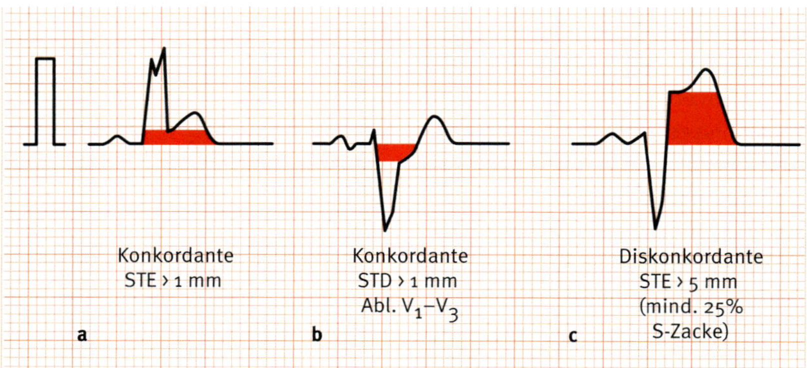

EKG-Beurteilungskriterien bei STEMI

Wenn Patient:innen mit Verdacht auf Myokardinfarkt einen Linksschenkelblock (Left Bundle Branch Block, LBBB) oder einen Schrittmacher-Rhythmus im EKG darstellen, gestaltet sich die Diagnose eines ST-Hebungsinfarkts (STEMI) oft schwierig. Für diesen speziellen Fall wurden verschiedene EKG-Kriterien entwickelt, um eine ischämische ST-Strecken-Veränderung zuverlässiger zu erkennen.

Sgarbossa- und Barcelona-Kriterien

Zu den am häufigsten genannten Kriterien gehören die Sgarbossa- und Barcelona-Kriterien.

Sgarbossa-Kriterien (> Abb. 1)

Die Sgarbossa-Kriterien gehen auf eine Studie von Elena B. Sgarbossa et al. aus den 1990er-Jahren zurück [6]. Sie dienen dazu, bei bestehendem LBBB oder einem Schrittmacher (Pacing) eine akute myokardiale Ischämie besser zu erkennen. Da ein LBBB oder ein Schrittmacher-Rhythmus das EKG stark verändert, sind herkömmliche STEMI-Merkmale (wie ST-Hebungen in den üblichen Ableitungen) nicht ohne Weiteres übertragbar. Die originalen Sgarbossa-Kriterien umfassen drei Punkte, die nach einem Score-System bewertet werden:

1. *Konkordante ST-Hebung*
   - ST-Strecke ist in Ableitungen mit positivem QRS-Komplex um ≥ 1 mm angehoben.
   - „Konkordant“ bedeutet hier, dass die ST-Strecke in dieselbe Richtung ausschlägt wie der QRS-Komplex (also beide positiv).
2. *Konkordante ST-Senkung*
   - ST-Strecke ist in den Brustwandableitungen V1, V2 oder V3 (mit überwiegend negativem QRS-Komplex) um ≥ 1 mm nach unten verschoben.
3. *Diskordante ST-Hebung*
   - ST-Strecke ist in Ableitungen mit überwiegend negativem QRS-Komplex um ≥ 5 mm angehoben.

▸ „Diskordant" bedeutet hier, dass die ST-Strecke in entgegengesetzter Richtung zum QRS-Komplex verläuft.

Jeder dieser Punkte wird unterschiedlich gewichtet. Erreicht der Summen-Score einen definierten Schwellenwert (≥ 3), erhöht sich die Wahrscheinlichkeit eines akuten ST-Hebungsinfarktes trotz LBBB/Pacemaker.

Modifizierte Sgarbossa-Kriterien (➤ Abb. 3)
Später wurde vorgeschlagen, die rein absolute Grenze von ≥5 mm (Punkt 3 der ursprünglichen Sgarbossa-Kriterien) durch ein **Verhältnis** von ST-Hebung zur S-Zacke (bzw. zum Betrag des negativen QRS) zu ersetzen [7]. Eine diskordante ST-Hebung gilt dann als pathologisch, wenn sie mehr als **25 %** der negativen QRS-Amplitude beträgt. Diese Modifikation („Smith-Modifikation" der Sgarbossa-Kriterien) zeigt in Studien häufig eine höhere Sensitivität.

Barcelona-Kriterien
Die sogenannten **Barcelona-Kriterien** werden seltener in der Literatur erwähnt, sind aber ebenfalls ein Ansatz, um bei Patienten mit LBBB oder Schrittmacher den Verdacht auf einen akuten Myokardinfarkt mittels EKG zu erhärten. Allerdings existiert keine einheitlich etablierte „Barcelona-Kriterienliste", wie sie bei Sgarbossa bekannt ist. Der Begriff „Barcelona-Kriterien" bezieht sich oft auf Studien oder Algorithmen, die in Barcelona entwickelt bzw. validiert wurden.
Im Kern greifen die Barcelona-Kriterien ähnliche Prinzipien wie Sgarbossa und deren Modifikationen auf, konzentrieren sich jedoch häufig stärker auf:

- *Konkordante ST-Strecken-Veränderungen* (positives QRS mit gleichgerichteter ST-Hebung)
- *Ausgeprägte (diskordante) ST-Hebungen* in den Brustwandableitungen, bei denen ein Verhältnis der ST-Strecke zur QRS-Amplitude (ähnlich wie bei der Smith-Modifikation) herangezogen wird.
- *Zusätzliche klinische Faktoren* (z. B. Troponin-Anstieg, Symptomatik), um die EKG-Befunde zu untermauern.

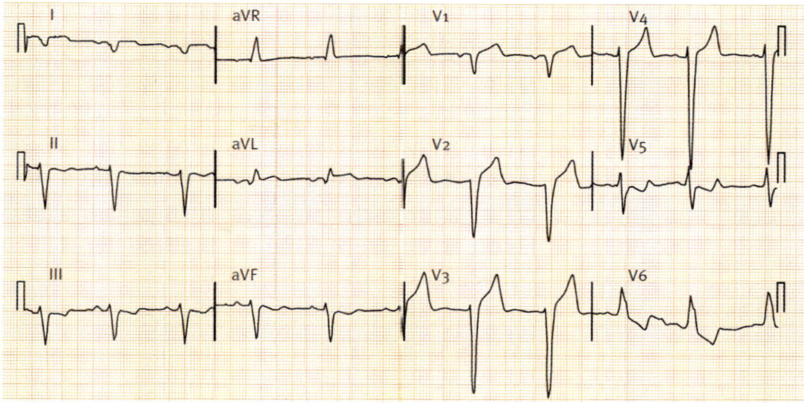

Heike Hübner, Berlin/Sebastian Hild, Würzburg

Abb. 3 Modifizierte Sgarbossa-Kriterien nach Smith: Positives Sgarbossa-Kriterium bei bestehendem Linksschenkelblock (mod. nach [16])

Teilweise findet man unter „Barcelona-Kriterien" auch weitergehende Empfehlungen für das präklinische Setting (z. B. schnelle Transportentscheidung bei starker Ischämieverdacht-Konstellation im EKG).

Klinische Bedeutung und Anwendung

- *Vereinfachte Diagnose eines STEMI bei LBBB/Pacemaker*
  Sowohl die Sgarbossa- als auch die Barcelona-Kriterien helfen, die typischen, aber durch den LBBB/Pacing verschleierten EKG-Anzeichen eines akuten STEMI zu erkennen.
- *Zeitgewinn und bessere Therapieentscheidungen*
  Eine frühe, sichere Diagnose ermöglicht eine raschere Therapie (z. B. Koronarangiografie).
- *Interpretationssicherheit*
  Sgarbossa-Kriterien gelten inzwischen als Standardreferenz, während die Barcelona-Kriterien bzw. -Algorithmen zum Teil als Ergänzung bzw. Weiterentwicklung betrachtet werden.
- *Zusätzliche Tools*
  Häufig werden die Kriterien durch klinische Befunde (z. B. Brustschmerz, Vitalparameter, Laborwerte) und bildgebende Verfahren (z. B. Echokardiografie) unterstützt.

Einschätzung
Die **Sgarbossa-Kriterien** dienen als zentraler Leitfaden zur Erkennung eines STEMI bei LBBB oder Schrittmacher, während die **Barcelona-Kriterien** alternative bzw. ergänzende diagnostische Algorithmen bezeichnen, die ähnliche Grundsätze an-

wenden und zum Teil modifizierte bzw. erweiterte Parameter (wie das ST/QRS-Verhältnis) integrieren.

In der klinischen Praxis werden diese beiden Kriterien-Varianten meist in Kombination mit der Gesamtbeurteilung des Patienten (Klinik, Labor, Verlauf) eingesetzt, um eine akute Koronarischämie nicht zu übersehen und im Zweifelsfall rasch zu handeln.

De-Winter-Zeichen

Das De-Winter-Zeichen ist ebenfalls eines der STEMI Äquivalente, es beschreibt einen hochgradigen Verschluss des Ramus interventricularis anterior (RIVA, engl.: LAD), welches in 2 % aller RIVA-Verschlüsse vorkommt [8]. Es tritt typischerweise in den präkordialen Ableitungen (V1–V6) auf und wird durch folgende Merkmale charakterisiert.

EKG-Kriterien (> Abb. 4)

- Hohe, symmetrische T-Wellen in den Brustwandableitungen
- Aszendierende ST-Streckensenkung › 1 mm am J-Punkt in den Ableitungen V2–V6
- Keine ST-Streckenhebung in den präkordialen Ableitungen
- Reziproke ST-Streckenhebungen in Ableitung aVR (0,5–1 mm)

Da das De-Winter-Phänomen ohne die klassischen ST-Hebungen einhergeht, kann mangelndes Wissen bezüglich diese EKG-Veränderung die Weiterversorgung verzögern und die Mortalität deutlich erhöhen. Wenn die Kriterien des De-Winter-Zeichens erfüllt sind, bietet es einen hohen prädiktiven Wert für eine proximale RIVA-Stenose (95,2–100%; in 3 Studien) und sollte als klassischer Vorderwandinfarkt gewertet und therapiert werden.

Sebastian Hild, Würzburg

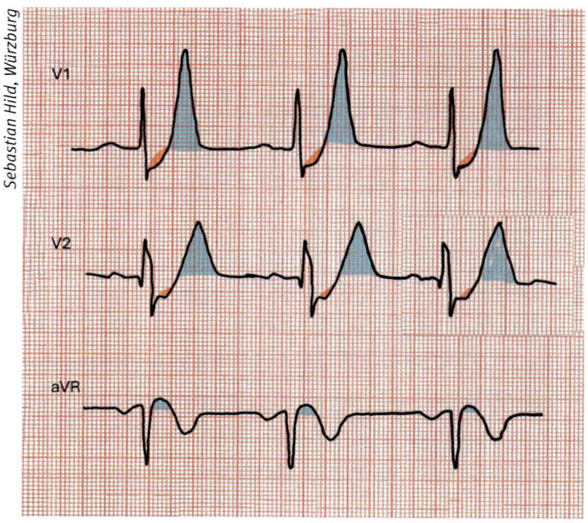

Abb. 4 De-Winter-Zeichen

Wellens-Syndrom

Das Wellens-Syndrom beschreibt ähnlich wie das De-Winter-Zeichen eine hochgradige kritische Stenose des Ramus interventricularis anterior (RIVA) der linken Koronararterie [9,10].

Pathophysiologie

Die Pathophysiologie hinter dem Wellens-Syndrom ist ein vorübergehender vollständiger Verschluss des Ramus interventricularis anterior, ausgelöst durch die Ruptur von atherosklerotischer Plaque. Jedoch wird der Thrombus in der Koronararterie direkt wieder durch körpereigene Mechanismen aufgelöst, bevor es zu einem vollständigen ausgeprägten Myokardinfarkt kommt. Anschließend erfolgt eine Reperfusion der ischämischen Areale des Myokards, die möglichen AP-Beschwerden lassen nach und zu diesem Zeitpunkt kann man die spezifischen EKG-Merkmale des Wellens-Syndrom erkennen.

Das Tückische am Wellens-Syndrom ist, dass es auch ohne akute Beschwerden oder im beschwerdefreien Intervall einer intermittierenden Angina pectoris auftreten kann. Patient:innen können es fälschlicherweise als kurzzeitigen irrelevanten Brustschmerz einschätzen und von einem Notruf absehen.

Deswegen ist es von großer Bedeutung, bei allen Brustschmerz-Patienten in der Akut- und Notfallmedizin ein zeitnahes 12-Kanal-EKG anzufertigen, um evtl. noch bestehende EKG-Veränderungen zu erkennen. Zudem sollten in regelmäßigen seriellen Abständen weitere 12-Kanal-EKGs geschrieben werden, um eine erneute Okklusion zu detektieren und die entsprechenden Maßnahmen einleiten zu können.

Das Wellens-Syndrom kann in zwei verschiedene Subtypen unterschieden werden:

- Typ A: Biphasisch, mit anfänglicher Positivität und terminaler Negativität (25 % der Fälle)
- Typ B: Tief und symmetrisch invertiert (75 % der Fälle)

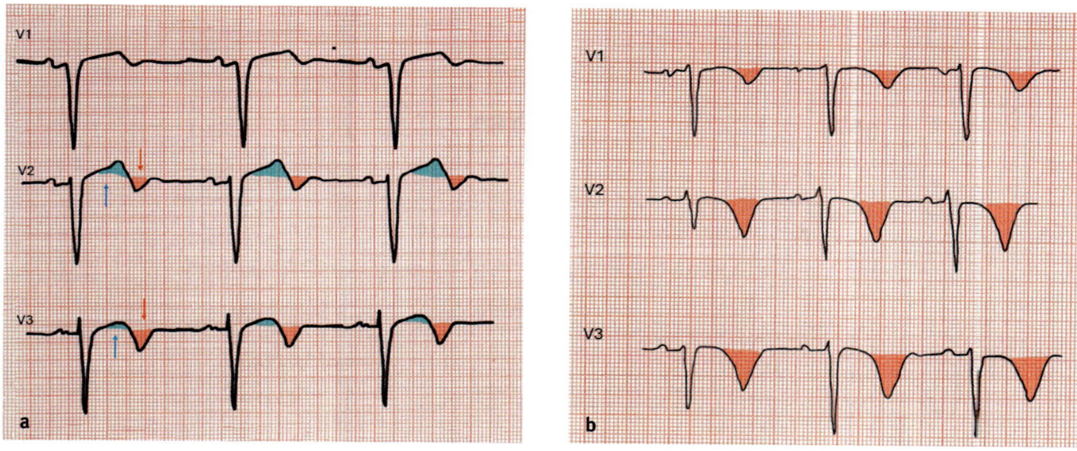

Sebastian Hild, Würzburg

Abb. 5 (a) Wellens Typ A (b) Wellens Typ B

Klinik und EKG-Kriterien (➤ Abb. 5)

- Tiefe invertierte oder biphasische T-Wellen in Ableitung V2–V3 (Ausbreitung in V1–V6 möglich)
- Isoelektrische oder minimal erhöhtes ST-Segment (< 1mm)
- Keine präkordialen Q-Wellen
- Erhaltene präkordiale R-Wellen-Progression
- Normale oder leicht erhöhte Serum-Herzmarker
- EKG-Muster auch ohne Beschwerden möglich
- Angina-pectoris-Symptomatik in jüngster Vergangenheit möglich

Sollte das Wellens-Syndrom nicht erkannt und keine Herzkatheter-Intervention durchgeführt werden, haben die Patienten ein hohes Risiko, einen ausgeprägten Vorderwandinfarkt in den nächsten Tagen/Wochen zu erleiden.

Hauptstammstenose

Als Hauptstammstenose wird eine Verengung der linken Koronararterien noch vor ihrer Aufzweigung in den Ramus interventricularis anterior (RIVA) und Ramus circumflexus (RCX) bezeichnet [11]. Die Diagnose Hauptstammstenose anhand eines EKGs zu stellen, ist herausfordernd, da die EKG-Veränderungen oftmals während akuter Angina-pectoris-Symptomatik bestehen. So kann es passieren, dass bei Patienten mit Okklusion des Hauptstammes und keinen Symptomen die EKGs ohne wesentliche Aussagekraft sind.

Jedoch stellt die ST-Hebung in der EKG-Ableitung aVR in Kombination mit Senkungen in anderen Ableitungen in der Notfallmedizin einer der sensitivsten und spezifischsten Marker da, um den Verdacht der „Hauptstammstenose“ zu untermauern.

EKG-Kriterien (➤ Abb. 6)

- ST-Hebung in aVR + V1 (V1 > 2 mm)
- St-Hebung in aVR > V1
- ST-Senkung in V4–V6 (min. 6 Ableitungen)

Pathophysiologie

Die linke Koronararterie (LCA) versorgt den größten Teil des linken Ventrikels sowie Teile des rechten Ventrikels und des interventrikulären Septums. Wenn man bedenkt, dass die Versorgung mit Blut je nach Versorgungstyp bei einem Linksversorgungstyp 100 % und bei einem Rechtsversorgungstyp 75 % betragt, wird die Relevanz eines Verschlusses deutlich.

Durch einige Studien und Falldarstellungen konnte aufgezeigt werden, dass eine ST-Hebung in aVR mit einer erhöhten Krankenhaussterblichkeit assoziiert ist, da es auch mehrere andere Ursachen für die EKG-Veränderung gibt.

Ähnliche Veränderungen können bei Patienten mit schweren hypotonen Kreislaufsituationen, ausgeprägter Hypoxämie, Sepsis und langer Reanimationsdauer auftreten. Auch bei einer Intoxikation mit trizyklischen Antidepressiva, die bei Überdosierung auf die Natriumkanäle wirken, kann es zu ST-Hebungen in aVR und V1–V2 kommen.

Hyperakute T-Wellen

Die hyperakuten T-Wellen stellen sich als verbreiterte, hohe und symmetrische T-Wellen im EKG dar und zählen zu den ersten abzuleitenden EKG-Veränderungen, welche bei akuter Myokardischämie auftreten (➤ Abb. 7). Sie treten in den ersten Minuten auf und gelten als frühes Stadium eines

Abb. 6 Hauptstammstenose

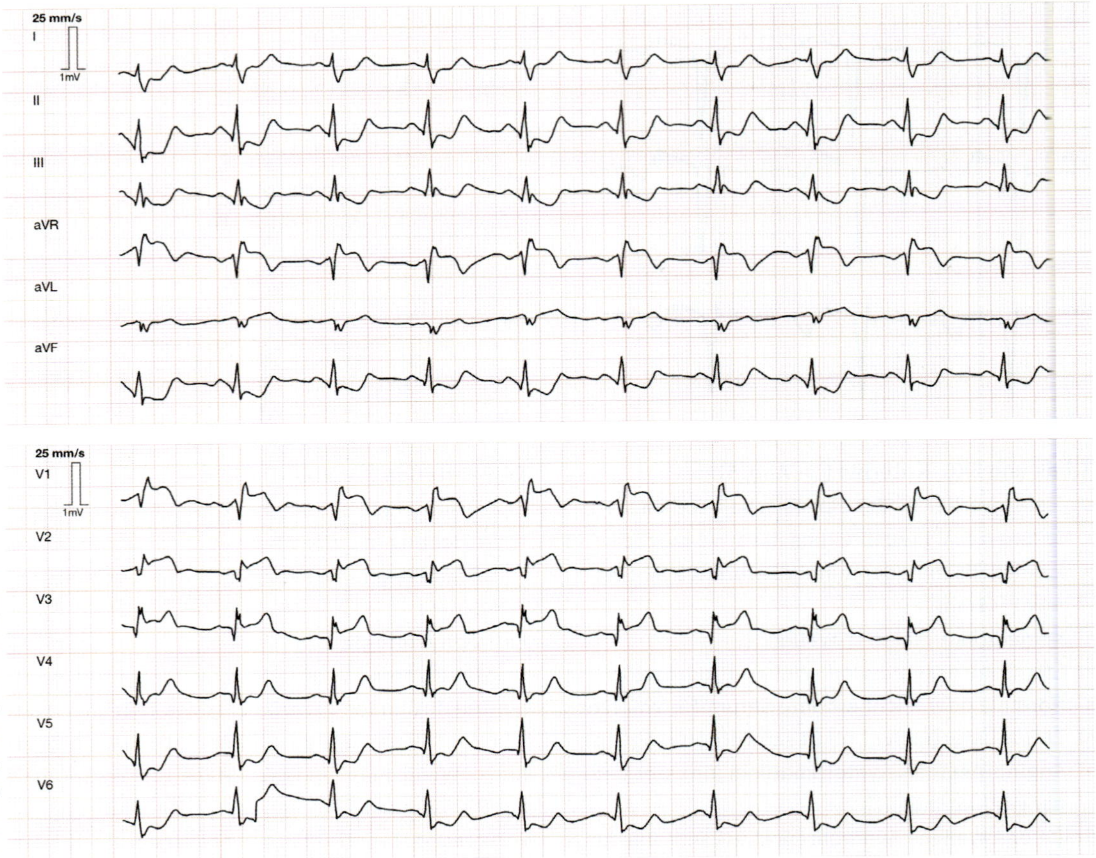

Sven Heiligers, Fritzlar., Heike Hübner, Berlin

Myokardinfarktes, wodurch sie normalerweise unbemerkt bleiben.

> **Merke:** Die Differenzialdiagnose der hyperakuten T-Welle, die Hyperkaliämie (T-Welle eher spitz/zeltförmig) sollte zeitnah mittels Blutgasanalyse ausgeschlossen werden.

Shark-Fin-Zeichen

Als Shark-Fin-Zeichen (Haifischflossen-Zeichen) wird eine abnorme Verschmelzung des QRS-Komplexes mit dem ST-Segment während einer ausgeprägten Myokardischämie bezeichnet (> Abb. 8). Das Shark-Fin-Zeichen ist kein spezifisches EKG-Phänomen, sondern eher ein Ausdruck einer ausgeprägten myokardialen Ischämie, die Patienten befinden sich häufig in einer Post-/Periarrest-Situation und ihr klinischer Zustand ist sehr kritisch. Es gibt nur einzelne Fallberichte oder Fachartikel, welche jedoch eine deutlich erhöhte Mortalität beschreiben.

> **Merke:** Bei breiten QRS-Komplexen an Hyperkaliämie oder Intoxikation denken!

Brugada-Syndrom

Das Brugada-Syndrom beschreibt eine potenziell lebensbedrohliche autosomal-dominant vererbte Mutation von Ionenkanälen, sie führt zum Auftreten von polymorpher ventrikulärer Tachykardie sowie Kammerflimmern [12,13]. Derzeit stellt die Implantation eines implantierbaren Kardioverter-Defibrillators (ICD) die einzige langfristige Therapiemöglichkeit dar. Ohne ICD-Implantation liegt das jährliche Risiko für einen plötzlichen Herztod infolge einer ventrikulären Tachykardie bei etwa 10 %.

Pathophysiologie

Die Mutation bewirkt eine Störung des Ionenfluss, zumeist des Natriumeinwärtsstroms, welche zu einem frühzeitigen Verlust des Aktionspotenzialplateaus der kardialen Epikardzellen des rechtsventrikulären Ausflusstrakts bewirkt. Dies kann zum Einsetzen der tachykarden Rhythmusstörung mit den typischen Beschwerden unklarer Synkopen, Palpitationen und plötzlichem Herztod einhergehen.

EKG-Kriterien (➤ Abb. 9)

- Typ 1:
  - ST-Hebung (0,2 mV) in V1–V3 (rechtspräkordial)
  - Rechtschenkelblockartige Deformierung
  - Steile T-Wellen-Inversion
- Typ 2:
  - Sattelförmige RsR'-Verbreiterung größer (>2mm)

Myokardischämie bei bestehendem Rechtsschenkelblock

Bei dem Rechtsschenkelblock (RSB) kommt es zu einer Unterbrechung oder Verzögerung der Erregungsweiterleitung des rechten Tawara-Schenkels (➤ Abb. 10). Er präsentiert sich klassisch mit einer Verbreiterung des QRS-Komplexes über 120 ms, RSR'-Deformierung (M-Form) des QRS-Komplexes in V1–V3 und einer breiteren monophasischen S-Welle in den lateralen Ableitungen (I, aVL, V5–V6).

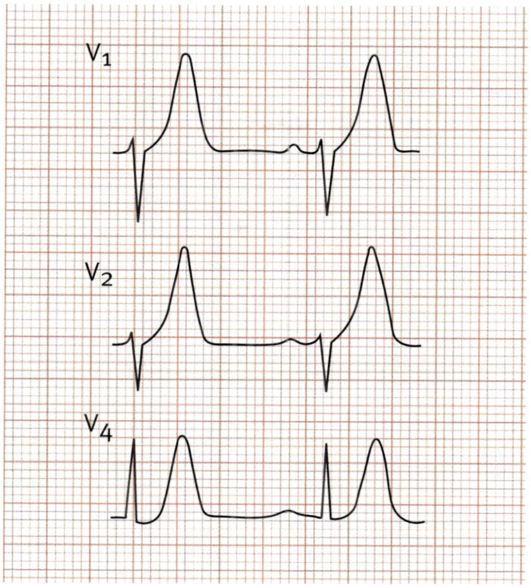

Abb. 7 Hyperakute T-Wellen

Die Infarktdiagnostik wird bei einem bestehenden Rechtsschenkelblock nur geringfügig erschwert, da die verzögerte Depolarisation des rechten Ventrikels aufgrund seiner geringeren Muskelmasse keine ausgeprägten Erregungsrückbildungsstörungen verursacht, wie es bei einem Linksschenkelblock der Fall ist.

Da jedoch der rechte Tawara-Schenkel über die linke Koronararterie (RIVA) versorgt wird, ist ein neu aufgetretener Rechtsschenkelblock im Zusammenhang mit einem Vorderwandinfarkt mit einer schlechteren Prognose assoziiert, da man von einer ausgeprägten kritischen Okklusion der proximalen RIVA ausgehen muss [14].

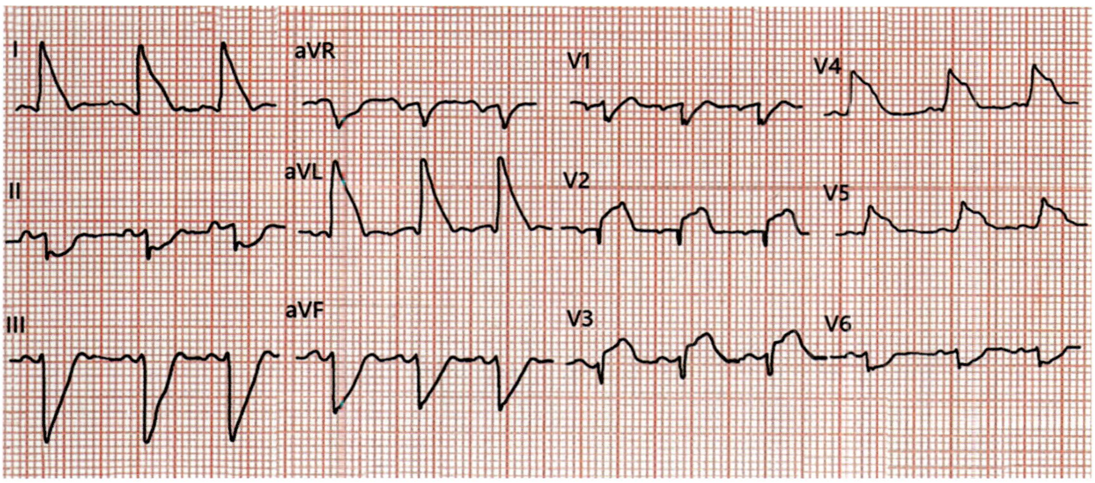

Abb. 8 Shark-Fin-Zeichen

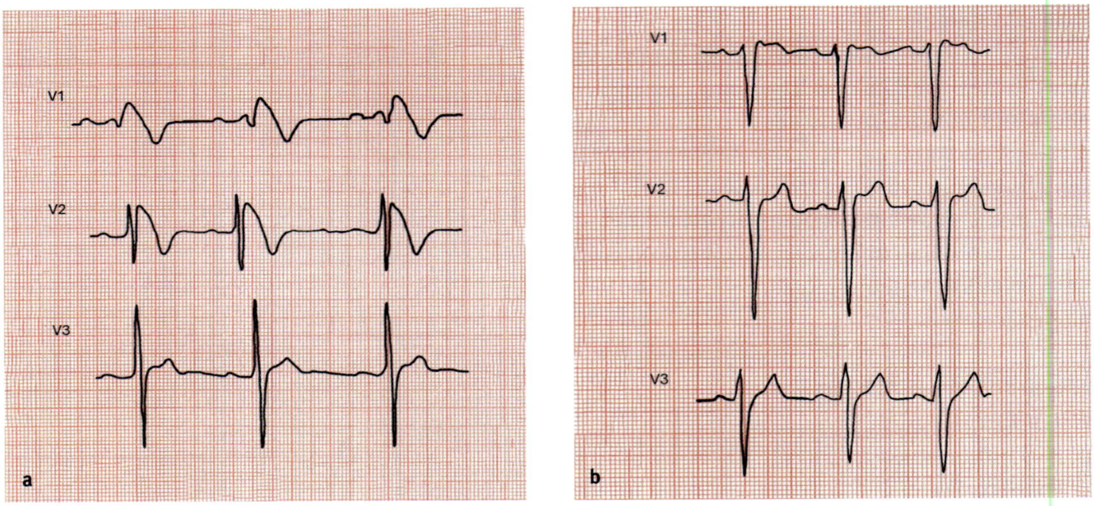

Sebastian Hild, Würzburg

Abb. 9 Brugada-Syndrom (a) Typ 1 (b) Typ 2

Merke: Jede ST-Hebung in den präkordialen Ableitungen (V1–V3) oder eine isoelektrische ST-Strecke bei Vorliegen eines Rechtsschenkelblocks in Kombination mit thorakalen Beschwerden sollte sorgfältig überwacht oder abgeklärt werden.

Fazit

Die frühzeitige Identifikation von Hochrisiko-EKGs ist essenziell für die Prognose und Therapie von Patienten mit akutem Koronarsyndrom. Die klassische Unterscheidung in STEMI und NSTEMI hat sich bewährt, doch es zeigt sich zunehmend, dass ST-Streckenhebungen als Kriterium allein nicht immer ausreichen. Die OMI/NOMI-Klassifikation stellt einen Paradigmenwechsel dar, indem sie den Fokus stärker auf die tatsächliche Koronarmorphologie legt. Dies ermöglicht eine präzisere Identifikation therapiebedürftiger Verschlüsse – auch ohne klassische ST-Streckenhebungen. Ergänzende Hochrisiko-EKG-Muster wie das Wellens-Syndrom oder das De-Winter-Zeichen betonen die Notwendigkeit einer differenzierten Betrachtung. Die Implementierung dieser Erkenntnisse in Leitlinien und klinische Routinen stellt eine Herausforderung dar, könnte aber langfristig zu mehr Sicherheit in der Anwendung und einer verbesserten Patientenversorgung führen.

Quellen:

[1] Ibanez B, James S, Agewall S, Antunes MJ, Bucciarelli-Ducci C, Bueno H, et al. (2017) ESC Guidelines for the management of acute myocardial infarction in patients presenting with ST-segment elevation. Eur Heart J. 2018;39(2):119–177. DOI: 10.1093/eurheartj/ehx393

[2] Collet JP, Thiele H, Barbato E, Barthélémy O, Bauersachs J, Bhatt DL, et al. (2020) ESC Guidelines for the management of acute coronary syndromes in patients presenting without persistent ST-segment elevation. Eur Heart J. 2021;42(14):1289–1367. DOI: 10.1093/eurheartj/ehaa575

Sebastian Hild, Würzburg

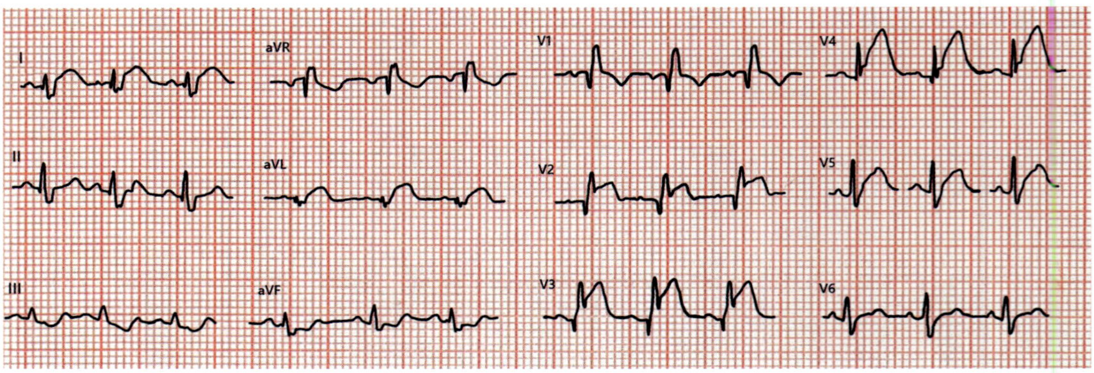

Abb. 10 Myokardischämie bei bestehendem Rechtsschenkelblock

[3] O'Gara PT, Kushner FG, Ascheim DD, Casey DE Jr, Chung MK, de Lemos JA, et al. (2013) ACCF/AHA Guideline for the Management of ST-Elevation Myocardial Infarction: Executive Summary. J Am Coll Cardiol. 2013;61(4):485–510. DOI: 10.1016/j.jacc.2012.11.018

[4] Meyers HP, Rhudy LM, Bracey A, Verdoorn JT, Wittrock MC, Smith SW. New Strategies for Diagnosing "Occlusion MI" in the Emergency Department. J Electrocardiol. 2021;65:90–99. DOI: 10.1016/j.jelectrocard.2021.03.009

[5] Thygesen K, Alpert JS, Jaffe AS, Chaitman BR, Bax JJ, Morrow DA, et al. Fourth Universal Definition of Myocardial Infarction (2018). J Am Coll Cardiol. 2018;72(18):2231–2264. DOI: 10.1016/j.jacc.2018.08.1038

[6] Sgarbossa EB, Pinski SL, Barbagelata A, Underwood DA, Gates KB, Topol EJ, et al. Electrocardiografic diagnosis of evolving acute myocardial infarction in the presence of left bundle-branch block. N Engl J Med. 1996;334(8):481–487. DOI: 10.1056/NEJM199602223340801

[7] Smith SW, Dodd KW, Henry TD, Dvorak DM, Pearce LA. Diagnosis of ST-elevation myocardial infarction in the presence of left bundle-branch block using a simplified and modified Sgarbossa rule. Ann Emerg Med. 2012;60(6):766–776. DOI: 10.1016/j.annemergmed.2012.07.119

[8] Morris, N.P. & Body, R. (2017) The De Winter ECG pattern: Morphology and accuracy for diagnosing acute coronary occlusion: Systematic review. European Journal of Emergency Medicine, 24(4), pp. 236–242. doi: 10.1097/MEJ.0000000000000452.

[9] Clemente, G. et al. (2024) Chest pain: Wellens syndrome due to spontaneous dissection of the left anterior descending coronary artery — A case report and literature review. Reviews in Cardiovascular Medicine, 25(2), p. 70. doi: 10.31083/j.rcm2502070.

[10] Rhinehardt, J. et al. (2002) Electrocardiografic manifestations of Wellens' syndrome. American Journal of Emergency Medicine, 20(7), pp. 638–643. doi: 10.1053/ajem.2002.34800.

[11] Yamaji, H. et al. (2001) Prediction of acute left main coronary artery obstruction by 12-lead electrocardiografy. ST segment elevation in lead aVR with less ST segment elevation in lead V(1). Journal of the American College of Cardiology, 38(5), pp. 1348–1354. doi: 10.1016/s0735-1097(01)01563-7.

[12] Bayés de Luna, A. et al. (2012) Current electrocardiografic criteria for diagnosis of Brugada pattern: A consensus report. Journal of Electrocardiology, 45(5), pp. 433–442. doi: 10.1016/j.jelectrocard.2012.06.004.

[13] Surawicz, B. (2001) Brugada syndrome: Manifest, concealed, "asymptomatic," suspected and simulated. Journal of the American College of Cardiology, 38(3), pp. 775–777. doi: 10.1016/S0735-1097(01)01472-3.

[14] Triska, J. et al. (2023) Acute coronary occlusion in a patient with prior known right bundle branch block: Another chink in the armor for the ST-elevation myocardial infarction criteria. Annals of Emergency Medicine, 82(2), pp. 219–221. doi: 10.1016/j.annemergmed.2022.12.006.

[15] Rector, G. et al. (2022) Right bundle branch and bifascicular blocks: Insensitive prognostic indicators for acute myocardial infarction. Current Problems in Cardiology, 47(12), p. 101418. doi: 10.1016/j.cpcardiol.2022.101418.

[16] Gotthardt, P. et al. STEMI-Äquivalente und High-risk-NSTEMIs. Notfall Rettungsmed 21, 143–145 (2018). https://doi.org/10.1007/s10049-017-0356-9.

Die Autoren

Dr. Mirko Scheuplein, Medizin- und Berufspädagoge, Notfallsanitäter, Promotion 2021 in Erziehungswissenschaften, seit 1995 im Rettungsdienst tätig, Lehrkraft und Leitungsfunktionen an diversen Rettungsdienstschulen, Instruktor AHA & ERC-Kursformate, Instruktor EPC, Instruktor und Kurskoordinator AMLS, Organisatorischer Leiter Rettungsdienst (OLRD), regelmäßig im Einsatzdienst aktiv.

Sebastian Hild, Notfallsanitäter und Student der Humanmedizin, seit 2013 im Rettungsdienst aktiv, Leitung der Arbeitsgemeinschaft Notfallmedizin der Julius-Maximilians-Universität Würzburg, Autorentätigkeit in verschiedenen Fachzeitschriften, regelmäßig im Einsatzdienst aktiv.

Interessenskonflikt: Die Autoren geben an, dass kein Interessenskonflikt vorliegt.

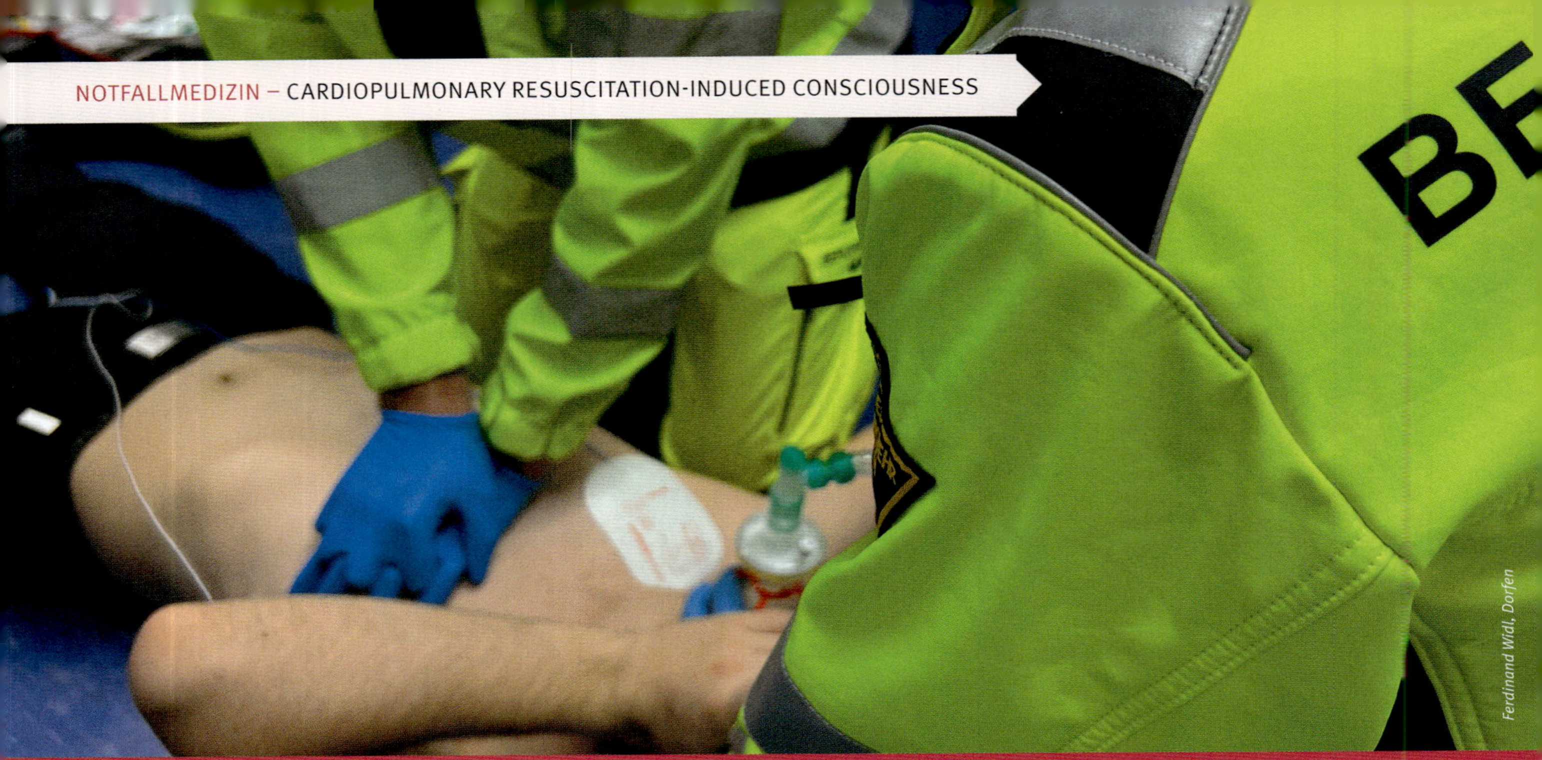

Ferdinand Widl, Dorfen

Cardiopulmonary Resuscitation-Induced Consciousness (CPR-IC)

Schlüsselwörter
Reanimation
Awareness
Therapie
PTBS
CPR-IC

Zusammenfassung: *Durch Reanimationsmaßnahmen induzierte Bewusstseinszustände (CPR-IC) sind seltene Phänomene, die eine Belastung für Rettungskräfte, Patienten und Angehörige darstellen und direkt die Reanimation stören können. Der adäquate Umgang mit diesem Phänomen ist umstritten, Standards fehlen. Im Folgenden werden die Symptome der CPR-IC genauer erläutert, ihre Prävalenz wird beschrieben und auf die Schwierigkeiten im Management eingegangen.*

Definition und Symptome

Die CPR-IC (Cardiopulmonary Resuscitation-Induced Consciousness) ist ein Phänomen, das erstmals 1989 [1] beschrieben wurde und bisher nicht einheitlich definiert ist. Sie wird zum Beispiel als CPR-abhängige kognitive Aktivität, Wachheit, Awareness oder Erinnerung an den Vorgang der Reanimation definiert [2]. Andere Autoren definieren die CPR-IC über Symptome [3].

Symptome (eines oder mehrere vorliegend) einer CPR-IC bei pulslosen Patienten während laufender Reanimation [4]:

- Spontanes Öffnen der Augen
- Muskeltonus der Kiefermuskulatur
- Körperbewegung
- Sprache

Die Symptome der CPR-IC können anschließend weiter unterteilt werden und lassen somit eine genauere Zuordnung zu [5]:

Interfering CPR-IC (störende/behindernde Symptome):

- Armbewegungen, Abwehrbewegungen
- Entfernen von intravenösen Zugängen
- Obstruktion von Atemwegs-Devices durch Beißen
- Sprechen mit dem Behandlungsteam

Non-Interfering CPR-IC (nicht störende/behindernde Symptome):

- Augen öffnen, Augenbewegungen, Blinzeln
- Atembemühungen

Prävalenz und Epidemiologie

Die Prävalenz der CPR-IC wird zwischen 0,23 % und 0,9 % aller Reanimationen angegeben und tritt somit selten, aber doch regelmäßig auf. Diese Prävalenz wird vermutlich durch die weitere Professionalisierung und Verbesserung von Reanimationsabläufen und First-Responder-Systemen, öffentlich zugängliche Defibrillatoren und Ersthelferschulungen weiter steigen, da diese zu einer Verkürzung des therapiefreien Intervalls führen können und eine kurze „no-flow time" die CPR-IC vermutlich begünstigt.

Bei einer Studie in Norwegen über die Prävalenz der CPR-IC gaben 91 % von 115 präklinisch tätigen Ärzten an, mindestens einmal einen Fall von CPR-IC erlebt zu haben [6]. Von 293 Rettungskräften (Paramedics) aus dem Vereinigten Königreich gaben 50 % an, bereits von CPR-IC gehört zu haben und über 40 % gaben an, CPR-IC im Einsatz erlebt und sich deshalb im Anschluss damit beschäftigt zu haben [7].

Tab. 1 Reanimations-Outcomes bei CPR-IC

	CPR-IC	Keine CPR-IC
ROSC	51,9 % [9]	28,6 % [9]
	72,3 % [4]	40,8 % [4]
Überleben bis Krankenhausentlassung	46,2 % [9]	15,1 % [9]
	56,8 % [4]	34,0 % [4]
30-Tage-Überleben	46,2 % [9]	14,7 % [9]
	44,0 % [4]	13,0 % [4]

Als häufigste Symptome bei bis zu 34,6 % der Patienten zeigten sich Agitation und spontane Abwehrbewegungen.

Außerdem war die CPR-IC mit deutlich erhöhten Raten an Wiederauftreten eines Spontankreislaufs (ROSC), Überleben bis zur Krankenhausentlassung und 30-Tage-Überleben assoziiert (➤ Tab. 1) [8]. Trotzdem kann die CPR-IC nicht isoliert als positiver Prädiktor verwendet werden, da Patienten, welche CPR-IC erlebten, häufig auch andere mit einem besseren Outcome assoziierten Faktoren in sich vereinten (Laienreanimation oder beobachteter Kreislaufstillstand, defibrillierbarer initialer Rhythmus, kardiale Ursache) [8].

Problemstellung

Einen Patienten zu reanimieren, der zwar einen Kreislaufstillstand hat, jedoch bei Bewusstsein ist, bringt vielseitige Probleme mit sich. In ➤ Abb. 1 sind die verschiedenen Störfaktoren bei der Reanimation nach Häufigkeit dargestellt. Die Belastung für den Patienten ist zwar nicht durch Studien untersucht, jedoch sollte schlüssig sein, dass die durchgeführten Maßnahmen zumindest als unangenehm wahrgenommen werden. Hierbei dürften sowohl die Schmerzen durch die Thorax-

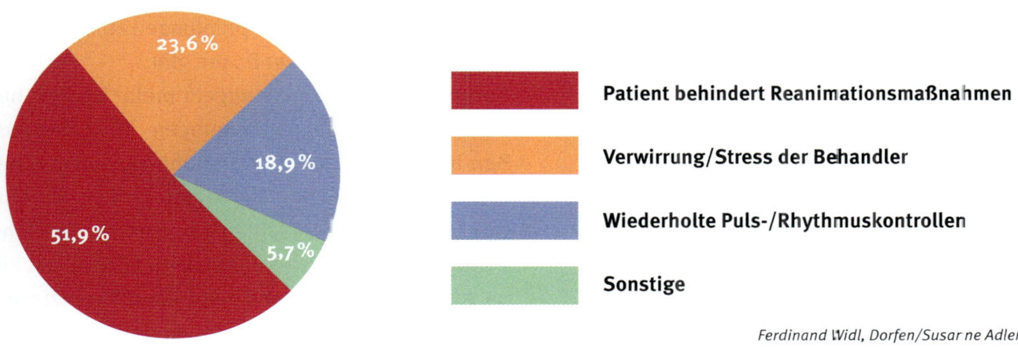

Ferdinand Widl, Dorfen/Susanne Adler, Lübeck

Abb. 1 Verteilung der Reanimationsstörungen

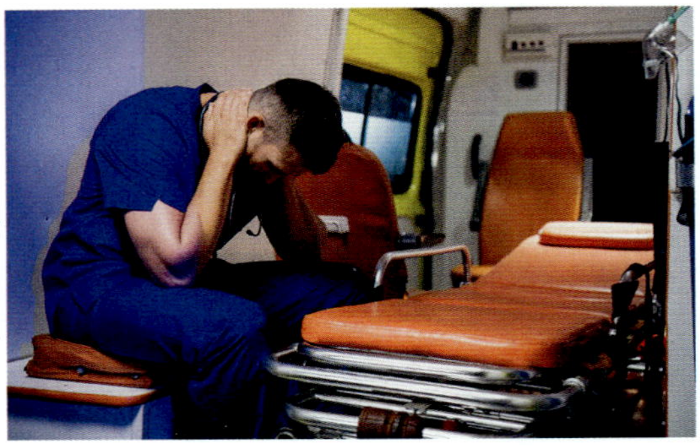

Abb. 2 Die CPR-IC kann für alle Beteiligten eine erhebliche Belastung darstellen.

AdobeStock/Anna Kosolapova

kompressionen als auch das Erleben der eigenen Reanimation eine Rolle spielen. Auch für Angehörige ist diese Situation teilweise nicht einschätzbar, und diese gehen nachvollziehbarerweise gelegentlich sogar so weit, die Reanimation infrage zu stellen [7].

Neben der Problematik des erschwerten Managements und der erhöhten psychischen Belastung für alle Beteiligten gibt es bei dem Thema CPR-IC ein weiteres relevantes Problem: Durch eine uneinheitliche Definition und hieraus resultierender begrenzter Evidenz unterscheiden sich die lokalen Empfehlungen maßgeblich und sind schlecht zu vergleichen. Aufgrund der sich dadurch ergebenden Diversität des Managements werden somit auch keine neuen, einheitlich auswertbaren Daten generiert, auf deren Basis evidenzbasierte Empfehlungen entstehen könnten.

Management

CPR-IC kann zu Belastungen sowohl für das Rettungsdienstpersonal, für die Angehörigen als auch möglicherweise für den Patienten führen. Die Vermutung, dass eine Therapie mittels Sedierung protektiv für den Patienten im Sinne eines reduzierten Risikos für eine PTBS (posttraumatische Belastungsstörung) ist, liegt nahe. Es gibt jedoch weder Studien, die ein Auftreten der CPR-IC mit einer erhöhten Rate an PTBS oder ähnlichen Folgeschäden in Verbindung bringen, noch solche, die eine Reduktion des PTBS-Risikos nach Gabe von Sedativa bei CPR im Allgemeinen belegen [10].

Im Gegenteil zeigt sich, dass die bei CPR-IC oben beschriebenen verbesserten ROSC-Raten, die verkürzte Dauer bis ROSC sowie das verbesserte Langzeitüberleben bei Gabe von Medikation zur Sedierung nicht mehr zu beobachten sind [4].

Es gibt keine konkreten Empfehlungen zum Management der CPR-IC seitens der großen Reanimationsorganisationen European Resuscitation Council (ERC) und American Heart Association (AHA). Das International Liaison Committee on Resuscitation (ILCOR) geht oberflächlich auf das Thema ein, spricht aber keine konkreten Empfehlungen aus. Es gibt lediglich allgemeine Empfehlungen ohne starke Evidenz, die besagen, dass eine Therapie mit Sedativa oder Analgetika in sehr kleinen Dosen durchgeführt werden kann. Zudem wird von einer alleinigen Gabe von Muskelrelaxanzien abgeraten. Für konkrete Dosierungen verweist es auf lokale Protokolle [11].

Den Autoren sind keine Therapieprotokolle aus dem deutschsprachigen Raum bekannt. Im internationalen Vergleich gibt es dagegen eine Vielzahl an Protokollen mit einer großen Spannweite an Medikationsempfehlungen, die jedoch allesamt ohne konkrete Evidenz ausgesprochen wurden. Es gibt sowohl Empfehlungen für Mono- als auch für Kombinationstherapien. Eine Übersicht der Breite in den Dosierungsempfehlungen bei Monotherapie zeigt ➤ Tab. 2 [3].

Im Bereich der Kombinationstherapien wird vor allem die Kombination aus Midazolam und Fentanyl empfohlen.

Zusammenfassend lässt sich also feststellen, dass es keine einheitlichen Empfehlungen zu verwendeten Medikamenten oder Dosen gibt.

Aufgrund des Evidenzmangels bleibt derzeit nur der Blick auf Expertenmeinungen. Mit einer großen internationalen Umfrage unter Experten, bestehend aus Paramedics, Ärzten und Forschern, wurde 2023 ein Vorschlag für eine einheitliche Versorgungsstrategie entwickelt. Diese ist in ➤ Abb. 3 dargestellt und zeigt ein differenziertes Herangehen, je nach Ausprägung der CPR-IC [12].

Tab. 2 Spannweite verschiedener Therapieprotokolle (Monotherapie)

Medikament	Empfohlene Minimaldosis	Empfohlene Maximaldosis
Ketamin	10 mg, Repetition bei Bedarf	200 mg, einmalige Repetition
Midazolam	1–2 mg alle 5 min, bis max. 5 mg	2,5 mg, Repetition bis max. 30 mg
Fentanyl	25 µg, Repetition bei Bedarf	100 µg alle 1–2 min
Morphin	2,5–5 mg, Repetition bis max. 10 mg	5 mg alle 2 min, bis max. 20 mg

Fazit

Das Phänomen der CPR-IC stellt eine seltene, aber relevante Herausforderung im Alltag von Rettungskräften dar. Es ist mit einer verbesserten Überlebensrate und besseren neurologischen Outcomes assoziiert, bringt jedoch erhebliche Belastungen für Patienten, Rettungskräfte und Angehörige mit sich. Trotz der Bedeutung des Themas fehlen einheitliche Definitionen, standardisierte Managementempfehlungen und belastbare Studien.

Während Sedativa und Analgetika zur Linderung der Symptome und zur potenziellen Reduktion posttraumatischer Belastungsstörungen diskutiert werden, bleibt ihre Wirksamkeit unbewiesen und sie können die positiven Effekte der CPR-IC beeinträchtigen. Internationale Leitlinien geben keine konkreten Handlungsempfehlungen, was die Notwendigkeit für weitere Forschung und klare Protokolle unterstreicht.

Eine konsequente Anwendung der beschriebenen Empfehlungen in breitem Maßstab wäre sinnvoll, um die für zukünftige Leitlinien erforderliche Datengrundlage zu generieren.

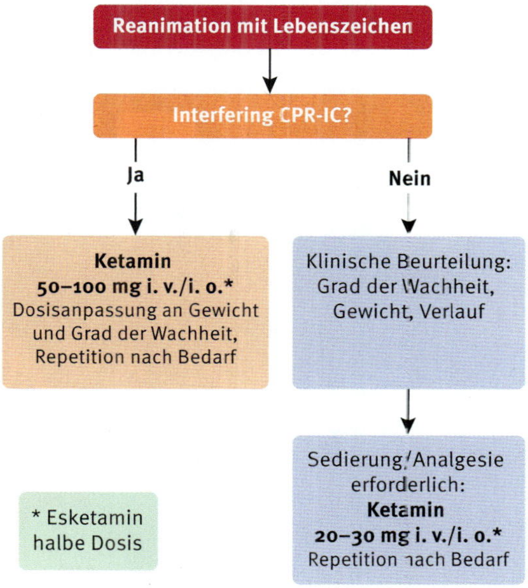

Ferdinand Widl, Dorfen/Susanne Adler, Lübeck

Abb. 3 Therapieempfehlung Expertenumfrage

Quellen:

[1] J. R. Lewinter, D. L. Carden, R. M. Nowak et al. Annals of emergency medicine. 1989, 18, 1111–1115.
[2] R. L. West, Q. Otto, I. R. Drennan et al. Resuscitation Plus. 2022, 10, 100241.
[3] J. Howard, C. Lipscombe, B. Beovich et al. Resuscitation Plus. 2022, 12, 100335.
[4] A. Olaussen, Z. Nehme, M. Shepherd et al. Resuscitation. 2017, 113, 44–50.
[5] X. Zhou, B. Sun, Emergency Medicine International. 2024, 2024, 2834376.
[6] J. R. Brede, E. A. Skjærseth, M. Rehn, Resuscitation Plus. 2024, 18, 100591.
[7] B. Mays, P. Gregory, C. Sudron et al. British Paramedic Journal. 2019, 4, 1–5.
[8] T. N. Doan, L. Adams, B. V. Schultz et al. Emergency Medicine Australasia. 2020, 32, 769–776.
[9] G. Gamper, M. Willeit, F. Sterz et al. Critical care medicine. 2004, 32, 378–383.
[10] S. Parnia, K. Spearpoint, G. De Vos et al. AWARE – AWAreness during Resuscitation – a prospective study. Resuscitation. 2014, 85, 1799–1805.
[11] M. H. Wyckoff, E. M. Singletary, J. Soar et al. 2022 International consensus on cardiopulmonary resuscitation and emergency cardiovascular care science with treatment recommendations. Circulation. 2022, 145, e645–e721.
[12] J. Howard, E. Grusd, D. Rice, et al. Development of an international prehospital CPR-induced consciousness guideline: A Delphi study. Paramedicine. 2024, 21, 66–78.

Die Autoren

Ferdinand Widl, Notfallsanitäter, B. Sc. Biologie, derzeit tätig als Brandmeisteranwärter bei der Branddirektion München. Provider für ALS, EPALS, PHTLS.

Luis Müller, Notfallsanitäter, derzeit tätig als Brandmeisteranwärter bei der Branddirektion München. Provider für ALS, EPALS, PHTLS

Interessenkonflikt: Die Autoren geben an, dass kein Interessenkonflikt vorliegt.

Lernort Rettungswache – Ausbildung individuell planen

Schlüsselwörter:
Individueller Ausbildungsplan
Lernziele
Performanz
Praxisanleitung

Zusammenfassung: *Mit der Ausbildung zum/zur Notfallsanitäter:in hat sich dieser Beruf im Rettungsdienst seit der Einführung 2014 zu einer anspruchsvollen und dynamischen Tätigkeit entwickelt. Eine zentrale Rolle bei der Ausbildung stellt der individuelle Ausbildungsplan dar. Dieser zeigt Auszubildenden klare Ziele und Erfolgskriterien auf und bietet Praxisanleitungen ein Werkzeug zur Beurteilung des individuellen Lernfortschritts. Der Artikel stellt praxisnahe Ansätze zur Gestaltung solcher Pläne vor, die eine kompetenzorientierte Ausbildung fördern.*

Einleitung

Der/die Notfallsanitäter:in ist – mit Einführung im Jahre 2014 – ein noch relativ neuer Ausbildungsberuf, welcher aber eine dynamische Entwicklung zeigt. Hierzu zählt sowohl die Ergänzung des Gesetzes über den Beruf der Notfallsanitäterin und des Notfallsanitäters (Notfallsanitätergesetz, NotSanG) durch den § 2a, der die eigenverantwortliche Durchführung auch invasiver heilkundlicher Maßnahmen regelt [1] wie auch die Änderung des Gesetzes über den Verkehr mit Betäubungsmitteln (Betäubungsmittelgesetz, BtMG) aus dem Jahr 2023 [2]. Diese Entwicklungen zeigen die Professionalisierung, die diesen Beruf seitdem auszeichnet [3]. Notfallsanitäter:in ist ein hochkomplexer

Beruf, der laut § 4 NotSanG umfangreiche Fach-, Methoden-, Personal- und Sozialkompetenz fordert [1]. Hinzu kommt, dass die Maßnahmen nach dem aktuellen wissenschaftlichen Erkenntnisstand erfolgen sollen, wie es in § 4 NotSanG, § 135 a SGB V und § 630 a BGB gefordert wird [1,4,5]. Diese mannigfaltigen Faktoren stellen hohe An- und Herausforderungen an die Ausbildung am Lernort Rettungswache und fordern auch von der Praxisanleitung weitreichende Kompetenzen.

> *„Nur wer sein Ziel kennt, findet den Weg“* (Laotse, 6. Jh. v. Chr.)

Dieses Zitat lässt sich sehr gut in den pädagogischen Kontext der heutigen Zeit übertragen. Um eine erfolgreiche Ausbildung und ein effektives Lernen zu gewährleisten, sind klare Lernzielvorgaben und Erfolgskriterien essenziell. Diese sind insbesondere für die Lernenden, aber auch für die Praxisanleitung von Bedeutung. Ein individueller Ausbildungsplan ist als Hilfsmittel dafür von hoher Relevanz.

Rahmenbedingungen

Der individuelle Ausbildungsplan stellt eine wichtige Grundlage für ein erfolgreiches Lernen und für das Erreichen der Ausbildungsziele dar. Letzteres ist die Grundlage für die Prüfungszulassung, die sich in § 1 Abs. 4 und in Anlage 5 der Ausbildungs- und Prüfungsverordnung für Notfallsanitäterinnen und Notfallsanitäter (NotSan-APrV) finden [6]. Das Erreichen der Ausbildungsziele wiederum wird durch die Kontrolle und Beurteilung des Lernstands bestätigt.

Die Ausbildungsziele sind in § 4 NotSanG definiert. Jedoch reicht es nicht aus, diese als alleinigen Maßstab zu nutzen. Lernstand wie Lernprozess müssen den Auszubildenden transparent und kontinuierlich aufgezeigt werden, um ihnen eine Basis zum erfolgreichen Lernen zu bieten.

Hinzu kommt, dass die Lernziele aus dem NotSanG kompetenzorientierte Groblernziele darstellen, die in diverse Feinlernziele aufgegliedert werden müssen. Des Weiteren diversifiziert beispielweise der Rahmenlehrplan *Ausbildung zum Notfallsanitäter/zur Notfallsanitäterin in Nordrhein-Westfalen* oder vergleichbare Curricula die Ausbildungsziele für die Lehre in Lernsituationen oder curriculare Einheiten. Im Pflegebereich obliegt es der Schule, die Konformität der Ausbildungspläne der Ausbildungseinrichtung mit den Vorgaben der schulinternen Curricula zu gewährleisten und die praktische Ausbildung auf der Grundlage der Ausbildungspläne zu kontrollieren [7]. In Nordrhein-Westfalen (NRW) ergänzen die *Ausführungsbestimmungen zur Notfallsanitäter-Ausbildung in NRW Teil I und Teil II* das NotSanG und die NotSan-APrV. In Teil I heißt es dazu:

> „Hauptaufgabe der Praxisanleiterin/des Praxisanleiters ist die Anleitung der Schülerin/des Schülers in der realen Einsatzsituation. Dazu müssen auf die Auszubildende/den Auszubildenden bezogene, individuell abgestimmte Ausbildungspläne inklusive Ausbildungsaufträge – unter Einbeziehung der Schule sowie der Ausbildungsbetreuer – erstellt werden. Weiterhin zählen die Kontrolle und Beurteilung des Lernstandes der Auszubildenden/des Auszubildenden zur Ausbildungstätigkeit.“ [8]

Auch in Ausbildungsberufen, die nicht dem medizinischen Bereich zuzuordnen sind, ist der Ausbildungsplan von hoher Relevanz. Die IHK Berlin schreibt in einem Informationsartikel für die Aus- und Weiterbildung:

> „Viele neuere Ausbildungsordnungen verlangen sogar die Erstellung eines individuellen betrieblichen Ausbildungsplanes. Ein individueller Ausbildungsplan ist leicht aus dem betrieblichen Ausbildungsplan zu entwickeln und soll dem einzelnen Azubi den Verlauf seiner Ausbildung verdeutlichen.“ [9]

Der individuelle Ausbildungsplan gewährleistet folglich auch die notwendige Transparenz für die Auszubildenden. Sie erhalten ein klares Bild von den Erwartungen, die in der praktischen Ausbildung an sie gestellt werden. Hierzu ist es notwen-

Schüler*in:

Praxisanleiter*in:

Feld 1	Feld 2	Feld 3	Feld 4	Feld 5	Feld 6	Feld 7	Feld 8	Feld 9	Feld 10
Lernzielvorgabe Rahmenlehrplan	**Lernzielvorgabe der Schule**	**Individuelle Lernziele**	**Inhalt / Skills**	**Performanz-feststellung**	**Ausbilder*in**	**Ort**	**Zeitpunkt**	**Lehrmethode**	**Bemerkungen**
Lernfeld 2 – Lebensbedrohliche Zustände erkennen und bewerten sowie einfache lebensrettende Maßnahmen durchführen	Der/die Schüler*in kann unter Anleitung den Blutdruck bei dem/der Notfallpatient*in messen.	Der/die Schüler*in führt die Anlage der Blutdruckmanschette am entkleideten Oberarm eigenständig durch.	Analyse ausgewählter Vitalparameter Schwerpunkt: Blutdruckmessung	eigenständig unter Supervision	Herr Meyer	Feuer- und Rettungswache Stadt	2. Praxisblock	Anleitung im Einsatz	Lernziel vom letzten Block
				Performanz				...	
				Performanz				...	
				Performanz				...	
				Performanz				...	
				Performanz				...	
				Performanz				...	
				Performanz				...	
				Performanz				...	
				(Dropdown-Feld)				(Dropdown-Feld)	

Bemerkungen:

Lernziele aus Sicht des/der Schüler*in:

Tim Schmitz, Recklinghausen

Abb. 1 Beispiel für die Ausgestaltung eines Lernplans

dig, klare Lernziele und Erfolgskriterien zu formulieren, um ein erfolgreiches Lernen am Lernort Rettungswache, aber auch allgemein zu ermöglichen.

Relevanz von Lernzielen

Schon Hilbert Meyer [10] erwähnt in seinem Leitfaden zur Unterrichtsvorbereitung, dass es ohne klare Zielsetzung für die Lehrkraft – oder am Lernort Rettungswache äquivalent für die Praxisanleitung – eine Herausforderung sein kann, wenn die Auszubildenden anders reagieren als geplant [10].

Lernzielvorgabe Rahmenlehrplan	Lernzielvorgabe der Schule	Individuelle Lernziele
Lernfeld 2 – Lebensbedrohliche Zustände erkennen und bewerten sowie einfache lebensrettende Maßnahmen durchführen	Der/die Schüler*in führt unter Anleitung die Blutdruckmessung bei dem/der Notfallpatient*in durch.	Der/die Schüler*in führt die Anlage der Blutdruckmanschette am entkleideten Oberarm eigenständig durch.

Tim Schmitz, Recklinghausen

Abb. 2 Formulierung der Lernziele im individuellen Ausbildungsplan

Realistische und transparente Lernziele sind für ein erfolgreiches Lernen aus mehreren Perspektiven relevant. Aus der Perspektive der Praxisanleitung stellen Lernziele die sprachlich artikulierte Vorstellung über das erwünschte Verhalten der Auszubildenden dar. Dieses Verhalten kann sich an Curricula, Rahmenlehrplänen und Lernzielvorgaben der Rettungsdienstschule orientieren [10]. Es kann sich auf Vorstellungen der Praxisanleitung, aber auch auf solche der Auszubildenden zurückführen lassen. Tatsächlich haben auch die Auszubildenden häufig eigene Vorstellungen, was sie in der praktischen Ausbildung gerne lernen möchten. Ein Lernziel, das von den Auszubildenden selbst erarbeitet wird, kann zudem die Selbstlernkompetenz fördern.

Lernziele im individuellen Ausbildungsplan legen konkret fest, was der oder die Auszubildende am Ende des Praxisblocks oder am Ende einer Anleitung können sollte, was er oder sie vorher nicht konnte [10]. Dazu ist es wichtig, die Lernzielvorgaben der Schule mit den Auszubildenden individuell zu besprechen und zu prüfen, welche Ziele in welchem Maß bereits erreicht sind und welche nicht. In diesem Kontext kann auch beurteilt werden, ob die empfohlene Performanzstufe der

Schule auch dem Fertigkeitsstand der Auszubildenden entspricht.
Lernziele können fachlich, curricular (lernfeldorientiert), aber auch methodisch und sozial begründet werden [10]. Sie fördern somit nicht nur reines Fachwissen, sondern darüber hinaus auch die Vorbereitung auf spätere Lernziele (z. B. die Grundlagen der Hygiene für die spätere Hautdesinfektion beim Legen eines peripheren Venenverweilzugangs). Darüber hinaus kann die Praxisanleitung mit entsprechend formulierten Lernzielen auch die Methoden- und Sozialkompetenz der Auszubildenden individuell fördern. Im Rahmen der Ausübung des Berufs Notfallsanitäter:in sind beide Kompetenzen von hoher Relevanz.
Lernziele zu formulieren reicht allein jedoch nicht aus, um bei den Auszubildenden eine klare Vorstellung über die Erwartung der Praxisanleitung zu erreichen. Lernziele ohne Erfolgskriterien können dazu führen, dass die Auszubildenden wenig bis keine klare Vorstellung davon haben, was denn im Endeffekt eine erfolgreiche Aufgabenbewältigung oder Unterrichtsteilnahme darstellt [11]. Die Performanzstufe z. B. kann den Lernenden aufzeigen, auf welchem Niveau eine Fertigkeit oder Fähigkeit erwartet wird. So kann, um nur ein Beispiel zu nennen, am Ende des ersten Ausbildungsjahrs die manuelle auskultatorische Blutdruckmessung auf der Performanzstufe „eigenständig" von den Auszubildenden erwartet werden. Damit ist den Auszubildenden transparent, welches Erfolgskriterium dem Lernziel hinterlegt ist.
Die Lernleistung wird gesteigert, wenn sich die Praxisanleitung und die Auszubildenden anspruchsvolle Ziele setzen, die sich an den aktuellen Kompetenzen der Auszubildenden orientieren. Werden dabei die Erfolgskriterien zusammen mit den Auszubildenden festgelegt, steigert das die Effektivität [11]. Das kann durch die Praxisanleitung im Rahmen des individuellen Einführungsgesprächs zu Beginn eines Praxisblocks am Lernort Rettungswache geschehen. Die Praxisanleitung erstellt individuelle Lernziele für die Auszubildenden und ergänzt diese durch die Lernziele der Auszubildenden selbst. Für die so konstruierten Lernziele können nun Praxisanleitung und Auszubildende gemeinsam Erfolgskriterien festlegen, die sich aus der empfohlenen Performanz der Schule und dem individuellen Performanzlevel der Auszubildenden ergibt.

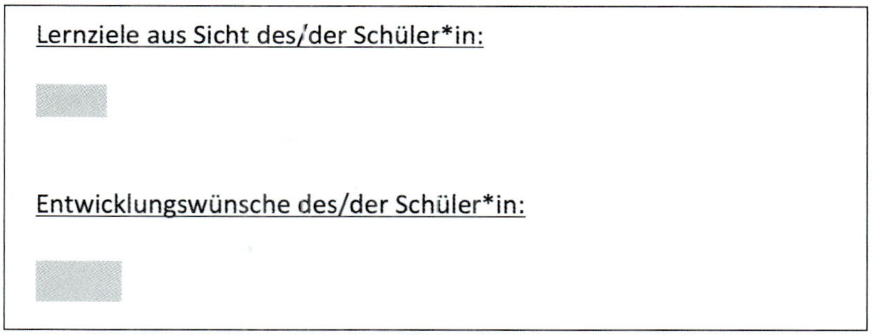

Tim Schmitz, Recklinghausen

Abb. 3 Lernziele und Entwicklungswünsche des/der Auszubildenden

➤ Abb. 1 zeigt, wie ein solcher Lernplan aussehen könnte, sodass Lernziele, Erwartungen, Performanz übersichtlich und transparent dokumentiert werden können.

Gestaltungsmöglichkeiten des individuellen Ausbildungsplans

Gehen wir im Folgenden auf die einzelnen Angaben im Lernplan ein.
Die ersten drei Felder des Ausbildungsplans führen die geforderten und erarbeiteten Lernziele auf (➤ Abb. 2). Dabei enthält **Feld 1** die Lernziele aus dem entsprechenden Lernfeld des Rahmenlehrplans (wenn statt dem Rahmenlehrplan ein Curriculum verwendet wird, können hier die Lernziele

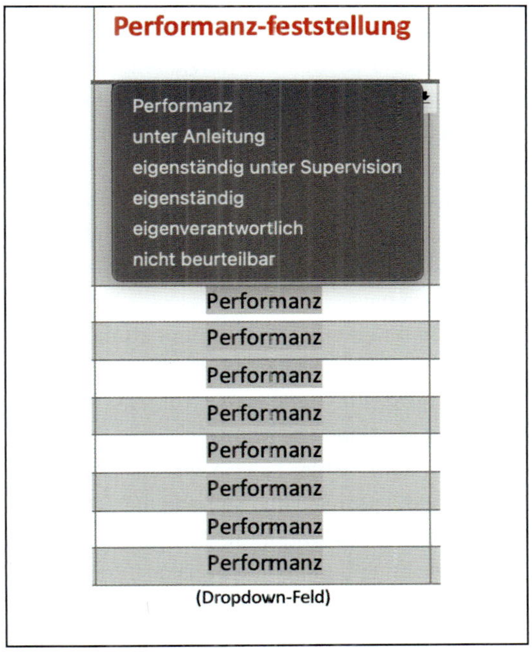

Tim Schmitz, Recklinghausen

Abb. 4 Auswahlmöglichkeiten zur Performanz

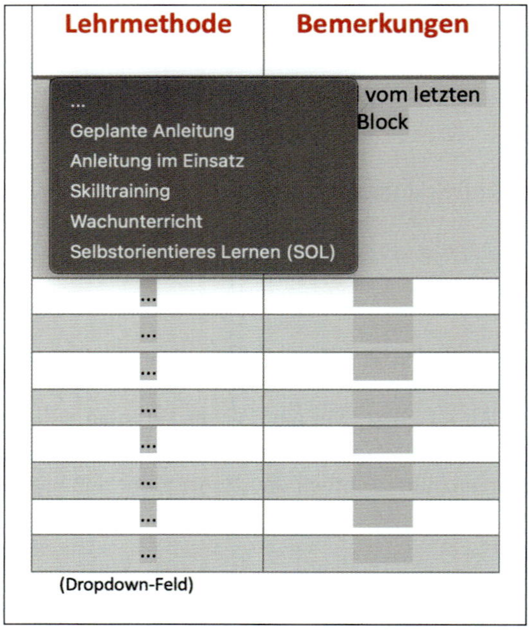

Abb. 5 Auswahl der Lehrmethode

Tim Schmitz, Recklinghausen

aus der entsprechenden CE stehen). Somit ist es der Praxisanleitung möglich, Lernziele für den Praxisblock zu integrieren, die aus ihrer Sicht für den/die Auszubildende von Relevanz sind, jedoch nicht in den temporären Lernzielvorgaben der Schule für den anstehenden Praxisblock zu finden sind. In den Lernzielvorgaben der Schule (**Feld 2**) lässt sich dann eine Verbindung zu den Lernfeldern des Rahmenlehrplans herstellen. Dies schafft Transparenz bei der Orientierung und dem Verlauf der Ausbildung. In **Feld 3** werden die individuellen Lernziele für den/die jeweilige Auszubildende niedergeschrieben. Wichtig hierbei ist, die Lernziele aus Sicht des/der Auszubildenden zu berücksichtigen, die unterhalb der Tabelle im individuellen Ausbildungsplan zu finden sind (➤ Abb. 3). In **Feld 4** werden die zu erlernenden Fähigkeiten oder Fertigkeiten eingetragen.

Feld 5 kommt eine besondere Bedeutung zu. Hier kann die Praxisanleitung die durch ihre Beurteilung festgestellte Performanz für das jeweilige Lernziel auswählen (➤ Abb. 4).

Die Performanz richtet sich in diesem Entwurf an den Ausbildungszielen aus (entlang der 1c- und 2c-Maßnahmen in §4 NotSanG). Zur Auswahl stehen „unter Anleitung", „unter Supervision", „eigenständig" und „eigenverantwortlich". Die Anleitung spielt insbesondere bei neu zu erlernenden Fertigkeiten eine signifikante Rolle, mit fortschreitender Ausbildung wird dafür die Supervision stärker zunehmen. Die in dieser Arbeit dargestellten Performanzstufen stellen lediglich eine mögliche Herangehensweise dar. Derzeit existieren nur sehr wenige valide Quellen bezüglich möglicher Performanzstufen in der Notfallsanitäterausbildung. Diesem Umstand muss in Zukunft durch Forschung und Studien begegnet werden.

Feld 6 benennen den/die Ausbilder:in, der bzw. die – wenn abweichend von der Praxisanleitung – mit einem Arbeitsauftrag das Lernziel umsetzen soll.

In **Feld 7** und **Feld 8** werden der geplante Zeitpunkt (welcher Praxisblock oder aber auch welcher Dienst innerhalb des Praxisblocks) und der Ort (für den Fall, dass mehrere Wachstandorte als Ausbildungsorte infrage kommen) eingetragen. In **Feld 9** ist per Dropdown-Menü die Lehrmethode auswählbar.

Der vorliegende Entwurf sieht eine Auswahl an praktikablen Lehrmethoden für den Lernort Rettungswache vor. Diese umfassen neben der geplanten Anleitung, der ungeplanten Anleitung im Einsatz und dem Skilltraining auch den Wachunterricht und das selbstorientierte Lernen. Natürlich können sich die Lehrmethoden je nach regionalem Bedarf und Erfahrungen der Praxisanleitung unterscheiden.

Zum Abschluss sei ein fertig ausgefüllter Ausbildungsplan vorgestellt, der alle gerade beschriebenen Punkte in der Praxis umgesetzt hat (➤ Abb. 6).

Fazit

Der individuelle Ausbildungsplan stellt ein wichtiges Instrument für die praktische Ausbildung am Lernort Rettungswache dar. Er schafft Klarheit und Transparenz für die Auszubildenden im Hinblick auf die Lernziele und Erfolgskriterien. Für die Praxisanleitung stellt er zugleich ein Instrument zur Beurteilung des Ausbildungsstands dar. Gegenwärtig mangelt es an Forschungsarbeiten, die sich sowohl mit dem Inhalt als auch mit der Gestaltung auseinandersetzen. Dies eröffnet jedoch die Möglichkeit, dass die Praxisanleitungen sich aktiv am Entwicklungsprozess beteiligen.

Individueller Ausbildungsplan

Schüler*in: Hr. Mustermann

Praxisanleiter*in: Hr. Meyer

Lernzielvorgabe Rahmenlehrplan	Lernzielvorgabe der Schule	Individuelle Lernziele	Inhalt / Skills	Performanz-feststellung	Ausbilder*in	Ort	Zeitpunkt	Lehrmethode	Bemerkungen
Lernfeld 2 – Lebensbedrohliche Zustände erkennen und bewerten sowie einfache lebensrettende Maßnahmen durchführen	Der/die Schüler*in führt unter Anleitung die Blutdruckmessung bei dem/der Notfallpatient*in durch.	Der/die Schüler*in führt die Anlage der Blutdruckmanschette am entkleideten Oberarm eigenständig durch.	Analyse ausgewählter Vitalparameter Schwerpunkt: Blutdruckmessung	eigenständig unter Supervision	Herr Meyer	Feuer- und Rettungswache Stadt	Tagdienst am 13.03.2025	Geplante Anleitung	Lernziel vom letzten Block
Lernfeld 4 – Einen Krankentransport durchführen	-	Der/Die Schüler*in beschreibt die Grundsätze der Gesprächsführung mit dem/der Patient*in.	Patientenzentrierte Gesprächsführung mit Empathie, Akzeptanz und Kongruenz	eigenständig	Herr Schuster	Rettungswache Ost	Tagdienst am 16.03.2025	Selbstorientieres Lernen (SOL)	Theoretische Grundlagen schaffen, um mehr Handlungssicherheit zu erzeugen
Lernfeld 4 – Einen Krankentransport durchführen	-	Der/Die Schüler*in wendet die Grundsätze der Gesprächsführung mit dem/der Patient*in an.	Patientenzentrierte Gesprächsführung mit Empathie, Akzeptanz und Kongruenz	unter Anleitung	Herr Schuster	Rettungswache Ost	Tagdienst am 20.03.2025	Anleitung im Einsatz	Praktische Umsetzung der zuvor erlernten Grundsätze
-	-	-	-	Performanz	-	-	-	-	-
				(Dropdown-Feld)				(Dropdown-Feld)	

Bemerkungen:

Die individuellen Lernziele wurden mit dem Schüler besprochen und die Anleitung geplant.

Lernziele aus Sicht des/der Schüler*in:

- Das richtige Anbringen der Blutdruckmanschette am Oberarm.
- Kommunikation zur Ankündigung und Erklärung insbesondere bei Maßnahmen an der/an dem Patient*in

Entwicklungswünsche des/der Schüler*in:

- Mehr Sicherheit und Mut bei der Kommunikation mit dem/der Patient*in.

Tim Schmitz, Recklinghausen

Abb. 6 Musterhaft ausgefüllter Ausbildungsplan

Quellen:

[1] https://www.gesetze-im-internet.de/notsang/BJNR134810013.html (letzter Abruf 04.02.2025)

[2] https://www.gesetze-im-internet.de/btmg_1981 (letzter Abruf 04.02.2025)

[3] Hofmann T. Die Etablierung der Rettungswissenschaft als Lösung aktueller Probleme in der Professionalisierung von Notfallsanitäter:innen. In: Prescher T, Bauer C, Koch S, Dubb R, Herausgeber. Rettungswissenschaft: Grundlagen, Theorien und Perspektiven. 1. Auflage. Stuttgart: Verlag W. Kohlhammer; 2023.

[4] https://www.gesetze-im-internet.de/sgb_5/__135a.html (letzter Abruf 04.02.2025)

[5] https://www.gesetze-im-internet.de/bgb/__630a.html (letzter Abruf 04.02.2025)

[6] https://www.gesetze-im-internet.de/notsan-aprv/__1.html (letzter Abruf 04.02.2025)

[7] Hofrath C, Zöller M. Ausbildungen nach dem Pflegeberufegesetz. In: Berufsbildung in Wissenschaft und Praxis – BWP, 2020;(2):12–6.

[8] https://www.mags.nrw/system/files/media/document/file/ausfuehrungsbestimmungen_notsan_teili_ueberarbeitet_13112015.pdf (letzter Abruf 04.02.2025)

[9] https://www.ihk.de/berlin/ausbildung/infos-fuer-ausbildungsbetriebe/der-betriebliche-ausbildungsplan-5724006 (letzter Abruf 04.02.2025)

[10] Meyer H. Leitfaden Unterrichtsvorbereitung. 10. Auflage. Berlin: Cornelsen; 2023.

[11] Hattie J. Visible learning 2.0. Baltmannsweiler: Schneider Verlag Hohengehren GmbH; 2024.

Der Autor

Tim Schmitz, B.A. Pädagogik für den Rettungsdienst, Notfallsanitäter, Praxisanleiter. Derzeit tätig als Lehrkraft an der Rettungsschule Vest – Deutsches Rotes Kreuz/Kreis Recklinghausen gGmbH

Interessenkonflikt: Der Autor gibt an, dass kein Interessenkonflikt vorliegt.

Transparenzlandkarte Rettungsdienst

Schlüsselwörter:
Geoinformationssystem (GIS)
Data Science
Geoinformatik
Open-Source Projekt
Versorgungsforschung
Bedarfsplanung

Zusammenfassung: *Im Rahmen der Weiterentwicklung des österreichischen Rettungsdienstes stellen sich neben der Herausforderung einer besseren Qualifizierung des Personals auch strukturelle Fragen. Insbesondere hinsichtlich der Kosten für die bestehende Infrastruktur gilt es, das historisch gewachsene Netz an Stützpunkten kritisch auf die gegenwärtigen und künftigen Anforderungen hin zu prüfen. Geographische Informationssysteme und Analyseverfahren bieten dabei nicht nur die Möglichkeit einer Visualisierung, sondern stellen moderne Ansätze für die weiterführende Auswertung, Validierung und Planung dar. Das Projekt „Transparenzlandkarte" des BVRD.at beleuchtet österreichweit erstmalig die Gesamtstruktur und stellt diese Erkenntnisse frei zur Verfügung. Im Ergebnis wird die Notwendigkeit einer Bedarfsplanung im österreichischen Rettungswesen deutlich.*

Historisch gewachsene Strukturen

Bei der Suche nach einer Begründung für die derzeitige Struktur österreichischer Rettungsstützpunkte wird vielfach der Terminus „historisch gewachsen" verwendet. Insbesondere der Zeitraum zwischen den 1970er- und 2000er-Jahren kann als Blütezeit für die mehrheitlich ungeplante Entwicklung gesehen werden, die oft auch von privaten Initiativen getragen wurde. Erst 1991 wurde für das Bundesland Oberösterreich einmalig beim Österreichischen Bundesinstitut für Gesundheitswesen (ÖBIG) eine Studie mit dem Titel „Rettungskonzept OÖ" in Auftrag gegeben. Die darin gewonnenen Erkenntnisse sollten für die weitere Planung mit einbezogen werden, wobei der Landesrechnungshof in seinem Bericht 2019 festhielt: „Inwieweit in den letzten Jahren – insbesondere bei Förderungsentscheidungen für einzelne Standorte – die Erkenntnisse der ÖBIG-Studie genutzt wurden, war für den LRH nicht verifizierbar." [1, S. 12]. Ein ähnliches Bild zeigt sich auch im Rest von Österreich. So hielt der steirische Landesrechnungshof in seinem jüngsten Bericht 2024 fest: „Der Landesrechnungshof stellt fest, dass dem Dienststellennetz des Roten Kreuzes keine Bedarfsplanung, sondern vielmehr historische Entwicklungen zugrunde liegen." [2, S. 50] Auch hinsichtlich der bodengebundenen Notarztstützpunkte und Rettungshubschrauber wird die fehlende Bedarfsplanung kritisch angemerkt [2, S. 18; 116]. Im Prüfbericht des burgenländischen Rechnungshofes wurde zur Vergabe eines zusätzlichen Rettungshubschrauber Stützpunktes angemerkt: „Die nur unzureichend dokumentierte Bedarfsermittlung war vor allem deshalb kritisch zu sehen, da die zukünftigen Ausgaben für den NAH Standort im Nordburgenland deutlich steigen werden. Während das Land Burgenland bis dato für den in Wiener Neustadt stationierten NAH Zuschüsse von rd. 75.000 Euro pro Jahr leistete, werden diese für den zukünftig im Nordburgenland stationierten NAH rd. 1,00 Mio. Euro pro Jahr betragen." [3, S. 11]. In einer 2018 publizierten Studie skizzierten Fritze et al. [17] die Restrukturierung des niederösterreichischen Notarztwesens auf Basis einer Optimierungsmethode. In ihrem Modell konnten sie zeigen, dass eine bessere Positionierung sogar weniger Notarztstützpunkte zur Versorgung der Bevölkerung notwendig machten. Die Autor:innen merken jedoch an „At the time this paper was finalized, the government of Lower Austria had decided that the 32 emergency care physicians should remain where they are."[#, S. 27]. Die berechneten Modelle wurden demnach nicht umgesetzt.

Projektidee und technische Umsetzung der Transparenzlandkarte

Vor dem Hintergrund einer offenbar fehlenden bzw. nur schlecht verfügbaren Datenlage zur Infrastruktur des Rettungsdienstes sowie der erwähnten mangelhaften Bedarfsplanung wurde 2022 mit dem mehrjährigen Projekt „Transparenzlandkarte Rettungsdienst" begonnen. Dafür war zuerst eine Vollerhebung der Stützpunktinfrastruktur notwendig. Als Mittel der Wahl wurden Geoinformationssysteme (GIS), in Österreich teils auch als RIS (räumliche Informationssysteme) bezeichnet, verwendet. Diese Systeme dienen zur Erfassung, Bearbeitung, Organisation, Analyse und Präsentation von Geodaten, welche sowohl über räumliche Informationen als auch über dazugehörige Merkmale verfügen (➤ Tab. 1) [4, S. 117].

Geoinformationssysteme stellen dabei die Erdoberfläche als zweidimensionale Karte dar. Den meisten Nutzer:innen ist optisch die sogenannte WGS-84 (World Geodetic System 1984) Pseudo Mercator Karte am geläufigsten, ein hierfür typischer Kartendienst ist Google Maps. Jedoch er-

Tab. 1 Eigenschaften von Geodaten in einem GIS

Räumliche Information	Beispiel	Merkmal
Punkt	RTW-Standort	Schichtzeiten, Besatzung
Linie	Straße	Geschwindigkeitslimit
Fläche	Gemeinde	Bevölkerungsdichte

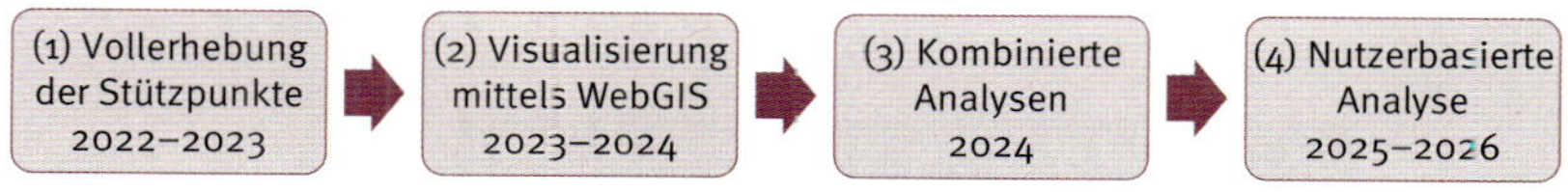

Autoren

Abb. 1 Projektablauf

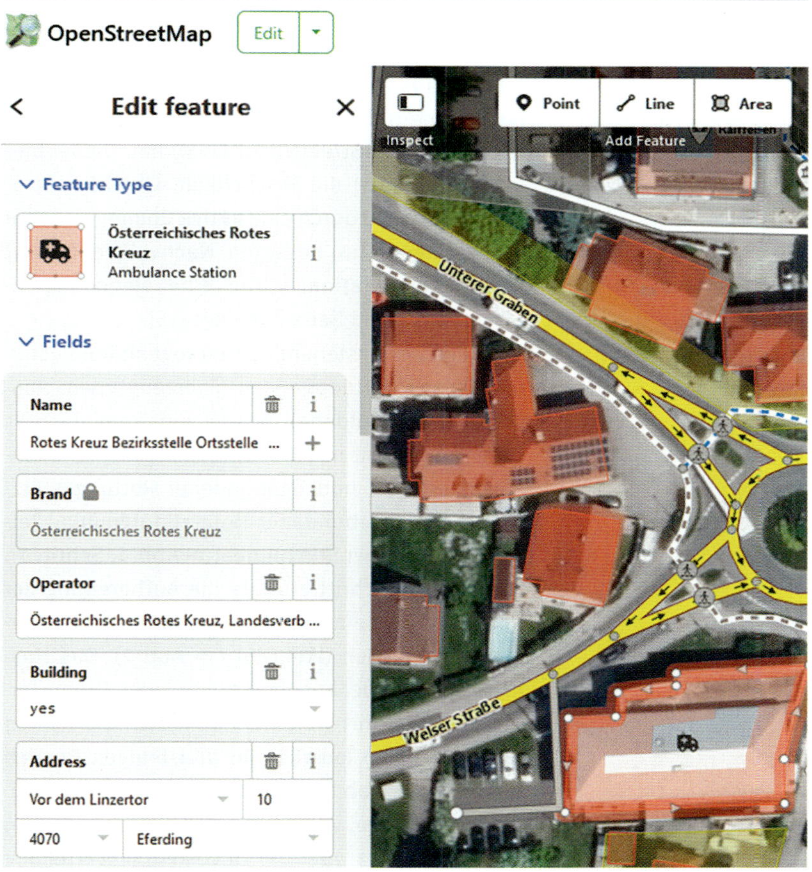

Transparenzlandkarte.bvrd.at

Abb. 2 Eintragung eines Stützpunktes in OpenStreetMaps. Die Tags wurden im Openstreetmaps-Wiki dokumentiert. Neben den für die Analyse wichtigen RD-Tags wurden bei vielen Stützpunkten auch die Gebäudegrenzen, Adressen etc. aktualisiert.

Transparenzlandkarte.bvrd.at

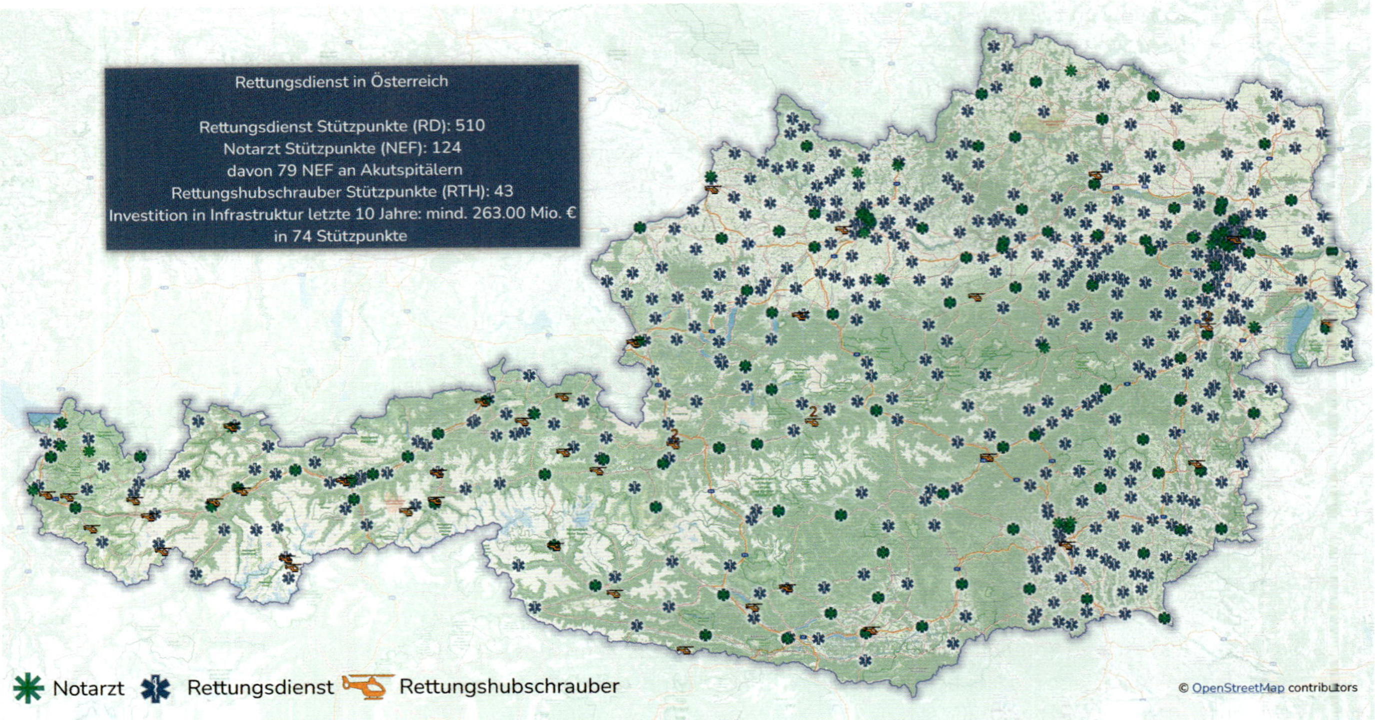

Abb. 3 Überblick über die Rettungsdienstlandschaft in Österreich. Blauer Stern: Rettungsdienststützpunkt, grüner Stern: bodengebundener Notarztstützpunkt, oranges Symbol: Rettungshubschrauber Stützpunkt

schien ein kommerzieller Anbieter aufgrund der technischen und ethischen Anforderungen (freie und offene Editierung, Transparenz, Community-Gedanke) für das vorliegende Projekt nicht geeignet, weshalb die Wahl auf den Open-Source Kartendienst OpenStreetMaps (OSM) fiel. Dieser bietet Nutzer:innen die Möglichkeit, Objekte einzutragen und wird durch eine aktive Community sehr gut gepflegt. Zur besseren Nachvollziehbarkeit und Dokumentation wurde eine eigene OpenStreetMaps-Wiki Seite angelegt [15].

Aufgrund der bestehenden Heterogenität im österreichischen Rettungswesen (Fahrzeugtypen, Ausstattung, Ausbildung) wurde ein vereinfachtes Datenmodell mit nur drei unterschiedlichen Merkmalen erfasst: bodengebundener Rettungsstützpunkt, bodengebundener Notarztstützpunkt, Rettungshubschauer Stützpunkt (➤ Abb. 1, Schritt 1). Im nächsten Schritt erfolgte die Aufbereitung der Daten, um diese auf einer Weboberfläche zur Verfügung zu stellen (WebGIS) (➤ Abb. 2). Das Hosting konnte dabei auf eigener Hardware (Homeserver) durchgeführt werden, womit sich die Kosten für den Betrieb lediglich im dreistelligen Bereich bewegen (➤ Abb. 1, Schritt 2). Die Einbettung weiterer Datensätze, wie der Verwaltungsgrenzen von Statistik Austria oder der Bevölkerungsverteilung (=Global Human Settlement Layer der EU [5]) erlaubt in Kombination mit Routing Tools vertiefende Analysen (➤ Abb. 1, Schritt 3) [6]. In der aktuell laufenden Phase wird den Nutzer:innen die Möglichkeit für eigene Analysen gegeben. Außerdem können themenspezifische eigene Karten erstellt werden (➤ Abb. 1, Schritt 4).

Der österreichische Rettungsdienst im Überblick

Nach Abschluss der ersten beiden Projektschritte konnte ein erstes quantitatives Ergebnis der österreichischen Rettungsdienstlandschaft erstellt werden. Mit Stand April 2025 ergibt sich dabei folgendes Bild (➤ Abb. 3):

- 510 Rettungsdienststützpunkte
- 124 Notarztstützpunkte (inkl. örtlich geteilter Stützpunkte)
- 43 Rettungshubschrauber Stützpunkte (inklusive saisonaler Stützpunkte)

Hinsichtlich der geographischen Verteilung zeigt sich ein für Österreich klassisches Ost-West Gefälle (➤ Abb. 4, ➤ Abb. 5, ➤ Abb. 6). Während der Osten Österreichs vor allem bei den bodengebundenen Rettungsmitteln eine hohe Versorgungsdichte aufweist, ist die Dichte an Rettungshubschrau-

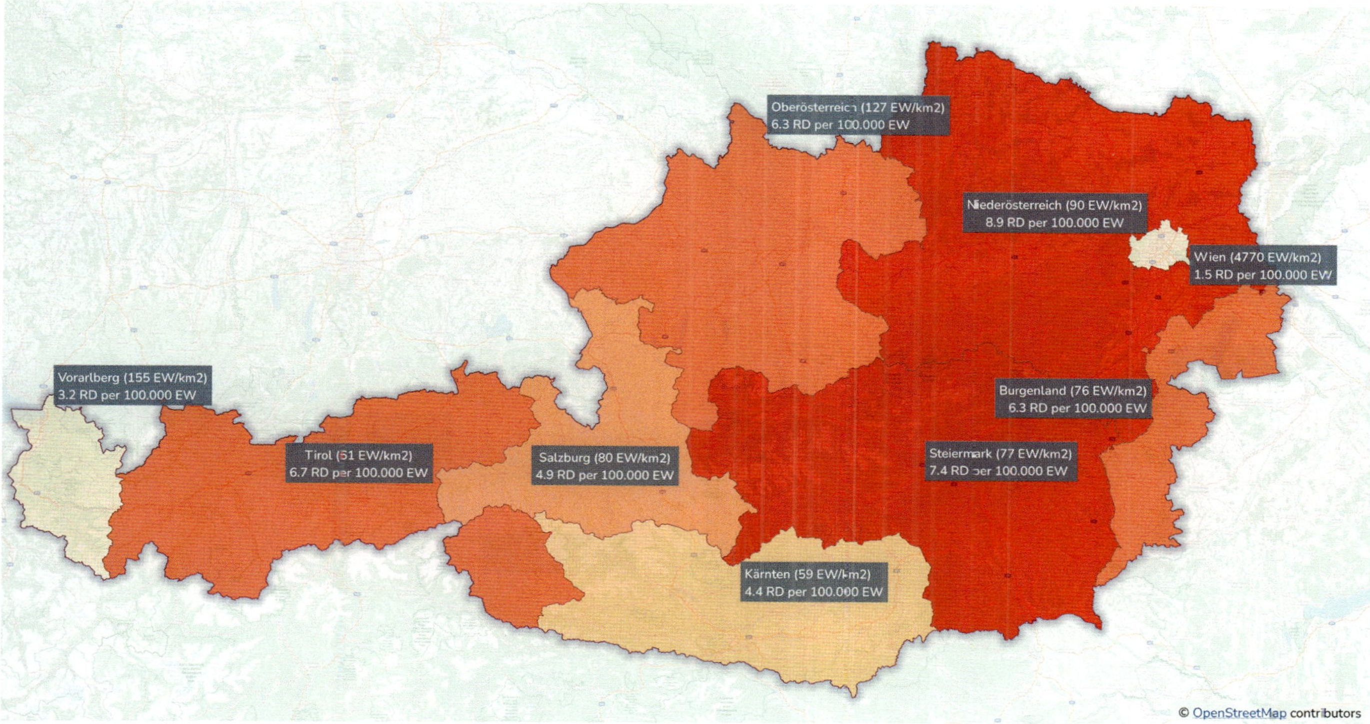

Transparenzlandkarte.bvrd.at

Abb. 4 Rettungsdienststützpunkte je 100.000 Einwohner (EW). Es zeigt sich ein klarer Überhang im Osten Österreichs.

bern im Westen und Süden aufgrund der vielen Tourismusgebiete deutlich erhöht. Insgesamt betrachtet stellt das Bundesland Tirol im Westen Österreichs eine Ausnahme dar, da es über eine sehr dichte Versorgungsstruktur in allen Bereichen verfügt. Die zweite Ausnahme ist die Bundeshauptstadt Wien, die aufgrund der hohen Bevölkerungsdichte insgesamt mit wesentlich weniger Stützpunkten auskommt.

Erst der internationale Vergleich erlaubt die Einordnung der nun erhobenen Zahlen. Das deutsche Bundesland Bayern verfügt mit seinen fast 13,5 Mio. Einwohnern (190 EW/km^2) über 488 Rettungsdienststützpunkte (3,8 je 100.000 EW), 228 bodengebundene Notarztstützpunkte (1,7 je 100.000 EW), sowie 15 Luftrettungsmittel (0,1 je 100.000 EW) [7]. Im dichter besiedelten Bundesland Baden-Württemberg werden für 11,4 Mio. Einwohner (317 EW/km^2) etwa 320 Rettungswachen (2,8 je 100.000 EW), 200 bodengebundene (1,8 je 100.000 EW) sowie acht Luftrettungsstandorte (0,07 je 100.000 EW) vorgehalten [8].

In der Gegenüberstellung (➤ Tab. 2) zeigt sich, dass die geringere Einwohnerdichte Österreichs (109 EW/km^2) nicht allein den hohen Anteil an Rettungsdienststützpunkten (5,5 je 100.000 EW) erklärt. Zusätzlich wird die in Österreich starke Gewichtung der Luftrettung ersichtlich, wenngleich die kumulierte notärztliche Versorgung (bodengebundene sowie primäre bzw. sekundäre Luftrettung) dem deutschen Niveau entspricht.

Tab. 2 Gegenüberstellung der Stützpunktdichte mit Österreichs Nachbarn Bayern und Baden-Württemberg

			Stützpunkte je 100.000 EW		
Land	**Einwohner**	**Bevölkerungsdichte**	**RD**	**NEF**	**RTH**
Österreich	9.200.000	109 EW/km^2	5,5	1,3	0,5
Bayern	13.500.000	190 EW/km^2	3,6	1,7	0,1
Baden-Württemberg	11.400.000	317 EW/km^2	2,8	1,8	0,07

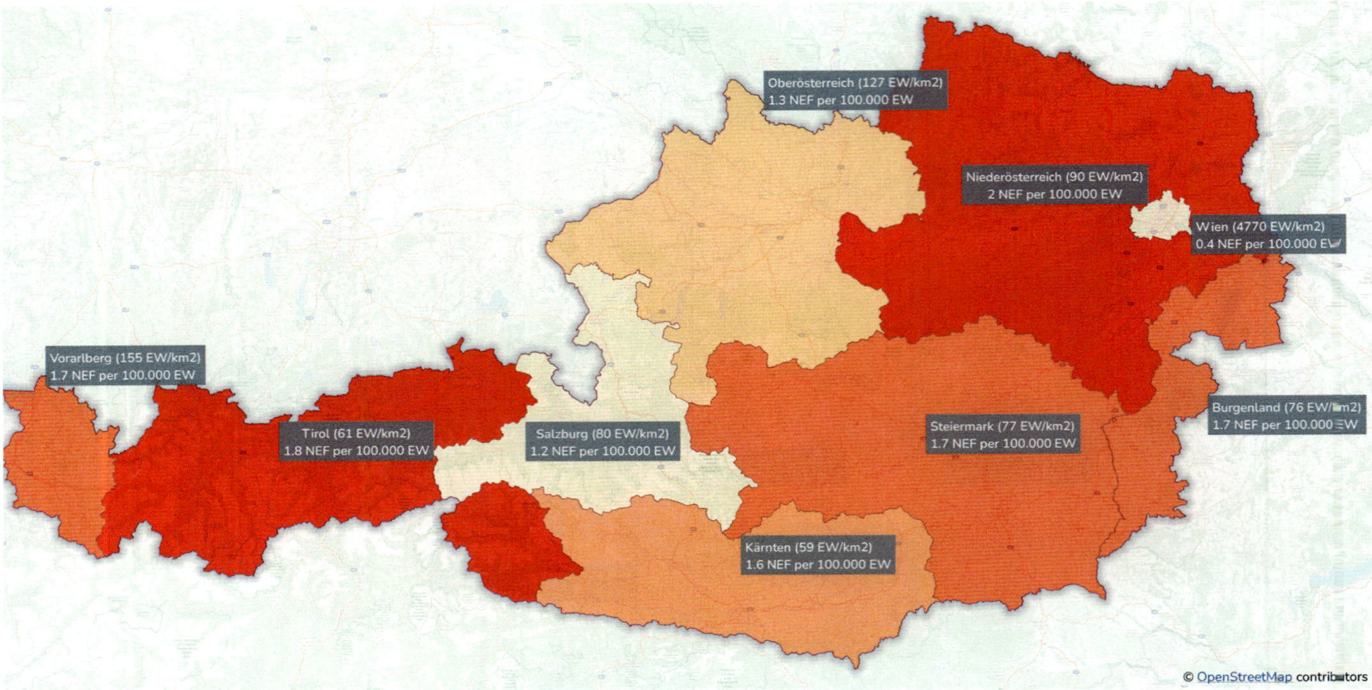

Transparenzlandkarte.bvrd.at

Abb. 5 Bodengebundene Notarztstützpunkte je 100.000 Einwohner (EW). Vor allem die Bundesländer Niederösterreich und Tirol weisen eine hohe Versorgungsdichte auf.

Von der historisch gewachsenen Stützpunktanzahl zur Versorgungseffizienz

Von Seiten der Rettungsorganisationen und politischen Entscheidungsträgern wird das dicht ausgebaute Versorgungsnetz oft als zentrales Qualitätsmerkmal des Rettungsdienstes in Österreich betont. Die Anzahl der Stützpunkte sowie der Sanitäter:innen werden dabei oft als Argument verwendet, wenn es um die Legitimation der eigenen Standpunkte im politischen Diskurs um Ressourcen geht.

Zur Frage, woher die Bedeutung einer möglichst hohen Quantität im Rettungswesen kommt, liefert die geschichtliche Aufarbeitung anhand des Roten Kreuzes Frankfurt am Main von Thomas Bauer einen möglichen Erklärungsansatz [9]. Denn der ursprüngliche Bedarf an freiwilligen „Sanitätskolonnen“ entstand vor allem vor dem Hintergrund schwerer kriegerischer Auseinandersetzungen des 19. und 20. Jahrhunderts sowie in Friedenszeiten besonders aufgrund von Unglückfällen [9]. Immer dann, wenn eine große Anzahl von Verletzten versorgt werden musste oder dies im Rahmen von Übungen „Krieg im Frieden“ zur Schau gestellt werden sollte, waren Sanitäter:innen gefordert. Dieses Konzept findet man auch heute noch unter dem Begriff der „Aufwuchsfähigkeit“ und zeigt sich an der prominenten Platzierung des Leistungsbereichs Katastrophenhilfe in den Portfolios der Hilfsorganisationen [10].

Und dennoch wurden bereits 1908 beim ersten „internationalen Kongress für Rettungswesen“ Forderungen präsentiert, das Rettungswesen in den Städten zu zentralisieren und durch die Stadtverwaltung zu übernehmen. Dies kann als ein erster Versuch verstanden werden, die Bereiche Rettungswesen und Katastrophenhilfe voneinander zu trennen. Die Aktualität dieser Debatte zeigt sich im 2024 veröffentlichten Prüfbericht des Vorarlberger Landesrechnungshofs. Darin wird kritisch festgehalten: „Inwiefern es zweckmäßig ist, dass Katastrophenbekämpfung und Krisenfall und nicht das überwiegende Alltagsgeschäft strukturbestimmend für die Zuordnung des Rettungswesens sind, sollte in diesem Entwicklungsprozess hinterfragt werden.“ [18, S. 23]

Vor dem Hintergrund dieser historischen Einordnung soll der bis heute weitverbreiteten Annahme, dass viele Stützpunkte und viele Rettungssanitäter:innen eine bessere Versorgung gewährleisten, nun mit einer evidenzbasierten Betrachtung hinsichtlich der Versorgungseffizienz begegnet werden. Dabei wird die bestmögliche und effiziente Versorgung der Bevölkerung ins Zentrum gestellt. Methodisch wird zunächst die Definition eines Ver-

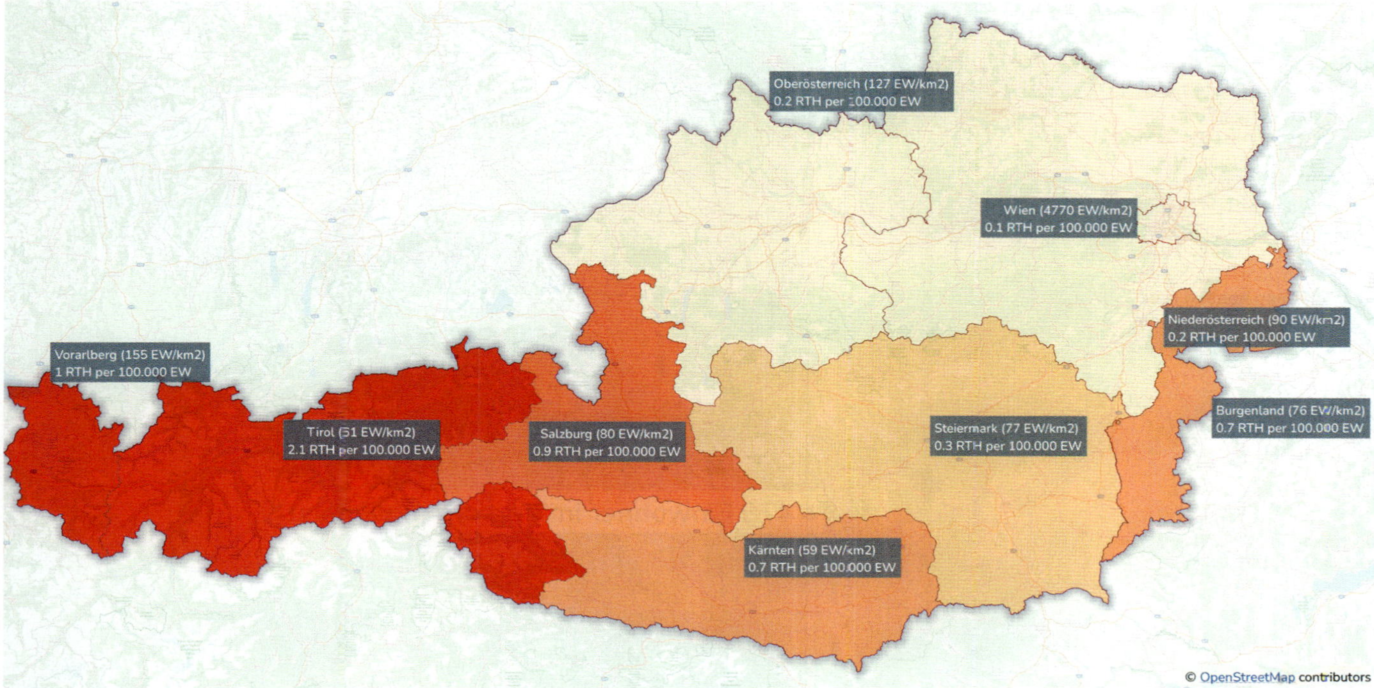

Transparenzlandkarte.bvrd.at

Abb. 6 Rettungshubschrauber-Stützpunkte je 100.000 Einwohner (EW). Im Westen Österreichs zeigt sich aufgrund vieler Wintertourismusgebiete ein deutlicher Überhang an Rettungshubschrauber Stützpunkten. Die Darstellung zeigt die Maximalvariante. Rund ein Drittel der Stützpunkte werden in den Sommermonaten nicht betrieben.

sorgungsgebietes für jeden Stützpunkt erforderlich. Im vorliegenden Fall soll als einheitliche Planungsgröße trotz der bestehenden Kritik an diesem Parameter eine Fahrzeit von 13 Minuten (15 min Hilfsfrist abzüglich 2 min Ausrückzeit) angenommen werden [11]. Unter Zuhilfenahme einer Routing-Software ergibt sich ein sogenannter Isochron, welcher alle Orte einschließt, die innerhalb der vorgegebenen Hilfsfrist straßenläufig erreichbar sind. Summiert man nun die im errechneten Versorgungsradius befindliche Einwohnerdichte, ergibt sich die versorgte Wohnbevölkerung je Stützpunkt. Auf Basis dieser Herangehensweise können die Versorgungsbereiche österreichweit für jede Organisation berechnet und dargestellt werden (➤ Abb. 7). Wichtig dabei ist, dass erst eine retrospektive Analyse der Einsatzdaten zeigt, inwiefern eine Hilfsfrist auch tatsächlich eingehalten wurde.

Tab. 3 Auswertung der Versorgungsgebiete aufgeschlüsselt nach Hilfsorganisation

			Wohnbevölkerung je Versorgungsradius			
Organisation	**Stützpunkte**	**Sanitäter**	**Versorgte Wohnbevölkerung**	**Durchschnitt**	**Min.**	**Max**
Rotes Kreuz	430	41.856	27.349.300	63.603	327	1.593.770
Samariterbund	45	4.178	11.761.000	261.356	4.940	1.485.120
Berufsrettung	13	876	14.066.700	1.082.050	173.707	1.593.160
Grünes Kreuz	10	k.A.	1.229.050	122.905	15.281	830.213
Johanniter	5	741	2.406.100	481.221	4.030	1.202.500
Malteser	3	98	1.894.130	631.375	234.919	1.297.300
Sozialmed	2	k.A.	813.861	406.931	14.964	798.897
FF Admont	1	k.A.	4.522			
Walser Rettung	1	k.A.	4.478			
Gesamt	**510**	**47.749**	**59.529.141**	**117.159**	**327**	**1.593.770**

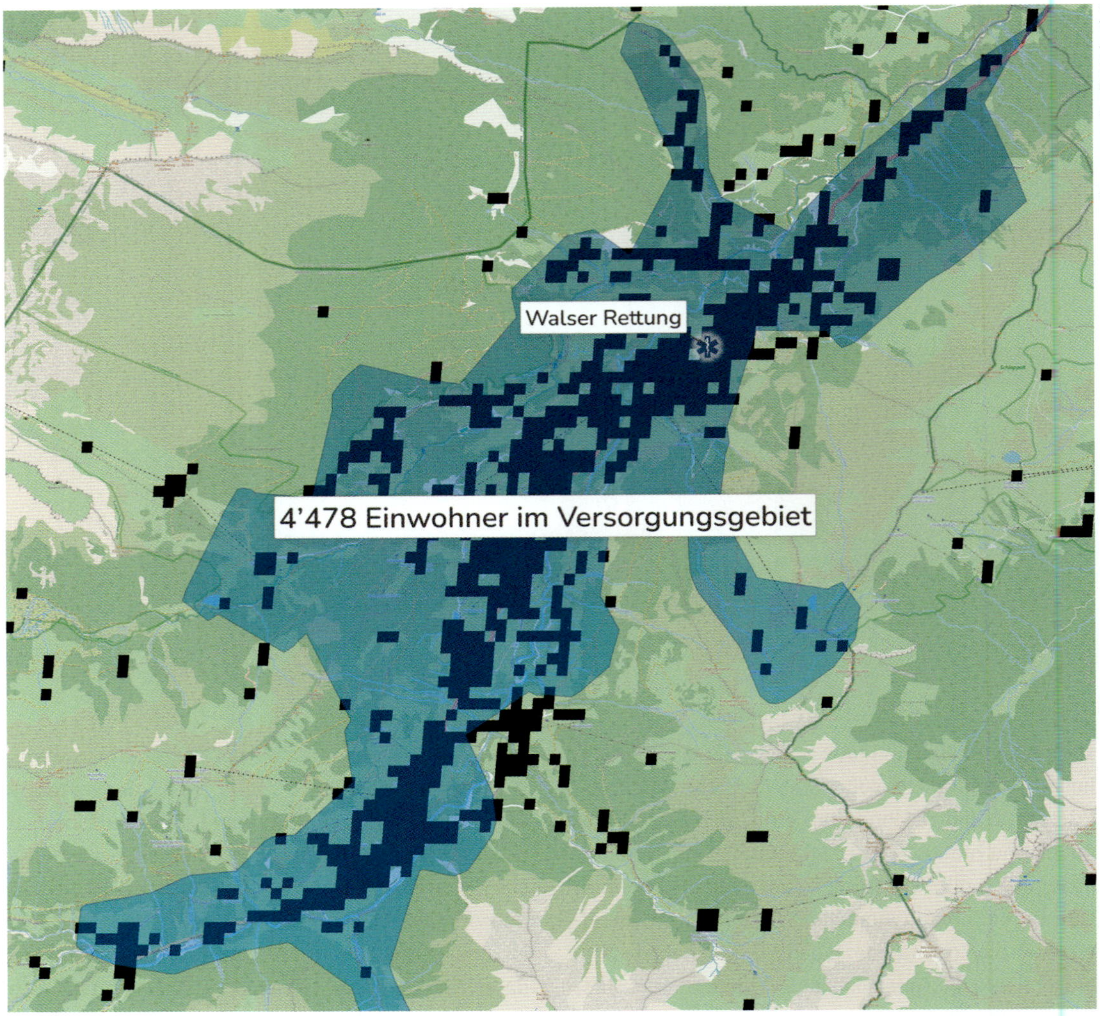

Abb. 7 Versorgungsbereich für die im Kleinwalsertal zuständige Walser Rettung (eigene Hilfsorganisation). Die versorgungsrelevante Bevölkerung ist mit schwarzen Rasterquadranten (aus dem Global Human Settlement Layer) hinterlegt. Von den 5.075 im Kleinwalsertal lebenden Personen können rund 90 % in 13 Minuten erreicht werden.

Bei Betrachtung von ➤ Tab. 3 fällt unmittelbar auf, dass die kumulierte Wohnbevölkerung aller Versorgungsgebiete mit 59,5 Mio. Personen die österreichische Gesamtbevölkerung (9,2 Mio. Einwohnern) um ein Vielfaches übersteigt. Grund dafür ist die vielerorts existierende Überlappung von Versorgungsgebieten der Stützpunkte. Anhand dieses Parameters wird die durch Rechnungshöfe geäußerte Kritik einer fehlenden Bedarfsplanung objektivierbar [1,2]. Besonders für den ländlichen Raum ergeben sich daraus eine Reihe von Herausforderungen. Auf Organisationsebene folgt neben der erschwerten Personalakquise durch die geographisch nahegelegene „Konkurrenz" auch der Streit um Einsätze. Auf individueller Ebenen kann gerade im Hinblick auf die Anwendung invasiver Kompetenzen durch Notfallsanitäter:innen eine geringe Frequenz und daraus resultierend fehlende Routine höchst problematisch sein.

Eine mögliche Gesamterklärung liegt in den rechtlichen Rahmenbedingungen in Österreich. Da die rettungsdienstlichen Angelegenheiten originär Aufgabe der Gemeinden sind, erscheint eine Bedarfsplanung von Ländern oder Hilfsorganisationen eine untergeordnete Rolle gespielt zu haben. Notwendig als Kriterium erschien lediglich der Umstand, als Gemeinde über einen Rettungsdienst zu verfügen und sich als Rettungsdienst gegenüber den Mitbewerbern zu behaupten, was auch an der Kritik der Landesrechnungshöfe deutlich wird [1,2,3].

Damit geht vor allem auch die Frage der Versorgungseffizienz einher. Denn während es im ländlichen Raum sogar vielerorts zu Überlappung der Versorgungsgebiete von Rettungsdienststützpunkten kommt (➤ Abb. 8), gibt es in Österreich rund eine halbe Millionen Einwohner, welche trotz dieser dichten Infrastruktur nicht innerhalb der angegebenen Hilfsfrist versorgt werden können (➤ Abb. 9).

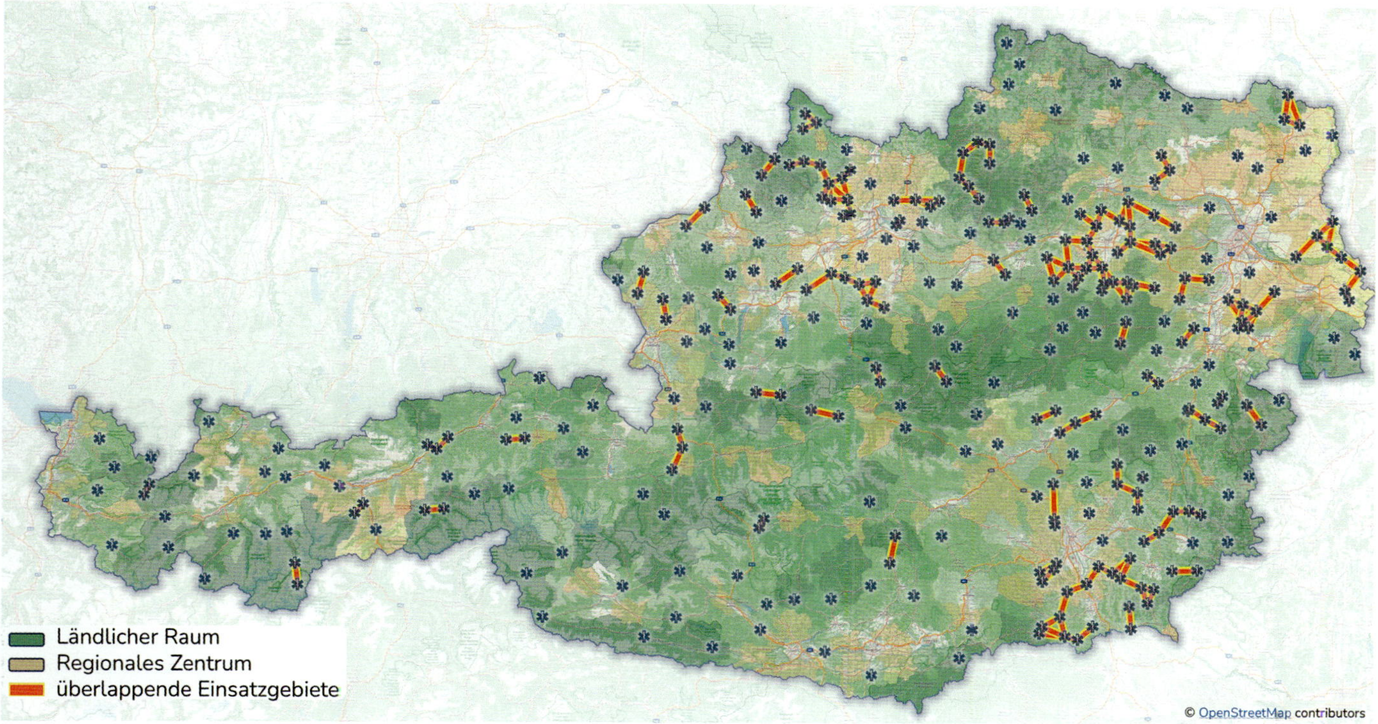

Abb. 8 Rettungsdienststützpunkte ausschließlich im ländlichen Raum. Eine Überlappung der Versorgungsgebiete im Fahrzeitradius von 13 Minuten wird durch eine rote Linie dargestellt und verbindet die jeweiligen Stützpunkte.

Zusätzlich entstehen für Gemeinden, Länder und letztlich auch die Organisationen selbst erhebliche Kosten für die Errichtung und Instandhaltung der gegenwärtigen Stützpunkt Infrastruktur (➤ Abb. 10). Wie die durchgeführte Online-Recherche (Online-Printmedien) zeigt, wurden in den letzten 10 Jahren zumindest 263 Mio. Euro in Bauprojekte zur Sanierung bzw. dem Neubau von Stützpunkten investiert. Auf der anderen Seite fehlen finanzielle Ressourcen für die bessere Qualifizierung des Personals sowie Ausstattung. Erst kürzlich zeigte sich dieser Umstand am Beispiel des Bundeslandes Steiermark. Während dort in den letzten 10 Jahren zumindest 60 Mio. € in Bauprojekte investiert wurden, fehlen der Organisation laut eigenen Angaben die finanziellen Mittel zur Beschaffung von rund 200 EKG-Monitoren [16] mit Gesamtkosten von etwa 3–5 Mio. €.

Fazit

Das Projekt Transparenzlandkarte versucht eine große Datenlücke im österreichischen Rettungswesen zu schließen. Denn bis dato existiert kein bundeseinheitliches, organisationsunabhängiges Datenregister über den Rettungsdienst. Einzelne Bundesländer (Oberösterreich, Steiermark, Salzburg, Tirol) stellen zwar teilweise Daten zur Verfügung, jedoch sind diese meist nur auf eine Organisation beschränkt, und deren Zugang ist limitiert. Eine Open-Government-Datenbank für wissenschaftliche Arbeiten wäre nicht nur wünschenswert, diese ist mit dem Europäischen Raum für Gesundheitsdaten in naher Zukunft verpflichtend. Auch Rettungsdienste müssen „ein kohärentes, vertrauenswürdiges und effizientes Umfeld für Forschung, Innovation, Politikgestaltung und Regulierungstätigkeiten (Sekundärnutzung von Daten) schaffen" [12].
Durch die vertiefende Analyse konnte nachgewiesen werden, dass eine auf objektive Versorgungsparameter ausgerichtete Bedarfsplanung im Rettungsdienst weiterhin kaum Berücksichtigung findet. Diesen Umstand bekräftigen sowohl der internationale Vergleich als auch die durchgeführte Analyse der Versorgungseffizienz. Österreichweit fehlt weiterhin eine gesamtheitliche Koordinierung und Steuerung der präklinischen Notfallversorgung, wie sie im Österreichischer Strukturplan Gesundheit (ÖSG) vorgesehen ist [13]. Dabei scheint die Kritik der Rechnungshöfe nur langsam Gehör zu finden. Limitierend gilt es festzuhalten, dass die gewählte räumliche Betrachtungsweise der Stützpunkte erst durch eine Analyse des tatsäch-

Transparenzlandkarte.bvrd.at

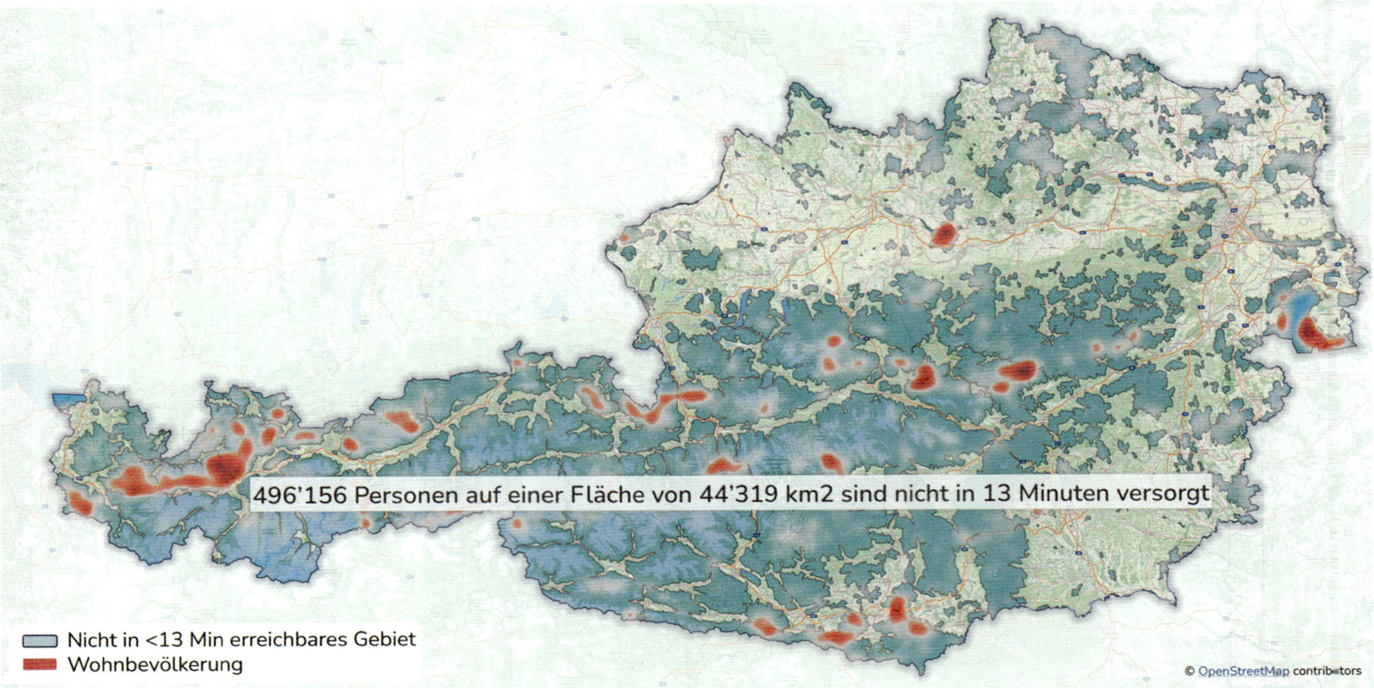

Abb. 9 Gebiete, die bodengebunden nicht innerhalb von 13 Minuten versorgt werden können. Topographisch zeigen sich klarerweise viele unversorgte Gebiete (blaue Flächen) entlang des kaum bewohnten Alpenhauptkamms. Auffallend sind besiedelte Gebiete im Osten, Norden und Süden Österreichs (rote Flecken kennzeichnen besiedelte Gebiete).

lichen Einsatzgeschehens ein für die Detailplanung relevantes Bild ergibt. Mit dieser zunehmenden Komplexität steigen auch die Anforderungen an die Methodik und darüber hinaus sind Kenntnisse aus der Optimierung (Location-Set-Problem) und Simulation (Diskrete Ereignissimulation) erforderlich [14].

Zusammenfassend kann festgehalten werden, dass Projekte wie die Transparenzlandkarte einen Beitrag zur Darstellung der evidenzbasierten Faktenlage liefern. Die Notwendigkeit einer zentralen Koordinierungsstelle für den Rettungsdienst sollte nicht länger hinausgeschoben werden. Dabei sollte das unter anderem von Redelsteiner [19] beschriebene Potenzial des Rettungsdienstes als Gatekeeper jedenfalls Berücksichtigung finden. Angesichts der dringenden Notwendigkeit einer Weiterentwicklung des Rettungswesens dürfen der bestehende Föderalismus sowie der hohe Stellenwert des Ehrenamtes einer evidenzbasierten Versorgungsplanung nicht länger verhindernd entgegenstehen.

Besonderer Dank für die Unterstützung in der Umsetzung gilt der Björn Steiger Stiftung, der Firma Sourcepole sowie Matthias Schaffer. Sollten Sie Fehler oder Ergänzungen zu der Transparenzlandkarte haben, bitten wir um eine selbständige Editierung auf OpenstreetMaps oder eine Info an office@bvrd.at

Quellen:

[1] Oberösterreichischer Landesrechnungshof (Hrsg.). Rettungswesen in OÖ. 2019. https://e-gov.ooe.gv.at/at.gv.ooe.lrhp/api/berichte/9/datei?filetype=BDHNBF

[2] Landesrechnungshof Steiermark (Hrsg.). PRÜFBERICHT. Rettungsdienstwesen in der Steiermark. Nov. 2023. https://www.landesrechnungshof.steiermark.at/cms/dokumente/12969271_3515517/4a4a8993/Pr%C3%BCfbericht_Rettungsdienstwesen%20in%20der%20Steiermark.pdf

[3] Burgenländischer Landes-Rechnungshof (Hrsg.). Prüfungsbericht Vergabeverfahren Notarzthubschrauber. Jan. 2024. https://www.blrh.at/wp-content/uploads/2024/01/Pruefungsbericht_Vergabeverfahren-Notarzthubschrauber.pdf

[4] Jäckle S (Hrsg.). Neue Trends in den Sozialwissenschaften: Innovative Techniken für qualitative und quantitative Forschung. VS Verlag für Sozialwissenschaften, 2017. https://www.springer.com/de/book/9783658171889 (Zugriff: 25.03.2025)

[5] Schiavina M, Freire S, MacManus K. GHS-POP R2023A – GHS population grid multitemporal (1975–2030). European Commission, Joint Research Centre (JRC), 25.04.2023. doi: 10.2905/2FF68A52-5B5B-4A22-8F40-C41DA8332CFE.

[6] Neis P, Zipf A. OpenRouteService.org is three times,Open' Combining OpenSource, OpenLS and OpenStreetMaps. https://publications.neis-one.org/2008_NeisZipf_OpenRoute-Service_Proc_GISRUK2008.pdf (Zugriff: 17.02.2025)

[7] Institut für Notfallmedizin und Medizinmanagement – Klinikum der Universität München. Rettungsdienstbericht Bayern 2023. https://doi.org/10.30422/RD2023 (Zugriff: 16.02.2025)

[8] Stelle zur trägerübergreifenden Qualitätssicherung im Rettungsdienst Baden-Württemberg (Hrsg.). Qualitätsbericht. Berichtsjahr 2023. Rettungsdienst Baden-Württemberg. 2023. https://www.sqrbw.de/fileadmin/SQRBW/Downloads/Qualitaetsberichte/SQRBW_Qualitaetsbericht_2023_web_Lesezeichen.pdf (Zugriff: 20.02.2025)

[9] Bauer T. ... die Hauptthätigkeit doch eine soziale ist. 125 Jahre Rotes Kreuz in Frankfurt am Main 1866–1991. Frankfurt am Main: Waldemar Kramer, 1991.

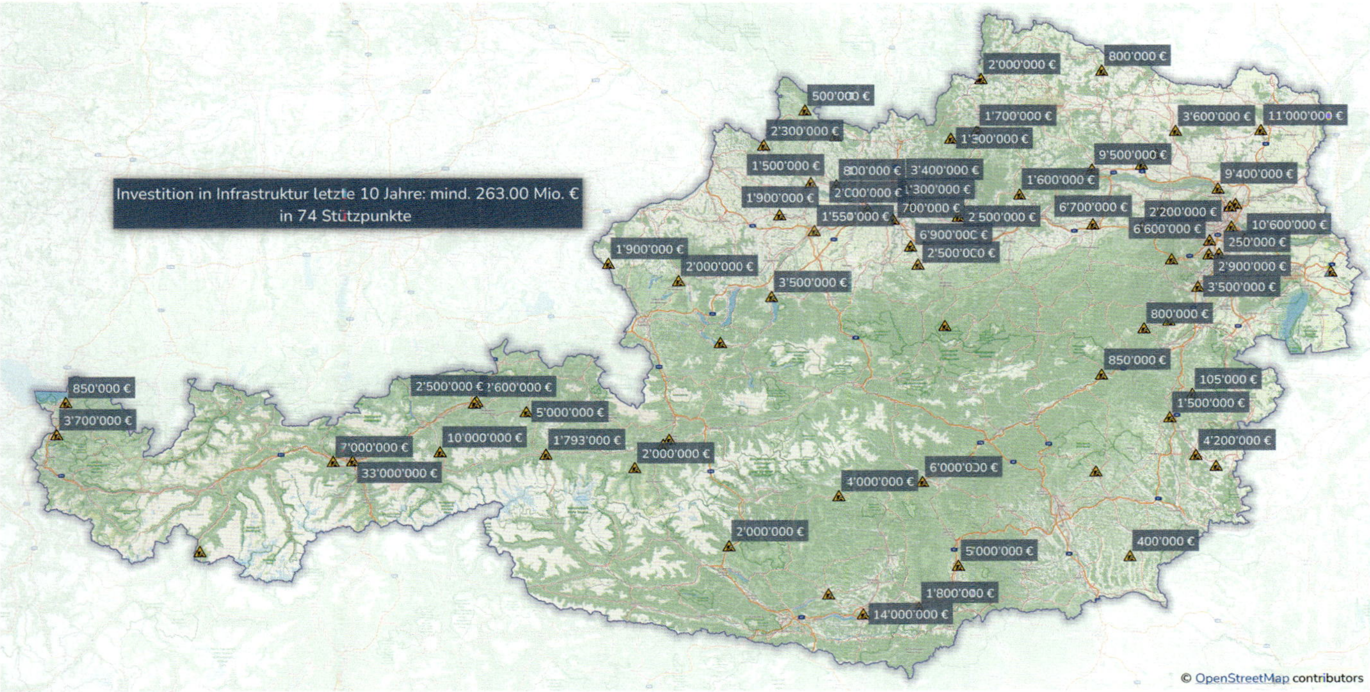

Transparenzlandkarte.bvrd.at

Abb. 10 Bauprojekte im Österreichischen Rettungswesen

[10] Österreichisches Rotes Kreuz, Generalsekretariat, Gesundheit, Einsatz und Soziales (Hrsg.). Rahmenvorschrift Rettungsdienst des Österreichischen Roten Kreuzes. Version 2.1. 14.06.2024. https://www.roteskreuz.at/fileadmin/user_upload/PDF/Vorschriften_und_Richtlinien/OeRK_Rahmenvorschrift_Rettungsdienst.pdf (Zugriff: 18.02.2025)
[11] Al-Shaqsi SZK. Response time as a sole performance indicator in EMS: Pitfalls and solutions. Open Access Emerg. Med. OAEM, Bd. 2, S. 1–6, 2010.
[12] Europäische Kommission. Europäischer Raum für Gesundheitsdaten (EHDS). https://health.ec.europa.eu/ehealth-digital-health-and-care/european-health-data-space_de
[13] Gesundheit Österreich GmbH (Hrsg.). Österreichischer Strukturplan Gesundheit 2023 https://goeg.at/sites/goeg.at/files/inline-files/%C3%96SG%202023%20Textband_Stand%2018.10.2024.pdf
[14] Aringhieri R, Bruni ME, Khodaparasti S, van Essen JT. Emergency medical services and beyond: Addressing new challenges through a wide literature review. Comput. Oper. Res., Bd. 78, S. 349–368, Feb. 2017, doi: 10.1016/j.cor.2016.09.016.
[15] https://wiki.openstreetmap.org/wiki/Mapping_Emergency_Medical_Services_in_Austria_(and_beyond)
[16] https://www.youtube.com/live/Kv4xgvnUA_E?feature=shared&t=387
[17] Fritze R, Graser A, Sinnl M. Combining spatial information and optimization for locating emergency medical service stations: A case study for Lower Austria. International Journal of Medical Informatics. 2018, doi: https://doi.org/10.1016/j.ijmedinf.2017.12.008
[18] Landesrechnungshof Vorarlberg. Prüfbericht mit Schwerpunkt Rettungswesen. Prüfzeitraum 2019–2023. https://www.lrh-v.at/wp-content/uploads/2024/05/Pruefbericht-Rettungswesen.pdf
[19] Redelsteiner C. Aktuelle und künftige Anforderungen an das Gatekeeping im präklinischen Bereich. Unter besonderer Berücksichtigung der soziodemografischen Entwicklung am Beispiel zweier Grenzregionen im Burgenland. Edewecht: Verlagsgesellschaft Stumpf + Kossendey; 2016.

Die Autoren

Florian Zahorka, Notfallsanitäter NKI (AT), Transportsanitäter (CH). Das Dissertationsvorhaben Integrierte Notfallversorgung mittels Agentenbasierter Modellierung (INAM) wird von der Björn Steiger Stiftung gefördert

Michael Weiß, ehrenamtlicher Rettungssanitäter in Linz, Mechatroniker, Scientist am Institut für Strömungslehre und Wärmeübertragung der Johannes Kepler Universität Linz

Interessenskonflikt: Die Autoren erklären, dass kein Interessenskonflikt vorliegt.

DBRD Deutscher Berufsverband Rettungsdienst e.V.

Mitteilungen des DBRD

Liebe Kolleginnen und Kollegen,
die Rettmobil als eine unserer wichtigen Messen ist gelaufen und der Sommer und damit die hoffentlich etwas ruhigere Zeit steht vor der Tür. Zeit für alle, ein wenig durchzuatmen und sich zu sammeln. Für uns in jedem Fall Zeit, die politische Ausrichtung neu zu justieren und mit der Politik ins Gespräch zu kommen.
100 Tage nach Amtsübernahme will die neue Bundesregierung ihre Reformvorhaben konkretisieren und Gesetzesentwürfe auf Basis der bisherigen Überlegungen zur Notfall- und Rettungsdienstreform vorlegen. Wir sind darauf sehr gespannt und werden natürlich gemeinsam mit allen Beteiligten versuchen, uns hier einzubringen. Die neue Regierung wird sich daran messen lassen müssen. Vor allem, da wir nun bereits schon zwei Legislaturperioden über notwendige Reformen reden, aber bisher nichts auf den Weg gebracht haben. Wie sagen wir immer:
„Wir haben kein Erkenntnisproblem, wir haben ein Umsetzungsproblem."
Hoffen wir, dass es diesmal in die richtige Richtung geht und nicht durch übertriebenen Lobbyismus alles verwässert wird.
Bleiben wir also gespannt und hoffen das Beste. In diesem Sinne wünschen wir euch allen einen erholsamen Sommer.
Bleibt alle gesund und uns gewogen.
Euer Frank Flake

Aktuelles

Konstituierende Sitzung des Fachbeirats des elektronischen Gesundheitsberuferegisters unter Beteiligung des DBRD

Martin Großmann war als Vertreter des DBRD am 28. März 2025 bei der konstituierenden Sitzung des eGBR beteiligt. Durch das Gesundheitsberuferegister wird der Zugang zur Telematikinfrastruktur für alle Heilberufe und Leistungsbringerinstitutionen gesteuert, welche über keine Körperschaften verfügen, denen die Ausgabe von elektronischen Heilberufeausweisen und spezieller Schlüsselkarten (SIM-Karten) gesetzlich zugewiesen wurde. Derzeit verfügen circa 1 % der Notfallsanitäter bereits über einen elektronischen Heilberufeausweis. Für den konkreten Zugriff auf Patientendaten im rettungsdienstlichen Einsatz durch Notfallsanitäter muss aber noch eine Anbindung der Leistungserbringer erfolgen. Wir berichten, sobald weitere Informationen zur Verfügung stehen.
Weitere Informationen zum Heilberufeausweis und zum eGBR findet ihr unter https://www.bezreg-muenster.de/de/gesundheit_und_soziales/egbr/index.html

https://else4.de/z43

Aktuelle Leitlinienprojekte

Viele neue Leitlinien befinden sich derzeit in der Erstellung, bei denen auch der DBRD beteiligt ist. Diese werden nach Bearbeitung und Abstimmung in den kommenden Monaten bzw. (je nach Leitlinie) Jahren veröffentlich werden. An folgenden Leitlinien sind wir beteiligt:

- LL Polytrauma
- LL Verletzung des Beckenrings
- LL Verletzung der oberen Halswirbelsäule
- LL Pertrochantäre Femurfraktur
- LL Wirbelsäulenimmobilisation im Rettungsdienst
- LL Telemedizin in der prähospitalen Notfallmedizin

Die letztgenannte Leitlinie befindet sich derzeit in der Endabstimmung und wird in naher Zukunft veröffentlicht. Wir werden euch entsprechend auf dem Laufenden halten. Wir bitten um Verständnis, dass wir inhaltliche Aussagen nicht vor Veröffentlichung treffen können.

Kurstermine

Alle Kurse können auch als Inhousekurse gebucht werden. Sprechen sie uns einfach an. Gerne unterbreiten wir Ihnen ein Angebot.

AMLS Provider-Kurs (offen/2 Tage)

Bremen	21.–22.06.2025
Magdeburg	28.–29.06.2025
Lübeck	19.–20.07.2025
Berlin	16.–17.08.2025
Aachen	06.–07.09.2025
Burbach	27.–28.09.2025
Hamburg	11.–12.10.2025
Dresden	18.–19.10.2025
Würzburg	25.–26.10.2025
Magdeburg	15.–16.11.2025
Bremen	22.–23.11.2025

AMLS Refresher-Kurs (offen/1 Tag)

Berlin	15.08.2025

Weitere Informationen und Anmeldung unter www.amls.de

EPC Provider-Kurs (offen/2 Tage)

Aachen	21.–22.06.2025
Mannheim	19.–20.07.2025
Windischeschenbach	22.–23.07.2025
Dresden	16.–17.08.2025
Wiesbaden	06.–07.09.2025
Magdeburg	27.–28.09.2025
Wetzlar	18.–19.10.2025
Burbach	08.–09.11.2025
Aachen	13.–14.12.2025
Garmisch-Partenkirchen	20.–21.12.2025

Weitere Informationen und Anmeldung unter www.epc-germany.de

GEMS Provider-Kurs (offen/2 Tage)

Mannheim	04.–05.10.2025
Windischeschenbach	11.–12.10.2025
Dresden	22.–23.11.2025
Würzburg	20.–21.12.2025

Weitere Informationen und Anmeldung unter www.gems-deutschland.de

PHTLS Provider-Kurs (offen/2 Tage)

Windischeschenbach	22.–23.06.2025
Bad Wiessee	28.–29.06.2025
Düsseldorf	12.–13.07.2025
Plauen	26.–27.07.2025
Burbach	02.–03.08.2025
Magdeburg	09.–10.08.2025
Wiesbaden	23.–24.08.2025
Berlin	30.–31.08.2025
Würzburg	06.–07.09.2025
Stuttgart	27.–28.09.2025
Wolfratshausen	04.–05.10.2025
Freiburg	11.–12.10.2025
Düsseldorf	18.–19.10.2025
Windischeschenbach	22.–23.10.2025
Berlin (UKB)	25.–26.10.2025
Bonn	25.–26.10.2025
Dresden	02.–03.11.2025
Burbach	08.–09.11.2025
Mannheim	22.–23.11.2025
Lübeck	29.–30.11.2025
Aachen	20.–21.12.2025

PHTLS Refresher-Kurs (offen/1 Tag)

Düsseldorf	14.07.2025
Berlin (UKB)	26.07.2025
Berlin (UKB)	27.07.2025
Freiburg	10.10.2025
Berlin (UKB)	24.10.2025

Weitere Informationen und Anmeldung unter www.phtls.de

TECC Provider-Kurs (offen/2 Tage)

Burbach	28.–29.06.2025
Lübeck	16.–17.08.2025
Windischeschenbach	06.–07.09.2025
Burbach	11.–12.10.2025
Oberpfaffenhofen	15.–16.11.2025
Windischeschenbach	22.–23.11.2025
Frankfurt	13.–14.12.2025

TECC Refresher-Kurs (offen/1 Tag)

Burbach	27.09.2025

TECC Szenario-Training (offen/1 Tag)

Burbach	28.09.2025

TCCC-CMC Provider-Kurs (offen für Militär etc./8 Tage)

Burbach	01.–08.11.2025

Weitere Informationen und Anmeldung unter www.tccc-deutschland.de/tecc-kurse.html

12-Leads Provider-Kurs (offen/2 Tage)

Lübeck	05.–06.07.2025
Lübeck	06.–07.09.2025
Lübeck	22.–23.11.2025

Weitere Informationen und Anmeldung unter www.12-Leads.de

AHA ACLS-Kurs (offen/2Tage)

Lübeck	08.–09.11.2025

Weitere Informationen und Anmeldung unter www.reanimation.de

Emergency Medical Fire & Rescue Training (2 Tage)

Burbach	14.–15.06.2025
Burbach	13.–14.09.2025

AMLS, EPC, GEMS, PHTLS und TECC Instruktorenkurs (nur mit Instruktorenpotential)

Seeheim	29.–30.11.2025

Mitgliederinfos BVRD.at

Liebe Kolleginnen und Kollegen!
Wir befinden uns in der heißen Phase – nicht nur im Kalenderjahr, sondern auch mitten in den zentralen Diskussionen zur Zukunft des Rettungsdienstes. Das Sanitätergesetz ist im Regierungsprogramm verankert – ein Meilenstein, auf den wir lange hingearbeitet haben. Jetzt heißt es, die nächsten Schritte konsequent zu setzen. Geht es Richtung Reform – oder droht der Kollaps? Der Handlungsbedarf scheint allen bewusst, doch über den richtigen Weg herrscht noch Uneinigkeit. Für uns ist klar: Wir brauchen eine zusätzliche Ausbildungsstufe auf FH-Niveau, echte Durchlässigkeit in andere Gesundheitsberufe und ein klares berufliches Selbstverständnis – weg vom Bild des angelernten Hilfsarbeiters, hin zum anerkannten Gesundheitsdienstleister.
Wir sind mittendrin in einem Jahr voller Chancen. Jetzt ist der Moment, um laut zu denken, mutig zu handeln und gemeinsam den nächsten Entwicklungsschritt zu setzen. Veränderung bei jeder und jedem Einzelnen.
In diesem Sinne: Bleibt engagiert, bleibt sicher und setzt euch für die Veränderung ein, die ihr im Rettungswesen sehen wollt!
Euer Vorstand

Novelle des Sanitätergesetzes im Regierungsprogramm verankert

Das österreichische Sanitätergesetz regelt seit 23 Jahren die Ausbildung von Sanitäter:innen. Schon seit mehreren Jahren setzen wir uns gemeinsam mit anderen Akteuren intensiv für eine umfassende Reform dieses Gesetzes ein. 2022 kündigte der damalige Gesundheitsminister Johannes Rauch eine Evaluierung durch die Gesundheit Österreich GmbH an, die 2023 beauftragt und im April 2024 mit ersten Ergebnissen veröffentlicht wurde. Vor der Nationalratswahl 2024 hat der BVRD.at bei allen wahlwerbenden Parteien nachgefragt – mit einem klaren Ergebnis: Alle Parteien sprachen sich für eine Novellierung des Sanitätergesetzes aus.
Mit dem aktuellen Regierungsprogramm „Jetzt das Richtige tun. Für Österreich. Regierungsprogramm 2025–2029" wurde nun ein bedeutender Schritt gesetzt. Im Abschnitt „Gesundheitsberufe" wird nicht nur die Durchlässigkeit zwischen Gesundheitsberufen, etwa „vom Sanitäter zum Pflegeberuf", betont – es wird auch ausdrücklich ein „Sanitätergesetz NEU" angekündigt. Unter den Leitbegriffen „Modernisierung und Professionalisierung vorantreiben unter Beibehaltung des freiwilligen Systems" wird damit ein zukunftsweisender Reformprozess in Aussicht gestellt.
Das macht Hoffnung auf die Umsetzung der zentralen Forderungen des BVRD.at:

- Beibehaltung eines niederschwelligen Zugangs für Rettungssanitäter:innen mit Möglichkeiten zur organisationsinternen Weiterqualifizierung
- Einführung einer dreijährigen Ausbildung an Fachhochschulen als Standard für zukünftige Notfallsanitäter:innen mit erweiterten Regelkompetenzen
- Stärkung der Patientensicherheit und Versorgungsqualität
- Durchlässigkeit zu anderen Gesundheitsberufen und bessere Integration in andere medizinische Einsatzbereiche

Wir werden den Gesetzgebungsprozess weiterhin aktiv begleiten – als organisationsunabhängiger, breit aufgestellter sowie national und international vernetzter Verband – und uns mit Nachdruck für eine umfassende, evidenzbasierte, versorgungswirksame, zukunftsorientierte Umsetzung der Reform einsetzen.

Was brauchen die Rettungsdienste der Zukunft?

Sprecher:innen von vier im österreichischen Nationalrat vertretenen Parteien (ÖVP, SPÖ, NEOS und Grüne) bezogen im Rahmen einer hochkarätig besetzten Diskussionsrunde live Stellung – gemeinsam mit Vertreter:innen des Bundesverbands Rettungsdienst (BVRD.at) und der Sektion Notfallmedizin der Österreichischen Gesellschaft für Anästhesiologie, Reanimation und Intensivmedizin (ÖGARI).
Im Fokus stand: die dringend notwendige Reform des Sanitätergesetzes sowie strukturelle Maßnahmen, um den österreichischen Rettungsdienst zukunftsfit zu machen.
Der BVRD.at fordert ein dreistufiges Ausbildungsmodell mit einem abschließenden dreijährigen FH-Studium, das auch für Personen ohne Matura über berufliche Qualifikation und Zusatzprüfungen zugänglich ist. Gleichzeitig soll genügend Raum für ehrenamtliches Engagement bleiben.
Auch die ÖGARI fordert eine längere und qualitativ hochwertigere Ausbildung. Nur bei 15–20 % der Notarzt-Einsätze sind tatsächlich notärztliche Maßnahmen notwendig – gut ausgebildete Sanitäter:innen könnten viele Einsätze eigenverantwortlich übernehmen. Neue Einsatzfelder im Klinikbereich könnten zu-

dem Kompetenzen erhalten und das Gesundheitssystem entlasten.

Politischer Konsens – mit unterschiedlichen Akzenten

Die anwesenden Parlamentsparteien erkennen Reformbedarf, setzen jedoch unterschiedliche Schwerpunkte:

- ÖVP: klare Abgrenzung der Kompetenzen ist notwendig, alle relevanten Blickwinkel müssen zusammengefasst werden.
- SPÖ: fordert eine gesamtheitliche Betrachtung des Versorgungssystems, alternative Finanzierungsmodelle und mehr Mut, Dinge auszuprobieren.
- NEOS: unterstützen das Anliegen, setzen auf valide Datengrundlagen und sehen Sanitäter:innen auch in präventiven Rollen.
- Grüne: fordern ein Ende des Hilfskraft-Status von Sanitäter:innen und den Aufbau eines qualifizierten, eigenverantwortlichen Berufsbildes mit umfangreicher Ausbildung.

Einigkeit herrscht darüber, dass unabhängige Organisationen wie der BVRD.at und die ÖGARI unbedingt in den Reformprozess eingebunden werden müssen. Ebenso klar ist das gemeinsame Ziel: eine fundierte Ausbildung, erweiterte Kompetenzen und klare, durchdachte Strukturen. Uneinigkeit gibt es beim Zeitplan – doch der Reformwille ist da. Jetzt braucht es Taten.

„Wir stehen an einem entscheidenden Scheideweg für viele Rettungsdienste in Österreich: Steuern wir auf einen Kollaps zu, oder setzen wir endlich die dringend notwendigen Reformen um? Als BVRD.at sind wir überzeugt, dass der größte Hebel in der Ausbildung liegt. Mit der aktuellen Gesetzeslage sind Sanitäter:innen selbst in der höchsten Ausbildungsstufe nicht mehr als angelernte Hilfskräfte. Wir brauchen dringend eine zusätzliche Ausbildungsstufe zur gehobenen Gesundheitsfachkraft sowie bessere Durchlässigkeiten in den Gesundheitsbereich. Das würde ein enormes Potenzial freisetzen und eine spürbare Entlastung für alle bringen. Sanitäter:innen kommt hier eine Schlüsselrolle in der Gesundheitsversorgung zu.“ – Clemens Kaltenberger, BVRD.at

„Die ÖGARI als notfallmedizinische Fachgesellschaft unterstützt eine verbesserte Ausbildung von (Notfall-)Sanitäter:innen vollinhaltlich. Mit qualifizierten Partnern auf sanitätsdienstlicher Ebene könnten nicht nur die Notaufnahmen und Ambulanzen in den Krankenanstalten entlastet werden, sondern auch die Notarztdienste. Einer aktuellen Datenerhebung

Es diskutierten (v.l.n.r): Florian Zahorka (BVRD.at), Ralph Schallmeiner (GRÜNE), Mario Lindner (SPÖ), Fiona Fiedler (NEOS), Juliane Bogner-Strauß (ÖVP), Martin Dünser (ÖGARI), Clemens Kaltenberger (BVRD.at), Moderation: Claudia Schwarz (BVRD.at) [Die FPÖ schickte trotz Anfrage keinen Vertreter.]

zu Folge übernehmen österreichische Notärzt:innen derzeit in bis zu 80 % ihrer Einsätze Aufgaben, welche auch von qualifiziertem Sanitätspersonal erfüllt werden könnten.“ – Martin Dünser, ÖGARI.

„Der Rettungsdienst steht vor einer Belastungsprobe: Ein ohnehin unverhältnismäßig hohes Transportaufkommen steigt weiter – bedingt durch eine alternde Bevölkerung und Einzelpersonen, die den Rettungsdienst überdurchschnittlich häufig beanspruchen. Der Rettungsdienst darf kein reiner Transportdienstleister und Kostentreiber im Gesundheitswesen bleiben. Er muss sich zum Gesundheitsdienstleister entwickeln – mit erweiterten Kompetenzen, gezielten Verweisungsmöglichkeiten und einer klaren Einbettung ins Versorgungssystem. Dafür braucht es eine dreijährige Ausbildung auf NQR-Stufe 6. Wir brauchen jetzt klar Qualität statt Quantität im Rettungsdienst.“ – Florian Zahorka, BVRD.at

Zahlen, Daten, fundierte Konzepte und konkrete Lösungsvorschläge liegen auf dem Tisch. Jetzt ist die Politik am Zug: Gelingt es, gemeinsam mit den Rettungsorganisationen eine umfassende Reform der Sanitäter:innenausbildung umzusetzen, um auch angesichts des demografischen Wandels eine zukunftssichere und optimale rettungsdienstliche Notfallversorgung für die österreichische Bevölkerung zu gewährleisten?

Die gesamte Veranstaltung zum Nachschauen: https://youtu.be/E229gmlTvl8

https://else4.de/2e4

Thinktank

Mit einem spannenden Abend im Zeichen der Zukunft des Rettungsdienstes brachte der jüngste Thinktank des BVRD.at wieder hochkarätige Impulse, kontroverse Diskussionen und wertvolle Vernetzung. Rund um drei Vorträge wurde deutlich: Der Weg zu einem modernen, patientenzentrierten Rettungsdienst braucht mutige Schritte – und Lernbereitschaft aus der Vergangenheit und über Landesgrenzen hinweg.

Von der Eminenz zur Evidenz

Der erfahrene Notfallmediziner Gerhard Prause aus Graz kritisierte deutlich den Reformstau in der präklinischen Versorgung: Bereits vor 45 Jahren waren die Trennung von RTW und KTW gefordert, sowie eine fundierte Ausbildung für Sanitäter:innen – bis heute ungelöste Themen. Mit der Aussage „Eigentlich sind in Österreich die Notärzte die Sanitäter“ stellte er den Status quo auf den Prüfstand und plädierte für eine fundiertere und tiefere klinische Ausbildung und für weniger, dafür besser spezialisierte Einsatzkräfte. Das Ziel: Weniger „Kochbuchmedizin“, mehr echtes Verständnis.

Von Deutschlands Fehlern lernen

Der Notfallsanitäter und Offshore-Teamleiter Michael Stanley vom DBRD zeigte eindrücklich, welche Fallstricke in der deutschen Reformgeschichte liegen. Seine Learnings: Übergangsregelungen müssen anspruchsvoll bleiben – wer etwas darf, sollte es auch wirklich können. Die Anzahl an NEFs stieg trotz neuer Kompetenzen – ein Warnsignal einer fehlgeleiteten Entwicklung: „In Deutschland schauen teilweise Notfallsanitäter den Notärzten dabei zu, wie sie ihren Job machen.“
Sein Appell: Patient:innen ins Zentrum stellen, Eigenverantwortung stärken und ein eigenständiges Berufsverständnis etablieren. In Richtung Ärzteschaft meint er: „Wir brauchen Teampartner, keine Erziehungsberechtigten.“

Bedside Labs im Rettungsdienst?

Zum Abschluss gaben Ricky Hirscher und Linda Müllner von der Axon Lab AG einen Einblick in die Anwendungsmöglichkeiten des EPOC NXS Point-of-Care-Systems. Die zentrale Frage: Welche Laborwerte machen in der präklinischen Phase wirklich Sinn – und wo liegen die Grenzen des Systems? Eine spannende Diskussion zu Nutzen, Alltagstauglichkeit und Wirtschaftlichkeit – mit der Möglichkeit, die Systeme vor Ort zu testen.

(v.l.n.r): Ricky Hirscher, Linda Müllner (Axon Labs), Gerhard Prause (AGN), Clemens Kaltenberger (BVRD.at), Michael Stanley (DBRD), Maria Bodingbauer (ino), Claudia Schwarz (BVRD.at)

Zahlreiche Zuhörer:innen besuchten die Vorträge.

BVRD.at Podcast jetzt auf Spotify und Apple Podcasts

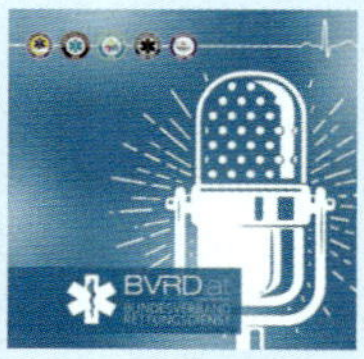

Jeden zweiten Sonntag erscheint eine neue Folge unseres Podcasts. Wir beleuchten den Rettungsdienst in anderen Ländern, diskutieren notwendige Reformen in Ausbildung und Struktur in Österreich und stellen neue Initiativen sowie spannende Projekte vor. Aktuelle Themen und tiefgehende Einblicke in die Herausforderungen und Entwicklungen des Rettungsdienstes stehen dabei im Mittelpunkt.
Habt ihr Anregungen oder Fragen? Schreibt uns auf Social Media oder per E-Mail – wir freuen uns auf eure Nachrichten!

Kurse

PHTLS
www.phtls.at | contact@phtls.at
AMLS
www.amls.at | contact@amls.at
EPC
www.epc-austria.at | contact@epc-austria.at
TECC
www.tecc-austria.com | board@tecc-austria.com
GEMS
www.gems-austria.at | contact@gems-austria.at
SPINE CARE
www.bvrd.at/spinecare/

AdobeStock/Andrey Nikitin

Momentaufnahme

Eingereicht von David Gabriel, Med on Board, Graz

Ein Bild sagt mehr als tausend Worte. Deshalb zeigen wir in jeder Ausgabe der *Elsevier Emergency* eine „Momentaufnahme“ aus Ihrem Rettungsdienstalltag. Als Leser:in von *Elsevier Emergency* sind Sie herzlich dazu eingeladen, uns Ihren persönlichen Fotomoment aus dem Rettungsdienst zukommen zu lassen. Senden Sie Ihr Foto gemeinsam mit einer Beschreibung oder einer kurzen Entstehungsgeschichte per E-Mail an rettungsdienst@elsevier.com.

In Graz fand erstmals ein Training zum Umgang mit hochinfektiösen Patient:innen statt. In verschiedenen Arten von Schutzanzügen wurde der Ernstfall geübt und vom Transportisolator bis zur Dekontaminationsschleuse das Material sicher gehandhabt und getestet.

Vorschau

Heft 4/2025 erscheint im August 2025 mit dem
Leitthema „Rettungsdienst und Politik“
Voraussichtlich u. a. mit folgenden Beiträgen:

- NotSanG
- Rettungsdienstrecht
- Finanzierung und Bedarfsplanung im Rettungsdienst

Impressum

Elsevier Emergency – Fachmagazin für Rettungsdienst und Notfallmedizin
6. Jahrgang, Heft 3/2025
Offizielles Verbandsorgan des Deutschen Berufsverbands Rettungsdienst e.V. (DBRD) und des Bundesverbands Rettungsdienst (BVRD.at)

Elsevier GmbH, Bernhard-Wicki-Str. 5, 80636 München, Deutschland
Geschäftsführung: Olaf Lodbrok, Fiona Henderson

Verantwortliche Redakteurin: Hildegard Graf, Hartstr. 148, 82110 Germering, rettungsdienst@elsevier.com
Verantwortlich für Anzeigen: Dirk Struwe Medienvermarktung e. K., Mühlenkamp 21a, 22303 Hamburg, d.struwe@struwe-media.de

Druck und Bindung: Drukarnia Dimograf Sp. z o. o., ul. Legionów 83, 43-300 Bielsko-Biała/Polen

Planung: Katharina Frank, Anna-Marie Salaja
Projektmanagement: Hildegard Graf, Martina Gärtner, Nicole Kopp, Dagmar Wiederhold
Redaktion: Hildegard Graf, Willi Haas
Herstellung: Hildegard Graf
Bildredaktion und Rechteklärung: Katja Sieger-Schauer
Satz: abavo GmbH, Buchloe/Deutschland
Umschlaggestaltung: Stefan Hilden Design, München
Umschlagherstellung: SpieszDesign, Neu-Ulm
Titelfotografie: © mikumistock – stock.adobe.com

Erscheinungsweise: 6 Ausgaben/Jahr
Bezugspreise Einzelheft: 9,90 EUR [D], 10,20 EUR [A], 15,00 CHF zzgl. Versandkosten
Alle Preise verstehen sich inkl. MwSt. Die Preisangaben sind unverbindliche Preisempfehlungen. Preisänderungen müssen wir uns vorbehalten.
Hauptherausgeber für diese Ausgabe: Matthias Klausmeier
Herausgeber*innen: Jürgen Gollwitzer, Hans-Martin Grusnick, Matthias Klausmeier, Claudia Schwarz

Hinweise für Abonnenten
Mitglieder des DBRD: Bei Rückfragen zum Erhalt der Zeitschrift oder Änderungen Ihrer persönlichen Daten (Adresse, Kontoverbindung) wenden Sie sich bitte an: info@dbrd.de

Mitglieder des BVRD.at: Bei Rückfragen zum Erhalt der Zeitschrift oder Änderungen Ihrer persönlichen Daten (Adresse, Kontoverbindung) wenden Sie sich bitte an: mitgliederservice@bvrd.at

ISSN 2698-2439
ISBN 978-3-437-48236-6
eISBN 978-3-437-05779-3

Allgemeine Hinweise
Kommentare, Manuskripte und Zuschriften erbeten an: rettungsdienst@elsevier.com
Für unaufgefordert eingesandte Manuskripte oder Unterlagen übernehmen Herausgeber, Redaktion und Verlag keine Haftung.

Die in den Artikeln geäußerten Meinungen geben die Ansichten des jeweiligen Autors wieder und sind keine Meinungsäußerungen des Verlags.

Ärzt*innen/Praktiker*innen und Forscher*innen müssen sich bei der Bewertung und Anwendung aller hier beschriebenen Informationen, Methoden, Wirkstoffe oder Experimente stets auf ihre eigenen Erfahrungen und Kenntnisse verlassen. Bedingt durch den schnellen Wissenszuwachs insbesondere in den medizinischen Wissenschaften sollte eine unabhängige Überprüfung von Diagnosen und Arzneimitteldosierungen erfolgen. Im größtmöglichen Umfang des Gesetzes wird von Elsevier, den Autor*innen, Redakteur*innen oder Beitragenden keinerlei Haftung in Bezug auf jegliche Verletzung und/oder Schäden an Personen oder Eigentum, im Rahmen von Produkthaftung, Fahrlässigkeit oder anderweitig, übernommen. Dies gilt gleichermaßen für jegliche Anwendung oder Bedienung der in diesem Werk aufgeführten Methoden, Produkte, Anweisungen oder Konzepte.

Obwohl alle Werbemittel mit ethischen (medizinischen) Standards übereinstimmen, stellt die Erwähnung in dieser Publikation keine Garantie oder Anerkennung der Qualität oder des Wertes dieses Produkts oder der Aussagen der Herstellerfirmen dar.
Für die Vollständigkeit und Auswahl der aufgeführten Medikamente übernimmt der Verlag keine Gewähr.

Geschützte Warennamen (Warenzeichen) werden in der Regel besonders kenntlich gemacht (®). Aus dem Fehlen eines solchen Hinweises kann jedoch nicht automatisch geschlossen werden, dass es sich um einen freien Warennamen handelt.

Bibliografische Information der Deutschen Nationalbibliothek
Die Deutsche Nationalbibliothek verzeichnet diese Publikation in der Deutschen Nationalbibliografie; detaillierte bibliografische Daten sind im Internet über https://www.dnb.de abrufbar.

Für Copyright in Bezug auf das verwendete Bildmaterial siehe Bildrand oder -legende bzw. Artikelaufmacherbild.

Um den Textfluss nicht zu stören, wurde bei Patient*innen und Berufsbezeichnungen im Allgemeinen die grammatikalisch maskuline Form gewählt. Selbstverständlich sind in diesen Fällen immer alle Geschlechter gemeint.

Aktuelle Informationen finden Sie im Internet unter www.elsevier.de